毛泽东在历史转折关头

张士义 著

人民东方出版传媒
東方出版社

图书在版编目（CIP）数据

毛泽东在历史转折关头 / 张士义著 .
—北京：东方出版社 . 2021.10
ISBN 978-7-5207-2422-7

Ⅰ . ①毛…　Ⅱ . ①张…　Ⅲ . ①毛泽东（1893 ~ 1976）—生平事迹
Ⅳ . ① A752

中国版本图书馆 CIP 数据核字（2021）第 203876 号

毛泽东在历史转折关头
（MAOZEDONG ZAI LISHI ZHUANZHE GUANTOU）

作　　者：张士义
策　　划：姚　恋
责任编辑：戴燕白　李志刚
出　　版：东方出版社
发　　行：人民东方出版传媒有限公司
地　　址：北京市东城区朝阳门内大街 166 号
邮　　编：100010
印　　刷：北京联兴盛业印刷股份有限公司
版　　次：2021 年 10 月第 1 版
印　　次：2025 年 7 月第 5 次印刷
开　　本：640 毫米 ×950 毫米　1/16
印　　张：24.25
字　　数：326 千字
书　　号：ISBN 978-7-5207-2422-7
定　　价：68.00 元
发行电话：（010）85924663　85924644　85924641

前言
PREFACE

伟大的时代，造就伟大的人物。

毛泽东同志是伟大的马克思主义者，伟大的无产阶级革命家、战略家、理论家，是马克思主义中国化的伟大开拓者，是近代以来中国伟大的爱国者和民族英雄，是党的第一代中央领导集体的核心，是领导中国人民彻底改变自己命运和国家面貌的一代伟人。中国出了个毛泽东，这是中国共产党的骄傲，是中国人民的骄傲，是中华民族的骄傲。

在为中国人民不懈奋斗的光辉一生中，毛泽东表现出了一个伟大革命领袖高瞻远瞩的政治远见、坚定不移的革命信念、炉火纯青的斗争艺术和杰出高超的领导才能。他思想博大深邃、胸怀坦荡宽广，文韬武略兼备、领导艺术高超，心系人民群众、终生艰苦奋斗，为中华民族和中国人民建立了不朽功勋。他是从人民群众中成长起来的伟大领袖，他的革命精神具有强大的凝聚力，他的伟大品格具有动人的感染力，他的科学思想具有非凡的号召力。他的名字、他的思想、他的精神、他的风范，将永远鼓舞中国人民继续前进。

2021 年是中国共产党成立一百周年，在全面建成小康社会、实现第一个百年奋斗目标基础上，我们将开启全面建设社会主义现代化国家新征程。面对复杂形势和艰巨任务，以习近平同志为核心的党中央提出："全党要统筹中华民族伟大复兴战略全局和世界百年未有之大变局，深刻认识我国社会主要矛盾变化带来的新特征新要求，深刻认识错综复杂的国际环境带来的新矛盾新挑战，增强机遇意识和风险意识，立足社会主义初级阶段基本国情，保持战略定力，办好自己的事，认识和把握发展规律，发扬斗争精神，树立底线思维，准确识变、科学应变、主动求变，善于在危机中育先机、于变局中开新局。"这就要求广大党员特别是各级领导干部坚定理想信念，坚持正确政治方向，提高战略思维能力、综合决策能力、驾驭全局能力，团结带领人民不断书写历史新篇章。

学习伟人是提升思维水平和解决问题能力的重要途径。本书撷取中国共产党历史转折关头发生的一些重大事件，运用丰富的史料和心理写实手法，对毛泽东在特殊条件下、紧要关头中的思维特点和心路历程进行较为深入的探寻和剖析，意在再现历史细节、展示伟人风范，给当代人提供走向成功的范例和借鉴。

作者

2020 年 11 月

目录
CONTENTS

前言 01

第 1 章　惊涛拍岸：毛泽东与五四大潮 001

第 2 章　中流击水：毛泽东与第一次国共合作 035

第 3 章　独辟蹊径：毛泽东与工农武装割据 073

第 4 章　当仁不让：毛泽东与遵义会议 111

第 5 章　天赐良机：毛泽东与西安事变 141

第 6 章　和战之间：毛泽东与重庆谈判 199

第 7 章　打破神话：毛泽东与抗美援朝 253

第 8 章　喜忧参半：毛泽东与苏共二十大 297

第 9 章　面向未来：毛泽东与中美和解 337

主要参考文献 379

第 1 章

惊涛拍岸

毛泽东与五四大潮

路漫漫兮，其修远兮，吾将上下而求索。

——题记

“秀才造反，十年不成。”在中国延续了两千多年的这句古训，到 1919 年变成了“老皇历”。在这一年爆发的五四反帝爱国运动中，具有现代意识和进步思想的青年知识分子，一改往日“两耳不闻窗外事，一心只读圣贤书”的生活老道，为挽救国破家亡的悲惨命运，勇敢地走上街头，高呼“外争国权，内除国贼”等口号，率先向北洋政府发难。这场声势浩大的“造反”行动，不仅取得了极大成功，改变了中国革命的发展方向，而且产生了深远影响，造就了一批主宰中国历史沉浮的精英人物。湖南青年毛泽东就是其中杰出的一位。

漫漫成长求学路

历史机遇总是青睐那些有准备的人。当惊心动魄的五四大潮猛烈地拍打湘江两岸的时候，毛泽东已经度过了他人生的第一阶段——修学储能期。20 多年的寒窗苦读，铺就了毛泽东的成才之路，使他得以在历史发生重大转折的关头，辨明正确方向并勇往直前。

1893 年 12 月 26 日，毛泽东出生在湖南省湘潭县韶山冲的一个农民家庭。父亲毛顺生读过私塾，当过兵，精明能干，善于经营，勤俭持家，为养家糊口提供了难得的物质保障。母亲文七妹性情温和，吃苦耐劳，仁慈善良，教子有方，为毛泽东兄弟 3 人的健康成长营造了可贵的精神港湾。在父母的精心呵护和外婆一家的悉心照料下，毛泽东愉快地度过了他的童年时光。

长到8岁的时候，毛泽东被父母从外婆家接回读书，从此开始了“六年孔夫子”的私塾生涯。凭借聪慧的头脑，他在学习上一点也不感到吃力。虽然他并不完全懂得“四书五经”的具体含义，但过人的记忆力却使他能够把这些古典经文背得滚瓜烂熟，牢记在心。对于好奇心极强的毛泽东来说，除了死记硬背这些枯燥的经文之外，再也没有兴趣去慢慢“消化”它们，于是，偷看中国古代的传奇小说，特别是关于造反的那些故事，成了他当时的一大嗜好。《水浒传》《西游记》《三国演义》《隋唐演义》《岳飞传》等这些被老师视为“闲书”“杂书”“邪书”甚至“禁书”的旧小说，成了毛泽东难以舍弃的生活伴侣。他的“秘密”被粗暴严厉的私塾老师发现后，自然少不了要挨板子。但在那个易受感染的年龄，毛泽东根本抵挡不住小说中动人故事的诱惑。为了避免再吃苦头，他在10岁的时候懂得并运用了“三十六计，走为上”的策略。离开了学校，但又不敢回家，于是他便朝着县城的大致方向走去。可是，他并不知道县城究竟在什么地方，结果流浪了3天后被家人找到，这才知道自己的这次“旅行”只是在兜圈子：走了那么久，离家只有8里路！不过，让他感到欣慰的是，这是一次胜利的“罢课”，因为当他回到家里后，情况比他原先想象的要好：“父亲稍微比过去体谅些了，老师的态度也比较温和些了。”

6年的私塾生活结束后，毛泽东已长成了身强体壮的小伙子，并开始在地里进行长时间的劳动，白天干一个整劳力的活，晚上替父亲记账。可是，他在家里并没有停止读书，经常在深夜挑灯阅读能够找到的除经书以外的一切书籍。毛泽东的悟性很高，读书时常有新的发现。有一天，他忽然想到小说中有个特别之处：里面没有种地的农民！用他自己的话说，就是书中的“人物都是勇士、官员或者文人学士，没有农民当主角”。对于这件事，他纳闷了两年，后来就开始分析小说的内容，“发现全都颂扬武士，颂扬人民的统治者，而这些人是不必种地的，因为他们拥有并控制土地，并且显然是迫使农民替他们耕作的。”

繁重的农活使得毛泽东感到厌倦了。这时，他读了资产阶级改良派郑观应写的《盛世危言》一书。这激起了他恢复学业的愿望。于是他先跑到一个失业的学法律的人家里，在那里读了半年书，之后又跟着一位老先生读了更多的经史之类的书以及许多当时的文章和几本新书。这期间，湖南接连发生了长沙饥民暴动（抢米风潮）、韶山哥老会造反、乡里闹粮荒等事件，这给年轻而又有反抗意识的毛泽东留下了不可磨灭的印象。也就是在这个时期，他开始有了一定的政治觉悟，特别是读了一本关于中国被瓜分的小册子以后，对国家的前途感到沮丧，并开始认识到“国家兴亡，匹夫有责”的道理。直到1936年，他还记得这本小册子的开头一句：“呜呼，中国其将亡矣！”

1910年秋，17岁的毛泽东经父亲同意后离开家乡，到50里以外的湘乡县立东山高等小学堂就读。临行前，他写了一首小诗留给父亲，诗曰：

孩儿立志出乡关，学不成名誓不还。

埋骨何须桑梓地，人生无处不青山！

这是一所与众不同的新式学校。在入学考试的作文《言志》中，毛泽东抒发了自己的雄心壮志。校长阅后，大加赞赏，称：“今天我们取了一个建国才！”学校实行“新法教育”，讲授当时作为新学内容的历史、地理、英语和自然科学，大大开阔了毛泽东的眼界。在这里，他虽然因是外乡人又衣着陈旧而遭人冷眼，“在精神上感到很大的压抑”，但是，他的古文底子好，受到老师们的青睐，所以，“在这个学校很有进步”。在这里，他“第一次听说光绪皇帝和慈禧太后都已死去——虽然新皇帝宣统已登基两年了”。在这里，他反复阅读了维新派办的《新民丛报》，受到了改良思想的启蒙。在这里，他大量阅读了中国史书，“关于中国古代帝王尧、舜、秦皇、汉武的记载”使他着迷。在这里，他还开始注意中国以外的事情，了解到日本的明治维新和美国建国以及华盛顿、林肯、拿破仑、彼得大帝等世界英豪的事迹。

人往高处走，水往低处流。在湘乡县城待了不到一年，求知心切、要求上进的毛泽东便开始渴望到长沙去。那是一个大城市，“有许许多多的人和不少学校，抚台衙门也在那里。总之，它是一个繁华的地方！”毛泽东向往到那里的湘乡驻省中学就读。

1911 年春，毛泽东在东山小学堂国文老师贺岚岗的帮助下，顺利考入湘乡驻省中学，第一次品尝到了梦想成真的甜蜜。在这里，他第一次看到了革命党人于右任主编的报纸《民立报》，发现里面充满了“激动人心的材料”，并从此养成了有报天天读的习惯——在 1927 年上井冈山之前，他一直没有中断过阅读北京、上海和湖南的日报。在这里，他还听人谈到孙中山和同盟会的纲领，并受其启发和鼓舞，写了一篇文章贴在学校的墙上，第一次提出了自己“有些糊涂”的政治见解——推翻清王朝，组织新政府，立即把孙中山从日本召回，担任新政府的总统，由康有为任国务总理，梁启超任外交部长！在这里，他亲身经历了反对清政府出卖铁路修筑权的保路风潮，并用“剪辫子”的实际行动表达反清决心，显示出杰出少年“言必信、行必果”的独特风格。

同年 10 月 10 日，武昌起义爆发。湖南的政治局面也迅速改观。有一天，一个革命党人得到校长的许可，到湘乡中学做了一次激动人心的演讲，“会上有七八个学生站起来，以对清廷的强烈谴责来表示对演讲人的拥护，并且号召大家行动起来，建立民国”。听了这次演讲以后四五天，毛泽东决定投笔从戎，直接为革命出力。当兵期间，他在接受军事训练之余，把每月 7 元的饷银大都花在报纸上。从当时鼓吹革命的《湘汉新闻》上，他第一次认识到“社会主义”（实为社会改良主义）这个名词，并对这个问题产生了兴趣。1912 年 2 月，清帝溥仪宣布退位，孙中山和袁世凯议和。毛泽东和大多数人一样认为革命已经过去，于是他决定脱离军队，回到学校念书——他一共当了半年兵。

接下来，他开始注意报纸上的广告。当时许多学校开办起来，并且都利用报纸广告招徕新生。当时毛泽东还没有判断学校优劣的特定标准，也不明确自己究竟想干什么，所以，他先后报考了警察学堂、肥皂制造学校、法政学堂、商业学堂、省立第一中学等。最后，他以第一名的成绩进入省立一中学习。在这里，他又遇到了一位伯乐——名叫柳潜的国文教员。柳潜借给他一套《御批历代通鉴辑览》，共116卷。他通读了该书后，得出一个结论：学校的课程有限，校规也使人反感，不如独自看书学习来得痛快，收获更大。于是，他在省立一中学习6个月后，做出了一个惊世骇俗的大胆决定：退学自修！

在退学自修的半年时间里，毛泽东定了一个庞大的学习计划，并非常认真地坚持执行。他每天从早到晚泡在湖南省立图书馆，广泛阅读中外各类书籍，只在中午休息片刻，买两块米糕填肚子。在这里，他阅读了许多西方近代思想家的著作，如亚当·斯密的《原富》、达尔文的《物种起源》、赫胥黎的《天演论》、卢梭的《民约论》、孟德斯鸠的《法意》、约翰·穆勒的《群己权界论》、斯宾塞的《群学肄言》等；学习了俄美英法等国的历史、地理，并穿插阅读了诗歌、小说和古希腊的故事。特别是，他第一次看到并以很大的兴趣研究了一幅世界地图。直到40年后，他还清楚地记得当时的心情和感想。

当时，毛泽东寄居在湘乡会馆里。由于父亲把他这种漫无目的的读书看成是不务正业，拒绝供给费用，而自己又没有其他经济来源，所以，他不得不开始"认真地考虑自己的'前途'"。他觉得自己最适合教书，于是，湖南省立第四师范（后与第一师范合并）的招生广告吸引了他。征得家长同意后，他报考并考取了这个学校。这里是他接受学校教育的最后一站，也是他在结束私塾生涯后坚持时间最长的一个学校——从1913年春至1918年夏。

在一师读书期间，虽然毛泽东时有别出心裁的逸闻趣事发生，如画最简单的东西应付“静物写生”课（有一次，他画了一条直线，上面加了一个半圆，用来表现“半壁见海日”的画意；在期末考试中，只画了一个椭圆就算了事，说这是蛋）、以“二十八画生”的名义在长沙各学校的显眼处张贴“愿嘤鸣以求友，敢步将伯之呼”的征友广告等，但是，从大的方面看，这一阶段是毛泽东政治思想开始形成的时期，他“最早的社会经验也是在这里取得的”。在这里，他接触到一批学识渊博、思想进步、品德高尚并对他影响至深的老师，如杨昌济、徐特立、黎锦熙、方维夏、王季范等人。在这里，他结识了一大批才华横溢、理想远大、追求进步的热血青年，并与他们成为亲密无间的朋友，如蔡和森、罗学瓒、张昆弟、周世钊、陈章甫、李维汉、萧子升等人。在这里，他坚持体育锻炼，并利用寒暑假到湖南各地徒步“旅行”，积累了初步的社会经验。在这里，他沐浴了新文化运动的春风，与同学们纵论天下大事，探讨社会和人生问题，还创办了对日后中国政治生活产生广泛影响的新民学会。

毛泽东在这一时期的学习和生活，是丰富多彩而又生气勃勃的。多年以后，当他重游岳麓山时，情不自禁地赋词一首，生动地描绘了这段难忘的岁月。词曰：

独立寒秋，湘江北去，橘子洲头。看万山红遍，层林尽染；漫江碧透，百舸争流。鹰击长空，鱼翔浅底，万类霜天竞自由。怅寥廓，问苍茫大地，谁主沉浮？

携来百侣曾游，忆往昔峥嵘岁月稠。恰同学少年，风华正茂；书生意气，挥斥方遒。指点江山，激扬文字，粪土当年万户侯。曾记否，到中流击水，浪遏飞舟？

家事国事天下事

伴随着曲折而艰辛的成长和求学之路，毛泽东开阔了视野，增长了才干，锤炼了意志，并树立起远大志向，为后来融入五四大潮并在中国政治舞台上脱颖而出打下了坚实的基础。家庭、学校、社会环境的影响和时代的变化，与毛泽东自己对家事国事天下事的关注、认知和感悟，互为因果，共同推动了历史伟人的前进步伐。

作为人生的第一任老师，父母对孩子的影响是深刻而久远的。对毛泽东来说也不例外。严父慈母的“管教”，从两方面塑造了毛泽东的性情和品格：父亲的专制严厉使他叛逆和勤勉，母亲的仁慈宽厚使他博爱和灵活。

1936 年 10 月，毛泽东在同美国记者斯诺谈起自己的生平和家事时，做了如下形象生动的描述：

> 他（指父亲）是一个脾气暴躁的人，常常打我和我的弟弟。他一文钱也不给我们，而且给我们吃最次的饭菜。他对雇工做了让步，每月逢十五在他们吃饭时给鸡蛋吃，可是从来不给肉吃。对于我，他既不给肉也不给蛋。
>
> 我母亲是个仁慈的妇女，为人慷慨厚道，随时都愿意接济别人。她同情穷人，并且当他们在荒年里前来讨米的时候，常常送米给他们。但是，如果我父亲在场，她就不能这样做了。我父亲是不赞成施舍的。我家为了这事曾经多次发生争吵。
>
> 我们家分成两“党”。一个就是我父亲，是执政“党”。反对“党”由我、我母亲和弟弟组成。有时甚至于连雇工们也包括在内。可是在反对党的“统一战线”内部，存在着意见分歧。我母亲主张间接打击的政策。她批评了任何公开动感情和公开反抗执政党的企图，说这不是中国人的做法。

但我到了13岁的时候，发现了一个利用我父亲所引以为据的经书上面的话来同他进行辩论的好办法。我父亲喜欢责备我不孝和懒惰，我就引用经书里关于长者必须慈爱的话来回敬他。针对他指责我懒惰，我反驳说，年长的应该比年轻的干得更多，我父亲年纪比我大两倍多，所以应该多做工作。我还说：等我到他这样年纪的时候，我会比他勤快得多。

…………

回想起来，我认为我父亲的严厉态度到头来只是自招失败。我越来越恨他，我们建立了一条真正的统一战线来反对他。同时，这大概对我也有好处，它使我在工作上非常勤快，记账也仔细了，免得被他找到把柄来批评我。

母亲的乐善好施，给毛泽东留下的印象尤其深刻，并孕育了他对穷苦人的博大情怀。当长沙饥民暴动的消息传到学堂时，虽然大多数学生都同情“暴民”，但他们仅仅是从旁观者的立场看问题，“单纯地把它看作一件耸人听闻的事件而感到兴趣，并不明白这同自己的生活有什么关系。”而毛泽东则想了许多，觉得跟“暴民”在一起的也是些像自己家里人那样的普通人，因此对于这些人受到冤屈，他感到愤愤不平，并从此把这件事牢记在心。后来，他对穷人的同情和关心，逐步演化成自觉的阶级意识，为走上革命道路铺就了思想上的基石。

读书是毛泽东思想进步的阶梯。他虽然对四书、五经不感兴趣，但6年的私塾生涯仍然对他产生了不可忽视的影响，使他在年轻时“很相信孔夫子”。当然，他所相信的是圣人的人格力量，希望通过这种力量来改造社会。

正是因为这样，他才特别喜欢阅读古代的传奇小说，并把书中那些敢于造反的人物视为英雄，称赞和效法他们的造反精神。随着年龄的增长和学习能力的增强，毛泽东开始注意在读书时写批注，记下自己的看法和想法，或是与同学谈读书体会，抒发自己的感想。他阅读《新民丛报》第四号刊登的《新民说》（梁启超著）一文时，在第六节“论国家思想”处写道：“正式而成立者，立宪之国家，宪法为人民所制定，君主为人民所拥戴；不以正式而成立者，专制之国家，法令为君主所制定，君主非人民所心悦诚服者。前者，如现今之英、日诸国；后者，如中国数千年来盗窃得国之列朝也。”他读了《世界英雄豪杰传》后，被书中人物的事迹所感染，并对同窗好友萧子暲（即萧三）说：“中国也要有这样的人物。我们应该讲求富国强兵之道……而我们每个国民都应该努力。”毛泽东的这些文字和话语，显示出一位才俊少年对国家大事的严重关切和自己的理想抱负。他在东山高等小学堂还写过题为《救亡图存论》《宋襄公论》的作文。国文老师从中窥视出他的非凡气度和功力，在评语中这样写道：“视似君身有仙骨，寰观气宇，似黄河之水，一泻千里。”

读书越多，越容易接受新思想、新事物。这一点，不仅在青年毛泽东身上得到充分体现，而且成为他思想不断进步的动力和标志。进入长沙湘乡驻省中学读书后，他的眼界更加开阔，也感受到一种和乡下完全不同的社会气氛。当时正值辛亥革命的前夜，革命党人的反清言论深深地吸引了他。当他从《民立报》上读到黄兴领导黄花岗起义的消息后，思想上受到巨大震动，甚至产生了“跃跃欲试”的念头。当他从报纸上看到谈论社会主义的文章后，就又怀着极大的热情，想尽一切办法去搜集有关材料，并和同学进行认真的讨论。在省立一中，毛泽东针对辛亥革命胜利果实被袁世凯窃夺后民国有名无实的状况，继续思索兴国救民的出路。他以《商鞅徙木立信论》为题，深刻阐释了自己对社会问题的见解。文章写道：“吾读史至商鞅徙木立信一事，而叹吾国国民之愚也，而叹执政者之煞费苦心也，而叹数千年来民智之不开、国几蹈于沦亡之惨也。”文章立意高远，又切合实际，而且言之有据、见解深刻，得到国文教员柳潜的高度评价，并被当成范文让全班同学“传观”。柳潜称赞这篇作文“实切社会立论”，不仅给打了满分，而且写下150字的评语（毛泽东的作文只有600字），称作者“目光如炬，落墨大方”“精理名言，故未曾有”“逆折而入，笔力挺拔”“力能扛鼎，积理宏富”“历观生作，练成一色文字，自是伟大之器，再加功候，吾不知其所至”，说文章“有法律知识，具哲理思，借题发挥，纯以唱叹之笔出之，是为压题法，至推论商君之法为从来未有之大政策，言之凿凿，绝无浮烟涨墨绕其笔端，是有功于社会文字”。

半年的自修，使毛泽东感到收获很多且“极有价值”。大量阅读西方资产阶级启蒙思想家的著作，使他继“崇拜康梁”之后，又受到一次比较系统的反封建思想的启蒙，为后来响应新文化运动并参与其间铺平了道路。尤其是看到《世界坤舆大地图》后，他感慨万千，思想认识跃上了一个新境界。后来，他在回忆这件事时说：

> 说来也是笑话，我读过小学、中学，也当过兵，却不曾看见过世界地图，因此就不知道世界有多大。湖南图书馆的墙壁上，挂有一张世界大地图，我每天经过那里，总是站着看一看。过去我认为湘潭县大，湖南省更大，中国自古就称为天下，当然大得了不得。但从这个地图上看来，中国只占世界的一小部分，湖南省更小，湘潭县在地图上没有看见，韶山当然就没有影子了。世界原来有这么大！
>
> 世界既大，人就一定特别多。这么多的人怎样过生活，难道不值得我们注意吗？从韶山冲的情形来看，那里的人大都过着痛苦的生活，不是挨饿，就是挨冻。有无钱治病看着病死的；有交不起租谷钱粮被关进监狱活活折磨死的；还有家庭里、乡邻间，为着大大小小的纠纷，吵嘴、打架，闹得鸡犬不宁，甚至弄得投塘、吊颈的；至于没有书读，

做一世睁眼瞎子的就更多了。在韶山冲，我就没有看见几个生活过得快活的人。韶山冲的情形是这样，全湘潭县、全湖南省、全中国、全世界的情形，恐怕也差不多！

我真怀疑，人生在世间，难道都注定要过痛苦的生活吗？决不！为什么会有这种现象呢？这是制度不好，政治不好，是因为世界上存在着人剥削人、人压迫人的制度，所以使世界上大多数的人都陷入痛苦的深潭。这种不合理的现象，是不应该永远存在的，是应该彻底推翻、彻底改造的！总有一天，世界会起变化，一切痛苦的人，都会变成快活的人，幸福的人！

世界的变化，不会自己发生，必须通过革命，通过人的努力。我因此想到，我们青年的责任真是重大，我们应该做的事情真多，要走的道路真长。从这时候起，我就决心要为全中国痛苦的人、全世界痛苦的人贡献自己的全部力量。

湖南第一师范是培养新青年的摇篮。毛泽东到这里读书时，学校已开始实行“最新民本主义”的教育方针，注重“道德实践”、“身体活动”和“社会生活”，强调对学生人格和学识的全面培养。在杨昌济、徐特立、黎锦熙、方维夏等老师的引导、指点和激励下，毛泽东明确认识到“为学之道，先博而后约，先中而后西，先普通而后专门”。为此，他遍览中国古籍，从先秦诸子到明清思想家的著作，从二十四史到司马光的《资治通鉴》，从《昭明文选》到《韩昌黎全集》，从顾祖禹的《读史方舆纪要》到本省的县志，他都认真地研读。在给好友萧子升的信中，他开列了77种古代经、史、子、集的著作，说“苟有志于学问，此实为必读而不可缺”。他还特别推崇徐特立老师“不动笔墨不读书”的学习方法，在学习过程中做了大量的笔记，包括听课的、自学的、摘抄的、随感的和日记等，“积了有好几网篮”。

勤学苦练是为了励志图强。毛泽东认为，励志就是要探究真理，“志者，吾有见夫宇宙之真理，照此以定吾人心之所之之谓也”。他还说：那些想当军事家、教育家之类的人，只不过是“见前人之行事及近人之施为，羡其成功，盲从以为己志，乃出于一种模仿性”，这种“志”是盲从之志，而非“真志”，充其量“只可谓之有求善之倾向，或求真求美之倾向，不过一种之冲动耳，非真正之志也”。真正的志，不可能这么容易取得，而必须“先研究哲学、伦理学，以其所得真理，奉以为己身言动之准，立之为前途之鹄，再择其合于此鹄之事，尽力为之，以为达到之方，始谓之有志也。如此之志，方为真志，而非盲从之志”。因此“十年未得真理，即十年无志；终身未得，即终身无志”。何为真理？毛泽东通过对哲学、伦理学的深入钻研，给出了抽象却也算明确的答案：宇宙之真理，即事物之本原，或称“大本大源”，是决定人类社会历史发展的根本性力量。图强离不开对社会问题的深刻洞察和思考。毛泽东认为，中国积弊甚深，国民性惰，思想太旧，虚伪相崇，奴隶性成，因此，欲拯救中国，必须“从哲学、伦理学入手，改造哲学，改造伦理学，根本上变换全国之思想”。在写给朋友的信中，他还明确表示：“齑其躬（意思是：即便自己粉身碎骨）而有益于国与群，仁人君子所欲为也。”在 1917 年 8 月 23 日写给黎锦熙老师（当时在北京教育部做教科书特约编辑）的信中，他进一步阐述了对这个问题的看法：

天下亦大矣，社会之组织极复杂，而又有数千年之历史，民智污塞，开通为难。欲动天下者，当动天下之心，而不徒在显见之迹。动其心者，当具有大本大源。今日变法，俱从枝节入手，如议会、宪法、总统、内阁、军事、实业、教育，一切皆枝节也。枝节亦不可少，惟此等枝节，必有本源。本源未得，则此等枝节为赘疣，为不贯气，为支离灭裂，幸则与本源略近，不幸则背道而驰……今吾以大本大源为号召，天下之心其有不动者乎？天下之心皆动，天下之事有不能为者乎？天下之事可为，国家有不富强幸福者乎？

“明现今之大事，察社会之情状”是湖南一师的办学宗旨之一，也是毛泽东在当时的一个突出表现。1915 年 1 月，日本以赞助袁世凯复辟帝制为诱饵，提出了灭亡中国的“二十一条”，并于 5 月 7 日发出最后通牒。5 月 9 日，袁世凯复文表示基本接受。消息传出，举国愤慨。毛泽东在学校编印的《明耻篇》封面上写下四句誓言：“五月七日，民国奇耻；何以报仇？在我学子！”1916 年 6 月 6 日袁世凯死后，中国出现军阀混战的局面。为使人民免受战乱之苦，毛泽东希望政局稳定，对梁启超提出的“南北和解”主张表示赞成和支持。7 月 18 日，他在写给同学萧子升的信中表示：“国局自上月三十日约法、国会、内阁三大问题解决后，南方相继取消独立，撤除军务院，渐趋统一……中央举措，究可佩服。”当他从《大公报》上获悉日本内阁将要改组的消息后，又于 7 月 25 日致信萧子升，提出自己的独特见解：

无论何人执政，其对我政策不易。思之思之，日人诚我国劲敌！感以纵横万里而屈于三岛，民数号四万万而对三千万者为之奴，满蒙去而北边动，胡马骎骎入中原，况山东已失，开济之路已为攫去，则入河南矣。二十年内，非一战不足以图存，而国人犹沉酣未觉，注意东事少。愚意吾侪无他事可做，欲完自身以保子孙，止有磨砺以待日本。

23 岁的毛泽东对中日关系的分析竟言中后事，1931 年，中华民族的抗日战争爆发！

在洞察国内外政治风云变幻的同时，毛泽东也很重视对中国社会状况的实地考察。他非常推崇“古者为学，重在行事”的理念，主张“实意做事，真心求学”，认为“闭门求学，其学无用，欲从天下国家万事万物而学之”。他在《讲堂录》中写道：“马迁览潇湘，泛西湖，历昆仑，周览名山大川，而其襟怀乃益广。”“昆山顾宁人先生，生长世族，少负绝异之资，潜心古学，九经诸史，略能背诵。尤留心当世之故，实录奏报，手自钞节，经世要务，一一讲求……事关民生国民者，必穷源溯本，讨论其所以然。足迹半天下，所至交其贤豪长者。考其山川风俗，疾苦利病，如指诸掌。”为效法古人，他在1917年夏天邀约当时已从一师毕业、在楚怡小学教书的萧子升，开始在湖南徒步旅行。他们身无分文，却游历了5个县的不少乡镇，历时一个多月，走了900多里路。途中，他们结交了农民、船工、财主、县长、老翰林、劝学所所长、寺庙方丈各色人等，写了大量笔记。为了纪念这次旅行，他和萧子升还换上游学时的草鞋短褂，到照相馆里拍了一张照片。第二年春天，他又和蔡和森沿洞庭湖南岸和东岸各县游历了半个多月。从此，毛泽东养成了注重调查研究的好作风。

注重体育锻炼，是毛泽东这时养成的又一个好习惯。寒假里，他和要好的同学徒步穿过田野，上山下乡，绕行城墙，渡河过江；碰到下雨，就脱掉衣服让雨淋，说这是雨浴；烈日当空，就脱掉衬衫，说是日光浴；春风吹来时，就大声呼喊，说是风浴；在下霜后的日子里，坚持露天睡觉；到了冬天，坚持在冰冷的河水里游泳。他还根据自己的经验，专门写了一篇《体育之研究》的文章，发表在1917年4月1日的《新青年》杂志上。在文章中，他把体育和国力联系起来，说：“国力苶弱，武风不振，民族之体质日趋轻细，此甚可忧之现象也。提倡之者不得其本，久而无效，长是不改，弱且加甚。”他在文章中还列举了体育锻炼对人生的好处：强筋骨、增知识、调感情、强意志等，介绍了自己编的一套体操，提出了“欲文明其精神，先自野蛮其体魄”的口号。正是在进行这方面实践和研究的基础上，毛泽东在日记里写下了三句流传广泛而久远的名言：“与天奋斗，其乐无穷！与地奋斗，其乐无穷！与人奋斗，其乐无穷！”

随着毛泽东个人声望的不断扩大，他的周围聚集了一批志同道合的学生。他们虽然人数不多，但都是思想上很认真的人，不屑于议论琐事。他们认为时局危急，求知需要迫切，没有时间谈论私人问题。毛泽东回忆说："有一次我到一位青年的家里去，他对我说起要买些肉，而且当我的面把他的佣人叫来，同佣人谈买肉的事，然后吩咐他去买。我感到恼火，以后再也不同这个家伙见面了。我的朋友们和我只乐于谈论大事——人的性质，人类社会的性质，中国的性质，世界，宇宙！"他还同住在其他城镇的许多学生和朋友建立了广泛的通信关系。在新文化运动特别是《新青年》杂志的影响下，毛泽东逐渐认识到有必要建立一个更加严密的组织。1917 年冬，他和几个朋友一起商议组织新民学会，立即得到大家的热烈响应。经过几个月的准备工作，一个新型的社团组织——新民学会于 1918 年 4 月 14 日正式诞生。

此时的中国，正处在五四运动的前夜，一场惊心动魄的革命大潮就要到来。

五四大潮露锋芒

自助者，天助之。正当新民学会酝酿如何"向外发展"，毛泽东也从一师毕业开始选择新的生活道路时，从北京传来了筹组赴法勤工俭学的好消息。

1918 年 6 月，杨昌济应北京大学校长蔡元培之邀赴北大哲学系任教。他对蔡元培、李石曾、吴玉章等人发起组织的赴法勤工俭学活动深表赞成和支持，并及时写信把这个消息告知他的两个爱徒毛泽东和蔡和森，希望他们组织湖南家乡的有志青年来京参加。

赶赴北京打前站的蔡和森了解有关情况后，两次致信毛泽东，促其邀集会友迅速北上。信中写道："兄事已与杨师详切言之，师颇希望兄入北京大学”，以打下“可大可久之基”。

8 月 15 日，毛泽东与萧子升、张昆弟、李维汉、罗章龙、罗学瓒等一行 24 人，从长沙启程奔赴北京。19 日到达北京后，随即同蔡和森一起全力投入赴法勤工俭学的准备工作。留法预备班开设后，蔡和森赴保定学习，毛泽东留在北京继续为筹措出国路费而四处奔走。他的热情和努力深得大家的肯定和赞赏。罗学瓒在一封家信中就曾这样写道：“毛润之，此次在长沙招致同学来此，组织预备班，出力甚多，才智学业均为同学所钦佩。”

在北京期间，毛泽东虽然在生活上遇到诸多困难，但初到北京的新奇感和古都的美丽景色，也使他得到不少精神上的慰藉。他后来回忆起这段生活经历时说：

> 我自己在北京的生活条件很差，可是在另一方面，古都的景色是鲜艳而又生动的，这对我是一个补偿。我住在一个叫三眼井的地方，同另外 7 个人合住在一间小屋子里。当我们大家都挤在炕上睡觉时，挤得几乎透不过气。每逢我要翻身，往往得先同两旁的人打招呼。但是在公园里和故宫广场上，我却看到了北方的早春。当北海仍然结着冰的时候，我看到白梅花盛开。我看到北海的垂柳，枝头悬挂着晶莹的冰柱，因而想起唐朝诗人岑参咏雪后披上冬装的树木的诗句：“千树万树梨花开。”北京数不尽的树木引起了我的惊叹和赞美。

为了维持生计，毛泽东被恩师杨昌济推荐给当时担任北大图书馆主任的李大钊，并得到一个图书馆助理员的职位，负责管理阅览室的报刊和登记阅览者的姓名，每月可得到 8 元的薪金。作为新文化运动的发源地，北京大学人才荟萃，思想活跃。毛泽东在这里读到了许多新书刊，接触到许多新文化运动的著名人物，还参加了新闻学研究会和哲学研究会两个学术团体，并和在北大中文系读书的湖南同乡邓中夏结为挚友。在这种环境的感染下，毛泽东“对政治的兴趣越来越大，思想也越来越激进”。特别是在李大钊的引导和影响下，毛泽东开始了解到十月革命和马克思主义。1918 年 11 月，他到天安门广场亲耳聆听了李大钊《庶民的胜利》的演说。不久，又从《新青年》上读到李大钊《布尔什维主义的胜利》一文。虽然毛泽东这时还没有立即接受马克思主义，但是李大钊宣传马克思主义的言论却给他留下了深刻的印象。第二年，毛泽东再次到北京时，与李大钊的接触更加频繁，并在他的影响下，对布尔什维主义表现出越来越浓厚的兴趣。30 年后，毛泽东在离开西柏坡“进京赶考去”的途中，不无感慨地对身边的工作人员说：“30 年了！ 30 年前我为了寻求救国救民的真理而奔波。还不错，吃了不少苦头，在北京遇到了一个大好人，就是李大钊同志。在他的帮助下，我才成为一个马列主义者。”

毛泽东虽然没有进留法预备班学习，但是他却始终在为这件事操劳。当参加预备班的同学结束了半年的语言培训准备启程出洋时，毛泽东同他们一起于 1919 年 3 月 12 日离开北京，亲自到上海为他们送行。朋友们劝他同行，甚至在他们到达法国后还曾来信力邀。但毛泽东自有他的主意。他觉得自己对中国了解得还不够透彻，把时间花在国内会更有益处。在后来写给周世钊的信中，毛泽东对此做了详细说明：

> 我觉得求学实在没有“必要在什么地方”的理，“出洋”两字，在好些人只是一种“迷”。中国出过洋的总不下几万乃至几十万，好的实在很少。多数呢？仍旧是“糊涂”，仍旧是“莫名其妙”，这便是一个具体的证据。我曾以此问过胡适之和黎邵西（黎锦熙）两位，他们都以我的意见为然，胡适之并且作过一篇《非留学篇》。

他在信中还列举了暂不出国的三大好处：“1. 看译本较原本快迅得多，可于较短的时间求到较多的知识。2. 世界文明分东西两流，东方文明在世界文明内，要占个半壁的地位。然东方文明可以说就是中国文明。吾人似应先研究吾国古今学说制度的大要，再到西洋留学才有可资比较的东西。3. 吾人如果要在现今的世界稍为尽一点力，当然脱不开‘中国’这个地盘。关于这地盘内的情形，似不可不加以实地的调查及研究。这层功夫，如果留在出洋回来的时候做，因人事及生活的关系，恐怕有些困难。不如现在做了。”在出国留学成为时尚的背景下，毛泽东坚持己见不盲从，这是他后来能够成就历史伟业的一个重要因素。

1919 年 4 月 6 日，毛泽东从上海回到长沙。经同学周世钊推荐，他在修业小学担任历史教员。他在同周世钊交谈时明确表示：“北京、上海等地的学生正在因外交失败消息引起悲痛和愤怒，正在酝酿开展爱国运动，湖南也应该搞起来。我想在这方面做些工作。”1 个月后，五四运动爆发。凭着自己的爱国情怀和一腔热血，毛泽东闻声而动，全身心地投入到这场轰轰烈烈的爱国浪潮之中。

5 月 9 日，长沙的报纸冲破反动军阀张敬尧的新闻封锁，纷纷报道了北京学生示威游行的情况：

> 四日下午一时，北京学生五千多人，在天安门集会，举行学界的大示威。高举写了“取消二十一条”“还我青岛”“誓死力争”“保我主权”“头可断，青岛不可失”“卖国四大金刚应处死刑”的白色旗帜……游行示威的学生，行至赵家楼曹汝霖宅，打破窗户，将卖国贼旗子掷入屋中。曹宅忽然起火。
>
> 章宗祥时在曹宅，学生见之，愤而殴击，章负伤甚重。
>
> 曹汝霖狼狈逃避六国饭店，因北京人心激昂，又走奉天，藏入日租界。
>
> 驻日公使章宗祥，被学生殴伤甚重，性命已在呼吸。
>
> 北京学生现被捕三十余人，大学校长蔡元培愿独身抵罪。

消息传来，长沙城内为之震动，尤其是青年学生，他们按捺不住内心的冲动。有的说："北京学生真勇敢，真爱国！"也有的说："卖国贼罪该万死，可惜没有把他们都打死！"还有人说："我们一定要援救被捕的学生，要继续争回青岛，取消二十一条！"

5月中旬，北京学联派邓中夏回长沙联络，以便发动湖南学生起而响应，声援北京。毛泽东、何叔衡等听他介绍了北京学生运动的详细情况，并和他一起商讨成立新的湖南学生联合会一事。亲历了这一过程的蒋竹如回忆说：

> 5月23日晚上，我正在一师十三班的自习室里复习功课，忽然毛泽东同志把我叫了出去，并告诉我：北京派来了两个代表……要求湖南学生起来罢课，和北京学生采取一致行动。两代表暂住在楚怡小学何叔衡那里。我们现在要商量一下怎样响应北京的学生运动。于是，他邀我和陈书农、张国基等几个人，到一师后山草坪里，在月光下商谈了一阵。新民学会会员的活动，每个学校举一个或两三个代表，于25日上午到楚怡小学开会。

会议按照预定时间举行，并在毛泽东的主持下做出三项决议：一、成立湖南学生联合会，作为发动罢课和统一各校学生行动的领导机构；二、到会代表散会回校后，抓紧传达北京两代表的报告内容和会议的决议事项；三、全省学联成立后，立即实行罢课。

5月28日，湖南学生联合会宣告成立并通过罢课宣言。宣言称："外交失败，内政分歧，国家将亡，急宜挽救。京师学界倡正义于先，津沪群英树声援于后；内之振我民气，外之挫彼敌锋，共矢贞忠，以示天下。""我湖南学生出于良心之感发，鉴于时势之要求，决议自6月3日起，全体罢课，力行救国之职责，暂为外交之后盾。"

6月3日，长沙20所学校举行总罢课。学联代表宣读了罢课宣言，并向北京政府提出了拒绝巴黎和约、废除一切不平等条约等6项要求。毛泽东鉴于自己的教师身份，没有担任学联的领导职务，但他时刻关注并指导着学联的各项活动，并被公认为“是这个富有战斗性的新的学生组织的实际领导者”。

通过对学生运动的实际领导，毛泽东展示出过人的组织和协调能力，但他的政治才干还远远没有得到充分发挥。而且在毛泽东看来，学生运动本身因受客观条件和活动范围的限制，也难以广泛和持久地发挥它的影响和威力。为了把学生运动引向深入，毛泽东向学联建议创办一份杂志，借以宣传新思潮，并动员更多的人参加这场爱国民主运动。

当时，全国各地宣传新思潮的刊物已经如雨后春笋般地涌现出来。湖南长沙也陆续出版了《新湖南》《女界钟》《岳麓周刊》等十几种刊物，但都缺乏锐气，影响不大。根据毛泽东的倡议，湖南学生联合会决定创办一份新杂志——《湘江评论》，作为自己的机关刊物。毛泽东因有深厚的知识功底和在北京参加新闻研究会的独特经历，被聘为该杂志的主编和主要撰稿人，经过十几天的紧急筹备，《湘江评论》创刊号于7月14日正式出版。它“以宣传最新思潮为主旨”，辟有“东方大事述评”“西方大事述评”“湘江杂评”“世界杂评”“放言”“新文艺”等栏目，四开一张（增刊八开一张），每周一期，文章全部使用白话文。

为办好这份杂志，毛泽东全力以赴，呕心沥血，承受了常人难以胜任的辛劳。他的同事和“邻居”周世钊回忆说：“《湘江评论》……每期绝大部分的文章都是毛泽东同志自己写的。刊物要出版的前几天，预约的稿子常不能收齐，只好自己动笔赶写。他日间事情既多，来找他谈问题的人也是此来彼去，写稿常在夜晚。他不避暑气的熏蒸，不顾蚊子的叮扰，挥汗疾书，夜半还不得休息……我深夜睡醒时，从壁缝中看见他的房里灯光荧荧，知道他还在那儿赶写明天就要付印的稿子。文章写好了，他又要自己编辑、自己排版、自己校对，有时还自己到街上去叫卖。”

功夫不负有心人。毛泽东的辛勤耕耘换来了累累硕果。他在

1个月的时间里，亲笔写了40篇充满革命激情和战斗精神、富有远见卓识而又风格明快的评论文章。其中，影响最大、也最能反映他这一时期思想变化的是《创刊宣言》和《民众的大联合》两篇，至今读来，仍令人荡气回肠。

在《创刊宣言》中，毛泽东以极大的热情为新思潮的到来欢呼:“自‘世界革命’的呼声大倡，‘人类解放’的运动猛进，从前吾人所不置疑的问题，所不遽取的方法，多所畏缩的说话，于今都要一改旧观，不疑者疑，不取者取，多畏缩者不畏缩了。这种潮流，任是什么力量，不能阻住。任是什么人物，不能不受他的软化。”接着，他笔锋一转，论及社会现实和思想解放问题，说“世界上什么问题最大？吃饭问题最大。什么力量最强？民众联合的力量最强。什么不要怕？天不要怕，鬼不要怕，死人不要怕，官僚不要怕，军阀不要怕，资本家不要怕”。他回顾了近代以来世界上所发生的各种社会变革，阐明了思想解放在推动历史发展前进中的重大作用，指出：自文艺复兴、思想解放以来，人类应该如何生活成了一个绝大的问题。思想解放带来了人们社会生活成功的变革：宗教改革的结果，是宗教自由；文学改革的结果，由贵族的文学、古典的文学、死形的文学，变为平民的文学、现代的文学、有生命的文学；政治改革的结果，由独裁政治变为代议政治；社会改革的结果，由少数阶级专制的黑暗社会，变为全体人民自由发展的光明社会；教育方面，为平民教育主义；经济方面，为劳获平均主义；思想方面，为实验主义；国际方面，为国际同盟。他就此得出的结论是:“各种改革，一言蔽之，‘由强权得自由’而已。各种对抗强权的根本主义，为‘平民主义’。”

抨击强权是五四时期社会主义思想的重要内容，毛泽东阐发了自己对这个问题的见解。他说：宗教的强权，文学的强权，政治的强权，社会的强权，教育的强权，经济的强权，思想的强权，国际的强权，丝毫没有存在的余地，都要借平民主义的高呼，将它打倒。如何打倒强权？毛泽东不赞成暴力革命的方式，而主张采用温和改良的方法，希望实行“群众联合，向强权者作持续的‘忠告运动’，实行‘呼声革命’——面包的呼声，自由的呼声，平等的呼声——‘无血革命’”。他认为“强权者都是人，都是我们的同类。滥用强权，是他们不自觉的误谬与不幸”“用强权打倒强权，结果仍然得到强权。不但自相矛盾，并且毫无效力”。

针对当时湖南民众尚未觉醒的状况，他在最后大声疾呼：“时机到了！世界的大潮卷得更急了！洞庭湖的闸门动了，且开了！浩浩荡荡的新思潮业已奔腾澎湃于湘江两岸了！顺他的生，逆他的死。如何承受他？如何传播他？如何研究他？如何施行他？这是我们全体湘人最切最要的大问题，即是‘湘江’出世最切最要的大任务。”

在《民众的大联合》一文中，毛泽东旁征博引，纵情议论，挥洒自如，淋漓尽致地阐发了通过民众大联合实现对社会的根本改造的深刻思想和精辟见解。他说：“国家坏到了极处，人类苦到了极处，社会黑暗到了极处。补救的方法，改造的方法，教育，兴业，努力，猛进，破坏，建设，固然是不错，有为这几样根本的一个方法，就是民众的大联合。”“因为一国的民众，总比一国的贵族资本家及其他强权者要多”，而且“历史上的运动不论是哪一种，无不是出于一些人的联合。较大的运动，必有较大的联合。最大的运动，必有最大的联合。凡这种联合，于有一种改革或一种反抗的时候，最为显著”。

如何实现民众的大联合？毛泽东认为，“大联合要从小联合入手”，小联合的基础是各阶级、阶层的共同利益。农民要和种田的同类结成一个联合，以谋种田人的种种利益；工人要和做工的同类结成一个联合，以谋工人的种种利益；学生、教师、警察、车夫各色人等，都应“组成切于他们利益的各种小联合”。这样，“因为共同利益，只限于一小部分人，故所成立的为小联合。许多的小联合彼此间利益有共同点，故可成立为大联合”“由许多小的联合，进入一个大的联合。由许多大的联合，进入一个最大的联合。于是什么‘协会’，什么‘同盟’，接踵而起”。

基于这种认识，毛泽东以辛亥革命和五四运动为例，对民众大联合的实质和作用进行了剖析。他说：“辛亥革命，似乎是一种民众的联合，其实不然。辛亥革命乃留学生的发踪指示，哥老会的摇旗唤呐，新军和巡防营一些丘八的张弩拔剑所造成的，与我们民众的大多数，毫没关系。”与此形成鲜明对照的是：“陆荣廷的子弹永世打不倒曹汝霖等一班奸人。而我们起而一呼，奸人就要站起来发抖，就要舍命飞跑。这是欧洲各国被压迫人民的斗争方式；采取这种革命办法的首领，是德国的马克思。”进而，他又热情赞颂了俄国十月革命及其带来的广泛影响。他说：“俄罗斯打倒贵族，驱逐富人，劳农两界合立了委办政府，红旗军东驰西突，扫荡了多少敌人，协约国为之改容，全世界为之震动。匈牙利崛起，布达佩斯又出现了崭新的劳农政府。德人奥人截克人和之，出死力以与其国内的敌党搏战。怒涛西迈，转而东行，英法意美既演了多少的大罢工，印度、朝鲜又起了若干的大革命。异军特起，更有中华长城渤海之间，发生了‘五四’运动。旌旗南向，过黄河而到长江，黄浦汉皋，屡演活剧，洞庭闽水，更起高潮。天地为之昭苏，奸邪为之辟易。”

最后，毛泽东满怀信心地写道：“我们知道了！我们觉醒了！天下者我们的天下。国家者我们的国家。社会者我们的社会。我们不说，谁说？我们不干，谁干？刻不容缓的民众大联合，我们应该积极进行！”“我们中华民族原有伟大的能力！压迫愈深，反抗愈大，蓄之既久，其发必速……他日中华民族的改革，将较任何民族为彻底。中华民族的社会，将较任何民族为光明。中华民族的大联合，将较任何地域任何民族而先告成功……我们总要努力！我们总要拼命向前！我们黄金的世界，光华灿烂的世界，就在前面！”

《湘江评论》一经问世，立刻在社会上引起了轰动。创刊号印了 2 000 份，第一天就被抢购一空。加印了 2 000 份，不到 3 天也卖光了。从第二期起，每期印 5 000 份，仍不能满足外地读者的需求。湖南全省和武汉、广州、成都等地的青年学生和进步教师，成为它的热心读者，每期出版，都争相阅读。有的说：“《湘江评论》就是湘江的怒吼。”也有人说：“《湘江评论》就是湖南人民的声音。”上海出版的《湖南》月刊评价说：“著论选材，皆极精辟，诚吾湘前所未有之佳报。欲知世界趋势，及湘中曙光者，不可不阅。”北京《晨报》说它“内容完备”，“魅力非常足”。创刊号寄到北京后，李大钊、陈独秀都给予高度重视和评价，称其为当时全国最有分量、见解最深的刊物。胡适主编的《每周评论》第 36 期则称赞说：“武人统治之下，能产生出我们这样一个好兄弟，真是我们意外的收获。”“《湘江评论》的长处是在议论的一个方面。第二、第三、第四期的《民众的大联合》一篇大文章，眼光很远大，议论也很痛快，确是现今的重要文字。”成都的《星期日》、北京的《又新日报》、上海的《时事新报》等，都全文或部分刊载了《民众的大联合》一文。

伴随着《湘江评论》的广泛流传，毛泽东的名字和政治才干，也赫然呈现在国人面前，并引起舆论和思想界的高度重视。

然而，更值得注意的是毛泽东的思想变化。他的文章之所以引人瞩目并能打动人心，原因之一是他在文章中“流露”出了许多新的思想和观点。这些思想和观点清楚地表明，经过五四大潮的洗礼，毛泽东的思想认识已经开始朝着马克思主义方向转变了：他已经不再着力于从精神方面探讨宇宙的“大本大源”并用其来解释世界，而是开始注意决定精神观念的社会物质基础，致力于研究社会现实和用唯物主义的观点观察社会历史了；他也不再单纯看重个人的力量和推崇哲人圣贤在历史上的创造作用，而是把目光转向人民大众，主张用民众的大联合实现救国救民的理想。

毛泽东的这种思想转变，既是他一贯重视探求事物本原和宇宙真理的必然结果，也是五四以后研究和宣传社会主义成为中国进步思想界主流的一个具体体现。

确立马克思主义信仰

就在毛泽东全力投入《湘江评论》的编写工作时，全国范围的反帝爱国运动已经取得了胜利。在学生罢课、工人罢工、商人罢市的强大压力下，北洋政府于6月10日宣布罢免曹汝霖、陆宗舆、章宗祥三个卖国贼的职务，并承诺不在巴黎和约上签字。6月28日，中国代表果然没有出席巴黎和约的签字仪式。这是中国有史以来由知识分子所发动的、第一次取得成功的“造反”运动。它的杰出的历史意义，在于“它带着为辛亥革命还不曾有的姿态，这就是彻底地不妥协地反帝国主义和彻底地不妥协地反封建主义”。它的最伟大的功绩，在于“启导广大人民的觉悟，准备革命力量的团结”。

五四运动后，中国的先进分子开始认识到帝国主义列强联合压迫中国人民的实质。因此，他们普遍对社会主义怀有极大的兴趣。不过，这个时候的社会主义，流派繁多，意义纷乱，既有马克思主义，也有无政府主义、新村主义、合作主义、泛劳动主义、基尔特社会主义、社会民主主义，等等。起初，人们对社会主义的认识还只是一种朦胧的向往，有如“隔着窗纱看晓雾”，并不十分清晰。

在传播马克思主义的过程中，李大钊发挥了主导性的作用。1919年5月，《新青年》出版了一期由李大钊主编的“马克思主义专号”，并发表了他系统介绍马克思主义理论的文章《我的马克思主义观》。文章指出：马克思主义是他的历史论、经济论和政策论，即唯物史观、经济学说和社会主义理论的统一，“而阶级竞争说恰如一条金线，把这三大原理从根本上联络起来”。

初期新文化运动的思想领袖陈独秀，在五四后也开始宣称：军国主义、金力主义已经造成了无穷的罪恶，“现在是应该抛弃的了”。他逐步认识到，“共和政治为少数资本阶级所把持”“要用它来造成多数幸福，简直是妄想”。并且提出：我们不应当再走“欧美、日本的错路”。1920 年 9 月，陈独秀发表《谈政治》一文，明确宣布：“我承认用革命的手段建设劳动阶级（即生产阶级）的国家，创造那禁止对内对外一切掠夺的政治、法律，为现代社会第一需要。”

这个时候的毛泽东，已经对马克思主义有了初步的了解和认识，并且开始运用唯物史观来观察世界。但是，在改造社会的方式问题上，他不赞成采用暴力革命的手段，而是把推行温和的改良作为自己的行动方针。从毛泽东当时的言论和行动来看，他算得上是一个十足的人道主义者，就连他本人也没有想到自己后来会成为一名职业革命家。他最终放弃社会改良的观念，接受暴力革命的主张，是伴随着他对马克思主义理论和十月革命实践的了解不断增多和认识逐步加深，并且在推行社会改良的种种试验屡屡失败、“山穷水尽诸路皆走不通了”之后，才得以最终实现的，而且在很大程度上是因为形势所迫，被“逼上梁山”的。正如 1961 年 9 月毛泽东在同英国蒙哥马利元帅谈话时所说：“革命不是哪里想干不想干的问题，我最初就没有想过干革命的问题。我那时当小学教员，当时也没有共产党，是因为形势所逼，不能不干。”

创办《湘江评论》，可以说是毛泽东主张实行社会改良的一个具体途径，是一种“呼声革命”的改良办法。但是，在军阀当道、强权统治的社会现实底下，连这种“呼声革命”都难以进行。1919 年 8 月中旬，《湘江评论》第 5 期刚刚印出，就遭到湖南军阀张敬尧的查封，罪名是宣传“过激主义”。与此同时，湖南学生联合会也被强行解散。

这一事件虽然使毛泽东受到很大刺激，但是，他没有因此而放弃社会改良的主张。《湘江评论》遭查封后，毛泽东一方面先后利用《新湖南》《大公报》《女界钟》等报刊，继续开展“批评社会、改造思想、介绍学术、讨论问题”的舆论宣传，批判封建礼教和家族制度，提倡妇女解放和社会解放；另一方面又提出了一个改造社会的“新村”建设构想，并把计划书中的一章——《学生之工作》发表在1919年12月1日出版的《湖南教育月刊》上，以便引起社会的关注。甚至在策动和领导驱张运动过程中，毛泽东仍然主张组织请愿代表团，分赴北京、上海、广州和湖南各地进行呼吁和联络，以求造成广泛的社会舆论，并借助各方面的压力“去除张毒”。

1919年12月18日，毛泽东亲自率领赴京驱张代表团抵达北京。经多方联络与协商，于12月29日组成了“旅京湖南各界联合会”，作为驱张活动的机关。代表团在京期间，曾先后进行过7次请愿活动，向北洋政府提出驱张要求。为借重新闻舆论的力量，争取更广泛的社会支持，毛泽东还组织成立了“平民通讯社”，自任社长，向京、津、沪、汉等地各大报刊发出大量有关驱张的稿件、呈文、通电和宣言。长达半年的驱张努力，虽然揭露了张敬尧的种种罪行并使他声名狼藉，但是并没有取得把张敬尧赶出湖南的预期结果。最终迫使他退出湖南的，还是直系军队和湘军的武力威胁。毛泽东的改良梦想，又一次受到了冲击。

但在1920年6月张敬尧被逐出湖南以前，毛泽东对驱张运动的前景是充满信心的，而且他坚持把驱张看作是从根本上改造社会的一种手段。所以，在从事驱张活动的同时，他也在思考驱张以后湖南的建设应当怎么搞的问题。3月20日，毛泽东写信给在北京的黎锦熙老师，并把他起草的具有明显改良性质的《湖南建设问题条件商榷》寄去征求意见。虽然他明确表示“从中国现下全般局势而论，稍有觉悟的人，应该就从如先生所说的‘根本解决’下手”，并且觉得自己提出的改良措施不过是“枝枝节节的向老虎口里讨碎肉”，但他坚持认为，“在中国现状内实在是‘上货’”，如果连这些都不去做，“便觉太不好意思了”。

在北京期间，毛泽东还曾就建设新村的设想与有关方面进行过联络。1920 年 2 月，他饶有兴味地参观了少年中国学会发起人王光祈试办的女子工读互助团，考察了她们以共产互助为特征的新生活。4 月 7 日，他又登门拜访了中国新村运动的倡导人周作人。

不过，毛泽东接触更多的人是李大钊。他和李大钊多次讨论过赴俄留学的问题，并在李大钊的影响下，高度关注报刊上发表的介绍马克思主义的文章，还特别留心搜集和阅读中文版的马克思主义书籍。1936 年，他同斯诺谈话时曾就此回忆说：

> 我第二次到北京期间，读了许多关于俄国所发生的事情的文章。我热切地搜寻当时所能找到的极少数共产主义文献的中文本。有三本书特别深刻地铭记在我的心中，使我树立起对马克思主义的信仰。我接受马克思主义，认为它是对历史的正确解释，以后，就一直没有动摇过。这三本书是：陈望道翻译的《共产党宣言》，这是用中文出版的第一本马克思主义的书，考茨基著的《阶级斗争》，以及柯卡普著的《社会主义史》。到了 1920 年的夏天，我已经在理论上和在某种程度的行动上，成为一个马克思主义者，而且从此我也自认为是一个马克思主义者了。

促使毛泽东接受马克思主义的，还有苏俄政府发表的两次对华宣言以及陈独秀对他的影响。

1919 年 7 月 25 日，苏俄政府发表第一次对华宣言，宣布废止沙俄时期同中国签订的一切不平等条约，无条件归还中国中东铁路及租让之一切矿产、森林和其他各种产业，放弃庚子赔款俄国部分，废弃一切特别权利和在中国境内的俄国贸易区。1920 年 2 月，苏俄政府又发表了同中国建立平等外交关系的通告。这两次对华宣言在 1920 年的 3、4 月间冲破反动派的新闻封锁，由《东方杂志》等刊物公之于众。长期饱受资本主义列强欺凌的中国人民得知宣言的内容后，大受鼓舞，“无任欢喜”。《新青年》刊登了中国舆论界的反应，并且指出：宣言体现了俄国宪法的“要铲除资本主义侵略主义的精神”，我们应该由此前进一步，“研究俄国劳农政府的主义”，赞同“俄国劳农政府所根据的真理”。宣言的发表，对于马克思主义在中国的进一步传播，给予了新的有力推动。毛泽东后来在《论人民民主专政》一文中曾就此指出：“十月革命一声炮响，给我们送来了马克思列宁主义。”

1920 年 4 月 11 日，毛泽东离开北京赶赴上海。他此行的主要目的是与彭璜率领的驱张代表团会合，共商驱张后的湖南建设问题，同时，顺便为第二批赴法勤工俭学的新民学会会员送行。当时，陈独秀正在上海与李达、李汉俊等人筹组共产党早期组织。毛泽东曾多次会晤陈独秀，与他讨论马克思主义和湖南改造促进会的工作计划等问题。毛泽东后来回忆说：“我第二次到上海去的时候，曾经和陈独秀讨论我读过的马克思主义书籍。在我一生中可能是关键性的这个时期，陈独秀表明自己信仰的那些话给我留下了深刻的印象。”“他对我的影响也许比其他任何人的影响都大。”

张敬尧被逐出湖南后，毛泽东于 1920 年 7 月 7 日回到长沙。这时已经树立起马克思主义信仰的他，一方面致力于创办文化书社，宣传马克思主义和新文化，另一方面积极倡导并为实行湖南自治而奔走。又经过近半年的艰难跋涉和痛苦思索，毛泽东最终放弃了社会改良的观念，接受了阶级斗争和无产阶级专政学说，完全确立了对马克思主义的信仰。

1920 年 7 月 31 日，毛泽东起草的《文化书社缘起》刊登在湖南《大公报》上，文章称：“一枝新文化小花，发现在北冰洋岸的俄罗斯。几年来风驰雨骤，成长得好，与成长得不好，还依然在未知之数。”“湖南人现在脑子饥荒实在过于肚子饥荒，青年人尤其嗷嗷待哺。文化书社愿以最迅速、最简便的方法，介绍中外各种最新书报杂志，以充青年及全体湖南人新研究的材料。”文化书社于 8 月 2 日正式成立，9 月 9 日开始营业。它经营的书刊有《马格斯资本论入门》《社会主义史》《新俄国之研究》《劳农政府与中国》《现代教育之趋势》，以及《新青年》《劳动界》《少年中国》《新生活》等。

在宣传马克思主义和新文化的过程中，毛泽东对俄国革命给予了特殊关注。8 月 22 日，毛泽东与方维夏、彭璜、何叔衡等人举行会议，筹备成立俄罗斯研究会，确定“以研究俄罗斯一切事情为宗旨”，提倡赴俄勤工俭学。9 月 16 日，研究会正式成立，毛泽东被选举为书记干事。毛泽东这时与在上海的陈独秀保持着密切联系。他先后推荐《共产党月刊》上的一些重要文章在华南《大公报》上发表，如《俄国共产党的历史》《列宁的历史》《劳农制度研究》等，对湖南青年产生了深刻影响。

与此同时，毛泽东还为实现湖南自治而奔走呼号。在上海时，他就曾与彭璜等起草了《湖南人民自决宣言》，并发表在《天问》周刊和《时事新报》上。获悉张敬尧被逐出长沙的消息后，他又先后在《时事新报》上发表了《湖南人再进一步》《湘人为人格而战》《湖南改造促成会复曾毅书》等文章，阐述了他对实行湖南自治的主张。当时他就深刻地意识到，旧的张敬尧走了，还会有新的张敬尧回来，“社会的腐朽，民族的颓废，非有绝大努力，给他个连根拔起，不足以言摧陷廓清”，而根除的办法，是废督裁兵，实行民治。他提出：“湖南的事，应由全体湖南人民自决。”在长沙，当他得知新任湖南督军谭延闿发表通电，声称将采取“湖南自治”“还政于民”政策的消息后，又接连在长沙《大公报》上发表《湖南建设问题的根本问题——湖南共和国》《绝对赞成湖南门罗主义》等文章，进一步阐发了对实行湖南自治的看法和主张。

毛泽东在文章中提出了建立“湖南共和国”的大胆设想，认为自辛亥革命以来，“九年假共和大战乱的经验，迫人不得不醒觉，知道全国的总建设在一个时期内完全无望。最好办法，是索性不谋总建设，索性分裂，去谋各省的分建设，实行‘各省人民自决主义’。二十二行省三特区两藩地，合共二十七个地方，最好分为二十七国”。他还说：列宁领导的俄国革命，是“彻底的总革命”。中国如有彻底的总革命，我也赞成。但是，中国现在没有大中国建设的基础，政府大乱而特乱。我料定这种现象至少要延长七八年，以后中国当发生大分裂，由武人官僚割据垄断，政治更加腐败。各省人民因不堪军阀的垄断之苦，奋起而争自由，是必至之势。如此者十年乃至二十年后，再有异军苍头特起，乃是彻底的总革命。因此，他呼吁：“我们应该努力，先以湖南共和国为目标，实施新理想，创造新生活，在潇湘片土开辟一个新天地，为二十七个小中国的首倡。”

同时，他还针对谭延闿提出的“湘人治湘”进行了一番剖析和批驳，提出了“湘人自治”的概念。他指出：湖南人民所要求的，不是“湘人治湘”，而是“湘人自治”。因为“湘人治湘”是“把少数特殊人做治者，把一般平民做被治者；把治者做主人，把被治者做奴隶”。因此，湖南自治应搞成源自下层的政治运动，就像“俄国的政治全是俄国的工人农人在那里办”一样。否则，所谓的自治，一定是腐败的、虚伪的。

这些言论表明：一方面，毛泽东这时已经开始把俄国十月革命与中国国情相结合，认真思考实现“根本改造”的具体途径，并且用阶级的观点来分析不同社会力量的政治倾向了。另一方面，他还没有完全放弃实行社会改良的想法，仍然把类似放大了的“新村”、带有一定改良特征的“先分后合”的救国方案，看成是“进于总解决的一个紧要手段”。

然而，时隔不久，湖南自治运动夭折。毛泽东对几年来自己的思想和实践进行深刻反思和总结，彻底抛弃了社会改良幻想，义无反顾地走上了革命的道路。

1921 年 11 月 25 日，毛泽东在写给向警予、欧阳泽、罗章龙等人的信中表示：“几个月来，已看透了。政治界暮气已深，腐败已甚，政治改良一途，可谓绝无希望。吾人惟有不理一切，另辟道路，另造环境一法。”必须“另造环境，长期的预备，精密的计划”。“注意于固有同志之联络砥砺，以道义为中心，互相劝勉谅解，使人人如亲生的兄弟姊妹一样。然后进而联络全中国的同志，进而联络全世界的同志。以共谋解决人类各种问题。”“要造成一种有势力的新空气”，使新民学会“不可徒然做人的聚集，感情的结合，要变为主义的结合才好。主义譬如一面旗子，旗子立起了，大家才有所指望，才知所趋赴”。

同年 12 月 1 日，毛泽东在给蔡和森等旅法新民学会会友的信中，又进一步明确表示：“深切赞同”蔡和森关于组织共产党、实行阶级斗争和无产阶级专政、走俄国人道路的主张；不同意萧子升等人的改良主张。他解释说：温和改良的法子，“理论上说得通，事实上做不到”“历史上凡是专制主义者，或帝国主义者，或军国主义者，非等到人家来推倒，绝没有自己肯收场的”“俄国式的革命，是无可如何的山穷水尽诸路皆走不通了的一个变计，并不是有更好的方法弃而不采，单要采这个恐怖的方法”。

毛泽东在表达上述思想时，已经“老老实实地来开始研究实际的阶级斗争”，并在行动上开始了“另造环境”的工作，紧锣密鼓地开展筹建长沙共产党早期组织和社会主义青年团了。从此，他在马克思主义理论指导下，全身心地投入到了争取民族独立和人民解放的伟大斗争之中。

第2章

中流击水

毛泽东与第一次国共合作

天行健，君子以自强不息。

——题记

在中国革命历史上，第一次国共合作具有双重的转折意义：它的形成推动了国民革命高潮的到来，它的破裂又导致了轰轰烈烈的大革命的失败。已经步入“而立”之年的毛泽东，亲身经历了国共合作的全过程，并且在两党中担负着重要的领导职务。在国共关系复杂多变、大革命洪流跌宕起伏的这个非常时期，毛泽东始终保持着清醒的头脑、昂扬的斗志。他审时度势、激流勇进，既大胆开拓，又细心求证，表现出独特的政治眼光、顽强的拼搏精神、高超的斗争艺术和杰出的领袖才干，预示着一代伟人即将诞生。

中共三大进班子

1923 年 6 月 12 日至 20 日，中国共产党第三次全国代表大会在广州召开。在这次会议上，刚刚步入“而立”之年的毛泽东，第一次进入了中共中央的领导层。他不仅以高票当选为中央执行委员会的正式委员，而且进入了由陈独秀等五人组成的中央局（相当于后来的政治局）。用今天的话说就是“进了班子”。陈独秀为中央局委员长，毛泽东为中央局秘书。根据《中共中央执行委员会组织法》的规定，“秘书负本党内外文书及通信及开会之责任，并管理本党文件。本党一切函件须由委员长及秘书签字”。“执行委员会之一切会议，须由委员长与秘书召集之。”后来，在中央局下面分设宣传、组织、工农、妇女各部，毛泽东兼任组织部长。

作为中国共产党的创始人之一，毛泽东曾代表湖南出席过中共一大。在这次会议上，他担任会议记录，只做过一次发言，给人留下的印象是“老成持重，沉默寡言”。1922 年 6 月中共二大召开时，毛泽东正在上海组织反对赵恒惕的运动。他本想参加会议，但忘记了开会的地点，又找不到自己的同志（当时党的活动处于秘密状态），结果与这次大会失之交臂。

在中共三大召开之前，毛泽东就奉中央执行委员会委员长陈独秀之约，到上海中央机关工作。随后，他与共产国际代表马林等先期抵达广州，进行大会的筹备工作。所以，他这次参加会议，没有遇到任何麻烦，并且因事先有所准备而在大会上做了多次发言，其表现让会议其他代表颇有“士别三日”之感。

有“为”才有“位”。毛泽东在这次会议上进入中央领导层，固然与陈独秀和马林这两位党内权威人物对他的“赏识”有关，但是，从根本上讲，他此前工作上的出色表现和对待国共合作问题的积极态度，成为他成功当选的关键所在。

从中共一大至三大的两年时间里，毛泽东在湖南积极从事建立地方党团组织、发展党团员和组织工人运动等方面的工作，还创办了一个“平民主义”性质的自修大学，作为理论学习和宣传的公开场所。

还在中共一大开会期间，毛泽东就已经开始考虑如何开展下一步工作的问题。中共一大代表李达曾回忆说：“毛泽东同志在代表住所的一个房子里，经常走走想想，搔首寻思，他苦心思索到这样的地步：同志们经过窗前向他打交道的时候，他都不曾看到，有些同志不能体谅，反而说他是个‘书呆子’‘神经质’，殊不知他是正在计划着回到长沙后如何推动工作。”

8 月中旬回到长沙后，毛泽东很快就与何叔衡一起开始了筹建湖南地方党组织的工作。10 月 10 日，中共湖南支部宣告成立。这是中国共产党内的第一个省级组织。此后，毛泽东又相继深入到长沙、安源、衡阳等地的各类工厂和学校，发展工人和学生中的先进分子入党，并建立党的基层组织。在工作中，他力戒空谈、不务虚名，为接近工人，脱下长衫，换上粗布短褂，赤脚穿着草鞋，到工人聚集的地方去，同他们交朋友。经过一番艰苦细致的工作，到 1922 年 5 月已经发展党员近 30 人，并分别在长沙的省立第一师范、衡阳的省立第三师范和安源煤矿等地建立了党支部或党小组。其中，中共安源支部成立于 1922 年 2 月，是湖南最早的产业工人支部。

1922 年 5 月，在中共湖南支部的基础上，毛泽东与何叔衡又组建了中共湘区委员会。毛泽东任书记，何叔衡、易礼容、李立三等为委员，共有 30 名党员。

此后，毛泽东以中共湘区委员会书记兼社会主义青年团长沙执行委员会书记的身份，大力开展湖南省的团组织建设工作。在 6 月 7 日至 7 月 15 日的一个多月时间内，他连续三次写信给当时在团中央工作的张秋人，汇报和联络有关团的建设工作。6 月 17 日，他主持召开长沙地区团员大会，根据中共中央局关于加快发展团员的通告精神，改组了长沙团地委。6 月 20 日，他又致信团中央书记施复亮，汇报了长沙团地委改组以及衡州、常德、萍乡、醴陵等地方团组织的建设情况，并就团干部的任期和各省分区建立地方团的执行委员会问题提出自己的建议。

根据中共一大确定的工作重点，毛泽东以中国劳动组合书记部湖南分部主任的身份，负责领导了湖南的工人运动。他首先进行了争取湖南劳工会的工作，帮助其领导人黄爱、庞人铨对劳工会进行了改组。1921 年 11 月 21 日，毛泽东与黄、庞二人商议劳工会改组事宜，并在《劳动周刊》上发表了《所希望于劳工会》一文，对改组劳工会提出了三点建议：一是“劳动组合的目的，不仅在团结劳动者以罢工的手段取得优益的工资和缩短工作时间，尤在养成阶级的自觉，以全阶级的大团结，谋全阶级的根本利益”；二是工会组织应有民主产生的全权办事机构，旧的行会组织要不得，职员太多分部太繁也要不得；三是工人应该自己养活工会，要准备罢工基金和选举基金，以加强工人对工会的组织观念。毛泽东的建议得到采纳，劳工会由原来各工团的合议制，改变为书记制，将过去的 8 个部集中为书记、教育、组织 3 个部。黄、庞二人还接受了毛泽东提出的“小组织大联合”主张，按照产业或行业联合的原则，改组了劳工会的基层组织，先后成立了土木、机械、印刷等 10 多个工会。劳工会从此进入新的发展阶段。在毛泽东的教育和影响下，黄爱、庞人铨逐步摆脱了无政府工团主义的影响，确立起对马克思主义的信仰，并于 1921 年冬加入了中国社会主义青年团。

1921 年 12 月中旬，共产国际代表马林在张太雷陪同下到桂林拜访孙中山，途经长沙时做短暂停留。毛泽东出面接待，并介绍黄爱、庞人铨与他会面，请他“花了一个晚上”的时间给他们讲阶级斗争和俄国革命的情况。12 月 25 日，根据中共中央局的指示，毛泽东通过湖南劳工会和省学联，发动长沙 1 万多工人、市民和学生举行示威游行，反对在美国华盛顿举行的列强“共同支配中国”的所谓太平洋会议。这是改组后的劳工会组织的第一次大规模活动，在全国产生很大影响，也标志着劳工会已经跳出经济斗争的小圈子，开始把政治目标放在了斗争的首位。

根据改组劳工会取得的经验，从 1922 年下半年到 1923 年初，毛泽东又先后领导发动了安源路矿、粤汉铁路、水口山铅锌矿和长沙泥木工人等一系列的大罢工，掀起了湖南工人运动的高潮。

与此同时，毛泽东还利用船山学社的社址和经费，于 1921 年 8 月创办了以研究马列主义和培养革命干部为主要目标的湖南自修大学。学校坚持理论联系实际的原则，采取“自学为主”的方法，“求知识与劳力两阶级之接近”，“取古代书院的形式，纳入现代学校的内容”，开设文、法两科 10 多个专业。次年 9 月，又开办了附设补习学校。在历时两年零三个月的时间里，共培养了来自湖南

34个县和外省4个县的200多名青年，许多学生后来成了革命骨干。1923年4月，毛泽东奉陈独秀之召离湘赴沪前夕，自修大学又创办了《新时代》校刊，由李达担任主编，成为宣传马克思主义的喉舌。

毛泽东的工作成绩和实干精神，深得陈独秀和马林的赏识。陈独秀在中共三大上总结党的工作时，曾直言不讳地说："我们可以说，上海的同志为党做的工作太少了。北京的同志由于不了解党组织，造成了很多困难。湖北的同志没有及时防止冲突，因而工人的力量未能增加。只有湖南的同志可以说工作得很好。"马林在给共产国际的报告中也曾谈到："上海给了我一个悲观的印象。到了南方我体验到，有可能进行有益的工作，而且定会卓有成效。在一些省城，我发现中国青年对社会主义问题非常感兴趣。我在长沙、桂林、广州和海丰都参加了青年的集会。那里有青年学生的各种地区性俱乐部，研究关于无政府主义和社会主义理论。一般说来，这些青年组织实际上对工人运动的发展起不了多少作用。只有在长沙，我们的青年组织举行了反对华盛顿会议的示威游行，并建立了一个纺织工人协会，这个工会组织于1921年12月底举行了罢工。"后来他又在《工作记录》中记载《向导》周报的发行情况时写道："周报顺利。7期，湖南最好。3 500份已售出。"

中共三大的主要任务是正式确定国共合作的方针。因此，对国共合作的态度如何，决定着中央领导成员的"上下"和会议代表的"取舍"。毛泽东入选中央领导层，无疑与他赞成和支持国共合作的态度有关。但是，他对国共合作的支持，主要是基于自己对革命形势的分析和对斗争策略的抉择，而不是像张国焘后来所说的那样为了谋取领导职位而"见机行事"。

如前章所述，早在1919年创办《湘江评论》时，毛泽东就曾明确提出过"民众大联合"的思想。虽然他没能出席中共二大，但是，他对大会宣言提出的民主革命纲领以及关于建立"民主的联合战线的决议案”的精神，无疑是了解的，并且在后来领导工人罢工的实际斗争中，积累了建立统一战线的宝贵经验。1923 年 4 月，他在奉陈独秀之约去上海中央机关工作之前，曾在湖南自修大学主办的《新时代》创刊号上发表《外力、军阀与革命》一文，运用马克思主义的阶级分析方法，对中国的政治形势和各派势力进行了深刻分析，既体现了中央有关文件的精神，又反映了他本人的认识水平和基本态度。

文章指出：由于国际资本主义对军阀势力的支持，也由于中国分散、落后的农业经济，“最近之将来一个时期内，中国必仍然是军阀的天下：政治更发黑暗，财政更发紊乱，军队更发增多，实业教育更发停滞，压迫人民的办法更发厉害。”这个时期内，是外力和军阀勾结为恶，是必然成为一种极反动极混乱的政治的，而“政治愈反动愈混乱的结果，是必然要激起全国国民的革命观念，国民组织能力也会要一天进步一天”。

文章又分析说：目前国内的政治势力有三派，一是革命的民主派，二是非革命的民主派，三是反动派。其中，“革命的民主派主体当然是国民党，新兴的共产派是和国民党合作的。非革命的民主派，以前是进步党，进步党散了，目前的嫡派只有研究系。胡适黄炎培等新兴的知识阶级派和聂云台穆藕初等新兴的商人派也属于这派。反动派的范围最广，包括直皖奉三派”。就各派的发展趋势而言，“前两派在稍后的一个时期内是要合作的，因为反动势力来得太大了”。共产党应暂时放弃最激进的主张，去和较激进的国民党合作，非革命的民主派也会暂时放弃他们非革命的主张，去和国民党合作。这样就有可能“成功一个大的民主派”，中国政治的结局，将是“民主派战胜军阀派”。

抵达广州后，毛泽东又在《向导》周报上发表文章，进一步阐述了对中国革命的基本看法：“中国现在的政治问题，不是别的问题，就是简单的一个国民革命问题。用国民的力量来打倒军阀并打倒和军阀狼狈为奸的外国帝国主义，这是中国国民的历史使命。”为完成这一神圣的历史使命，有必要建立一个“严密的联合阵线”，“用革命的方法，开展一个新时代，创造一个新国家”。

中共三大又是在经过激烈争论后才最终确定国共合作方针的。会上争论的焦点问题有两个：一是国共合作的形式，即要不要实行“党内合作”；二是国共合作的范围，即要不要让全体党员特别是产业工人都加入国民党。

在这两个问题上持反对意见的是张国焘、林育南和蔡和森等人。争论也由此而起。

张国焘的意见是：工人阶级只能在“自己政党旗帜下”进行革命，反对全体共产党员特别是产业工人加入国民党，去搞党内合作，否则会取消共产党的独立性，“有混乱无产阶级思想的危险”。他也不同意在劳动群众中发展国民党组织，并强调说：“我们至少应在北方打出共产主义或劳动组合书记部的旗帜，去独立地开展工会的工作。”

林育南发言说：“不加入国民党我们也能做国民运动。我们应该揭露国民党的改良主义倾向，有必要成立一个工农党，因为不能用我们共产党人的名义。”他也明确表示反对替国民党介绍党员。

蔡和森则强调说：“根据共产国际执委会的决定，与国民党联合，组成统一战线，必须保持我们的独立性。陈独秀把工人置于国民党的旗帜下，这是违反上述决定的。在统一战线中，无产阶级如果不能掌握全部领导权，至少应拥有部分领导权。如果目前中国的国民运动非常高涨，那么工人就不需要独立的政党。”

除了马林和陈独秀对上述观点进行批驳外，其他多数代表也不同意张国焘等人的观点。如瞿秋白说：“国民党的发展，并不意味着牺牲共产党，相反，共产党也得到了自身发展的机会。”“要么我们不许工人参加国民党，让国民党得到资产阶级、军阀给予的帮助从而日趋反动，要么我们领导无产阶级加入国民党，使后者具有革命性，哪种办法更好？”邓中夏也说：“批评国民党轻视群众也是不对的，因为我们看到他们的党内也有群众。”李大钊则表示：应该参加，但领导者应是无产阶级。他说：“过去和将来国民运动的领导因素都是无产阶级。我们不要害怕参加国民运动，应该站在运动的前列。我们已经加入国民党，但还没有工作。没有迹象表明我们没有希望。”

毛泽东在发言中支持国共合作的政策，说：“在中国，资产阶级革命行不通。希望在中国实现国际合作，出现一个和平时期，那时资本主义发展将非常迅速，中国无产阶级人数也会大量增加。小资产阶级控制了国民党。我相信目前小资产阶级能够领导。这就是我们加入国民党的原因。我们不应该害怕加入国民党。”他还根据领导湖南工人运动的经验，详细说明了搞联合阵线的必要性，认为大批工农加入国民党，正可以改造它的阶级成分，和资产阶级建立联合阵线，是共同完成民族民主革命的需要。

除了就国共合作发表自己的看法之外，毛泽东还专门就农民问题发表了独到见解。他说：“湖南工人数量很少，国民党员和共产党员更少，可是满山遍野都是农民。”因此，“任何革命，农民问题都是很重要的。国民党在广东有基础，无非是有些农民组成的军队，如果我们也注重农民运动，把农民发动起来，也不难形成像广东的局面。”张国焘后来曾说，提出农民运动问题，是毛泽东“这个农家子弟对于中共极大的贡献”。

中共三大上关于国共合作发生的激烈争论，既说明这一问题本身的复杂性和代表们对党的事业高度负责的精神，也反映出当时党内思想活跃、作风民主的良好状况。35 年后，毛泽东在 1958 年 3 月 9 日成都会议上回顾党的历史时，曾这样说道：“我们党从建党到北伐这一时期，即 1921 年至 1927 年，虽有陈独秀机会主义的错误，但当时党的作风比较生动活泼。”而这也正好说明，毛泽东在中共三大上当选中央领导成员并非偶然，而是由多种因素促成的。

经过充分讨论，大会通过了“党内合作”的主张，决定全体共产党员以个人名义加入国民党，同时保持共产党组织的独立性。

国民党内展才干

中共三大以后，国共合作的步伐大大加快。中共各级组织积极宣传和动员党团员和革命青年加入国民党，并且在全国范围内推进国民革命运动。

1923 年 9 月 16 日，毛泽东从上海回到长沙，贯彻落实中共三大有关国共合作的决议，指导中共湘区委员会筹组国民党湖南地方组织。28 日，他写信给彭素民和林伯渠（二人当时分别任国民党中央总务部正、副部长），汇报了有关情况：“关于本党在湘发展，虽在军事时代仍应努力进行，昨与夏希（即夏曦）同志（夏希极能做事，在学生界有力量）商议分三步办法：第一步组织长沙支部；第二步组织常德衡州及其他可能的分支部；第三步再组织湖南总支部。关于长沙支部，现决定即日租定房子成立筹备机关（秘密的），多邀信仰三民主义及有活动能力的人入党，然后开成立大会推出候补支部长，呈请本部委任。”在他的指导下，湖南国民党组织的筹建工作进展顺利。10 月初，国民党长沙支部成立，毛泽东正式加入中国国民党，成为一名“跨党分子”。

与此同时，国民党的改组工作也在紧锣密鼓地进行。1923 年 10 月 6 日，孙中山从苏联聘请的政治顾问鲍罗廷到达广州。他带来了列宁建党的具体经验，对国民党改组提出了许多建议，并为孙中山所接受，如：尽早召开党的全国代表大会、修改党纲、制定党章、在广州和上海首先建立党的坚强的团结核心等。在鲍罗廷的帮助下，孙中山正式委任廖仲恺、汪精卫、张继、戴季陶、李大钊 5 人为国民党改组委员，由其负责办理国民党本部的改组事宜。10 月 25 日，孙中山又召开特别会议，委任廖仲恺、谭平山等 9 人组成新的国民党临时中央执委会，任命汪精卫、李大钊等 5 人为候补执委，并请鲍罗廷代为起草国民党党章。孙中山在会上讲话指出：“同是革命，何以俄国能成功，而中国不能成功？概俄国革命全由于有组织有训练的革命党及党员之奋斗。”“吾党要从今日起……不专尚个人的奋斗，要靠党的成功。”随后不久，他在给蒋介石的信中又明确表示：“我党今后之革命，非以俄为师，断无成就。”11 月，国民党临时中央执委会发表改组宣言，宣布“行将召集海内外全党代表会议”。

同年 12 月，中共中央发出第 13 号通告，要求各地党组织在已有国民党组织的地方，应立即合组国民党改组委员会，并慎重选拔出席国民党代表大会的代表。通告说：“吾党在此次国民党大会代表中，希望每省至少当选一人……此同志必须政治头脑明晰且有口才者，方能在大会中纠正国民党旧的错误观念。”“俟各省代表过沪时，我们的同志再集合议决一致的主张。”

1924 年 1 月 20 日至 30 日，国民党第一次全国代表大会在广州举行。孙中山在开幕式上讲话指出：“现在是拿出鲜明反帝国主义的革命纲领，来唤起民众为中国的自由独立而奋斗的时代了！不如此是一个无目的无意义的革命，将永久不会成功！”大会通过的《中国国民党第一次全国代表大会宣言》，对三民主义做出了新的解释：在民族主义中，突出了反对帝国主义的内容；在民权主义中，强调了民主权利应为“一般平民所共有”；在民生主义中，坚持“平均地权”“节制资本”两大原则。新三民主义的内容，与中国共产党民主革命纲领的基本原则基本一致，成为国共两党合作的政治基础。以国民党一大的成功召开为标志，第一次国共合作正式形成。

国共合作的形成，对两党的发展和中国革命的前进无疑都是有利的。对于毛泽东个人来说，加入国民党则使他得到了一个更加广阔的舞台和充分展示自己才干的机会。

毛泽东与李大钊、谭平山、林伯渠、张国焘、瞿秋白等20多名共产党员出席了国民党一大。代表们对号入座，毛泽东坐在第39号席上。经大会主席指定，毛泽东担任国民党章程审查委员会委员。会议期间，他先后就组织国民政府、出版及宣传、设立研究会等问题发表意见，并与国民党内的右派斗智斗勇。

在大会开幕的当天下午，毛泽东开始“亮相”，就第7项议程“组织国民政府之必要”做了发言。他说：“此案为《组织国民政府之必要》，还未说明怎样组织政府及何时组织政府，那是待议问题。因此，表决仅限于《组织国民政府之必要》。”言语不多，却显得干净利落，政治头脑明晰。别人再无异议，大会顺利通过此案。

在1月28日讨论国民党章程时，广州代表方瑞麟提出不能党中有党，要求把国民党员不能加入其他政党的条文写进章程。李大钊率先反驳，廖仲恺等人起而支持，赞成国共合作的呼声高涨。毛泽东抓住有利时机，提议“本案停止讨论，即付表决”！大会主席心中暗喜，手起槌落：此案不予采纳。

29日，大会讨论“请采比例选举制为大会政纲之一”的议案。提案人黄季陆解释说：“比例选举制，可以打破现在选举的流弊，因为现在选举制总是以多数压服少数，而比例选举制则各能如其势力以发展，毫无冲突之处。”因当时右派在国民党内占少数，其意图不言自明，所以此提案也得到右派代表的一致赞成。包括共产党和国民党左派在内的大多数代表虽然对此案有不同意见，但又一时不知道该从哪里下手进行批驳。这时，毛泽东从座位上站了起来，大家的目光也都一齐转向了他，显示他的学识和智慧的时刻到了！毛泽东不慌不忙，娓娓道来：“现时比例选举制系少数党所运动出来的结果。本党为革命党，凡利于革命的可采用，有害于革命的即应摈弃。比例制有害于革命党，因少数人当选即有力量可以破坏革命事业，是予少数派以机会也。本席根本反对本案，以为不能讨论，不能表决。”毛泽东话音刚落，会场内立刻响起一片鼓掌和叫好声。

但是，黄季陆有备而来，怎肯善罢甘休。他继续为自己的提案辩解：“比例选举制非代表资产阶级，亦非有害于革命事业，实乃全民政治之代表物。”全民政治是当时孙中山所推崇的。黄季陆此言一出，大家便为毛泽东捏了一把汗。但毛泽东不负众望，他将计就计，把话锋一转，说道：“比例选举制虽为社会党所赞成，但当其未成功时固是如此，若成功后即不尽然。此制很有害于革命之本身，盖以自由给以反对党，革命事业便十分危险。”这番话可谓一语破的，也道出了多数代表的心声。最后，黄的提案被否决。

毛泽东的出色表现，深受孙中山和国民党左派人士的欣赏。他被孙中山内定为中央执委会候选人，并于 30 日上午顺利当选为中央候补执行委员。

1 月 31 日，毛泽东出席孙中山主持召开的国民党一届一中全会。会议决定将中央执行委员会设在广州，“其余特别区，如上海、汉口、哈尔滨、四川，皆派遣中央执行委员到各该地执行部，指挥监督各该地党务之进行”。毛泽东被派到了上海执行部。

2 月中旬，毛泽东由广州返回上海。他先是同蔡和森、向警予、罗章龙等住在闸北香山路三曾里中共中央机关内，6 月份接家人来上海后，搬到英租界的一所民居居住。期间，他一面做中共中央局的秘书工作，一面做国民党上海执行部的工作，“协调共产党和国民党的行动”。

上海执行部是国民党在广东根据地以外最重要的中央直属机构，统辖江苏、浙江、安徽、江西、上海等地工作，在上海法租界环龙路 44 号办公。执行部下设组织、宣传、工农、青妇等 4 个部和秘书处，由国民党元老胡汉民、汪精卫、于右任、叶楚伧等分任各部部长。毛泽东任组织部秘书兼代秘书处文书科主任。

不过，毛泽东的这个“秘书”可不好干。且不说手中的活儿量大繁杂，仅就工作环境和办事原则而论，其复杂和困难程度也非一般人所能承受：一方面，国民党下野政客云集上海，那些元老级的上司们都看不起他，更有右派叶楚伧处处刁难给他小鞋穿；另一方面，中共中央又不断根据共产国际的一道道指示调整在国民党内的工作方针，要求对国民党右派的分裂言论和活动，既“忍耐与之合作”，又“不可隐忍不加以纠正”。

明知山有虎，偏向虎山行。毛泽东知难而进，勇敢地承担起自己的职责。他起草执行部的办事规则，审查整理各部工作计划，担任执委会会议记录，整顿国民党组织，为黄埔军校选拔学员等等。这些具体事务虽多，但并没有使毛泽东产生畏难情绪。即便是遇到国民党元老“摆资格”的问题，他也能灵活地加以妥善处理。真正让毛泽东感到揪心的，是与国民党右派叶楚伧的斗争。

叶楚伧是上海执行部的3个常委之一，拥有强大的势力。1924年8月1日，他召集一些国民党人在上海南方大学开代表会议，讨论所谓“处置共产分子问题”，叫嚷着要对共产党员进行“严肃处理”，但当即激起左派的反对，双方发生冲突。第二天，右派分子又闯入上海执行部机关，殴打邵力子。事件发生后，由毛泽东挂帅，恽代英、施存统、沈泽民、邓中夏、杨之华等14人联名上书孙中山，控告叶楚伧“主持不力，迹近纵容”的反共分裂行径。此举使共产党员与国民党右派的斗争公开化，也引起叶楚伧对毛泽东的深深嫉恨。

由于叶楚伧等人处处刁难，不断排挤、打击毛泽东，“用尽办法，把他赶走”。并且在国共合作的策略问题上，共产国际传来了新的指示精神，毛泽东与陈独秀产生意见分歧，再加上工作劳累，他心力交瘁。同年12月，毛泽东向中共中央请假，返回湖南老家“养病”。

天无绝人之路。9个月后，毛泽东时来运转。1925年9月，他离开湖南老家，“逃”到广州。本来是为了躲避湖南军阀赵恒惕的抓捕，没想到到了广州后，好运气从天而降。他虽然在中共四大上失去了中央执行委员的资格，但仍然是国民党的中央候补执行委员。当时，广州成立了国民政府，主席汪精卫因政务繁忙，难以兼顾党务工作。经他推荐，毛泽东出任国民党中央宣传部代理部长一职。这真是可遇而不可求的大好机会！对于擅长写作的毛泽东来说，从事宣传工作无疑是非常理想的选择，更何况地位显赫，开展工作有高屋建瓴之便，因此，他这时的心情与在上海执行部工作的时候相比，已是天壤之别，不可同日而语了。在宣传部长的岗位上，毛泽东的实干精神和大家风范，也得到了尽情的发挥和展示。

毛泽东上任伊始，首先开展了建章立制的工作。针对以前宣传工作无计划、不敏捷、不普遍的缺陷，他采取了两大措施：一是通过报刊和交通工具向各省市宣传部布置宣传要点；二是要求他们定期向中央宣传部报告工作。由于是对症下药，国民党的宣传工作很快改观，呈现出生气勃勃的局面。

同国民党内新老右派开展斗争，仍然是毛泽东在宣传部长任上的一项重要工作。仅从宣传革命和推动国民革命的角度，浏览一下他在这一时期的有关言论和行动，我们就不难领略到他的独特魅力了。

1925 年 10 月 20 日，中国国民党广东省第一次代表大会在广州召开。毛泽东应邀出席并发表演说，号召一切被压迫民众、一切爱国分子，都加入国民党领导的革命战线。他还参与起草了大会宣言，并为《广东省党部代表大会会场日刊》写了“发刊词”。他写道：“孙中山先生看得清楚我们主要的敌人是帝国主义，于是定下了革命的民族主义。又看清楚帝国主义借以剥削中国人民的重要工具，是军阀大商买办阶级和地主阶级，又定下了革命的民权主义与民生主义。”“革命的民族主义叫我们反抗帝国主义，使中国民族得到解放。革命的民权主义叫我们反抗军阀，使中国人民自立于统治地位。革命的民生主义叫我们反抗大商买办阶级，尤其是那封建宗法性一切反动势力根本源泉之地主阶级，使中国大多数穷苦人民得享有经济幸福。”

同月，直奉战争爆发。中共在北方发起的“反奉倒段”示威运动迅速向全国蔓延。毛泽东受国民党中央党部的委托，起草反奉战争宣传大纲。11 月 27 日，他出席国民党中央执行委员会、检查委员会、各部部长第 123 次联席会议，并汇报了《中国国民党之反奉战争宣传大纲》(以下简称《大纲》)。《大纲》获得顺利通过，并于 12 月 3 日予以公布，刊载于《政治周报》创刊号。《大纲》具体分析了反奉战争中的各派势力及其地位，提出了宣传纲领和具体口号，内容完备，条理清晰，语言极具震撼力。《大纲》指出：“奉直两派军阀，无论哪一派胜，均于中国不利，因两派背后均有凶恶的帝国主义。”“此次反奉运动的主体，应该是全国的革命民众。”“全国民众之反奉，即反英日帝国主义。”人民分辨敌友的标准，全看其与帝国主义有无关系；国民党、国民政府、国民革命军乃反帝国主义之急先锋，人民利益的拥护者。应广泛地宣传民众、唤起民众，以人民代表的国民会议结束反奉战争，建设全国统一的国民政府，取缔不平等条约，保障人民集会结社言论罢工自由。这是结束反奉战争的唯一出路。《大纲》发表以后，立即引起社会舆论的强烈反响，广州《国民新闻》等报刊都以醒目标题转载。同一天，毛泽东又以国民党中央执行委员会宣传部代理部长的名义，向各地宣传部发出《中央宣传部对反奉宣传之通告》，要求“全国各地高级党部亟宜指挥所属全体同志为广大之宣传，引起革命之高潮”。此后，全国各地的反奉运动走向高潮。

同年 12 月，毛泽东兼任国民党中央党部宣传员养成所所长，并先后给学员讲演《帝国主义》《共产主义》《农民运动》等课程，为国民革命军培养了一批政治宣传干部和营、团党代表。期间，毛泽东还曾主持国民党选派学生赴莫斯科中山大学学习的事宜，第一批在广州录取了 147 名学生。

1926年1月，国民党在广州召开第二次全国代表大会。1月8日，毛泽东向大会做了《宣传报告》，全面总结了中央宣传部两年来的工作成绩和不足。他在报告中强调指出：“两年来在革命宣传与反革命宣传相对抗之中，革命宣传确是取一种攻势，这种攻势，在‘五卅’运动中特别地表现出来。反革命宣传却始终是一种守势，为了招架不住，才抬出‘反共产’‘赤色帝国主义’这两块挡箭牌来。这种对抗攻守的现象，乃中国革命势力日益团结进取，而反革命势力日益动摇崩溃的结果。”他的报告不仅很有系统性，而且摆出许多具体事实，并把各个时期提出的宣传口号与当时的客观需要联系起来进行解释，因而深得代表们的好评。在这次大会上，毛泽东再次当选为候补中央执行委员，并继续代理中央宣传部长一职至同年6月。

在继续代理国民党中央宣传部长期间，毛泽东频频出席国民党中央执行委员会常务会议，对宣传革命工作提出大量重要提案。同时，他还兼任国民党政治讲习班（1926年2月开办）代理理事长，并讲授《农民问题》等课程，号召“革命分子团结起来”，共同致力于国民革命运动。

毛泽东在国民党内工作期间，以自己对国民革命运动的满腔热情，长期努力形成的深厚的思想文化素养，以及勤奋踏实的工作作风和杰出的组织才干，开创了国民党内宣传工作的崭新局面，赢得了广泛的支持和赞誉，也使他重新走上中共中央的领导岗位。

农民运动动真格

发动和领导农民运动，是毛泽东在第一次国共合作时期开展的一项重要工作，也是他大力推动国民革命走向高潮的一个突出表现。与国共两党内部其他领导人不同的是，他在从事农民运动方面的工作时，不是走形式，而是“动真格”——用真感情，说真心话，办实在事。通过这项工作，毛泽东找到了中国革命的真正动力。而他在这方面的活动，也显示出其独特的政治眼光和杰出的领袖才干。

磨刀不误砍柴工。1925 年 2 月至 1925 年 9 月，毛泽东在湖南老家“养病”期间，并没有完全“休息”。他开始了一项新的活动：把农民组织起来。1936 年，毛泽东在向斯诺讲述自己的这段经历时，曾这样说道：

> 以前我没有充分认识农村里阶级斗争的程度，但是，在 1925 年“五卅”惨案以后，以及在继之而起的政治运动的巨浪中，湖南农民变得非常有战斗性。我离开了我在休养的家，发动了一个把农村组织起来的运动。在几个月之内，我们就组织了 20 多个农民协会，这激起了地主的愤怒。他们要求把我抓起来。赵恒惕派军队来逮捕我，于是我逃到广州。

实际上，毛泽东在五卅运动之前就已经开始采取行动了。1925 年 2 月 6 日，他在长沙板仓岳母家过完春节后，就和杨开慧带着两个儿子回到了老家韶山冲。虽然这个时候他的父母已经都不在人世，但是，那熟悉的环境和乡亲们的热情使他仿佛又回到了童年时代，也给他带来不少精神慰藉。

不过，从大城市回到乡下，毛泽东也强烈地感受到了农民生活的困苦和艰辛。特别是通过走亲串门“拉家常”，他发现在自己“少小离家老大回”的 10 多年时间里，家乡的面貌和农民的生活并没有任何改善的迹象。这使他情不自禁地回想起当年流传在韶山一带的民间歌谣：

> 韶山冲来冲连冲，十户人家九户穷；
> 有女莫嫁韶山冲，红薯柴棍伴一生。
> 农民头上三把刀，债多租重利息高；
> 农民眼前三条路，逃荒讨米坐监牢。

虽然毛泽东在年少时曾对农民的苦难生活有过切身体验，但是，与此时的认识和感受相比是不可同日而语的。他在中共三大上说的关于农民问题的一席话，反映了他关心农民的情怀和对革命动力的思考，但明显带有较强的理论色彩。当时生活在大城市的他，对农民生活的困境还缺乏深刻而具体的了解，加之当时党的工作重心在于工人运动和国共合作，而且农民的斗争处于自发阶段，因此，即便他当时已经掌握了马克思主义的阶级分析方法，但对“农村里阶级斗争的程度”也还没有充分的认识。

这次回老家，毛泽东把时间和精力几乎全用在了农民运动方面。他从开办农民夜校入手，首先对农民进行革命思想的启蒙教育。他以前有过办工人夜校的经验，无论是开班还是讲课，他都得心应手。妻子杨开慧“夫唱妇随”，朋友毛福轩和当地的一些“文化人”也都赶来帮忙。于是，韶山的农民夜校很快就红红火火地开办起来，并在不长的时间内就发展到 20 多所。

夜校开设的课程不多，但教的都是农民用得着、想知道的知识，如识字、珠算、地理和政治。根据毛泽东的要求，教员在讲课时要做到通俗易懂，如讲打倒帝国主义，就说“打倒洋财东”，农民们一听就懂。又比如，在讲识字、地理和政治课时，常常这样教：

——认识“手”和“脚”二字，就说：人人都有手脚，可是农民的手脚一年到头不停地劳动，却缺衣少吃；地主有手不劳动，有脚还坐轿子，却吃大鱼大肉，穿绫罗绸缎。这是阶级压迫造成的。

——学习地理，就讲歌谣“长江长，黄河黄。发源昆仑山，流入太平洋”。然后，又从“洋”字引出“洋油”“洋火”之类的字词来讲，说明“洋人”侵略和剥削中国人的道理。

——讲政治课时，又采用民谣“农民苦，农民苦，打了粮食交地主；年年忙，月月忙，地里场里仓里光”启发他们团结起来，和地主进行斗争。

在举办农民夜校的过程中，毛泽东还进行了秘密组织农民协会并发展会员的工作。夜校的学员成了农协的骨干，夜校场所则大多成为秘密农协的会址。不久，这种秘密农协就发展到20多个。在这个基础上，毛泽东亲自发展了韶山第一批中共党员。他们是钟志申、庞叔侃、李耿侯、毛新枚等。6月中旬的一天晚上，新党员在毛泽东家里举行了入党宣誓仪式，誓词是:“努力革命，牺牲个人，服从组织，阶级斗争，严守纪律，永不叛党。”随后，毛泽东宣布成立中共韶山支部，由毛福轩任书记。这是毛泽东在农村中创建的第一个基层党组织。

与此同时，毛泽东还注意发展一些有威望的开明士绅、小学教师加入国民党，并于7月初在韶山建立起国民党第七区党部，并指派共产党员李耿侯、钟志申等分别担任宣传、组织工作。

1925年5月15日，上海发生了日本资本家枪杀工人顾正红（共产党员）的事件。5月30日，上海公共租界的英国巡捕又在南京路上向抗议的群众开枪，打死工人、学生13人，伤者更多，造成震惊中外的五卅惨案。帝国主义的暴行，激起了全国人民的愤怒，全国迅速掀起了规模空前的反对帝国主义列强的抗议怒潮。湖南许多地方成立了“雪耻会”。在韶山，毛泽东同毛福轩、钟志申等以“打倒列强，洗雪国耻”为口号，以秘密农协为核心，在20多个乡成立了雪耻会，作为公开合法的群众组织，开展演讲、散发传单、游行示威、检查洋货、禁止销售洋货等活动。“打倒帝国主义”“废除不平等条约”等口号和标语，随处可闻、可见。而这些，正是国民革命的一项基本内容。

这年夏天，韶山大旱，一个多月滴雨未落。适逢青黄不接、粮食奇缺的时节，农民家里揭不开锅，有的外出讨饭，地主却乘机囤积居奇，高抬米价。毛泽东看在眼里，急在心里。他召集中共党员和雪耻会的骨干开会，决定发动农民迫使地主开仓平粜。他派人同当地土豪、团防局长成胥生交涉。成胥生不予理睬，还把谷子运往湘潭等地牟取暴利。毛泽东得知这一消息后，要毛福轩等率领数百名农民带着锄头、箩筐等，连夜奔赴银田寺阻止谷米起运，附近的农民也闻声赶来。成胥生见农民人多势众，被迫开仓平粜。其他地主闻讯，锁上粮仓外逃。农民们将计就计，又是杀猪宰羊，又是开仓放粮，一连吃了几天的“大锅饭”，迫使地主纷纷回家，答应不再闭粜。

斗争取得了胜利。这次“平粜阻禁”的斗争使毛泽东认识到：农民群众一旦被发动起来，立刻就会显示出他们的战斗性。

毛泽东在韶山从事农民运动的时间虽不长，却很有章法，在偏僻的山村搞起了各种组织。农民运动开展得有声有色，在当时颇具影响。1926 年 12 月，湘潭县农会在《湘潭县农民运动报告》中介绍说：“湘潭农运，为湖南全省之中心。其地域为全省之要塞，故其发展亦在各县之先。”“湘潭西二区银田寺、韶山一带，农民感觉所受压迫日重，于去年 2 月间起而组织。到 10 月间，所成立之乡协，达 20 余处，人数达千余，从此即开始作经济政治斗争，如阻禁谷米出境，维持民食，增加雇工工资，减轻租额，地方行政人员民选。这种种运动，时常与地主土豪发生冲突。”

毛泽东在韶山开展农民运动，对当地的土豪劣绅形成了强大压力，也自然引起了他们的嫉恨。成胥生派人向湖南省省长赵恒惕告状，说毛泽东在韶山一带组织“过激党”，煽动农民造反。8 月 28 日，赵恒惕电令湘潭县团防局，立刻抓捕毛泽东。

吉人自有天助。县议员、开明绅士郭麓宾在县长办公室看到了这封密电，立刻写信派人火速送到韶山。信中写道：“润之兄：军阀赵恒惕得土豪成胥生密告，今日 1 点时县团访总局派快兵前来捉你，望接信后火速转移。”好汉不吃眼前亏。毛泽东迅速离开韶山，家人也被安全转移。当团访局的人来到他家时，毛泽东已抵达长沙，开始在赵恒惕的眼皮底下举行秘密会议了。他向中共湘区委员会报告了韶山农民运动的情况，还曾到湘江边上、橘子洲头，回想当年风华正茂的师范生生活，写下了著名的《沁园春·长沙》。“问苍茫大地，谁主沉浮？”这样的诗句，也许只有在经过领导韶山农民运动的实践后，才能写得出来。诗中反映的不仅是当年“指点江山，激扬文字”的学生生活，而且有这时思想上的新收获和由此产生的“主宰大地沉浮”的冲天豪气。

在韶山活动的半年，毛泽东的确有许多思想收获。他到达广州后，在主管国民党中央宣传部工作的同时，已开始“注重研究中国农民问题”。

毛泽东对农民问题的研究，很快取得了成果。1925年12月1日、1926年1月1日，他先后在《革命》（由中国国民革命军第二军司令部主办）和《中国农民》（国民党中央农民部机关刊物）上发表《中国社会各阶级的分析》《中国农民中各阶级的分析及其对于革命的态度》两篇文章，分析农民的阶级构成、经济地位和政治态度。他把农民划分为半无产阶级中的半自耕农、半益农和贫农，“小资产阶级”中的自耕农，以及“农业无产阶级”（即雇农）三大类五种人，认为这些人占了农村人口的绝大多数，所谓农民问题，主要是他们的问题。毛泽东对农民问题分析得如此透彻，与他在韶山从开展农民运动的实践是密不可分的。

作为《毛泽东选集》的开篇之作，毛泽东在中华人民共和国成立后选编《中国社会各阶级的分析》一文时，还特意写了一个题注，解释说：“此文是反对当时党内存在着的两种倾向而写的。当时党内的第一种倾向，以陈独秀为代表，只注意同国民党合作，忘记了农民，这是右倾机会主义。第二种倾向，以张国焘为代表，只注意工人运动，同样忘记了农民，这是‘左’倾机会主义。这两种机会主义都感觉自己力量不足，而不知道到何处去寻找力量，到何处去取得广大的同盟军。”而正是在这篇文章中，毛泽东已经明确提出广大农民（自耕农、半自耕农、半益农、贫农、雇农），都“是我们真正的朋友”。

两篇文章的发表，引起了国共两党领导人的重视。毛泽东也先后在两党中担任农运方面的领导职务。在1926年1月召开的国民党二大上，主席团指定他参加修改《农民运动决议案》（以下简称《决议案》）。《决议案》指出："中国之国民革命，质言之即为农民革命。为要巩固国民革命之基础，亦惟有首在解放农民。"从此，毛泽东对国民革命和农民问题的认识，上了一个新台阶。

国民党二大后，毛泽东参加了新成立的国民党中央农民运动委员会。随后，他被任命为国民党中央农民部主办的第六届农民运动讲习所所长。农讲所创办于1924年7月，是由中国共产党人以国民党的名义开办的，目的是适应国民革命形势发展的客观需要，"养成农民运动人才，使之担负各处地方实际的农民运动工作。"截至1925年底，已举办了5届，分别由澎湃、罗绮园、阮啸仙等人主办，共培养学员454人。第六届讲习所规模扩大，收有来自全国20个省区的327名学生，经筹备于1926年5月15日正式开课。就在这一天，蒋介石在国民党二届二中全会上提出《整理党务案》，随后不久，毛泽东被迫辞去国民党中央宣传部代理部长职务。于是，他便全力投入农民运动讲习所的工作。

在筹备和主办第六届农讲所过程中，毛泽东表现出以下几个方面的特点。

一是眼光放得长远。在3月30日举行的农委会第二次会议上，毛泽东发言指出："民众运动与政治运动有密切关系，目前各省农民运动应以全力注意将来革命军北伐时经过之区域，如赣、鄂、直、鲁、豫诸省。"因此，他把举办农讲所与当时国民革命的主要任务——北伐战争联系起来，在课程安排和教师、学员的选拔等方面，都有着明确的目标，从而保证了办学效果。

二是研究问题深入。虽身为所长，毛泽东还亲自给学员讲授"中国农民问题""农村教育""地理"三门课程。在讲授中国农民问题课时，他不仅结合中国历史和现状，从人口、生产、革命力量、战争关系、革命目的5个方面系统地阐明农民问题在国民革命中的地位，而且详细列举农民问题的具体内容：1. 土地问题；2. 地租问题；3. 田赋问题；4. 高利贷问题；5. 苛税问题；6. 苛捐问题；7. 高贵的工业品和低廉的农产品问题；8. 天灾问题；9. 资本匮乏；10. 政治问题；11. 文化问题；12. 失业问题。由此不难想象他对农民问题研究的深刻程度。

三是注重调查研究。他提倡学员研究各省的农民问题，组织了以地区划分的 13 个农民问题研究会，还主持拟定了地租率、田赋、地主来源、抗租减租、农村组织状况、农民观念、民歌等 36 个调查项目，要求学生根据家乡的实际情况一一填写。7 月间，他曾亲自组织 50 多名学员赴韶关学习锻炼 1 周。8 月份，又组织全体师生赴海丰实习两个星期。《中国农民》报道说："赴海丰实习在将届毕业之时，学生于上课已久，接受各种理论之后，亲入革命的农民群众中，考察其组织，而目击其生活，影响学生做农民运动之决心极大。"

四是及时总结经验。他不仅在讲课过程中"严肃地回顾并总结了历史经验，指出以往革命党人都没有注意研究农民问题，辛亥革命、五卅运动之所以失败就由于没有得到三万万二千万农民的拥护"，而且把学生参与社会实践的调查报告、总结报告等，编入《农民问题丛刊》，供全国各地从事农民运动的同志参考。1926 年 9 月 1 日，在第一辑出版时，毛泽东写了一篇著名的序言，题为《国民革命与农民运动》。

这是一篇关于农民问题的极其重要的理论著作。在这篇文章中，毛泽东对农民问题做出了新的理论概括，指出："农民问题乃国民革命的中心问题，农民不起来参加并拥护国民革命，国民革命不会成功；农民运动不赶速地做起来，农民问题不会解决；农民问题不在现在的革命运动中得到相当的解决，农民不会拥护这个革命。"他解释说：在经济落后的半殖民地进行革命，"最大的对象是乡村宗法封建阶级（地主阶级）"，他们是国内统治阶级、国外帝国主义的唯一坚实的基础。不动摇这个基础，就不能动摇这个基础的上层建筑物。中国的军阀是这些乡村封建阶级的首领，若无农民从乡村中奋起打倒地主阶级之特权，军阀和帝国主义的势力就不会从根本上倒塌。如果只说要打倒军阀而不要打倒乡村的封建阶级，那就是不知道轻重本末。

该文发表后，引起了各方面的强烈反响。毛泽东已被公认为农民运动的权威。

第六届农讲所的学员于 1926 年 9 月结业，10 月初全部返回原籍，投入当地的农运工作。毛泽东在结业式上发表讲话，勉励学员要“拜农民为老师，同农民做朋友，脱掉知识分子的衣服，放下臭架子；敢于同反动势力做斗争，不怕艰苦、不怕牺牲，为农民求解放，为农民谋利益”。随后不久，毛泽东便接到中共中央的通知，要他出任中共中央农民运动委员会书记一职。

该委员会于一年前就已决定成立，因毛泽东在广州另有“贵干”，一直虚位以待。接到中共中央通知，毛泽东即于 11 月上旬赶赴上海任职。中共中央局和共产国际代表联席会议拟定的《中国共产党关于农民政纲之草案》中曾有这样的记载：“中央农民运动委员会，自去年扩大会议（指 1925 年 10 月在北京举行的中共中央四届二次执行委员会扩大会议）议决设立后，因种种困难原因，组织迄未完备，十一月中，毛泽东来任中央农委书记后，始正式决定以阮、彭、易、陆、萧等人合作并组成中央农委，以委员一人驻局办事，另在汉口设办事处，就便指导湘、鄂、豫、赣、川农运工作。”

在其位，谋其政。赴任后，毛泽东开始调整自己的工作重点：从研究中国农民问题，到部署农民运动工作。首先，他起草了《目前农运计划》（以下简称《计划》），并于 11 月 15 日得到中央局批准。《计划》提出：“在目前状况之下，农运发展应取集中的原则。全国除粤省外，应集中在湘、鄂、赣、豫四省发展。”因为这四省是北伐战争准备首先推进的地区，发展这里的农民运动，有助于从根本上瓦解军阀统治的基础。“次则陕西、四川、广西、福建、安徽、江苏、浙江七省亦应以相当的力量去做。”这个以重点带动全局的设想，使全党的农运工作有了一条明确的行动路线。《计划》还要求“各地农运须切实与国民党左派合作”，并决定“在武昌开办农民运动讲习所”。

为了落实《目前农运计划》，毛泽东于 11 月下旬亲赴长江沿线一带视察农运情形，并联络江西、湖南、湖北三省国民党省党部，商议在武昌合办农民运动讲习所事宜，得到三省党部的积极支持。

12 月初，毛泽东到达武汉，在汉口设立中央农委办事处，同国民党湖北省党部筹商农讲所事情。13 日至 18 日，毛泽东以中央农委书记身份参加在汉口召开的中共中央特别会议。会议的议题主要是分析当时的政治形势，制定党的斗争策略。陈独秀作政治报告，错误地认为当前“各种危险倾向中最主要的严重的倾向是一方面民众运动勃起之日渐向‘左’，一方面军事政权对于民众运动之勃起而恐怖而日渐向右。这种‘左’右倾倘继续发展下去而距离日远，会至破裂联合战线，而危及整个的国民革命运动。”据此，会议规定当时党的主要策略是：限制工农运动发展，反对“耕地农有”，以换取蒋介石由右向左；同时扶持汪精卫取得国民党中央、国民政府和民众运动的领导地位，用以制约蒋介石的军事势力。这种策略，具有明显的幻想色彩，因为蒋介石的军事势力和他的日益向右并不是这种策略所能限制得了的。推行这一策略的实际结果，只能是单方面地限制工农运动的发展，牺牲工农群众的利益。在会上，陈独秀还说湖南工农运动“过火”“幼稚”“动摇北伐军心”“妨碍统一战线”等，对毛泽东提出的“实行土地革命”的主张，根本不予讨论。毛泽东还在会上提醒中央注意：“右派有兵，左派没有兵，即右派有一排兵也比左派有力量。”但这些重要提示都没有引起中共中央的注意。

陈独秀的言论和此次中央特别会议的决定，引起了毛泽东的强烈不满和深深怀疑。虽然毛泽东一向敬重陈独秀，但是，在大是大非面前，他“不愿牺牲真我，不愿自己做自己的傀儡”，于是，决定实地考察湖南的农民运动，先把事实弄清楚，看看农村的实际情况究竟是怎么一回事。当时，他正好收到湖南全省农民第一次代表大会的邀请电。电报说：“先生对于农运富有经验，盼即回湘，指导一切，无任感祷！”

12 月 17 日，毛泽东从汉口回到长沙。当时正在举行的湖南农民、工人代表大会于 20 日下午联合举行欢迎会，欢迎会的《通告》介绍说：“毛先生泽东奔走革命，卓著勋绩。对于农民运动，尤为注意。去岁回湘养疴，曾于湘潭韶山一带，从事农民运动。湘省之有农运，除岳北农会外，实以此为最早。”欢迎大会主席在致词时，更称毛泽东为“中国革命的领袖”。毛泽东在会上发表了长达 2 个小时的演说，肯定了湖南农运一年来的成绩，阐述了农民问题的重要性和工农商学的联合问题。

1927 年 1 月 4 日至 2 月 5 日，毛泽东在国民党湖南省党部监察委员戴述人的陪同下，实地考察了湘潭、湘乡、衡山、醴陵、长沙 5 个县的农民运动，历时 32 天，行程 700 公里。在考察中，他亲眼看到许多过去闻所未闻、见所未见的奇事，获得了大量鲜活的第一手资料。在此基础上，他给中共中央写了著名的《湖南农民运动考察报告》（以下简称《报告》）。

这篇《报告》的内容，早已为许多读者所熟悉。值得注意的是，《报告》发表后，不仅引起国内舆论的强烈反响，而且得到“远方”——共产国际的高度重视和大力推崇。

3 月 5 日，中共湖南区委机关报《战士》周刊首次刊登了该文的部分章节。12 日，《向导》周刊又发表了部分章节。随后许多报刊相继转载。4 月，以《湖南农民革命》为题，出版了单行本，由长江书店印发。党内著名理论家、中央局委员瞿秋白为这本书写了热情洋溢的序言，他说:“中国农民要的是政权和土地……中国革命家都要代表三万万九千万农民说话做事，到前线去奋斗，毛泽东不过开始罢了。中国的革命者个个都应该读一读毛泽东这本书，和读彭湃的《海丰农民运动》一样。”他还称毛泽东和彭湃是“农民运动的王”。

《报告》的发表，也引起了共产国际领导的注意。1927 年 5 月 27 日和 6 月 12 日，共产国际执委会机关刊物《共产国际》的俄文版和英文版相继翻译发表了《湖南农民运动考察报告》。这是毛泽东第一篇被介绍到国外的文章，也是《共产国际》杂志第一次发表反映中国人对于中国革命重大问题的观点的文章。英文版的编者按说:“在迄今为止介绍中国农村状况的英文版刊物中，这篇报道最为清晰。”时任共产国际执委会主席团委员的布哈林在执委会第八次扩大会全会上也说:“我想有些同志大概已经读过我们的一位鼓动员记述在湖南省内旅行的报告了”，这篇《报告》“文字精练，耐人寻味”。

在《湖南农民运动考察报告》中，毛泽东完全站在农民立场上说话，提出了广泛分配土地的革命路线，是他在农民问题上“动真格”的生动体现。从此，他开始与中共党内的右倾错误“分道扬镳”。而此时国共两党之间的矛盾，也已经达到白热化的程度，国民革命面临着暴风骤雨的侵袭。毛泽东的所有活动，都已经与如何挽救革命紧密地联系在一起，变成在狂风巨浪中的奋勇搏击了。

沧海横流显本色

沧海横流，方显英雄本色。国共合作从一开始就面临着国民党右派的阻挠破坏，潜伏着重重危机。在国民革命的大潮下面，也始终涌动着一股股暗流和旋涡。喜欢与天奋斗、与地奋斗、与人奋斗的毛泽东，坚持以斗争求团结的合作方针，在大革命的洪流中奋勇搏击，通过与国民党内新老右派的一次次“较量”，进一步彰显出他临危不惧、讲究策略、勇往直前的英雄本色。

如前所述，早在国共合作的初期，毛泽东就和国民党内的右派分子“交过手”了。在国民党一大上，他机智勇敢、能言善辩，轻而易举地就取得了第一个回合的胜利。在上海国民党中央执行部工作期间，他因在天时、地利、人和等方面均处于不利地位而一时“失手”，但却显示了他忠于革命、坚持原则的鲜明立场，避敌锋芒、从长计议的斗争策略，以及“士可杀，不可辱”的英雄气概。

不过，无论从国共两党之间的关系来看，还是就毛泽东本人与右派的较量而言，双方之间最初的这些“你推我挡”，还只能算是小打小闹。毛泽东与国民党右派的真正较量，是从反击“戴季陶主义”和搏杀西山会议派开始的。

1925 年 3 月 12 日，孙中山在北京逝世后，国民党内的新老右派开始肆无忌惮地进行分裂活动。六七月间，国民党的理论家戴季陶先后抛出了《孙文主义之哲学基础》《国民革命与中国国民党》等小册子，宣扬阶级调和，攻击马克思主义阶级斗争学说，反对共产党员加入国民党，并明确要求已加入国民党的共产党员“脱离一切党派，作单纯的国民党员”。戴季陶主义的出炉，为国民党右派提供了反共的思想武器。

同年 11 月 23 日，林森、邹鲁、叶楚伧、张继、谢持等少数国民党中央执行委员、监察委员，在北京西山碧云寺孙中山灵前非法召开所谓的“国民党一届四中全会”。他们公开提出取消共产党员在国民党内的党籍，解除顾问鲍罗廷和谭平山、李大钊、毛泽东等中央执行委员和候补执行委员的职务，停止在广州的中央执行委员会的职权等决定。会后，他们又在上海成立“国民党中央”，在其他一些地方设立“国民党分部”，还操纵上海的《民国日报》，大造反革命舆论，公开宣布反共、反苏，反对孙中山的三大政策，反对国民党一大的宣言和决议。历史上称他们为西山会议派。

国民党右派的进攻开始了！共产党人应该怎么办？当时，毛泽东刚刚接任国民党中央宣传部代理部长，正好处在反对右派分裂活动的“风口浪尖”上。无论是共产党员，还是国民党内的左派人士，都把目光转向了毛泽东。他的一举一动，都牵动着方方面面人的心弦。

从毛泽东当时的认识来看，他在 1925 年 11 月 21 日填写少年中国学会改组委员会的调查表时，已经指出中产阶级存在着左翼和右翼，并提出对待两者的态度应当有根本的区别。他写道：“本人信仰共产主义，主张无产阶级的社会革命。惟目前的内外压迫，非一阶级之力所能推翻，主张用无产阶级、小资产阶级及中产阶级左翼合作的国民革命，实行中国国民党之三民主义，以打倒帝国主义，打倒军阀，打倒买办地主阶级（即与帝国主义军阀有密切关系之中国大资产阶级及中产阶级右翼），实现无产阶级、小资产阶级及中产阶级左翼的联合统治，即革命民众的统治。”

面对戴季陶和西山会议派的反动宣传，毛泽东用他的笔杆子进行了还击。1925 年 12 月 1 日，他在国民革命军第二军司令部编印的《革命》第四期上，发表了国共合作以来他的第一篇最重要的文章——《中国社会各阶级的分析》。文章开门见山，直奔主题，劈头就说：“谁是我们的敌人？谁是我们的朋友？分不清敌人与朋友，必不是个革命分子。”接下来，他逐一分析了中国社会各阶级的经济地位和政治态度，并得出结论说：一切勾结帝国主义的军阀、官僚买办乃是我们的敌人，一切小资产阶级、农民、无产阶级乃是我们的朋友。

文章的要害，是深刻揭示了中产阶级在对待中国革命问题上动摇不定的矛盾态度。比如，文章指出：“有一个戴季陶的‘真实信徒’（其自称如此）在北京《晨报》上发表议论说：‘举起你的左手，打倒帝国主义！举起你的右手，打倒共产党！’乃活画出这个阶级的矛盾惶遽状态。”因此，这个阶级的“右翼应该把他当作我们的敌人——即现时非敌人也去敌人不远；其左翼可以把他当作我们的朋友——但……我们要时时提防他，不要让他乱了我们的阵线。”这种分析，可谓是一针见血，在当时是颇为少见而又独具特色的。

早在五四时期，毛泽东就非常重视报刊舆论的社会作用，并创办了《湘江评论》，大力宣传新思潮。在反击新老右派的斗争中，他又以国民党中央宣传部的名义，于 1925 年 12 月创办了《政治周报》。该报当时“对外不公开，所以通信地址就设在毛泽东的寓所”。毛泽东编了四期，后因国民党第二次全国代表大会召开及会后忙于其他工作，有一个多月没有出版。后来由沈雁冰（茅盾）接编第五期。

毛泽东在《政治周报》的创刊号《发刊理由》中申明：“为什么出版《政治周报》？为了革命！为什么要革命？为了使中华民族得到解放，为了实现人民的统治，为了使人民得到经济的幸福。”他还严正指出：若要革命，就不能放任“反革命的宣传”，而应开始向他们反攻，“反攻的方法”，并不多用辩论，只是忠实地报告我们革命工作的事实。敌人说：“广东共产。”我们说：“请看事实。”敌人说：“广东内讧。”我们说：“请看事实。”敌人说：“广州政府勾联俄国丧权辱国。”我们说：“请看事实。“敌人说：“广州政府治下水深火热民不聊生。”我们说：“请看事实。”

针对国民党右派宣传的“反共产”“赤色帝国主义”等口号，毛泽东先后发表了《三三三一制》《邹鲁与革命》《向左还是向右》《北京右派会议与帝国主义》等十几篇文章，揭露了其反动实质，是“以国民革命指为共产革命，以国民党指为共产党，以国民政府指为共产政府，以国民革命军指为共产军，无非承了帝国主义意旨，制造几个简单名词散布出来，企图打破国民革命中各阶级合作的联合战线”。

当时，许多人对国共合作的形势感到担忧，认为分裂出一个国民党右派，对国民革命是一个很大的不幸。毛泽东在《政治周报》上发表的许多文章，分析了产生这种现象的历史必然性。他指出：在革命和反革命两大阵营的决斗中，中间派不是倒向这边，就是倒向那边；划分左派和右派的标准，是看他对待帝国主义和军阀的态度，对待国共合作的态度，对待工农的态度；西山会议派就是资产阶级右翼的代表，事实上做了帝国主义所需要的工具。从国民党自身的历史和结构成分来看，国民党右派分裂出去“是一种必然的现象。我们虽不必以此为喜，却断不是什么不幸的事”，因为它“并不足以阻碍中国的国民革命”。

在毛泽东的主持下，《政治周报》在反击国民党右派的反革命宣传斗争中表现出强大的战斗力，教育了国民党内的左派，也争取了中间力量。在它的影响下，各地革命者纷纷掀起了讨伐西山会议派的浪潮。毛泽东及时将国民党各地党部声讨西山会议派的电文汇集起来，并以“革命派党员群起反对北京右派会议”“反对右派会议者遍于中国”等醒目标题摘要刊登，沉重地打击了西山会议派分裂国共合作的行径。

1925 年 12 月，毛泽东出席在广州召开的国民党一届四中全会。会议谴责张继等人分裂国民党的反动行为，决定召开国民党第二次全国代表大会，采取组织措施，严厉惩处西山会议派。

在 1926 年 1 月举行的国民党第二次全国代表大会上，形成了反对西山会议派斗争的高潮。毛泽东以中央候补执行委员的身份出席，席位是第 13 号。会前，他被指定为大会资格审查委员会 5 位成员之一，并为国民党中央起草了《中国国民党对全国及海外全体党员解释革命策略之通告》，严厉批评西山会议派的反革命言论和行为。大会 278 名代表中，共产党员和国民党左派占了绝大多数。会议决定进一步贯彻执行联俄、联共、扶助农工的三大政策，通过了《处分违反本党纪律党员决议案》和《弹劾西山会议决议案》等，决定永远开除邹鲁、谢持的党籍，给居正、林森、张继、邵元冲等

12 人以书面警告处分，责令戴季陶限期反省，改组上海《民国日报》并撤销叶楚伧的职务。

但是，在共产国际代表维经斯基和陈独秀等人的影响下，这次大会对势力正在坐大的国民党新右派却没有触动。会前，毛泽东和周恩来、陈延年等人曾向中共中央提出，在国民党二大上采取“打击右派、孤立中派、扩大左派”的方针，计划在选举新的中央领导机构时，多选左派、少选中派，争取使共产党员和国民党左派在中央委员会中占优势，同时开除戴季陶和孙科等人的党籍。维经斯基对此表示坚决反对。他强调维护国民党团结统一的必要性，主张通过向右派妥协退让等措施来挽救中国南方的革命。他把戴季陶和孙科等人看成是中派，应当争取，主张只开除老右派。经维经斯基授意，陈独秀、张国焘、蔡和森等在上海同右派分子孙科、叶楚伧和邵元冲就国共关系举行谈判，双方商定：中共继续与国民党共同努力，但不包办国民党事务；共产党员在国民党领导机构中不超过三分之一。出席大会的中共党团书记张国焘贯彻这一既定方针，在选举中央执行委员会、监察委员会时，做出重大让步，决定“只应有两名共产党员进入国民党中央”。只是由于出席会议的共产党员和国民党左派们强烈反对，才使新选出的 36 名中央执行委员中，共产党员有 7 名，24 名中央候补执行委员中，共产党员有 6 名。但在 12 名中央监察委员中，共产党员只有 1 人，右派占了绝对优势。后来，毛泽东谈到国民党二大时说：“第一个失败的关键是二次代表大会，我主张反击。因我们有三分之一，左派三分之一，其他三分之一，左派很赞成，结果我们自动退却。”

然而，中国共产党出于善意的退让，并没有使联合战线内部的矛盾因此缓和下来；相反，倒是更壮了国民党新右派的胆。蒋介石在这次会上第一次当选中央执行委员，随后又被选为常务委员。在国民革命军里，他原来只是一个军的军长，此时又担任了国民革命军的总监。这就为他篡夺领导权埋下了伏笔。二大结束后两个月，蒋介石就制造了骇人听闻的“中山舰事件”。3 月 18 日，他指使爪牙命令海军代理局长、共产党员李之龙调中山舰到黄埔候用，然后又散布谣言，说共产党阴谋暴动。20 日，他派兵逮捕了李之龙，并在广州实行戒严，监视和软禁大批共产党员，解除工人纠察队的武装，包围苏联领事馆。

事发后，毛泽东于当天晚上就赶到苏联军事顾问团的住所，同顾问团团长季山嘉商量对策。他说：“我们对蒋介石要硬，蒋介石此番是投机。我们示弱，他就得寸进尺；我们强硬，他就缩回去。”中共广东区委书记陈延年也在那里，他也主张反击。毛泽东还建议动员在广州的国民党中央执、监委员，密赴肇庆叶挺独立团驻地开会，通电讨蒋，指责其违反党纪国法，必须严办，削其兵权，开除党籍。他还分析了广西军事首领李宗仁与蒋介石的矛盾，主张联李反蒋，认为只要“摆好这阵势对付蒋，蒋便无能为力”。但季山嘉拒不接受。随后，毛泽东又到国民革命军第二军副党代表李富春家里了解情况，正好碰上第一军副党代表兼政治部主任周恩来。周恩来回忆说：“我在富春家遇毛，毛问各军力量，主张反击……我听了毛的话找季山嘉，他说不能破裂。”

当时，毛泽东、周恩来、陈延年、李富春等对情况的分析是：黄埔军校有 500 多名共产党员，在广东的国民革命军 6 个军中，5 个军的军长和蒋介石有矛盾，而蒋的第一军中政治骨干大部分是共产党员，我们还掌握了一个叶挺独立团，从力量上看是可以反击的。只要我们态度强硬，国民党左派也会支持我们。

这些建议都被拒绝。当时正率苏联共产党代表团在广州访问的布勃诺夫也不同意，他是苏共中央委员、红军政治部主任、十月革命时攻占冬宫的 5 人领导核心之一，在处理中山舰事件中事实上处于最高决策地位。在上海的中共中央也主张妥协，3 月 29 日还发出指令说：“蒋介石的行动是极其错误的，但是，事情不能用简单的惩罚蒋的办法来解决，不能让蒋介石和汪精卫之间的关系破裂，更不能让第二军、第三军和蒋介石军队之间发生冲突。”对蒋介石，“我们现在应该全力拯救他，将他从陷入的深渊中拔出来”。

结果，事与愿违。中共中央的妥协退让，不但没能“拯救”蒋介石，反而助长了他的反共气焰和得寸进尺的贪婪欲望。两个月后，蒋介石又发起了新的进攻。5 月 15 日，他在国民党二届二中全会上借口避免“党内纠纷”，提出一个《整理党务案》，要求共产党在国民党省、市以上高级党部任执行委员的人数不得超过三分之一，共产党员不能担任国民党中央各部部长。中共中央派张国焘、彭述之来指导出席二中全会的中共党团。在讨论是否接受此案时，出现意见分歧，并发生激烈争论，一连 7 天都没有结果。最后，张国焘按照他和苏联顾问鲍罗廷以及陈独秀商定的意见，要求与会的共产党员签字接受。毛泽东主张“坚决顶住”，没有签字，全会表决时也没有举手。具有讽刺意味的是：何香凝、柳亚子、彭泽民等国民党左派都激烈地反对《整理党务案》，以至声泪俱下，但会议最后还是通过了此案。

1926 年 5 月 25 日，国民党举行中央常委会第二十八次会议，讨论“毛泽东同志提出辞去宣传部代理部长的职务，请另荐贤能继任案”和“林祖涵（伯渠）同志提出辞常务委员会秘书及中央财政委员两职，请另选继任，以重党务进行案”。3 天后，国民党中常会第二十九次会议，“照准”了以上议案。从此，毛泽东离开代理国民党中央宣传部长的位置。

但是，毛泽东与右派的斗争并未停止。随着北伐战争的进行和沿途各地农村大革命高潮的兴起，蒋介石独揽大权和反对革命的面目暴露无遗。1927 年 1 月，武汉地区开展了以反对蒋介石军事独裁为主旨的“提高党权运动”。这个运动在同年 3 月召开的国民党二届三中全会上达到高潮。毛泽东以国民党中央候补执行委员身份出席大会。他曾多次提出限制蒋介石权力的建议，均获大会通过。如：针对蒋介石把持中央常委会政治会议的情况，毛泽东在 7 日举行的预备会上提议，在大会期间，政治会议停止开会，遇有重要事件发生，应授权主席团全权办理，并向大会报告，提议在表决时获得多数支持，顺利通过；在17日会议上，他又提议取消蒋介石操纵的黄埔同学会，获全体通过。

毛泽东这时最关心的还是农民问题——国民革命的中心问题。在国民党二届三中全会上，他和邓演达、陈克文等人提出了《对农民宣言案》和《农民问题案》，并获全会通过。两个提案，充分体现了毛泽东《湖南农民运动考察报告》的基本思想，前者阐述了建立农民政权、农民武装和解决农民土地问题的重要性，后者提出了10项具体的实施方案。随后不久，毛泽东又先后担任了3个与农运有关的领导职务：3月30日，全国农民协会临时执行委员会正式组成，毛泽东担任常务委员兼组织部长；4月2日，国民党中央常务委员会第五次扩大会议决定，由邓演达、徐谦、顾孟余、谭平山、毛泽东5人组成土地委员会，“由此会确定一个实行分给土地于农民的步骤”，“做成乡间普遍的革命现象”；4月4日，已先期开课的中央农民运动讲习所补行正式的开学典礼，邓演达、毛泽东、陈克文为农讲所常务委员，毛泽东负实际主持之责。

此时，蒋介石在磨刀霍霍，国民革命形势已岌岌可危。毛泽东反复强调：“要增加生力军保护革命，非解决土地问题不可。”其根本作用在于“能够解决财政问题及兵士问题”。解决土地问题的根本途径，是没收土地，“所谓土地没收，就是不纳租，并无须别的办法。现在湘鄂农民运动已经到了一个高潮，他们已经自动地不纳租了，自动地夺取政权了。中国土地问题的解决，应先有事实，然后再用法律去承认他就得了”。怎样实施没收土地呢？毛泽东提出：一般地说，先搞“政治没收”，如“土豪劣绅、军阀等等的土地”，以乡、区土地委员会按人口重新分配；然后再搞“经济没收”，即“自己不耕种而出租于他人的田，皆行没收”。但不同地区又要有不同要求。在条件成熟的地方，如湖南，已经可以实行经济没收了，办法是不向地主缴租。

继蒋介石发动四一二反革命政变并在南京另组伪国民政府之后，如何对待土地革命，已经在某种程度上成为武汉政府前进还是倒退的试金石。在中共五大结束后不几天（5月12日），武汉国民党中央政治委员会否决了由土地委员会提出的《解决土地问题决议案》。毛泽东因此预感到政治风云将要变化，一场劫难很快就要来临。更令他感到气愤和忧虑的是，在革命处于生死存亡的紧急关头，党的“五大”却不能改弦易辙，以陈独秀为代表的党中央拒不接受毛泽东提出的主张。这使他感到心情苍凉，一时不知如何是好，于是独步徘徊在武昌蛇山的黄鹤楼前，对酒当歌：

茫茫九派流中国，沉沉一线穿南北。

烟雨莽苍苍，龟蛇锁大江。

黄鹤知何去？剩有游人处。

把酒酹滔滔，心潮逐浪高。

面对敌人的正面进攻，毛泽东只好运用自己手中仅有的一点点“权力”，开展必要的斗争。5月17日夏斗寅叛乱发生后，毛泽东组织中央农讲所的400余人编入叶挺部队，配合讨伐叛乱；马日事变发生后，毛泽东任常委的全国农协于6月3日发出声讨通电，要求国民政府对许克祥“立予免职查办”，他还和蔡和森在武汉租界的一家旅社里接待逃亡出来的湖南工农干部，详细了解情况，并要大家“回到原来的岗位，恢复工作，拿起武器，山区的上山，滨湖的上船，坚决与敌人作斗争，武装保卫革命”。6月13日，毛泽东在出席国民政府军事委员会会议时，又以大量事实说明马日事变的真相是许克祥部队向湖南省农协发起进攻。

由于遭受马日事变的严重打击，这时的湖南省委已接近瘫痪。从当时的紧迫形势看，湖南的位置十分重要，必须尽快恢复强有力的党的工作。6月24日，中共中央政治局常委会议决定成立以毛泽东为书记的新的湖南省委。

毛泽东立刻赶赴长沙开展工作，决定打通长沙附近各县及衡阳、常德等地同省委的联系。随后又到衡阳召集会议，再三强调：马日事变是上海事件的继续，随之而来的将有无数个马日事变在全国发生。因此，各县工农武装一律迅速集中，不要分散，要用武力来对付反动军队，以枪杆子对付枪杆子，不要再徘徊观望。这时，唐生智也回到长沙，明令取消工农团体，公开打出反对共产党的旗帜。毛泽东针锋相对，主持制订《中共湖南省委目前的工作计划》，明确提出“一切经济的和政治的斗争，一切口号的鼓动，都以推翻唐生智的统治为目的”。计划还把“武装问题”突出地提了出来，认为保存工农武装有三种办法：“编成合法的挨户团，次之则上山，再次之则将枪支分散埋入土中。”

但是，毛泽东刚到湖南 10 天就被召回武汉。7 月 4 日，毛泽东出席中共中央政治局扩大会议，讨论湖南农民协会和农民自卫武装应当如何对付敌人的搜捕和屠杀问题。毛泽东在发言中分析阐述了保存农民武装的两种策略：一是“改成安抚军合法保存，此条实难办到”；二是“此外尚有两路线：a. 上山；b. 投入军队中去。上山可造成军事势力的基础”。

事实上，毛泽东在这里已经提出了未来的革命发展道路问题。

第3章

独辟蹊径

毛泽东与工农武装割据

山重水复疑无路，柳暗花明又一村。

——题记

中共中央的妥协退让，换来的却是一场灾难。1927年7月15日，以国民党左派自居的汪精卫公开宣布“分共”，并发出“宁可枉杀一千，不可使一人漏网”的狂啸，对共产党员和革命群众实施了疯狂的杀戮。以此为标志，国共合作宣告彻底破裂，轰轰烈烈的大革命陷于失败。大难临头之际，共产国际和中共中央才如梦初醒，宣布与国民党分道扬镳。在历史发生重大转折的关头，保持着清醒头脑和战斗精神的毛泽东，做出了一个决定中国共产党未来命运的大胆抉择：上山打游击！

霹雳一声起暴动

在汪精卫发动七一五反革命政变的前夕，中共中央根据共产国际的指示于7月12日进行了改组，取消了陈独秀的领导权，由张国焘、李维汉、周恩来、李立三、张太雷组成中央临时常务委员会。在形势万分危急的困难情况下，新的中央临时常务委员会研究决定了三件大事：一是将中国共产党所掌握或影响的部队向南昌集中，准备起义。二是在秋收季节，组织湘鄂粤赣四省农民暴动。三是召集中央会议，讨论决定今后的方针政策。第二天，中共中央又发表对时局宣言，谴责武汉国民党中央和国民政府的反革命罪行，宣布撤回参加国民党政府的共产党员。

与此同时，毛泽东对革命出路问题的思考也日趋明朗。7月下旬，他冒着生命危险在武汉秘密起草了《湘南运动大纲》（以下简称《大纲》)。8 月 1 日南昌起义爆发的当天,《大纲》经中央常委通过后发给湖南省委。在这个《大纲》中，毛泽东提出了一个在湖南进行武装暴动、开展土地革命、建立革命政权的行动计划，向人们展示了一个挽救中国革命的独创性思路。

毛泽东的意见得到了新的中央领导成员的认可。8 月 3 日，中共中央发布《关于湘鄂粤赣四省农民秋收暴动大纲》，指出:“中国革命正转向一个新的前途——工农德谟克拉西独裁（即工农民主专政），土地革命将占最重要的过程。”《大纲》要求四省以农会为中心，号召一切接近农民的社会力量团结在它的周围，实行暴动，宣布农会为当地的政府；由农会发布通告，对一切公地及 50 亩以上的大地主一律不缴租，对 50 亩以下的地主实行减租，自耕农土地不没收；农民协会组织土地委员会决定土地的分配。同时,《大纲》还要求全党“勇往直前地领导秋收的暴动”，并根据毛泽东在《湘南运动大纲》中提出的意见，规定:“准备于不久时期内在湘南计划一湘南政府，建设革命政权及一切革命团体，在广东革命委员会指挥之下。现即须组织湘南特别委员会，受省委指挥，于交通不灵通时得有独立指挥此委员会所能活动的地方工作。特委：夏曦、郭亮、泽东、卓宣（书记泽东）。”

8 月 7 日，中共中央在汉口召开紧急会议。会议由瞿秋白、李维汉主持，毛泽东等 21 人出席。继李维汉致开幕词、共产国际代表罗米那兹作报告之后，毛泽东第一个发言。他以自己的亲身经历，先后就国共关系、农民问题和军事问题做了重要发言。

关于国共关系，他指出：在加入国民党的问题上，“当时大家的根本观念都以为国民党是人家的，不知它是一架空房子等人去住。其后像新姑娘上花轿一样，勉强挪到此空房子去了，但始终无当此房子主人的决心。我认为这是一大错误。”

关于农民问题，他回顾说:“我曾将我的意见在湖南做了一个报告，同时向中央也做了一个报告，但此报告在湖南产生了影响，对中央则毫无影响。广大的党内党外的群众要革命，党的指导则不革命，实在有点反革命的嫌疑。这个意见是农民指挥着我成立的。我素以为领袖的意见是对的，所以结果我未十分坚持我的意见。我的意见因他们说是不通，于是也就没有成立，于是党的意见跟着许克祥走了。”他提出：“以后上级机关应尽心听下级的报告，然后才能由不革命的转入革命的。”“农民要革命，接近农民的党也要革命。”

关于军事工作，他尖锐地指出：“从前我们骂中山专做军事运动，我们则恰恰相反，不做军事运动专做民众运动。蒋（介石）唐（生智）都是拿枪杆子起家的，我们独不管。现在虽已注意，但仍无坚决的概念。比如秋收暴动非军事不可，此次会议应重视此问题，新政治局的常委要更加坚强起来重视此问题。湖南这次失败，可说完全由于书生主观的错误，以后要非常注意军事。须知政权是由枪杆子中取得的。”

毛泽东的发言，对会议审查和纠正党在大革命后期的严重错误，确定实行土地革命和武装反抗国民党反动派的总方针，起到重要的推动作用。会议选举了临时中央政治局，毛泽东被选为政治局候补委员。

八七会议结束后，主持中央工作的瞿秋白要毛泽东到上海中央机关去工作。毛泽东则表示：我不愿去住高楼大厦，我要上山结交绿林朋友，开展农村斗争。

8月9日，临时中央政治局举行第一次会议，讨论湖南秋收暴动问题。毛泽东出席了会议，并对湖南省委和共产国际赴长沙巡视员马也尔向中央提出的“由湘南组织一师与南昌军力共同取粤”计划提出了批评。他指出：“组织一师往广东是很错误的。大家不应只看到一个广东，湖南也是很重要的，湖南民众组织比广东还要广大，所缺的是武装，现已适值暴动时期，更需要武装……要在湖南形成一师的武装，占据五六县，形成一政治基础，发展全省的土地革命。纵然失败，也不用去广东，而应上山。”毛泽东的意见得到了临时中央政治局的赞同和支持。同日，中央致信湖南省委，批评其上述主张，指出："南昌事变是中央预定的计划，其目的在以军事力量帮助四省暴动的实现和成功，不然则失掉暴动的意义。同时如把四省暴动当作响应南昌暴动的军事势力，那便是本末倒置，与中央决定相违反的。"会议还决定让毛泽东以中央特派员的身份回湖南传达八七会议精神，改组省委，领导秋收起义。

8 月 12 日，毛泽东和新任湖南省委书记彭公达秘密回到长沙。8 月 18 日，他出席在长沙近郊沈家大屋召开的湖南省委会议，讨论制订秋收起义的具体计划。在会议讨论秋收起义举什么旗、依靠什么力量、如何解决农民土地以及暴动的区域等问题时，毛泽东都一一谈了自己的看法。

在举什么旗的问题上，根据会前调查取得的认识，毛泽东提出：此次秋收起义，应高高打出共产党的旗子，而不再使用"左派国民党"的旗子，也不再沿用国民革命军的称谓。因为他通过调查了解到，国民党军队残酷镇压工农运动后，群众对他们的看法已完全改变了，"国民党旗子已成军阀的旗子，只有共产党旗子才是人民的旗子""这一点我在鄂时还不大觉得，到湖南来这几天，看见唐生智的省党部是那样，而人民对之则是这样，便可以断定国民党的旗子真不能打了"。

在起义的依靠力量问题上，当时中共党内普遍认为暴动主要应该依靠农工武装，军队只能起次要的作用，否则便是"军事冒险"。毛泽东则断然提出："要发动暴动，单靠农民的力量是不行的，必须有一个军事的帮助。有一两团兵力，这个就可起来，否则终归于失败。"他强调说："暴动的发展是要夺取政权。要夺取政权，没有兵力的拥卫或去夺取，这是自欺的话。我们党从前的错误，就是忽略了军事，现在应以百分之六十的精力注意军事运动。实行在枪杆上夺取政权，建设政权。"

在如何解决农民土地问题上，党的八七会议提出只没收大中地主的土地，会上又出现两种不同的意见：一种认为没收小地主的土地会使他们走到反革命方面去，因而主张只没收大地主和反革命分子的土地；另一种认为中国革命目前已发展到全部没收土地、实行土地国有化的时期，因此主张没收包括自耕农在内的全部土地。毛泽东则提出："中国大地主少，小地主多，若只没收大地主的土地，则没有好多被没收者。被没收的土地既少，贫农要求土地的又多，单只没收大地主的土地，不能满足农民的要求和需要。要能全部抓着农民，必须没收地主的土地交给农民。"同时，"对被没收土地的地主，必须有一个妥善的方法安插"。

在暴动的规模和区域选择问题上，中央要求举行湖南"全省暴动"，省委多数同志也"想鼓动全省农民起来暴动"，主张划全省为湘中、湘南、湘西、湘西南 4 个区，分别以长沙、衡阳、常德、宝庆为中心，各区域同时发动、全面开花，"坚决地夺取整个的湖南"。但是，原定作为起义中心区域的湘南的局势这时已发生变化，由于唐生智部队南下，湘南同长沙事实上已被隔绝。在讨论过程中，毛泽东提出：暴动力量不足，主张缩小暴动范围，只在湘中四围各县举行暴动。多数人同意他的看法，于是会议决定放弃其他几个中心，只进行以长沙为中心的湘中暴动。

会后，湖南省委将以长沙为中心的秋收暴动计划上报中共中央。中央常委会于 8 月 22 日开会讨论了湖南省委的暴动计划，并于次日复信湖南省委，表示原则上同意以长沙为暴动起点的计划，但仍然坚持"湘南、湘中的暴动，尽可能地同时发动，免陷一地于孤立"。同时，复信批评省委的暴动计划"偏重于军力，其结果只是一种军事冒险"，甚至提出"此时我们仍然要以国民党名义来赞助农工的民主政权"，如果抛去国民党的旗帜，实现苏维埃政权，"这是不对的"，在土地问题上，主张"这时主要口号是'没收大地主土地'，对小地主则提出减租的口号"。此外，复信还提出，工农自卫军可改成工农革命军。

接到中央复信后，湖南省委于8月30日再次召开会议进行讨论。毛泽东对中共中央复信采取分析的态度，对其中符合实际情况的部分贯彻执行，对不切实际的批评给予答复。经充分讨论，会议决定坚持原定计划，实行湘中暴动，并以中国共产党的名义领导此次暴动。会议制定了明确的暴动纲领："（一）省的党组织同国民党完全脱离关系；（二）组织工农革命军；（三）没收大地主以及中、小地主的土地财产；（四）在湖南建立独立于国民党的共产党力量；（五）组织工农兵苏维埃。"会上还宣布成立了以毛泽东为书记的中共湖南省委前敌委员会，负责将修水、铜鼓、安源的武装力量编成工农革命军第一师；成立以易礼容为书记的行动委员会，负责组织暴动各县的工农起义，配合工农革命军，夺取长沙。

会议结束后，毛泽东连夜从长沙出发，前往位于湘赣边界的安源、铜鼓地区，做起义前的组织准备工作。这里是当时共产党掌握的武装力量比较集中的地区，主要有：共产党员卢德铭任团长的国民革命军第二方面军总指挥部警卫团；平江、浏阳等地的工农义勇队或农民自卫军；准备起义的安源路矿的工人武装。这是毛泽东领导秋收起义时的主要武装力量。

毛泽东于9月初到达安源后，立即在张家湾召开军事会议，传达中央八七会议精神和湖南省委的秋收暴动计划。参加会议的有：浏阳县委书记潘心源、安源市委负责人宁迪卿、赣西农民自卫军总指挥兼安福县农军负责人王兴亚等。会议详细讨论了湘赣边秋收暴动的具体部署，确定参加起义的武装力量兵分三路，从赣西修水、铜鼓和安源三地起义，进击湘东，会攻长沙。其中，以中路为主力军，即：驻在铜鼓的浏阳工农义勇队，准备会合驻在修水的警卫团，一起向浏阳进攻，"因为这路军事势力较厚，地势较险，浏阳又逼近长沙，进可以战，退可以守"。会议还决定，由毛泽东和潘心源在会后赶到铜鼓，直接指挥这一路起义部队的行动。

会议结束后，毛泽东化名安源煤矿的采购员张先生，由潘心源陪同赶往铜鼓。不料，走到浏阳和铜鼓交界处的张家坊村时，被民团抓住，险些送命。他后来曾对这一险情做了这样的描述：

> 当我正在组织军队、奔走于汉冶萍矿工和农民武装之间的时候，我被一些国民党勾结的民团抓到了。那时候，国民党的恐怖达到顶点，数以百计的共产党嫌疑分子被枪毙。那些民团奉命把我押到民团总部去处死。我从一个同志那里借了几十块钱，打算贿赂押送的人释放我。普通的士兵都是雇佣兵，枪毙我对他们并没有特别的好处，他们同意释放我，可是负责的队长却不允许。因此我决定设法逃跑。但是，直到离民团总部大约不到二百米的地方，我才找到机会。我一下子挣脱出来，往田野里跑。
>
> 我跑到一个高地，下面是一个水塘，周围长了很高的草，我在那里躲到日落。士兵们在追踪我，还强迫一些农民帮助他们搜寻。有好几次他们走得很近，有一两次我几乎可以用手接触到他们。尽管有五六次我已放弃任何希望，认为自己一定会再次被抓住，可是不知怎么的我没有被他们发现。最后，天近黄昏了，他们放弃了搜寻。我马上翻山越岭，彻夜赶路。我没有穿鞋，脚底擦伤很厉害。路上我遇到一个友善的农民，他给我住处，后来又带领我到了邻县。我身边有七块钱，用这钱买了一双鞋、一把伞和一些食物。当我最后安全到达农民武装那里的时候，我的口袋里只剩下两个铜板了。

离开安源之前，毛泽东就已获知湖南省委常委定下的暴动日期：9月9日开始破坏铁路，11日各县举行暴动，16日长沙暴动。当他机智脱险，到达铜鼓农民武装那里时，已是9月10日。他不顾惊吓与疲劳，立即召集干部会议，宣布把部队改编为工农革命军第一军第一师第三团，即日起向浏阳进发。此前一天，秋收起义已如期举行：湖南省委组织铁路工人破坏了长沙至岳阳和长沙至株洲的铁路，切断了敌人的交通运输；工农革命军第一师第一团宣布起义，从修水向平江长寿街进军。战斗打响前，去武汉报告工作的卢德铭赶回部队，就任工农革命军第一师总指挥。10 日深夜，安源工农武装和矿警队起义，组成工农革命军第一师第二团，向萍乡方向前进。这就形成了三路分别向平江、浏阳、萍乡推进的态势。此时此刻，毛泽东心潮澎湃，以无比兴奋的心情写下了《西江月·秋收起义》：

军叫工农革命，
旗号镰刀斧头。
匡庐一带不停留，
要向潇湘直进。
地主重重压迫，
农民个个同仇。
秋收时节暮云愁，
霹雳一声暴动。

然而，由于敌我力量对比悬殊，加之分兵作战，并且没有把当地群众充分发动起来，所以，起义军的攻势很快受挫。起义军师部和第一团在 9 月 11 日到达平江东郊金坪时，由于起义前夕收编的黔军邱国轩团突然叛变并从背后袭击，致使第一团腹背受敌损失惨重。第二团出师后最初发展顺利，在 12 日和 16 日先后攻克醴陵、浏阳县城，但因团长王亚明骄傲轻敌，被敌人重兵围困，几乎全部溃散。第三团在白沙、十二墩“两战两捷”后，于 14 日进攻浏阳东门市，虽一时得手，但很快遭敌人反扑。

9 月 14 日，毛泽东率领第三团从东门市撤至上坪。当晚，他主持召开了连以上干部会议。基于各路起义部队受挫的情况，他决定放弃攻打长沙的计划，并以前委书记的名义命令各路部队到文家市会合。同时，他还派人送信给湖南省委，建议停止长沙的暴动。15 日，湖南省委得知各路起义部队失利的消息，当晚做出决定，停止执行原定于16日举行长沙暴动的计划。

9月19日，参加起义的各部队余部先后抵达文家市。当晚，毛泽东在里仁学校主持召开前委会议，讨论部队下一步的进军方向问题。师长余洒度仍坚持“取浏阳直攻长沙”。毛泽东则主张放弃进攻长沙，把起义军向南转移到敌人统治力量薄弱的农村山区，寻找落脚点，以保存革命力量，再图发展。毛泽东的主张得到了总指挥卢德铭等多数前委委员的支持。会议经过激烈争论，最后通过了毛泽东的“南下”主张。

这无疑是一个非常明智的选择，对于中国革命的长远发展来说，又是一个具有决定性意义的新起点。

20日清晨，毛泽东在文家市里仁学校操场上向全师指战员宣布改变行动方向的决定。他满怀信心地说：现代中国革命没有枪杆子不行，有枪杆子才能打倒反动派。这次武装起义受了挫折，算不了什么！胜败乃兵家常事。我们当前力量还小，还不能去攻打敌人重兵把守的大城市，应当先到敌人统治薄弱的农村，去保存力量，发动农民革命。我们现在好比一块小石头，蒋介石反动派好比一口大水缸，但总有一天，我们这块小石头，一定要打烂蒋介石那口大水缸！毛泽东的一席话，大大鼓舞了刚刚受到严重挫折的起义军的士气。

9月21日，起义军从文家市向萍乡进发，沿罗霄山脉南下，寻找新的落脚点。转移途中，因遇到重重困难，部队减员现象日趋严重。特别是在萍乡芦溪，遭到国民党军队伏击，总指挥卢德铭牺牲，士气严重受挫。曾经历这一行军过程、后来跟随毛泽东上了井冈山的赖毅回忆说：

> 芦溪受挫以后，部队中弥漫着一股消沉的情绪，许多知识分子和旧军官出身的人，看到失败似乎已成定局，纷纷不告而别。有些小资产阶级出身的共产党员，也在这时背弃了革命，走向叛变或者消极的道路。一营一连的一个

排，就在排长带领下，利用放哨的机会逃跑了，并且带走了所有的武器。那时，逃跑变成了公开的事，投机分子竟然互相询问："你走不走？""你准备往哪儿去？"这真是一次严峻的考验。

这样的行军，的确是对人的体力、意志、信念的严峻考验。毛泽东从中发现了"问题"，也开始了对今后如何加强革命军队建设问题的思考。9 月 29 日，部队经过艰苦转战，到达江西永新县三湾村。根据当时相对安全的形势，毛泽东决定在这里对部队进行整编，从而诞生了中国共产党历史上有名的"三湾改编"。三湾改编的主要内容是：

一、进行整编，把不足 1 000 人的部队由一个师缩编为一个团，称工农革命军第一军第一师第一团，团长由陈浩担任，下辖一、三两个营，另有特务连、卫生队、军官队、辎重队各一个，共有 700 多支枪。缩编后，部队的机构、人员虽然减少了，但变得精干了，便于实行机动灵活的指挥。改编时，毛泽东还特意宣布：愿留则留，愿走的发给路费，将来愿意回来还欢迎。

二、在部队内部实行民主制度：官兵平等，待遇一样，规定官长不准打骂士兵，士兵有开会说话自由，连以上建立士兵委员会。士兵委员会有很大的权力，参加对部队的行政管理和经济管理，官长要受它的监督。

三、建立健全部队各级党组织，确立党对军队的领导。全军由党的前敌委员会统一领导，各级部队分别建立党的组织：班排设小组，支部建立在连队上，营、团建立党委，连以上设党代表，由同级党组织的书记担任。部队的一切重大问题，都必须经党组织集体讨论决定。

这三项措施，开始改变了旧式军队的习气和农民的自由散漫作风，是一次重大的军事变革。特别是把"支部建在连上"，是毛泽东创立的一个极其重要的建党、建军思想，后来逐步发展成为保证党对军队绝对领导和保障军队革命性质的一项基本制度。一年后，他在总结井冈山斗争的经验时说：

> 红军所以艰难奋战而不溃散，“支部建在连上”是一个重要原因。两年前，我们在国民党军中的组织，完全没有抓住士兵，即在叶挺部也还是每团只有一个支部，故经不起严峻的考验。

三湾改编是建设新型人民军队的重要开端，在人民军队的建军史上有重大意义。

在三湾改编期间，毛泽东还派人同宁冈县党组织和驻在井冈山北麓宁冈茅坪的袁文才部取得了联系。袁接信后，派他的文书、原武昌农讲所学员陈慕平作为代表，随同宁冈县党组织负责人到三湾会见了毛泽东。毛泽东说明工农革命军的来意，希望同袁文才合作，共同开展革命斗争。

10 月 3 日，毛泽东率领面貌一新的部队向宁冈县古城开进，并于当日下午抵达。在这里，毛泽东主持召开了为期两天的前委扩大会议，总结了湘赣边界秋收起义以来的经验教训，着重研究了在罗霄山脉中段建立落脚点和开展游击战争问题，认为井冈山是部队落脚的理想场所。毛泽东说“部队不能乱跑了”，要“就地打主意”。会议还决定对原在井冈山的袁文才、王佐这两支地方武装从政治上军事上进行团结和改造，并尽快先在茅坪设立后方留守处和部队医院。10 月 7 日，部队由古城继续南下，当日抵达茅坪，并在这里建立了医院和留守处。24 日，王佐派人迎接毛泽东率部队上山。临行前，毛泽东向部队宣布了三大纪律：第一，行动听指挥；第二，不拿老百姓一个红薯；第三，打土豪要归公。3 天后，毛泽东率部队进驻井冈山的中心——茨坪。

从此，毛泽东的“上山”主张变成了现实，毛泽东的奋斗历程也掀开了崭新的一页。

井冈山上战旗红

毛泽东之所以决定要在井冈山“就地打主意”，建立革命根据地，原因是多方面的。

一是客观形势所迫。革命处于低潮，敌强我弱，大城市和交通要道为敌人所控制，要保存和发展革命力量，打开新的局面，只能到敌人统治力量薄弱的农村去。

二是历史经验使然。毛泽东熟读史书，深知历朝历代都有“山大王”，并且从未被彻底消灭过。他从中受到启发，主张借鉴历史经验，在当时迫不得已的情况下，上山去做新的“山大王”，以便保存和发展革命力量。在上山之前，他针对有些人一味坚持“进攻长沙”、说退到农村就是想当“山大王”的倾向，特别强调指出：历史上从没有消灭过“山大王”，如果说我们也要当“山大王”，那是共产党领导的，有主张、有政策、有办法的特殊的“山大王”。

三是从长计议。毛泽东认为，无论是从发动农民开展土地革命着想，还是着眼于保存和发展革命的武装力量，都不能搞单纯的流动游击，“打一枪换一个地方”，而必须建立稳固的革命根据地，使部队有长期的立足之地。他经常对战士们讲：人不能老走着，老站着，也得有坐下来的时候，坐下来就靠屁股，根据地就是人民的屁股。

四是井冈山的条件得天独厚。它地处湘赣两省边界，介于宁冈、遂川、酃县、永新 4 县之间。论生存安全，这里离国民党统治的中心城市较远，交通又不便，加之湘赣两省军阀之间存在矛盾，敌人统治力量薄弱；论人文环境，这里有良好的群众基础，大革命时期，湘赣边界各县都曾建立过共产党的组织和农民协会；论生活给养，山上的茨坪、大小五井等地都有水田和村庄，周围各县有自给自足的农业经济，便于部队筹款筹粮；论作战条件，这里有崇山峻岭，地势险要，森林茂密，只有几条狭窄的小路通往山内，进可攻，退可守，“敌人在山的周围转一圈要一个星期，我们只要一天时间，就能由东到西，由南到北的打击敌军”；论政治影响，在这里开展土地革命、建立革命政权，不仅能够“影响两省，且能影响两省的下游，比较湘南赣南等处只影响一省，且在一省的上游和僻地者，政治意义大不相同”。

此外，还有袁文才、王佐领导的农民武装可以争取。

不过，在怎样对待袁文才和王佐这两支地方武装的问题上，前委内部曾出现意见分歧。多数人主张“武力解决”，认为他们不过百把人，几十条破枪，只要把他们“一包围缴械就完了”。毛泽东力排众议，坚持“和为贵”，力主对他们进行团结、教育和改造。他认为，袁、王二人及其队伍都是本地人，对他们实行武力打击，也就等于埋下了仇恨的种子，不仅使工农革命军立足不稳，而且难以在群众中开展工作。他还特别强调说：我们不能采取大鱼吃小鱼的吞并政策，三山五岳的朋友还多着呢！三山五岳联合起来，总是大队伍。为打消对方的顾虑，表示与他们真诚合作的愿望，毛泽东在分别与袁文才和王佐会谈时，坚持“单刀赴会”，并主动提出给他们赠送枪支。毛泽东的侠肝义胆，使袁、王二人很受感动。他们不仅同意工农革命军上山，而且表示愿尽其所能，提供各种帮助。

有了袁、王二人的赞同和支持，毛泽东率领的工农革命军很快在井冈山“安家落户”，并从此开始了创建以宁冈为大本营的井冈山根据地的斗争，点燃了“工农武装割据”的星星之火。

就在毛泽东率领部队上井冈山的时候，国内政治局势发生了新的重大变化。国民党内的李宗仁和唐生智两个军事集团之间爆发战争。唐生智控制的两湖军队全部投入战争。江西的朱培德部也将主力调往赣北。井冈山周围各县守敌空虚，为工农革命军向外发展提供了大好机会。

1927 年 11 月中旬，根据毛泽东和前委的意见，工农革命军第一营在团长陈浩和营党代表宛希先的率领下，开始向茶陵县出击。11 月 18 日，部队一举拿下了茶陵县城。但是，在战斗结束后，部队既没有组建新政权，也没有开展群众工作。团长陈浩只是下令在旧县长公署门前挂了一块“人民委员会”的牌子，委派谭梓生出任县长，其余人员照旧。办公制度也一仍其旧，照样是升堂审案，部队给养也是靠商会摊派，引起群众不满。毛泽东获悉后，立即写信批评了这种做法，要求部队抓紧开展群众工作，召开工农兵代表大会，成立工农兵政府。不久，茶陵县工农兵政府宣告成立，工人出身的谭震林被选为政府主席。这是井冈山根据地的第一个工农兵政权。同时，工农革命军还帮助茶陵组织了赤卫队、县工会和县农会。

12 月下旬，湘桂战争告一段落。敌军主力和地主武装开始向茶陵红色政权反扑。秋收起义时被打散、后在桂东打游击的第三营，在张子清等人率领下赶到茶陵救援。但终因敌我力量悬殊，被迫退出茶陵县城，向井冈山转移。团长陈浩和副团长徐庶、参谋长韩庄剑等因失败而产生思想动摇，企图把军队带到湘南，去投靠国民党。毛泽东闻讯后迅速率部队追击，在茶陵湖口赶上队伍后，立即召集团营干部召开紧急会议，果断地扣押了陈浩一伙，并将工农革命军全部带回宁冈砻市。

当断不断，反受其乱。回到砻市后，毛泽东先后主持召开前委会议和群众大会，决定改组部队领导机构，处决陈浩等人。张子清被任命为第一团团长、何挺颖为党代表、朱云卿为参谋长。他还吸取工农革命军在茶陵不做群众工作的教训，明确提出革命军队应当担负起三大任务：第一，打仗消灭敌人；第二，打土豪筹款子；第三，做群众工作。在宣布处决陈浩等人的群众大会上，毛泽东强调指出：我们是工农革命军，每个战士既是革命战士，也是革命的宣传员，不仅要打仗，而且要向群众宣传我们的主张，组织群众，武装群众，只有和群众打成一片，革命才能取得最后胜利。

毛泽东率领部队回到井冈山后，同遂川相邻的赣西南的万安县农民武装再次发动起义，进攻万安县城。为策应万安暴动，1928 年 1 月 4 日，毛泽东又率领工农革命军第一团南下遂川，打败了当地的靖卫团，于当日占领遂川县城。随后，又分兵发动群众，开展打土豪的斗争，并于 1 月 24 日成立了中共遂川县委和县工农兵政府。其间，针对部队开展群众工作中遇到的新问题，毛泽东在三大纪律的基础上，又给部队提出了六项注意："上门板，捆铺草，说话和气，买卖公平，借东西要还，损坏东西要赔。"后来又加了洗澡避女人、不搜俘虏腰包两条内容，发展成八项注意。这些规定体现了人民军队的本色，为工农革命军取得人民群众的信任和支持提供了保证。

在遂川革命形势的鼓舞下，万安县农民武装在 1 月上旬发动第四次武装起义，并成功地攻占了县城。1 月中旬，毛泽东在遂川县城主持召开了前委和万安、遂川县委联席会议，拟定了割据赣西南的行动计划。在这次会议上，毛泽东还初步总结了工农革命军的作战经验，提出了"敌来我走，敌驻我扰，敌退我追"的游击战原则。

万安起义和工农革命军的军事行动，使国民党江西当局十分震惊。1928 年初，驻吉安的国民党第 5 军第 27 师所部开始向万安、遂川进攻，发动了对井冈山革命根据地的第一次"进剿"。2 月 4 日，毛泽东率工农革命军第一团由遂川返回井冈山，与改编成工农革命军第二团的袁文才、王佐部会合，准备共同应敌。前委经过详细讨论，决定乘赣军以为工农革命军主力仍在遂川而疏于戒备的机会，利用晨雾发动袭击，实行围三阙一、在运动中消灭敌人的作战方针。2 月 18 日，工农革命军经过数小时的激战，一举攻占了宁冈县城，全歼宁冈守军一个营和宁冈县靖卫团，俘虏近 300 人，打破了国民党军队对井冈山的第一次"进剿"。2 月 21 日，宁冈县工农兵政府宣告成立。

随着茶陵、遂川、宁冈等县红色政权的相继建立，一个巩固的农村革命根据地在井冈山初步矗立起来，以宁冈为中心的湘赣边界“工农武装割据”的新局面开始形成。与此同时，工农革命军因严格实行“三大纪律、六项注意”而受到人民群众的拥护和支持，部队规模迅速壮大，到 1928 年 2 月，已经由原来的不足一个团发展为一个师、两个团，并且实现了同当地农民运动的紧密结合。

1928 年 3 月上旬，正当毛泽东为新局面的形成感到欣喜之际，一个名叫周鲁的人板着面孔来到了井冈山。此人是中共湘南特委军事部长、省军委特派员，来井冈山的目的是贯彻中央的“左”倾盲动政策。因为有“尚方宝剑”，所以他下车伊始就对井冈山的斗争横加指责。他根据中共中央 1927 年 11 月临时政治局扩大会议决议和 12 月 31 日给湖南省委的指示，批评毛泽东“行动太右，烧杀太少”，没有执行所谓“使小资产变成无产，然后强迫他们革命”的政策，并宣布取消前敌委员会，开除毛泽东的党籍！（实际上，临时中央的决定是解除毛泽东中央临时政治局候补委员职务；后来中央文件发来，毛泽东又“恢复”了党籍）此后，毛泽东作为“党外人士”改任工农革命军第一师师长。

虽然受到了“严厉处分”，但是，毛泽东的革命意志却丝毫没有动摇。根据周鲁口头传达的上级指示，毛泽东以师长身份率主力部队离开井冈山，去支援湘南暴动。行军途中，毛泽东忍住自己内心的痛苦和酸楚，坚持给广大指战员“鼓劲”。他说：上级让我当师长。本人对军旅之事，未之学也。可是，中国有句俗语，一个篱笆三个桩，一个好汉三个帮。三个臭皮匠，凑成诸葛亮。我们这么多战士，这么多干部，大家都来当参谋长，都来当师长，群策群力，不愁打不好仗。

毛泽东率部队离开井冈山后，敌人乘虚而入，并疯狂地对根据地人民进行反攻倒算。茶陵、遂川、宁冈的红色政权被推翻，共产党员和革命群众惨遭杀戮。井冈山中心区域被敌人占领了一个多月。

好在这种挫折只是暂时的。4月底，朱德、陈毅、王尔琢率领的南昌起义余部在湘南暴动失利后，转移到了井冈山地区。两天后，毛泽东率第一团返回宁冈砻市。两军在这里会师后，部队于5月初进行了改组，成立了中国工农革命军第四军，下辖3个师、9个团（后缩编为6个团）。朱德任军长，毛泽东任党代表和军委书记。一个月后，根据中央指示，工农革命军第四军改称红军第四军，简称红四军。从此，井冈山的革命武装力量得到大大加强，根据地的斗争也进入了新的发展阶段。

朱毛两军会师时，正值赣军分两路向井冈山根据地发动第二次“进剿”。毛泽东主持召开第四军军委会议，决定采取“集中兵力，歼敌一路”的作战方针。4月底，朱德和王尔琢按计划率领工农革命军第四军主力先在遂川五斗江击溃赣军一个团，并乘胜追击，在永新城附近又击溃赣军另一个团的一个营，一举攻占永新县城，胜利地打破了国民党军队的第二次“进剿”。毛泽东和朱德在总结经验的基础上，进一步概括出“敌进我退，敌驻我扰，敌疲我打，敌退我追”的游击战十六字诀，从而形成了“适应当时情况的带着朴素性质的游击战争基本原则”。

在这一军事原则的指导下，第四军在5月中旬和6月下旬又接连打退国民党军队对井冈山革命根据地发动的第三、第四次“进剿”。特别是在6月23日取得的龙源口大捷，歼敌一个团，击溃两个团，是井冈山根据地创建以来最大的一次胜利。此后，井冈山根据地扩大到宁冈、永新、莲花三个县全部，吉安、安福县各一小部分，遂川县北部，酃县东南部，割据区域达7 200多平方公里，拥有人口50多万。与此同时，在毛泽东领导下，党、政、军建设也都取得了很大发展，以分田为核心内容的土地改革在边界范围内全面展开。井冈山根据地的发展进入了“全盛时期”。

井冈山革命根据地的大发展，主要是因为当时边界党组织实行了正确的政策。几个月后，毛泽东对此进行了系统的总结。他说：

> 四月以后，湘赣边界的割据，正值南方统治势力暂时稳定的时候，湘赣两省派来“进剿”的反动军队，至少有八九个团，多的时候到过十八个团。然而我们以不足四个团的兵力，和敌人斗争了四个月之久，使割据地区一天比一天扩大，土地革命一天比一天深入，民众政权一天比一天推广，红军和赤卫队一天比一天扩大，原因就在于边界党（地方的党和军队的党）的政策是正确的。当时边界特委（毛泽东为书记）和军委（陈毅为书记）的政策是：坚决地和敌人作斗争，造成罗霄山脉中段政权，反对逃跑主义；深入割据地区的土地革命；军队的党帮助地方党的发展，军队的武装帮助地方武装的发展；对统治势力比较强大的湖南取守势，对统治势力比较薄弱的江西取攻势；用大力经营永新，创造群众的割据，布置长期斗争；集中红军相机迎击当前之敌，反对分兵，避免被敌人各个击破；割据地区的扩大采取波浪式的推进政策，反对冒进政策。因为这些策略的适当，加以边界地形的有利于斗争，湘赣两省进攻军队的不尽一致，于是才有四月至七月四个月的各次军事胜利和群众割据的发展。

此后，井冈山根据地的发展虽因受“左”倾错误的干扰而在8月份再度出现曲折，但是，留守井冈山的部队凭借黄洋界天险，顽强抵抗，以少胜多，保住了井冈山。9月份，毛泽东和朱德率红四军主力返回，并接连打了三个大胜仗，很快粉碎了湘赣敌军的“会剿”，基本恢复了根据地的原有“地盘”，重新发展了湘赣边界的武装割据。

井冈山的存废，决定着革命根据地的兴衰和红四军的命运。在国民党军队4个团的猛烈进攻下，1个营的留守部队能否坚持得住，这是毛泽东在返回井冈山途中最担心的事。得知黄洋界战斗胜利的消息后，毛泽东心中的石头落了地。他抑制不住内心的喜悦，挥毫写下《西江月·井冈山》。

打铁须先自身硬

井冈山革命根据地的斗争实践，使毛泽东的“工农武装割据”思想变得成熟起来。1928年10月至11月，他先后写出《中国的红色政权为什么能够存在？》和《井冈山的斗争》两篇重要著作，在全面总结井冈山斗争经验的基础上，深刻分析了红色政权能够存在和发展的原因及条件，系统阐述了武装斗争、土地革命和根据地建设三者之间的关系，从理论和实践的结合上初步回答了“红旗能打多久”的疑问。

毛泽东分析指出：一国之内，在四周白色政权中，有一小块或若干块红色政权的区域长期存在，这是世界各国从来没有的事。这种奇事的发生，有其独特的原因，而其存在和发展，亦必有相当的条件。这主要表现在以下5个方面：第一，中国是帝国主义间接统治的经济落后的半殖民地国家。一方面，帝国主义在中国划分势力范围的分裂剥削政策，造成白色政权之间长期不断的分裂和战争；另一方面，地方的农业经济（不平衡、不统一）自给自足，能够不依赖于城市而独立。这就使得红色政权能够在白色政权之间的分裂和缝隙中产生、存在并且日益发展起来。第二，中国红色政权发生和长期存在的地方，是经过大革命深刻影响、工农士兵群众曾经大大起来的地方，例如湖南、广东、湖北、江西等省，群众基础都比较好。第三，全国的革命形势是“跟着国内国际资产阶级之继续的分裂和战争，而继续向前发展的”，这就决定了小块红色政权的长期存在，不仅是没有疑义的，“而且是继续发展日渐接近总政权之取得的”。第四，有相当力量的正式红军的存在。“虽有很好的工农群众，若没有相当力量的武装，便决然不能造成割据局面，更不能造成长期的和日益发展的割据局面，所以‘工农武装割据’的观念，是共产党和割据地方工农群众必须充分具备的一个重要观念。”第五，共产党组织的有力量和它的政策的不错误。

毛泽东还系统阐述了“工农武装割据”是党领导下武装斗争、土地革命和根据地建设的密切结合的思想。他解释说：中国革命的主要形式是武装斗争，没有革命的武装斗争，就不能进行真正的土地革命，也不能在白色恐怖势力的包围下建立和发展革命根据地；没有土地革命，就不能充分地发动农民，红军的战争就得不到最广大人民群众的支持，革命根据地的巩固和发展也就无从谈起；而不建设革命根据地，武装斗争就没有后方的依托，会变成“流寇”式的行动，并最终走向失败，土地革命也就无法开展，成果无法保持。

对于工农武装割据的发展前景，毛泽东表示出充足的信心。他指出：“边界的旗子不倒，不但表示了共产党的力量，而且表示了统治阶级的破产，在全国政治上有重大的意义。”同时，他还指明了红军开展武装斗争和发展革命根据地的基本方略，提出：在统治阶级内部发生破裂时期，“我们的战略可以比较地冒进”，而在统治阶级政权比较稳定的时期，“我们的战略必须是逐渐地推进的”。

作为井冈山革命根据地的创始人，毛泽东对武装斗争、土地革命和根据地建设中出现的各种错误及其教训，也是非常重视的。其中，如何加强党的思想建设是他最为关注的大问题，因为在当时处于分散的农村游击战争环境和党的组织以农民为主要成分的条件下，各种非无产阶级思想的影响，是党的各项工作发生错误和红军作战失利的主要原因，也是影响党组织和红军队伍战斗力的根本性因素。在 1928 年 11 月写给中央的报告（即《井冈山的斗争》）中，毛泽东明确地指出了边界党组织中存在的两个严重问题：一是地方主义问题，“边界的经济，是农业经济……社会组织是普遍地以一姓为单位的家族组织。党在村落中的组织，因居住关系，许多是一姓的党员为一个支部，支部会议简直同时就是家族会议”。二是土客籍之间的矛盾和冲突问题，“土籍的本地人和数百年前从北方移来的客籍人之间存在着很大的界限，历史上的仇怨非常深，由此发生很激烈的斗争”“这种情况反映到党内来，时常发生无谓的斗争”。这种状况使毛泽东强烈地意识到：“无产阶级思想领导的问题，是一个非常重要的问题。”因此，他在报告中指出：“边界各县的党，几乎完全是农民成分的党，若不给以无产阶级的思想领导，其趋向是会要错误的。”

在这里，毛泽东首次提出了“着重从思想上建党”的光辉思想，对中国共产党的自身建设和中国革命的健康发展产生了深远的历史影响。

然而，问题不是一下子就能彻底解决的。随着客观形势的发展变化，红四军主力在 1929 年初离开井冈山，开始了创建新的赣南、闽西革命根据地的征程。由于部队在很长一段时间里转战各地，中下级军官和各级政治工作人员伤亡较大，兵员补充多为农民成分，党的思想政治教育工作因战事频繁而受到局限，结果，红四军内部的各种非无产阶级思想又开始抬头，单纯军事观点、流寇思想、极端民主化和军阀主义残余等错误思想，对“三湾改编”以来形成的建党建军原则形成了强烈冲击，并引发了红四军领导层的激烈争论，甚至一度把毛泽东从前委书记的位置上“拉下马”。

红四军领导层内部的争论早已有之，但前期的争论带有“交换意见”的色彩，也没有影响工作的大局。后来，由于中央脱离实际的错误指示特别是中央代表的直接干预，使得红四军内部的意见分歧变成了唇枪舌剑、水火不容的公开争论。

1929 年 4 月 3 日，红四军前委收到中央 2 月 7 日《给润之、玉阶两同志并转湘赣边特委的信》。在信中，中央对客观形势和主观力量都做出了悲观的估计，并要求将红军队伍化整为零，分散到湘赣边界的乡村中去发动群众，同时要求朱、毛二人离开部队去上海中央，以便隐匿大的目标，“徒惹敌人更多的注意”。这封信的精神，明显地反映了共产国际领导人在8个月前提出的观点。在1928年6—7月举行的中共六大上，共产国际政治书记处第一书记布哈林讲话指出：中国工农红军“只能分散存在，不能集中。否则，就会伤害老百姓的利益，把他们的最后一只老母鸡给吃掉”，“到那时，农民一定会起来反对红军”。他还明确要求红军高级干部离开部队，并提出要朱德、毛泽东去苏联学习。

中共中央的“二月来信”，为红四军中那些主张分权、加强军事领导权威和分兵打游击的人提供了争论的借口和砝码。他们抓住毛泽东不赞成中央关于分散红军的策略等问题，指责他不服从中央指示，“自创原则”。有的指责毛泽东“权力过大”、搞“家长制”，称前委的领导是“书记专政”；有的不承认军队是完成政治任务的工具，主张“司令部对外”“政治机关应隶属于军事机关”；还有人说政治工作是“找麻烦”，宣传兵是“吃闲饭”“妨碍行军”等，其实质在于削弱党对军队的领导。

面对各种指责和压力，毛泽东既认真反省自己并做自我批评，又坚持真理，在原则问题上决不让步。经过几次激烈争论，毛泽东于6月14日写了一篇长达8 000字的党内通信，并刊登在《前委通信》第3期上。他从历史和环境两方面考察了红四军党内存在的问题和争论的原因，归纳概括出14个要点：1. 个人领导与党的领导；2. 军事观点与政治观点；3. 小团体主义与反小团体主义；4. 流寇思想与反流寇思想；5. 罗霄山脉中段政权问题；6. 地方武装问题；7. 城市政策与红军军纪问题；8. 对时局的估量；9. 湘南之失败；10. 科学化、规律化问题；11. 四军军事技术问题；12. 形式主义与需要主义；13. 分权主义与集权；14. 其他腐败思想。他认为，这些问题当中，最根本的是个人领导与党的领导之间的关系问题，是四军历史问题的总线索，其他各项均为其分支。

关于红四军至今还没有能建立起党的绝对领导的原因，毛泽东分析指出：红四军的大部分是从旧式军队脱胎出来的，而且是从失败环境中拖出来结集的，于是带来了一切旧思想、旧习惯、旧制度，加之原来党的组织很薄弱，因此造成了个人庞大的领导权。他强调说，我们记起了这两点，就可以知道一切思想、制度何以这样的难改，而党的领导与个人的领导何以总是抗分，常在一切斗争状况之中。他还说“一种形式主义的理论从远方到来”，也是产生争论的重要原因，即中央派到四军来工作的某些同志，不察实际情况，硬搬教条，照抄“本本”，焉能不出问题？

流寇思想是毛泽东着重批评的又一个错误观点。他说：流寇思想历来在红军中是很厉害的。流寇思想产生于红四军中的游民成分，党与这种思想曾经做过许多的斗争，但它的尾巴至今还存在。这种思想在政治上的影响，主要表现为对罗霄山脉中段政权的不同见解，一部分同志时时刻刻要脱离边境的斗争，对于从红军中拨枪支支援地方武装，总是难得很。这种思想还影响到城市政策与红军军纪，一些同志认为军纪破坏一些，城市破坏一些，没有什么大要紧的。其实，“军纪问题是红军一个很大的政治问题”！共产主义者的思想和行动总要科学一点才好。

针对红四军中“向来有些同志偏于军事观点，同站在政治观点即群众观点上的人的意见不合”的状况，毛泽东分析指出：“四军党内显然有一种建立于农民、游民、小资产阶级之上的不正确的思想，这种思想是不利于党的团结和革命的前途的，是有离开无产阶级革命立场的危险。”必须“克服这种思想，以求红军彻底改造”。

此外，他还就当时争论的热点——要不要成立军委的问题、针对他的所谓“家长制”的指责等，进行了剖析和申辩，并且对几天前他自己提出辞去前委书记一职的原因和解决红四军内部争论的想法做了说明：“我之请求离开前委，并不是消极，不参加这种斗争，乃有以下的理由：(一) 对于与党内错误思想奋斗，两年以来已经竭尽吾力了。现在我又把问题的内容提出以后，使多数同志们做不断的奋斗，才能得到最后的胜利。（二）我在四军的日子太久了，一种历史的地位发生出来的影响是很不好的，这是我要指出的中心理由。（三）我个人身体太弱，智识太贫，所以我希望经过中央送我到莫斯科去留学兼休息一个时期。在没有得到中央允许以前，由前委派我到地方做些事，使我能因改环境而得到相当的进步。（四）四军的党已经有了比较坚固的基础了，我去之后，决然没有不好的影响。党的思想上的分化和斗争既决不会因我去而不达到胜利的目的。”他同时表示：“自然我的工作，我只能提出意见，决定要在党部，我没有离开一天，仍旧可以随大家做思想奋斗的一天。”

毛泽东的这封信，初步总结了中国共产党领导人民军队建设的基本经验，系统地提出了党对红军的绝对领导和红军建设的一系列根本原则，其中的主要思想后来都被吸收到了古田会议决议中。

6 月 22 日，红四军党的第七次代表大会在龙岩召开。在这次大会上，毛泽东提出的关于通过总结过去斗争经验的办法达到统一认识，解决红军建设中存在的主要问题，以提高红军的政治素质和战斗力的建议没有被采纳；他提出的关于坚持党对军队的绝对领导、反对不要根据地的流寇思想、单纯军事观点、极端民主化等错误思想的正确主张也被否定。会议认为，毛泽东是前委书记，对争论应多负些责任，给予党内“严重警告”处分。大会改选了红四军党的前敌委员会，陈毅被选为前委书记。为保持红四军内部的团结，陈毅采取了息事宁人的办法，对争论的双方“各打二十大板”。毛泽东在会上最后发言说：现在还是要根据我们历来的实际斗争中间的经验，加强这个政治领导，加强党对红军的领导，军队要做群众工作，要打仗，要筹款；至于会议对我个人有许多批评，我现在不辩，如果对我有好处，我会考虑，不正确的，将来自然会证明他这个不正确。

会后，毛泽东被迫离开红四军的主要领导岗位。7 月 8 日，他以红四军前委特派员的身份，带领谭震林、蔡协民、曾志、江华等到闽西指导地方工作。

屋漏偏遇连阴雨。带着处分去开展地方工作的毛泽东，不久又受到病魔的袭击，一场疟疾差点要了他的命。国民党造谣说，他已死于肺结核病。共产国际“闻讯”，也在1930年3月20日为他发表了一则《讣告》，沉痛宣告：“中国共产党的奠基者，中国游击队的创立者和中国红军的缔造者之一的毛泽东同志，因长期患肺结核而在福建前线逝世！”

大难不死，必有后福。就在毛泽东养病期间，红四军党的七大决议案通过福建省委送到中共中央。主持中央工作的周恩来根据中央政治局会议讨论的结果，于8月中旬起草了中央给红四军前委的信，并于8月21日发出。他在信中强调指出：“红军不仅是战斗的组织，而且更具有宣传和政治的作用。”“必须采取比较集权制”，党的书记多负责任“绝对不是家长制”，事事“要拿到支部中去讨论去解决——这是极端民主化的主张”。不久，陈毅到达上海，向中央详细汇报了红四军的情况和党内的争论。为彻底解决红四军内部争论的问题，中央政治局决定成立李立三、周恩来、陈毅三人委员会，负责起草一封指示信。三人委员会确定，以中央8月21日给红四军前委的指示信为基础，由陈毅执笔起草这封指示信。经过三人多次讨论，陈毅对一些重大问题的认识得到很大提高。9月28日，中共中央政治局通过了陈毅起草的指示信，史称“九月来信”。

指示信进一步强调指出：“先有农村红军，后有城市政权，这是中国革命的特征，这是中国经济基础的产物。”规定红军的基本任务是：“一、发动群众斗争，实行土地革命，建立苏维埃政权；二、实行游击战争，武装农民，并扩大本身组织；三、扩大游击区域及政治影响于全国。”根据红四军党内的实际情况，指示信强调：“只有加强无产阶级意识的领导，才可以使之减少农民意识。”“党的一切权力集中于前委指导机关”，“不能机械地引用‘家长制’这个名词来削弱指导机关的权力，来做极端民主化的掩护。”同时，“前委对日常行政事务不要去管理，应交由行政机关去办。”指示信不仅对红四军党内发生的争论问题做出了郑重的结论，还明确要求红四军前委和全体指战员维护朱德、毛泽东的领导，毛泽东“应仍为前委书记”。

人逢喜事精神爽。得知中央“九月来信”的精神后，毛泽东欣然“从命”，立刻随同前来迎接的部队赶回红四军驻地长汀，并写信向中央报告说：“我病已好，11月26日偕福建省委巡视员谢同志从蛟洋到达汀州，与四军会合。遵照中央指示，在前委工作。”“四军党内的团结，在中央正确指导之下，完全不成问题。陈毅同志已到，中央的意思已完全达到。惟党员理论常识太低，须赶急进行教育。”

同年12月28日至29日，红四军党的第九次代表大会在福建上杭古田镇举行。毛泽东在会上做了政治报告，朱德做了军事报告，陈毅传达了中共中央的指示。

会议经过热烈的讨论，顺利通过了毛泽东事先精心准备的8个决议案，即著名的古田会议决议。该决议总结了红四军成立以来在军队建设上的经验教训，确立了人民军队建设的基本原则。其主要内容是：

第一，规定了红军的性质和任务，指出：“红军是一个执行革命的政治任务的武装集团。特别是现在，红军决不是单纯地打仗的，他除了打仗消灭敌人军事力量之外，还要担负宣传群众、组织群众、武装群众、帮助群众建立革命政权以至于建立共产党的组织等项重大任务。”必须坚决贯彻中国共产党的纲领、路线、方针和政策，完全服务于人民革命斗争、根据地建设和土地革命。这是它区别于其他一切旧军队的根本标志之一。必须反对单纯军事观点和不重视根据地的流寇思想，把宣传工作当成“第一个重大工作”。

第二，确立了党对红军实行绝对领导的原则，规定：“党对军事工作要有积极的注意和讨论。一切工作，在党的讨论和决议之后，再经过群众去执行。”红军中必须健全各级党的组织，实行政治委员制度，反对以任何借口来削弱党对红军的领导，各级党组织必须“厉行集中指导下的民主生活”，“少数人在自己的意见被否决之后，必须拥护多数人所通过的决议。除必要时在下一次会议再提出讨论外，不得在行动上有任何反对的表示”。党内要正确开展批评与自我批评，无论担任什么军职的党员干部，都应该参加党的会议，报告工作，接受党组织的监督。

第三，明确了红军中政治机关和政治工作的地位，提出：在省级地方政权未建立以前，红军的政治机关与军事机关在前委领导下平行执行各自担负的工作：政治训练及群众工作事项，军事系统应接受政治系统的指挥；作战、宿营、给养等，政治系统应接受军事系统的指挥。在没有建立政权机关的地方，由政治部代替当地政权机关的工作，如负责宣传群众、组织群众、建设政权等。决议批评了把政治机关隶属于军事机关的单纯军事观点，指出：“这种思想如果发展下去，便有走到脱离群众、以军队控制政权、离开无产阶级领导的危险，如像国民党军队所走的军阀主义道路一样。”

第四，强调了在红军内部加强思想政治教育的重要性。决议从红四军的组成和处在农村分散游击环境的实际出发，指出对红军不断进行马克思主义和党的正确路线教育，是克服各种非无产阶级思想，提高军队政治素质，完成无产阶级政治任务的中心环节，指出“四军党内各种非无产阶级意识非常之浓厚，对于党的正确路线之执行，加了极大的妨碍，若不彻底纠正，则中国广大革命斗争加于四军的任务，是决然担负不起来的”。

第五，规定了正确处理红军内外关系的原则和方法。在官兵关系上，坚持官兵平等、实行民主主义制度，指出：官兵之间只有职务的不同，没有阶级的分别。长官应当爱护士兵，关心士兵，切实保障士兵的民主权利，坚决废止肉刑。士兵要尊重长官，自觉地接受管理，遵守纪律，克服极端民主化和平均主义、雇佣思想等错误倾向。在军政关系上，要求红军指战员严格尊重人民政权机关，巩固它在群众中的威信。在军民关系上，要求红军严格执行“三大纪律”和“六项注意”，同人民群众打成一片。在对敌军的工作上，要求在坚决消灭一切敢于顽抗的敌人的同时，实行瓦解敌军和宽待俘虏的政策。

古田会议决议是中国共产党和红军建设的纲领性文献。它从根本上解决了以农民为主要成分的军队如何建设成无产阶级领导的新型人民军队的问题，使红军的建设完全建立在了马克思主义的基础之上；在长期处于分散的农村游击战争环境、工人不占主要成分的情况下，如何建设用马克思列宁主义武装起来的无产阶级先进政党，也具有纲领性的意义。

在这次大会上，毛泽东重新当选为前委书记。

古田会议一结束，毛泽东又接到了红军第一纵队司令员林彪写给他的“新年贺信”。林彪在信中流露出对时局和革命前途的悲观情绪，提出“用比较轻便的流动游击方式去扩大政治影响”的主张。新年之后的第5天，毛泽东写了《时局估量和红军行动问题》的复信，即著名的《星星之火，可以燎原》。

在这封信中，毛泽东从中国社会的基本特点出发，全面总结了井冈山和赣南、闽西革命根据地斗争的经验，进一步丰富和发展了他的红色政权理论，并深刻阐述了中国革命的发展道路问题。他把建立农村革命根据地、实行工农武装割据的问题提到异常突出的地位，批评林彪等“没有建立赤色政权的深刻观念，因之也就没有由这种赤色政权的深入与扩大去促进全国革命高潮的深刻的观念”，强调指出，“单纯的流动游击政策是不能达到促进全国革命高潮的任务”。而朱毛式、贺龙式、李文林式、方志敏式之有根据地的，有计划地建设政权的，红军游击队与广大农民群众紧密地配合的，深入土地革命的，政权发展是波浪式向前扩大的政策，无疑是正确的，“必须这样，才能树立全国革命群众的信仰，如苏联之于全世界然。必须这样，才能给反动统治阶级以甚大的困难，动摇其基础而促进其内部的分解。也必须这样，才能真正地创造红军，成为将来大革命的主要工具”。

这封信的突出特点是明确了“以乡村为中心”的思想，标志着毛泽东“农村包围城市、武装夺取政权”革命道路理论的正式形成。几年后，毛泽东以更加明确的语言表述了这一思想。他说：和资本主义国家不同，在半殖民地半封建的中国，“共产党的任务，基本地不是经过长期合法斗争以进入起义和战争，也不是先占城市后取乡村，而是走相反的道路”。

就加强党和军队的自身建设而言，这可以说是继古田会议后毛泽东采取的又一个重大战略决策。它进一步纠正了红四军主力下井冈山后一部分人中滋长起来的单纯流动游击的错误观念，要求大家毫不动摇地确立“建立赤色政权的深刻观念”，从而把更大的精力投入开辟和巩固赣南闽西革命根据地的工作中去，逐步形成“农村包围城市、武装夺取政权”的新格局。如果没有树立起这样的深刻观念，就不可能有以后的中央革命根据地和前四次反“围剿”的胜利，也不可能使中国革命在符合本国实际国情的条件下胜利发展。

与此同时，毛泽东还开展了大量的社会调查。他坚持从实际出发，善于向实践学习，向群众学习，表现出可贵的探索和首创精神，实现了马克思主义基本原理与中国革命具体实际的有机结合，提出了对全党具有普遍和长期指导意义的科学论断和理论观点。

1930年5月，毛泽东在寻乌进行大规模调查的同时，写出了《调查研究》(即《反对本本主义》)一文，目的是“反对红军中的教条主义”。在这篇文章中，毛泽东提出了以下几个重要的理论命题：

一、“没有调查，没有发言权。”他指出：“一切结论产生于调查情况的末尾，而不是在它的先头。”只有蠢人，才是他一个人，或者邀集一堆人，不做调查，而只是冥思苦索地“想办法”“打主意”，须知这是一定不能想出什么好办法、打出什么好主意的。调查就是解决问题。

二、必须把马克思主义理论同中国的实际情况相结合。他指出：“我们说马克思主义是对的，决不是因为马克思这个人是什么‘先哲’，而是因为他的理论，在我们的实践中，在我们的斗争中，证明了是对的。我们的斗争需要马克思主义。我们欢迎这个理论，丝毫不存什么‘先哲’一类形式的甚至神秘的念头在里面。”由此，他得出一个极端重要的科学结论：“马克思主义的‘本本’是要学习的，但是必须同我国的实际情况相结合。”

三、“中国革命斗争的胜利要靠中国同志了解中国情况。”他强调说：“共产党的正确而不动摇的斗争策略，绝不是少数人坐在房子里能够产生的，它是要在群众的斗争过程中才能产生的，这就是说要在实际经验中才能产生。因此，我们需要时时了解社会情况，时时进行实际调查。”“离开实际调查，就要产生唯心的阶级估量和唯心的工作指导，那么，它的结果，不是机会主义，便是盲动主义。”

从加强党和红军的自身建设角度看，这些理论命题对广大红军指战员起到了极大的思想武装作用，使他们头脑变得更加机智灵活，战斗力大大增强，为适应并打赢更大规模的战争，配合毛泽东战略战术原则的实施，奠定了坚实基础。

战略战术显神通

早在井冈山时期，毛泽东就在游击战十六字诀的基础上，对游击战术做了系统的总结和概括。1929 年 4 月 5 日，毛泽东在写给中央的一份报告（《红四军前委关于目前形势闽赣斗争情况和红军游击战术向中央之报告》）中说：

> 我们三年来从斗争中所得的战术，真是与古今中外的

战术都不同。用我们的战术，群众斗争的发展是一天天扩大的，任何强大的敌人是奈何我们不得的。我们用的战术就是游击的战术，大要说来是："分兵以发动群众，集中以应付敌人。""敌进我退，敌驻我扰，敌疲我打，敌退我追。""固定区域的割据，用波浪式的推进政策。""强敌跟追，用盘旋式的打圈子政策。""很短的时间，很好的方法，发动群众。"这种战术正如打网，要随时打开，又要随时收拢，打开以争取群众，收拢以应付敌人。

这些战术，在后来的反"围剿"战争中得到进一步丰富和发展，形成了红军特有的战略战术。其主要内容是：以"诱敌深入"为基本作战方针，以运动战为基本作战形式，着重于打歼灭战，消灭敌人的有生力量；集中兵力，各个歼敌；"打得赢就打，打不赢就走"。在运动中发现敌军弱点，速战速决。正是凭着这些战略战术原则，红军取得了连续三次反"围剿"的胜利。

1930年10月，蒋介石调集10万军队，在江西省政府主席鲁涤平指挥下，向赣西南革命根据地大举进攻，对毛泽东、朱德领导的红一方面军发动了第一次大规模的军事"围剿"。当时红一方面军共有4万多人。所以，敌人根本没有把红军放在眼里，采取了"长驱直入，外线作战，分进合击，猛进猛打"的战术，以为可以一举消灭红一方面军主力。10月30日，在红一方面军总前委和江西省行委在罗坊召开的联席会议上，毛泽东根据敌强我弱和湘敌强、赣敌弱的实际情况，提出采取"诱敌深入"的作战方针，决定在优势强敌扑来时，红军先向根据地内退却，避开不利于红军的决战，以保存实力，然后依靠根据地内的民众支持和有利地形，在运动中发现和造成敌军的弱点，集中兵力，待机破敌。

当红军完成反"围剿"战略退却后，于12月25日在小布召开"苏区军民歼敌誓师大会"。毛泽东为大会会场书写了一副对联，如下：

敌进我退，敌驻我扰，敌疲我打，敌退我追，游击战里操胜算；

大步进退，诱敌深入，集中兵力，各个击破，运动战中歼敌人。

会上，他还以这副对联为题，具体生动地解释了“诱敌深入”的必要和好处，并具体分析了敌必败、我必胜的6个条件：一、苏区军民一致，人民积极援助红军，这是最重要的条件；二、红军可以主动选择最有利的作战阵地，设下陷阱，把敌人关在里面打；三、红军集中了优势兵力，可以一部分一部分地歼灭敌人，一口一口地把敌人吃掉；四、可以发现敌人的薄弱部分，拣弱的打；五、可以把敌人拖得精疲力竭，然后再打；六、可以造成敌人的过失，乘敌之隙，加以打击。毛泽东的讲话，大大鼓舞并增强了苏区军民反“围剿”的决心和取胜的信心。

国民党军队深入革命根据地后，果然因战线过长、兵力分散，暴露出弱点。12月30日，战机到来，国民党军第一纵队司令兼第十八师师长张辉瓒率师部和两个旅进入龙冈一带的狭窄山路。在黄竹岭临时指挥所等候的毛泽东和朱德大喜过望，毛泽东说：“总司令，你看，真是‘天助我也’！三国时，诸葛亮借东风大破敌兵；今天，我们乘晨雾全歼顽敌啊！”上午10时许，在这里设伏的红军开始向敌军发起猛烈攻击，经过1天激战，全歼第十八师师部和两个旅近1万人，并活捉了张辉瓒。

这是一次巨大的胜利。毛泽东以十分兴奋的心情，写下了脍炙人口的《渔家傲·反第一次大“围剿”》：

万木霜天红烂漫，天兵怒气冲霄汉。雾满龙冈千嶂暗，齐声唤，前头捉了张辉瓒。

二十万军重入赣，风烟滚滚来天半。唤起工农千百万，同心干，不周山下红旗乱。

随后，红军乘胜挥师向东，抄近路，翻过一座高山，直取谭道源部第五十师。在新年之后的第三天，红军进抵东韶附近，向谭道源师发起攻击，经过激烈战斗，共歼该师 3 000 多人，缴枪 2 000 多支、迫击炮 4 门、无线电台 1 部。其他各路敌军，闻风不战而退。

这样，由于战略战术运用得当，红一方面军在 5 天之内连续打了龙冈、东韶两个大胜仗，共歼“围剿”军一个半师 15 000 多人，缴枪 12 000 余支，胜利地打破了国民党军队的第一次“围剿”。

第一次反“围剿”战争的胜利，是红军建立 3 年以来对国民党军队取得的最巨大的胜利，在全国引起强烈震动。中共中央政治局曾给予高度评价，称：“红军一、三集团军与江西劳动群众，在苏维埃政权之下的一致行动，得到了出人意外的结果，他们在伟大的中国革命发展史上，已经写上了新的光荣的一页。”

对于蒋介石来说，第一次“围剿”的失败使他感到震惊。他当然不肯善罢甘休。不久，他就派军政部长何应钦兼任陆海空军总司令南昌行营主任，指挥 20 万军队，对中央革命根据地发动第二次“围剿”。鉴于上次失败的教训，改取“稳扎稳打、步步为营”的战术，并对根据地实行严密的经济封锁。

这时，苏区的领导机构已有了变化。1931 年 1 月 15 日，根据中共中央的决定，在宁都小布成立了中共苏区中央局和中央革命军事委员会，项英分别任代理书记和主席，毛泽东、朱德分任中央局委员和军委副主席，毛泽东兼任军委政治部主任。中共红一方面军总前委和中国工农革命委员会宣布撤销。不过，项英当时虽然是苏区中央局代理书记，但由于他刚从上海来此不久，又不大懂得军事指挥，缺乏对敌作战经验，所以，在当时的作战指挥上，毛泽东仍然起主要作用。

为打破敌人的第二次“围剿”，苏区中央局召开多次会议研究对策。毛泽东反对“将红军主力转移到根据地以外去”与“分兵退敌”的主张，仍坚持实行“诱敌深入”的方针，并提出了此次反“围剿”的具体策略：“坚决的进攻，艰苦的奋斗，长期的作战，以消灭敌人。”他的主张得到了许多红军高级干部的支持。周以栗还依据创建苏区的实际经验，批判了“山沟沟里没有马克思主义”的错误看法，提出毛泽东等从实际出发，对具体情况做具体分析，创立革命根据地，指挥红军打胜仗，就是实践的马克思主义。赣西南和闽西特委负责人也坚决不同意主力红军退出根据地。

根据这一作战方针，红一方面军依托根据地的有利条件，集中优势兵力，先打弱敌，然后由西向东横扫，各个歼灭敌人。从1931年5月16日至31日，在毛泽东和朱德指挥下，红一方面军从赣江东岸打到闽西北山区，横扫700多里，连续打了富田、白沙、中村、广昌、建宁5个胜仗，歼敌3万多人，缴获各种武器2万多件和大量的军用物资，痛快淋漓地打破了国民党军队的第二次“围剿”。

取得第二次反“围剿”的重大胜利后，毛泽东自然又是诗兴大发，很快填词一首《渔家傲·反第二次大“围剿”》：

白云山头云欲立，白云山下呼声急，枯木朽株齐努力。枪林逼，飞将军自重霄入。

七百里驱十五日，赣水苍茫闽山碧，横扫千军如卷席。有人泣，为营步步嗟何及！

蒋介石的心情则恰恰相反。他怎么也不相信在中原大战中能够取胜的国民党军队会对付不了只有几万人的红军部队。他简直有些恼羞成怒了。红军第二次反“围剿”刚刚结束，他就于6月6日发表了《为“剿匪”告全国将士书》，声称要“戒除内乱”，“剿灭赤匪”，并宣布他将亲赴江西指挥作战。21日下午，他带着几个外国军事顾问乘军舰从南京到达南昌，24日任命何应钦为“围剿”军前敌总司令兼左翼集团军总司令，陈铭枢为右翼集团军总司令。这次他调集了30万大军，其中大多是从中原战场调来的蒋介石嫡系精锐部队。7月1日，蒋介石在南昌行营下达总攻击令。他依仗这次进攻的兵力雄厚（10倍于红军），改变了“步步为营，稳扎稳打”战术，又采取了“厚集兵力，分路围攻，长驱直入”的方针，在根据地东西两侧实行严密封锁，而以重兵由北向南猛烈推进，企图把红军压迫到赣江东岸加以击破，然后分区“清剿”，以求全部消灭红军。

由于时间仓促，红军的准备工作很不充分。指战员在苦战之后尚未休整，人员也没有得到补充，仍是3万多人；部队远离原有根据地，正分散在闽北和闽西一带做群众工作和筹款，一时没有集中起来。在这样严峻的局势面前，毛泽东、朱德十分沉着冷静，有条不紊地指挥部队收缩集中。他们决定“避敌主力，打其虚弱”，率红军主力绕道千里，到赣南兴国集中。当时正值7月酷暑，红军在崇山峻岭中千里跋涉，十分艰苦，但情绪十分饱满。毛泽东一直和部队一起步行前进。

8月初，各路敌军纷纷逼近，红军突然从敌军中间20公里的空隙向东穿插出去，并在敌军主力背后三战皆胜，歼敌8个团1个营共1万多人，缴枪万余。蒋介石下令所有部队掉头东追，毛泽东则采取“声东击西”的战术，用一部分兵力伪装成红军主力继续向东牵开敌军，红军主力则再度穿越敌军重兵把守的大山秘密西进，前进时，严格规定不准点灯、不准抽烟、不准发出大的声音。经过一整夜的急行军，红军主力再次突破重围，安全转移到兴国东北部，在深山密林里休整。红一方面军主力采取这样大的行动，从不足10公里的夹缝中穿插过来，丝毫没有被敌军察觉，充分体现了指挥员高超的指挥艺术和部队的良好素质。

直到8月底，蒋介石、何应钦才猛然发现红一方面军主力早已西去。当他们急忙调兵西进时，红军主力已休整了半个月。敌军饥疲沮丧，士气低落，只好下决心退却。红军乘势出击，再歼敌3万多人。这样，蒋介石亲自指挥的第三次“围剿”又被粉碎。著名军事理论家郭化若曾就此评论说：“第三次反‘围剿’虽是那样急风暴雨的局面，我军千里回师，情况倏忽万变，特别在决战阶段中，真是‘最激烈、最复杂、最变化多端的，也是最困难、最艰苦的，在指挥上来说，是最不容易的时节’……然而，毛泽东同志依然镇定自若，排除干扰，从容不迫地深思熟虑，巧妙地设计，以集中优势兵力，发挥主动性、灵活性和计划性，调动敌人于运动中，给予各个歼灭，终于取得了第三次反‘围剿’的伟大胜利。”这次战役结束后，赣南、闽西两个革命根据地连成一片，形成了以瑞金为中心、拥有21座县城、面积5万平方公里、居民达250万人的巩固的中央革命根据地。

红军三次反“围剿”的胜利，与毛泽东科学运用正确的战略战术是分不开的。这些战略战术思想，是根据中国革命战争的具体特点，在实践中逐步探索形成的。后来，毛泽东在《中国革命战争的战略问题》中，对此做了进一步回顾和总结。他写道：

> 我们的战争是从一九二七年秋天开始的，当时根本没有经验。南昌起义、广州起义是失败了，秋收起义在湘鄂赣边界地区的部队，也打了几个败仗，转移到湘赣边界的井冈山地区。第二年四月，南昌起义失败后保存的部队，经过湘南也转到了井冈山。然而从一九二八年五月开始，适应当时情况的带着朴素性质的游击战争基本原则，已经产生出来了，那就是所谓“敌进我退，敌驻我扰，敌疲我打，敌退我追”的十六字诀。这个十六字诀的军事原则，立三路线以前的中央是承认了的。后来我们的作战原则有了进一步的发展。到了江西根据地第一次反“围剿”时，“诱敌深入”的方针提出来了，而且应用成功了。等到战胜敌人的第三次“围剿”，于是全部红军作战的原则就形成了。这时是军事原则的新发展阶段，内容大大丰富起来，形式也有了许多改变，主要的是超越了从前的朴素性，然而基本的原则，仍然是那个十六字诀。十六字诀包举了反“围剿”的基本原则，包举了战略防御和战略进攻的两个阶段，在防御时又包举了战略退却和战略反攻的两个阶段。

后来的东西只是它的发展罢了。

很明显的，正确地规定战略方向，进攻时反对冒险主义，防御时反对保守主义，转移时反对逃跑主义；反对红军的游击主义，却又承认红军的游击性；反对战役的持久战和战略的速决战，承认战略的持久战和战役的速决战；反对固定的作战线和阵地战，承认非固定的作战线和运动战；反对击溃战，承认歼灭战；反对战略方向的两个拳头主义，承认一个拳头主义；反对大后方制度，承认小后方制度；反对绝对的集中指挥，承认相对的集中指挥；反对单纯军事观点和流寇主义，承认红军是中国革命的宣传者和组织者；反对土匪主义，承认严肃的政治纪律；反对军阀主义，承认有限制的民主生活和有威权的军事纪律；反对不正确的宗派主义的干部政策，承认正确的干部政策；反对孤立政策，承认争取一切可能的同盟者；最后，反对把红军停顿于旧阶段，争取红军发展到新阶段——所有这些原则问题，都要求正确地解决。

第 4 章

当仁不让

毛泽东与遵义会议

天将降大任于斯人也，必先苦其心志，劳其筋骨，饿其体肤，空乏其身，行拂乱其所为。

——题记

工农武装割据局面的形成，与毛泽东抵制“左”倾错误的干扰是分不开的。然而，自大革命失败后党内出现的“左”倾情绪，并没有从指导思想上得到认真的清理。在 1931 年 1 月召开的中共六届四中全会上，26 岁的留苏学生王明在共产国际代表米夫的支持下，取得党中央的领导权。从此，“左”倾教条主义错误在党中央领导机关内开始了长达 4 年的统治。随着“左”倾错误的逐步推行，中央根据地的形势急转直下，毛泽东的政治前途也蒙上了一层厚厚的阴影。

命运多舛

根据地的斗争开展得如火如荼，毛泽东的命运却起伏不定。从 1931 年 11 月到 1934 年 1 月，毛泽东因为极力反对以攻打大城市为主要特征的所谓“进攻路线”，接连三次受到“左”倾教条主义者的排挤和打击。

第一次发生在 1931 年 11 月 1 日至 5 日举行的中央苏区第一次党代表大会（即赣南会议）上。

在这次会议上，毛泽东在根据地建设、土地革命、党的建设、红军建设等一系列问题上的主张和做法几乎都受到了批判，并被从上海来的中央代表团成员扣上了一顶顶贴着“右倾机会主义”标签的大帽子——“狭隘的经验主义”“农民的落后意识”“纯粹防御路线”“等待主义”“富农路线”“事务主义”“一贯右倾”，等等，不一而足。会议做出决定，撤销毛泽东苏区中央局代理书记的职务，仍由项英主持中央局的工作。会后不久，苏区中央局根据上海临时中央的指示，设立中央革命军事委员会，统领全国红军，同时，对红一方面军的领导机构进行调整，取消总司令和总政委、总前委书记的设置，部队指挥权划归中央革命军事委员会。这样，又变相地剥夺了毛泽东对红军的指挥权。

毛泽东这次被撤销在党和红军中的领导职务，主要原因在于他坚持以乡村为中心、把红军的生存放在第一位的主张，与临时中央奉行的攻打大城市的“进攻路线”发生了矛盾。不过，由于毛泽东在苏区和红军中享有很高的威信，加之当时共产国际高度重视并极力赞扬毛泽东在创建农村根据地和红军方面取得的显著成就和成功经验，所以，无论是苏区中央局还是上海的临时中央，都只是想把毛泽东排除在决策圈外，而不敢也无意把毛泽东彻底打倒。在“赣南会议”结束后的第二天（11 月 7 日）召开的中华苏维埃第一次全国代表大会上，毛泽东被选为中华苏维埃共和国中央执行委员会主席、人民委员会（执委会下属行政机关）主席。

然而，作为红色中国的第一任中央政府主席，毛泽东在党内特别是军事问题上已没有多少发言权。1932 年 1 月 9 日，上海的临时中央发出《关于争取革命在一省与数省首先胜利的决议》，要求各苏区的红军部队紧急行动起来，攻占中心城市，以便使各苏区连成一片，“开始湘鄂赣各省的首先胜利”。从此，“左”的军事路线开始在中央苏区占据统治地位。1936 年 12 月，毛泽东在回顾这段历史时说：

> 从一九三二年一月开始，在党的“三次‘围剿’被粉碎后争取一省数省首先胜利”那个包含着严重原则错误的决议发布之后，“左”倾机会主义者就向着正确的原则做斗争，最后是撤销了一套正确原则，成立了另一整套和这相

> 反的所谓“新原则”，或“正规原则”。从此以后，从前的东西不能叫做正规的了，那是应该否定的“游击主义”。反“游击主义”的空气，统治了整整的三个年头。其第一阶段是军事冒险主义，第二阶段转到军事保守主义，最后，第三阶段，变成了逃跑主义。

身心疲惫的毛泽东到瑞金以东20余里的东华山休养、“韬晦”了50多天后，由于红军攻打赣州受挫，又被周恩来派人请回了前线。毛泽东在苏区中央局会议上坦陈己见，但并没有被大多数人接受。夺取中心城市仍然是他们急于追求的目标。以中央政府主席名义“随军行动”的毛泽东，只有忍耐、等待、说服。这是一个十分痛苦的过程。1949年，周恩来在《学习毛泽东》一文中谈到了这个问题，对毛泽东的坚毅性格和灵活态度做了专门的介绍。他写道：

> 毛主席当着他的意见没有被大家接受时，他就等待，有机会他就又讲，又教育，又说服……在十年内战的时候就是如此。我们主张打大城市，毛主席认为我们的力量小，不应该打大城市，应该集中力量建设根据地。但是毛主席的意见大多数不赞成，大家要打，他也只好跟着打。结果打败了，毛主席赶快在会议上提出：打败了证明这个办法不行，换一换吧！大家还不接受，他只好再等待，又跟着大家走……所以正确的意见常常是要经过许多等待、迂回才能取得胜利，为大家所接受。当然这个等待过程是痛苦的。

第二次是在1932年10月上旬召开的苏区中央局全体会议（即宁都会议）上。

周恩来到达苏区（1931年12月）后，发现上海临时中央负责人（包括他自己）对苏区和红军的指示严重地脱离了实际。同毛泽东接触、交谈后，他觉得毛泽东的意见切实可行，在决定红军的行动方针时应予以高度重视。因此，周恩来建议毛泽东“随军行动”，以便能在关键时刻及时听取他的高见。东征漳州和打击侵入赣南苏区的粤军的胜利，使周恩来进一步加深了对毛泽东军事领导才能的认识。在周恩来的提议和一再坚持下，毛泽东又被恢复了红一方面军总政治委员的职务。1932 年 8 月 8 日，中央军委发出通令：“特任毛泽东同志为红军第一方面军总政治委员。”在随后两个多月的军事行动中，红一方面军基本上贯彻了毛泽东“积极防御”的战略方针。但是，这引起了留守后方的苏区中央局成员的极大不安和强烈不满。为迫使前方贯彻上海临时中央的“进攻路线”，苏区中央局于 9 月 29 日电令在前方指挥作战的周恩来、毛泽东、朱德和王稼祥：“中央局决定暂时停止行动，立即在前方开中央局全体会议。”

10 月上旬，在宁都县城北面不远的一个小村庄里，召开了苏区中央局全体会议。会议的基调是贯彻“积极进攻路线”，反对“以准备为中心”的右倾观念。后方来的人批评毛泽东的做法是“向偏僻区域发展”，把“诱敌深入”的作战方针斥为“守株待兔”。毛泽东坚持自己的一贯立场，说红军的这种行动方针是从敌强我弱的实际出发，完全符合前线的客观情况，并称在过去 7 个月里中央局关于红军的发展战略是错误的。他的言论受到了猛烈攻击，被看成是“狂妄自大”“和中央对着干”“有政治问题”。作为苏区中央局书记而又身在前线了解实际情况的周恩来，这时陷入了进退两难的境地。他在做总结发言时指出：前方同志确有“以准备为中心的观念，泽东表现最多，对中央电示迅速击破敌人一面开始不同意，有等待倾向”；后方同志“对于敌人大举进攻认识不足，因之对于动员的准备缺少注意”。但是，面对来兴师问罪的中央局后方成员，周恩来不得不表示：“集中主要火力反对等待观念是对的。”与会的“大多数同志认为毛同志承认与了解错误不够，如他主持战争，在政治上与行动上容易发生错误”。因此，会议决定：“批准毛同志暂时请病假，必要时到前方。”

对于这次会议和如何处置毛泽东，上海的临时中央给予了高度的关注。后方的中央局成员报告说：“恩来同志在会议前与前方其他同志意见没有什么明显的不同，在报告中更未提到积极进攻，以准备为中心的精神来解释中央指示电。”并且“不给泽东错误以明确的批评，反而有些地方替他解释掩护，这不能说只是态度温和的问题”。临时中央对周恩来的做法表示极为不满，认为他是调和派，并明确要求取消毛泽东的军权。在对毛泽东进行组织处理的问题上，由于受到共产国际的反对，加之苏区各地方领导干部对“进攻路线”采取消极态度，所以，临时中央不得不强调：对毛泽东“应该继续说服教育，并继续吸收他参加领导机关的工作”。11月10日，临时中央致电苏区中央局，要求在处理毛泽东问题上做到以下三点：

> 甲、以说服的态度，设法争取他赞成积极斗争的路线，使他在红军及群众中宣传积极路线，争取党和红军的干部说服他的纯粹防御路线的错误与危险，公开讨论泽东的观点；
>
> 乙、我们反对现在将他召回。如果他服从党的纪律，在目前采取这一步骤，将给红军与政府以极严重的影响；
>
> 丙、争取领导的一致，这是斗争成功的前提。迅将一切情形电告，勿使我们处于已成事实的后面。

然而，毛泽东毕竟已经不能再继续留在红军的指挥岗位上。宁都会议结束后不久，中央革命军事委员会发布通令：“红一方面军总政治委员毛泽东，为了苏维埃工作的需要，暂回中央政府主持一切工作，所遗总政治委员一职，由周恩来代理。”

关于毛泽东在此后一个时期的表现，当时担任中共中央组织部长的李维汉曾回忆说：

> 毛泽东在一九三一年、一九三二年被撤销了党的和军队的领导职务后，只有一个实际上被架空了的政府主席的

职务……他坚持三条，一是少数服从多数；二是不消极；三是争取在党许可的条件下做些工作……毛泽东在受打击的情况下，仍能维护党的统一，坚持正确的路线和主张。

第三次是在1934年1月相继召开的中共六届五中全会和中华苏维埃第二次全国代表大会上。

毛泽东被再次撤销红军总政委的职务后，先到福建长汀的福音医院休养了3个月。返回瑞金后不久，他就被安排了“领导中央苏区的查田运动”的任务。按照临时中央的要求，这次查田运动要在两个月内完成，根本目的是在苏区土地分配问题上贯彻“进攻路线”，反对“右倾机会主义”，主要任务是“重新分配土地”，分配政策是“地主不分田”“富农分坏田”，标准是“按劳动力多寡”分配土地。后来，毛泽东在总结历史经验时曾专门谈到这个问题：

第二次国内革命战争后期，当时的中央曾经主张按劳力分配土地，不赞成按人口平分土地。当时“左”倾冒险主义路线的同志认为按人口平分土地是阶级观点不明确，群众观点不充分，对发展生产不利。实践证明错的不是按人口平分土地，而是按劳动力分配土地。因为按劳动力分配土地，对富裕中农最有利。当时他们还主张地主不分田。既然地主不杀掉，却不给谋生之道，地主有劳动力，却不分给他们土地，这种政策，是破坏社会稳定、破坏社会生产力的政策。富农分坏田，也是这种性质的政策。

毛泽东接受了这个任务。在领导查田运动过程中，他坚持革命原则和以往领导土地革命的成功经验，运用自己在中央政府中的地位和在苏区群众中的影响以及高超的斗争艺术，尽可能纠正和抵制“左”的方针和政策，使这场运动向着健康的方向发展。1933年10月10日，中央政府人民委员会发布了由毛泽东主持制定的《关于土地斗争中一些问题的决定》和他在6月份编写的《怎样分析阶级》两个指导性文件，对于纠正查田运动中出现的“左”的偏向和引导运动健康发展起到了重要作用。

临时中央的负责人从这两个文件中嗅到了“异味”。他们认为，这是毛泽东试图改变乃至否定中央“进攻路线”的举动，若不赶快加以约束和制止，必将造成“严重后果”。于是，新一轮的打击又降临到毛泽东头上。

1934年1月，临时中央负责人博古主持召开中共六届五中全会，号召全党“集中火力反对主要危险的右倾机会主义”，并严厉指责毛泽东推行的土地革命路线是“富农路线”。他在做会议总结时说：

> 党对于一切机会主义的动摇（职工运动中的机会主义、苏区的罗明路线等）给了致命的打击，反对了调和派，反对了实际工作中的机会主义与两面派……五中全会同时号召全党加紧反对两面派与实际工作中的机会主义。因为右倾机会主义现在不敢公开的反对党的路线而采用新的方式，口头上同意党的路线，而在事实上怠工，破坏党的路线。党必须严厉的反对这些“将资产阶级富农的古老的‘德行’搬到党队伍内”来的分子。

在这次全会上，虽然毛泽东被莫名其妙地提升为中央政治局的正式委员（自1930年9月中共六届三中全会以来为政治局候补委员），但是，在会上做关于苏维埃运动报告的人却不是他，而是担任临时中央宣传部长的张闻天。在几天后举行的“二苏大”上，根据博古、李德的安排，毛泽东被免去了苏维埃中央政府（人民委员会）主席的职务，改由张闻天接任。对于这种安排，张闻天后来反思说：

> 派我担任人民委员会工作，对于李德、博古同志来说，是“一箭双雕”的妙计。一方面可以把我从中央排挤出去，另方面又可以把毛泽东同志从中央政府排挤出去。

不管怎样，毛泽东在中央政府中的“实权”被剥夺了。此后，中央苏区的查田运动又回到了“左”的轨道，给苏区的经济建设带来了严重的不良后果。随着第五次反“围剿”的失败，中央苏区日益缩小，“左”倾中央决定实行战略转移，查田运动也就不了了之。

对于这一时期的“左”倾错误，博古本人后来进行过深刻反省。1945年5月，他在党的七大上发言时，系统地分析并讲述了第三次“左”倾路线的种种错误表现及其造成的恶果，并且用极富诗意的语言加以总结和概括，称当时的情形为：“教条有功，钦差弹冠相庆；正确有罪，右倾遍于国中。”

身处逆境的毛泽东，“门前冷落鞍马稀”，“不但一个人也不上门，连一个鬼也不上门”。他后来谈到这时的处境和心情时，曾这样说道：“他们迷信国际路线，迷信打大城市，迷信外国的政治、军事、组织、文化的那一套政策。我们反对那一套过‘左’的政策。我们有一些马克思主义，可是我们被孤立。我这个活菩萨，过去还灵，后头就不灵了。他们把我这个木菩萨浸到粪坑里，再拿出来，搞得臭得很。那时候，不但一个人也不上门，连一个鬼也不上门。我的任务是吃饭、睡觉和拉屎。还好，我的脑袋没有被砍掉。”

不过，毛泽东并没有消沉，而是觉得这种难得的清静正是读书的大好机会。他庆幸自己的脑袋没有被砍掉，所以也不再去想那些烦心的事情，而是趁机拼命地读书，特别是马列的书。1957年，毛泽东在同曾志谈起这段接连遭受打击的艰难历程时曾说：

> 我没有吃过洋面包，没有去过苏联，也没有留学别的国家。我提出建立以井冈山根据地为中心的罗霄山脉中段红色政权，实行红色割据的论断，开展“十六字”诀的游击战和采取迂回打圈战术，一些吃过洋面包的人不信任，认为山沟子里出不了马克思主义。一九三二年（秋）开始，我没有工作，就从漳州以及其他地方搜集来的书籍中，把有关马恩列斯的书通通找了出来，不全不够的就向一些同志借。我就埋头读马列著作，差不多整天看，读了这本，又看那本，有时还交替着看，扎扎实实下功夫，

硬是读了两年书……后来写成的《矛盾论》《实践论》，就是在这两年读马列著作中形成的。

改变策略

第五次反“围剿”的失败，宣告了“左”倾中央“进攻路线”的破产。中央苏区北大门广昌失守后，中央书记处（政治局常委会）于 1934 年 5 月召开会议，决定实行“战略转移”。

毛泽东眼睁睁地看着自己经营多年的中央苏区，就这样轻易地被李德、博古的瞎指挥给毁了。特别是对于广昌“决战”的失败，毛泽东更是痛心疾首。他无法抑制心中的怒火，对博古、李德的轻率进行了最严厉的指责。李德曾就此回忆说：

> 他（毛泽东）以他称之为“灾难”的毫无战绩的广昌战役为把柄，给博古、周恩来和我——即他所说的“军事上的三套马车”，加上了种种罪名：什么消极防御、分散兵力、采取堡垒战术、没有胜利把握就轻率做出作战决定等等。他利用一切机会，不断重复数落着这些罪名……说中国革命有它的特点，中国红军的斗争也有其特殊性，而这些是一个外国人永远不能理解的。

延安整风时期，毛泽东对“左”倾教条主义错误又进行过更加系统、更加深刻的批判和声讨。其中有一段话，可谓是惊天地、泣鬼神，在党内起到了振聋发聩的作用。他说：

> 马克思主义这种东西，是少了不行，多了也不行的。中国自从有那么一批专门贩卖马克思主义的先生们出现以来，把个共产党闹得乌烟瘴气，白区的共产党为之闹光，苏区与红军为之闹掉百分之九十以上……

痛定思痛。毛泽东认为，红军作战的失利，主要是由于军事指挥错误造成的，而要从根本上改变红军的命运，关键是要“扳倒”博古和李德。经过一段时间的直接较量，毛泽东觉得仅靠争论和单兵作战并不能解决问题，要想力挽狂澜、扭转乾坤，必须改变斗争策略，另谋出路。经过反复观察和思考，他决定采取实质性的行动，在领导层中寻求支持和援助，先对博古和李德实行孤立，然后再“群起而攻之”，赶他们下台。他选择的合作对象，既不是老搭档朱德、彭德怀等人，也不是老部下红军中的一些高级将领，而是喝过洋墨水并曾反对过他、后来逐渐转变认识并开始抵制“左”倾错误的王稼祥和张闻天。

长征开始后，毛泽东坚持要求同张闻天、王稼祥一起随军委第一野战纵队行动。毛泽东大病初愈，王稼祥伤势未减，二人皆坐担架。张闻天身体稍好，骑马行军。毛泽东约请张、王二人同行同宿，得到他们的积极回应。于是，在由博古、李德、周恩来组成的负责指挥红军行动的“最高三人团”之外，又形成了另一个由毛泽东、张闻天、王稼祥组成的中央纵队“三人团”。他们不时交谈，交换看法，结果是越谈越投机，逐步就第五次反“围剿”失败的原因形成了一致意见。于是，一项扳倒博古、李德的行动计划逐步酝酿成熟。

张闻天和王稼祥二人虽然都是从莫斯科回来的“洋房子先生”，并曾激烈地反对过毛泽东的“右倾机会主义”，但是，他们与博古等人不同：他们是撞了南墙知道回头的人，能够尊重实际、吸取教训、服从真理。他们这时之所以能同毛泽东走到一条战线上来，与他们同博古的意见分歧逐步加深有着直接的关系。

张闻天同博古在上海临时中央待在一起的时间较长，他在党内的地位仅次于博古，同博古的关系也更加密切，因此，他的思想转变和同博古的决裂，对毛泽东来说至为关键。从张闻天研究专家的最新研究成果来看，张闻天对“左”倾路线由执行到反对的转变，早在 1932 年的下半年就开始了。1933 年初临时中央机关搬到瑞金后，张闻天更多地接触到中央苏区的具体实际，逐步意识到“左”的危害性，并开始冷静地观察和思考事关红军和苏区发展的重大理论和实践问题。他同博古的思想分歧也日趋明显和加深，主要表现是：在苏区经济建设问题上，张闻天主张“利用”私人资本，容许资本主义经济的发展，对它们采取利用、限制、竞争、斗争的政策，而博古则强调“资产阶级将成为我们当前的惟一的最主要的敌人，所以，与资产阶级妥协的政策是不可允许的”，主张“进行反对中国民族资产阶级的无情的斗争”；在统一战线策略问题上，张闻天主张应根据客观形势的变化和反蒋反日斗争的实际需要，既搞下层统一战线，也搞上层统一战线，而博古则一味地坚持下层的统一战线，以打击中间力量为目标，极力反对进行上层统一战线的工作，甚至对发动“福建事变”的十九路军进行揭露和批判，把张闻天、毛泽东、周恩来、朱德、彭德怀等人促成与十九路军谈判、签约的做法说成是“玩把戏”；在红军作战方针问题上，张闻天赞同毛泽东的意见，反对“同敌人死拼”的消耗战打法，而博古则顽固地坚持集中对集中、堡垒对堡垒的阵地战和“短促突击”战术，非但对张闻天的意见置之不理，反而给他乱扣帽子，诬称张闻天是“中国的普列汉诺夫”，说他反对革命。随着双方分歧的加深，博古还开始在组织上排挤张闻天，其手段和以前对待毛泽东的一样，让张闻天离开中央机关，到政府去做经济工作。这也正好使张闻天有机会并最终下定决心与“左”倾路线分道扬镳。张闻天曾就此回忆说：“由于这些矛盾的发展，博古开始排挤我。五中全会后，我被派往中央政府工作，就是把我从中央排挤出去的具体步骤。”然而，事与愿违。正是博古的这一巧妙安排，使得张闻天与毛泽东有了直接接触和倾心交谈的机会。此后，张闻天与毛泽东非但没有变成对手和仇人，反而关系越来越密切，谈话越来越投机，逐步成为肝胆相照的战友。长征路上，他们互诉衷肠，感情上更加融洽，思想、观点也更加趋于一致，为后来公开挑战博古、李德的“最高权威”和开好遵义会议，奠定了坚实的基础。正如张闻天所说：

> 长征出发后，我同毛泽东、王稼祥二同志住在一起。毛泽东同志开始对我们解释五次反“围剿”中中央过去在军事领导上的错误，我很快的接受了他的意见，并且在政治局内开始了反对李德、博古的斗争，一直到遵义会议。

张闻天和博古的分歧和矛盾不断加深的过程，正是他与毛泽东逐步接近、加深相互了解和信任，并走上合作道路的过程。而张闻天所以能和毛泽东走到一起，除了张、博之间矛盾加剧，毛泽东提出的土地革命路线和红军的一整套战略战术被实践证明是正确的，使张闻天感到“第一次领受了关于领导中国革命战争的规律性教育”这些原因之外，还有着特殊的历史背景。

张闻天和毛泽东早在青年时代就已“相知”。他们二人曾分别于1919年12月和1920年1月加入当时的青年进步组织“少年中国学会”，二人入会的消息一并发表在1920年2月出版的《少年中国》杂志第1卷第8期上。后来，他们二人的行踪，在这份杂志上时有披露。虽然当时他们二人还未曾见过面，但是，作为少年中国学会的“会友”，他们彼此之间已经对对方“略有所闻”了。1931年2月，张闻天从苏联回国，在上海临时中央分管宣传工作（任中共中央宣传部长）。期间，他曾站在“左”的立场上，写文章批判过毛泽东的游击战术，并主张把毛泽东“调回后方做苏维埃的工作”。进入中央苏区（1933年2月）后的一段时间里，张闻天对毛泽东也还是不够了解，更谈不上重视。他曾说：“我一进中央苏区，不重视毛泽东同志是事实，但并无特别仇视或有意打击他的心思，也是事实。在我未当人民委员会主席以前，我曾分工管理过政府工作，同他关系也还平常，他的文章我均给他在《斗争》报上发表。但究竟他是什么人，他有些什么主张与本领，我是不了解，也并没有想去了解过的。”但是，中共六届五中全会以后，张闻天被排挤出中央，担任人民委员会主席一职。从此，他开始与毛泽东同在一处办公，相邻而居，二人之间的相互了解不断加深，彼此合作也逐渐进入佳境。1934 年初，张闻天在他主编的《斗争》刊物上，分 6 期连载了毛泽东的两个农村调查报告——《兴国长冈乡的苏维埃工作》和《上杭才溪乡的苏维埃工作》。同年 4 月，他们又合作编写并出版了《区乡苏维埃怎样工作》一书。广昌战役前后，张闻天与毛泽东一起反对博古、李德的军事指挥错误。长征出发前，二人又彻夜长谈，张闻天掏出心窝里的话，把自己对博古、李德的不满向毛泽东和盘托出。他后来曾就此回忆说："我当时感觉到我已处于无权的地位，我心里很不满意。记得在出发前一天，泽东同志同我闲谈，我把这些不满意完全向他坦白了。从此，我同泽东同志接近起来。"9 月 29 日，中共中央机关报《红色中华》发表由张闻天撰写的社论《一切为了保卫苏维埃》。他在文章中回答了红军为什么要实行战略转移的问题，阐明了中国革命的长期性和不平衡性，在实际上否定了"左"倾军事路线，以特殊的方式宣传了毛泽东的军事思想。这篇社论的发表，标志着张闻天的思想认识发生了脱胎换骨式的重大变化：已经彻底摆脱了"左"的桎梏，转到了以毛泽东为代表的正确路线一边。

相比之下，王稼祥离开临时中央的时间较早，并且因为多了一层湖南同乡的关系，他到中央苏区后与毛泽东来往、交谈的时间和机会也比较多，对毛泽东的了解也比张闻天更多、更深一些。在谈到对毛泽东的最初印象时，王稼祥曾这样写道：

> 在龙冈地区，我第一次见到领袖毛主席……相见了几次面，他就给我留下一个这样的印象：
>
> 他同我在中国和俄国所遇见的领导人是不相同的，有其独特的地方，虽然我当时还掌握不住这些独特的地方。只觉得他所说的道理，既是那样简单明了，又是那样的有力并具有说服力。

在贯彻上海临时中央关于“更坚决的更彻底的执行国际与中央的一切指示”的赣南会议上，王稼祥作为中央代表团的三名成员之一（另两名是顾作霖和任弼时），负责起草“政治决议案”。他虽然迫于形势不得不“照搬”了临时中央政治局的意见，但是在会上并没有对毛泽东本人进行责难。在后来参与指挥红军战斗行动的过程中，他与周恩来、毛泽东、朱德等人思想一致，配合密切，与留守后方的中央局成员逐步拉开了距离。在宁都会议上，面对毛泽东受到集中批判的情景，王稼祥挺身而出，大胆直言，明确表示支持毛泽东。他说：

> 众所周知，我也是四中全会后由中央派来苏区的，我对中央指示也一直是服从和执行的，但是我从几次反“围剿”的胜利中，以及从攻打赣州的教训中，逐步认识到毛泽东同志的思想主张，是符合红军和苏区实际情况的。他提出的战略思想和战术原则，已经被证明是正确的。红军和苏区之所以有今天这样的局面，是与毛泽东同志的正确领导分不开的……即将开始的第四次反“围剿”，正需要毛泽东这样的指挥者和领导人。总之，我的意见是：大敌当前，不可易将；指挥重任，非他莫属。

宁都会议后不久，王稼祥在前线受伤。长征开始后，他以中央军委副主席、红军总政治部主任的身份，带病乘担架随军转移，并与毛泽东、张闻天一起行军，与他们共同谋划了意义重大的“倒李、倒博”计划。他后来回忆说：

> 一路上，毛泽东同志同我谈论了一些国家和党的问题，以马列主义的普遍真理和中国革命实践相结合的道理来教导我，从而促使我能够向毛泽东同志商谈召开遵义会议的意见，也更坚定了我拥护毛泽东同志的决心。

与王稼祥共事多年的伍修权，对此有更加详细的记述。他写道：

在进遵义以前，王稼祥同志最早提出了召开中央政治局扩大会议（即遵义会议）的倡议。他首先找张闻天同志，谈了毛泽东同志的主张和自己的看法。他认为，应该撤换博古和李德，该由毛泽东同志来领导。张闻天同志也在考虑这些问题，当即支持了他的意见。接着，王稼祥同志又利用各种机会，找了其他一些负责同志，一一交换了意见，并取得了这些同志的支持。

正面交锋

长征之初，虽然博古、李德在军事指挥上犯了退却中的逃跑主义错误，但是，由于蒋介石没有摸清红军的去向和真实意图，红军主力的行军速度还是相当之快：10 月 21 日突破敌人设在江西安远、信丰之间的第一道封锁线；11 月 3 日，突破敌人设在湖南桂东、汝城之间的第二道封锁线；11 月 13 日，又突破了第三道封锁线，到达了湘江东岸。但这时仍不能说已经摆脱困境。因为，恰好就在这个时候，蒋介石弄清了中央红军主力欲与红二、红六军团会合的战略意图。他紧急调动国民党军 15 个师、2 个旅以及地方军阀武装共 40 万兵力，在广西全县至桂林以北的湘江沿岸部署了第四道封锁线，妄图消灭红军主力于湘江东岸。

面对险情，坚持“左”倾错误的领导人仍然执迷不悟，并把希望完全寄托在同红二、红六军团的会合上。于是，他们决定再次冒险，同敌军死打硬拼。双方激战 7 天 7 夜，红军伤亡过半，从 8 万多人下降到不足 4 万人。这一仗，终于使博古失去了以往的自负和专横，变得惊慌、苦闷和沮丧起来。但他不是想办法改变行军方向和作战方针（事实上他也找不到真正出路），而是一筹莫展，甚至拿起手枪对着自己的脑门比划，想这样一了百了。在前线指挥作战的红军高级将领聂荣臻，亲眼目睹了这一幕。他在回忆录中这样写道：

> 突破第四道封锁线这一仗（即湘江之战），是离开中央根据地打得最激烈也是受损失最大的一仗……博古同志感到责任重大，可是又一筹莫展，痛心疾首，在行军路上，他拿着一支手枪朝自己瞎比划。我说，你冷静一点，别开玩笑，防止走火。这不是瞎闹着玩的！越在困难的时候，作为领导人越要冷静，要敢于负责。

湘江之战的惨重损失，加深了广大红军指战员对军事领导的怀疑和不满。他们开始认真思考屡战屡败的原因和红军的前途命运。当时被李德、博古下放到红五军团当参谋长的红军总参谋长刘伯承回忆说：

> 广大干部眼看反五次“围剿”以来，迭次失利，现在又几乎濒于绝境，与反四次“围剿”以前的情况对比之下，逐渐觉悟到这是排斥了以毛泽东同志为代表的正确路线，贯彻执行了错误的路线所致，部队中明显地增长了怀疑、不满和积极要求改变领导的情绪。这种情绪，随着我军的失利日益显著，湘江战役达到了顶点。

然而，蒋介石对这一战果并不满足，他要彻底消灭红军。随后，他又调集十几万大军，封堵红军北上之路。在这种情况下，如果仍然抱住与红二、红六军团会合的计划不放，势必将再次与五六倍于自己的敌军拼消耗，那将会招致红军的灭顶之灾。在这千钧一发之际，毛泽东挺身而出，向中央军委提出动议：放弃原定同红二、红六军团会合的计划，出敌不意，转向敌人力量薄弱的贵州进军，并争取到川黔交界地区开辟新的根据地。12 月 11 日，红军攻占湖南通道县城。在这里，中央政治局召开紧急会议，讨论红军去向。会上，毛泽东与李德唇枪舌剑，展开了激烈争论。对此，李德后来曾做过详细的记述：

在到达黎平之前，我们举行了一次飞行会议，会上讨论了以后的作战方案。在谈到原来的计划时，我提请大家考虑：是否可以让那些在平行路线上追击我们的或向西面战略要地急赶的周（浑元）部和其他敌军超过我们，我们自己在他们背后转向北方，与二军团建立联系。我们依靠二军团的根据地，再加上贺龙和肖克的部队，就可以在广阔的区域向敌人进攻，并在湘黔川三省交界的三角地带创建一大片苏区。

毛泽东又粗暴地拒绝这个建议，坚持继续向西进军，进入贵州内地。这次他不仅得到洛甫和王稼祥的支持，而且还得到了当时就准备转向“中央三人小组”一边的周恩来的支持。因此，毛的建议被通过。他乘此机会以谈话的方式，第一次表达了他的想法，即应该放弃在长江以南同二军团一起建立苏区的意图，向四川进军，去和四军团会师。

由于会议采纳了毛泽东的建议，所以红军继续西进，并于 12 月 14 日攻克黎平县城。这就是中共党史上有名的“通道转兵”。

在通道会议上，毛泽东关于西入贵州的建议不仅得到了周恩来的支持，而且得到了博古本人的“同意”。不过，博古想的是进贵州后再“折入黔东”继续北上，目标仍然是去湘西与红二、红六军团会合，因此，他同意的只是毛泽东提出的行军路线，而不是在川黔边建立新的根据地的战略方针。博古之所以同意这条路线，是因为他觉得这样走可以使红军减少伤亡，“真正有可能遇到很小的抵抗”。当红军进入贵州境内后，博古、李德控制的中央军委，仍然要求中央红军先头部队“北上”，同时电令红二、红六军团向湘西北发展予以接应。

12 月 18 日，中央政治局在黎平召开会议，讨论红军进入贵州后的行动方针问题。参加这次会议的有：政治局委员博古、周恩来、毛泽东、张闻天、朱德，候补委员王稼祥、凯丰（何克全）、邓发，以及李德、刘伯承、李富春。会上，博古、李德死抱住原定与红二、红六军团会合的计划不放，主张“折入黔东”；毛泽东表示坚决反对执行原来的计划，主张红军北渡乌江、直取遵义，在黔西北一带活动，创建川黔根据地。两种不同意见再次进行激烈交锋。1943 年，周恩来曾就此回忆说：

> 从湘桂黔交界处，毛主席、稼祥、洛甫即批评军事路线，一路开会争论。从老山界到黎平，在黎平争论尤其激烈。这时李德主张折入黔东。这也是非常错误的，是要陷入蒋介石的罗网。毛主席主张到川黔边建立川黔根据地。我决定采取毛主席的意见，循二方面军原路西进渡乌江北上。李德因争论失败大怒。此后我和李德的关系也逐渐疏远。

这时，周恩来“对军事错误开始有些认识。军事指挥与以前也不同，接受毛主席的意见，对前方只指出大方向，使能机动”。思想认识发生转变的周恩来，对这次会议确定红军新的战略方针起到了至关重要的作用。在他的主持下，会议最后通过了《中央政治局关于战略方针之决定》，决议指出：“鉴于目前所形成之情况，政治局认为过去在湘西创立新的苏维埃根据地的决定在目前已经是不可能的，并且是不适宜的。”“政治局认为新的根据地区应该是川黔边区地区，在最初应以遵义为中心之地区，在不利的条件下应该转移至遵义西北地区。”“我们必须用全力争取实现自己的战略决定。”这次会议还决定，在适当时候召开政治局扩大会议，以便审查黎平会议的决定和总结第五次反“围剿”以来军事指挥上的经验教训。

黎平会议做出的新决定，使中央红军的处境立刻起了大的变化。部队西向，打乱了国民党军队的原有部署，一下子把几十万敌军甩在湘西，赢得了主动，同时，对黔军的作战又连战皆胜，红军战士的精神面貌为之一新。当时担任军委纵队政委的陈云曾对这种变化做了如下描述：

> 赤军由湖南转入贵州，此时确缴获不少。侯之担部至少一师人被缴械，并连失黎平、黄平、镇远三府城。尤其镇远为湘西之商业重镇，赤军将各城市所存布匹购买一空。连战连进，此时赤军士气极旺，服装整洁。部队中都穿上了新军装。在湘南之疲劳状态，已一扫而空矣。

黎平会议后，毛泽东的军事思想开始得到贯彻。但是，博古、李德不仅不承认错误，而且利用他们的地位和权力对贯彻新方针进行阻挠。所以，“从黎平往西北，经过黄平，然后渡乌江，到达遵义，沿途争论更烈”。红军到达乌江地域后，博古、李德曾提出分散红军主力，沿乌江南岸打游击，以消灭小股黔敌和所谓土匪武装为主要任务，通过这种办法实现与红二、红六军团的会合。政治局的大多数人坚决反对这一主张，认为“我们保证能打过乌江，要是朝别的方向走，就要上敌人的当”。为了确保新战略方针的顺利实施，排除博古、李德对军事指挥的干扰，中央政治局于1935年1月1日在乌江南岸的猴场（今草塘镇）举行会议，讨论通过了《关于渡江后新的行动方针的决定》（以下简称《决定》）。

在周恩来的主持下，这次会议做出了三个重大决策：

一是强调坚持黎平会议预定的新战略方针，提出了在川黔边转入反攻消灭蒋介石追击部队的作战目标和建立川黔边根据地的任务。《决定》指出：红军渡过乌江后“立刻准备在川黔边广大地区内转入反攻，主要是和蒋介石主力部队（如薛岳的第二兵团或其他部队）作战，首先消灭他的一部，来彻底粉碎五次‘围剿’，建立川黔边新苏区根据地。首先以遵义为中心的黔北地区，然后向川南发展是目前最中心的任务”。

二是确立毛泽东关于灵活机动的战略战术为红军作战的指导思想。《决定》就此指出：“在目前转入反攻——具有取得胜利的有利条件这种形势之下，军委必须特别注意敌情的分析、研究，道路、敌情的侦查。抓住反攻的有利时机，并不失时机地求得在运动中各个击破敌人，来有把握的取得胜利。”

三是取消李德的最高指挥权，加强了中央政治局对军事指挥的领导和监督。《决定》强调指出：“关于作战方针以及作战时间与地点的选择，军委必须在政治局会议上作报告。”周恩来曾就此指出：“经过不断斗争，在遵义会议前夜，就排除了李德，不让李德指挥作战。这样就开好了遵义会议。”

这些决策，为开好遵义会议铺平了道路。

急流勇进

1935 年 1 月 7 日，红军突破乌江天险后，占领贵州省北部重镇遵义。由于红军突然改变行军方向，甩开了原来尾追和堵击的敌军，在遵义得到 10 多天的休整。

1 月 15 日至 17 日，中共中央在这里召开政治局扩大会议。出席会议的有：政治局委员博古、周恩来、朱德、张闻天、毛泽东、陈云，政治局候补委员王稼祥、邓发、刘少奇、凯丰（何克全），红军总部和各军团负责人刘伯承、李富春、林彪、聂荣臻、彭德怀、杨尚昆、李卓然，中央秘书长邓小平，军事顾问李德和翻译伍修权，共 20 人。

会前，王稼祥、张闻天曾通知主持中央工作的博古，要他在会上做关于第五次反“围剿”的总结报告，同时，通知周恩来准备一个关于军事问题的副报告。博古起初曾反对召开这次会议，说：通道、黎平、猴场三次会议已经解决问题。当这个意见遭多数人否决后，他意识到会上必然发生更大争论，于是赶在会议召开之前，派人去军队领导人中活动，以便寻求对自己的支持。当时站在博古一边的政治局候补委员凯丰，就曾多次找聂荣臻谈话，要他在会上发言支持博古。因工作没有做通，他便向博古汇报说：“聂荣臻这个人真顽固！”

为开好这次会议，毛泽东和张闻天也做了比较充分的准备工作。张闻天根据事先和毛泽东、王稼祥讨论的意见，起草了一份反对“左”倾教条主义军事路线的报告提纲。毛泽东也特意准备了一份书面的发言提纲。

会议由博古主持，并由他首先做关于第五次反“围剿”的总结报告。他只承认在苏区工作的政策上有个别错误，在军事指导上有个别政策的错误，不承认是路线的错误，不承认军事领导上的错误，认为失败的原因主要是敌人的强大，以白区和其他苏区的工作配合不够为由，坚持为错误的军事领导辩护。

随后由周恩来做军事问题的副报告。他详细分析了第五次反“围剿”失败的原因，着重指出了军事领导上的错误，既批评了博古、李德，也主动承担责任，做了诚恳的自我批评。

接下来，由张闻天做反报告，对“左”倾军事路线进行尖锐的批评。

张闻天讲完，毛泽东开始做长篇发言，讲了一个多小时。

他指出：当前首先要解决军事路线问题。第五次反“围剿”的失败，主要是由错误的军事路线造成的，其主要表现是：进攻中的冒险主义，防御中的保守主义，转移中的逃跑主义。他批评了李德的错误指挥，说他只知道纸上谈兵，不考虑战士要走路，也要吃饭，也要睡觉，也不问走的是山地、平原还是河道，而只知道在地图上一划，限定时间打，当然打不好。他还用前四次反“围剿”以少胜多、以弱胜强的事实，批驳了博古用敌强我弱的客观原因为第五次反“围剿”失败辩护的观点和做法，并指出博古的报告基本上是不正确的。最后，他通过具体剖析“左”倾军事路线在战略战术上的错误及其表现，系统地阐述了适合中国革命战争特点的战略战术和今后军事上应该采取的方针等问题。

毛泽东发言后，王稼祥“紧接着站起来发言”，支持毛泽东的意见，并明确提出由毛泽东出来领导红军。之后，张闻天再次发言，并表示了同样的意见。由毛泽东出来领导红军的意见，得到了包括周恩来在内的绝大多数人的支持，只有博古、凯丰二人表示反对。陈云在《遵义政治局扩大会议传达提纲》中写道：“扩大会中恩来同志及其他同志完全同意洛甫及毛、王的提纲和意见，博古同志没有完全彻底地承认自己的错误，凯丰同志不同意毛、张、王的意见。”

作为共青团中央书记的凯丰，当时是博古的“铁杆”。他不仅为“左”倾错误路线辩护，而且极力开展反批评，甚至冲着毛泽东说：“你懂得什么马列主义？你顶多是看了些《孙子兵法》！”凯丰的这番话，给毛泽东留下了难忘的印象。直到20世纪60年代，毛泽东还对这件事记忆犹新，他曾说：

> 遵义会议时，凯丰说我打仗的方法不高明，是照着两本书去打的，一本是《三国演义》，另一本是《孙子兵法》。其实，打仗的事，怎么照书本去打？那时，这两本书，我只看过一本——《三国演义》。另一本《孙子兵法》，当时我并没有看过。那个同志硬说我看过。我问他《孙子兵法》共有几篇？第一篇的题目叫什么？他答不上来。其实他也没有看过。从那以后，倒是逼使我翻了翻《孙子兵法》。

由于李德是列席会议的，所以，会场上没有他的正式座位。“他坐在屋里靠门口的地方，经常一言不发，只是一个劲地抽烟，情绪十分低落。”对于大家提出的批评意见，他也拒绝接受，说自己只是作为顾问提提建议，一切都是由中国同志搞坏的。

会议经过3天的讨论，最后做出了以下几项决定：

> （一）毛泽东同志被选为常委。
>
> （二）指定洛甫同志起草决议，委托常委审查后，发到支部中讨论。

（三）常委中再进行适当的分工。

（四）取消三人团，仍由最高军事首长朱、周为军事指挥者，而恩来同志是党内委托的对于指挥军事上下最后决心的负责者。

会议结束后不久，常委中重新进行了分工，由张闻天替代博古负总责；以毛泽东为周恩来在军事指挥上的帮助者。在后来的行军途中，又根据形势发展的需要，组织了由毛泽东、周恩来、王稼祥三人组成的军事领导小组，负责指挥全军的军事行动。

遵义会议是党的历史上一个生死攸关的转折点。这次会议在红军第五次反“围剿”失败和长征初期严重受挫的历史关头召开，事实上确立了毛泽东在党中央和红军的领导地位，开始确立了以毛泽东为主要代表的马克思主义正确路线在党中央的领导地位，开始形成以毛泽东为核心的第一代中央领导集体，开启了党独立自主解决中国革命实际问题的新阶段，在最危急关头挽救了党、挽救了红军、挽救了中国革命。遵义会议的鲜明特点是坚持真理、修正错误，确立党中央的正确领导，创造性地制定和实施符合中国革命特点的战略策略。对于这次会议的重大意义，曾亲历这一历史事件的聂荣臻做了较为全面的阐述。他写道：

遵义会议是我们党历史上具有最伟大意义的一次会议。他不仅纠正了党的错误的军事路线，为日后从政治上彻底清除王明路线打下了基础，而且从组织上改变了党的错误领导，从此在实际上确立了毛泽东同志在全党全军的领导地位，使中国革命走上了正确发展的道路。自然，由于军情紧迫，时间短促，以及条件尚未完全成熟，在遵义会议上还只能首先解决军事路线问题。但这却是一个伟大的历史转折，万分危急的中国革命已经从此得救了。

遵义会议的成功，与张闻天和王稼祥等人从“左”倾错误路线中分化出来有很大关系。后来，毛泽东曾多次谈到这一点。他说：

遵义会议是一个关键，对中国革命的影响非常之大。但是，大家要知道，如果没有洛甫、王稼祥两个同志从第三次“左”倾路线分化出来就不可能开好遵义会议。同志们把好的账放在我的名下，但决不能忘记他们两个人。当然，遵义会议参加者还有别的好多同志，酝酿也很久，没有那些同志参加赞成，光他们两个人也不行；但是，他们两个人是从第三次“左”倾路线分化出来的，作用很大。从长征一开始，王稼祥同志就开始反对第三次“左”倾路线了。

着重解决军事路线问题，是遵义会议获得成功的一个重要原因，也是这次会议的一个突出特点。要真正理解遵义会议的历史意义，不能不对此有所认识。应当说，这既与毛泽东着眼于维护党内团结的正确态度和善于抓主要矛盾、逐步解决问题的科学方法有关，同时又是他注意妥善处理中共与共产国际关系的重要表现。

关于这一点，毛泽东、周恩来等在后来都曾做过分析和总结。

1943 年 11 月 13 日，毛泽东在中央政治局会议上讲话时说：“遵义会议承认博古政治路线，只集中弄清军事路线，因为中央在长征中，军事领导是中心问题。当时军事领导的解决差不多等于政治路线的解决，组织上不久也取消了博古的中央书记而以洛甫代之，因为当时只有如此，才能团结我们内部。”

1972 年 6 月 10 日，周恩来在中央召集的一次会议上谈到党的历史教训时说：“遵义会议的主旨是纠正军事路线错误，因为当时是在惊涛骇浪中作战，军事路线最紧迫。”“毛主席的办法是采取逐步的改正，先从军事路线解决，批判了反五次‘围剿’以来的作战的错误：开始是冒险主义，然后是保守主义，然后是逃跑主义。这样就容易说服人。其他问题暂时不争论。比如‘左’倾的土地政策和经济政策，肃反扩大化，攻打大城市。那些都不说，先解决军事路线，这就容易通，很多人一下子就接受了。如果当时说整个都是路线问题，有很多人暂时会要保留，反而阻碍党的前进。这是毛主席的辩证唯物主义，解决矛盾首先解决主要的矛盾……至于政治路线，暂时不提。”

1982 年，伍修权在有关的回忆文章中写道：

> 遵义会议的成功，表现出毛泽东同志杰出的领导才能与智慧。他在会议上，只批判临时中央在军事问题上的错误，没有提政治问题上的错误，相反还在决议中对这个时期的政治路线，说了几句肯定的话。这是毛泽东同志的一个英明决策。在会议上，曾经有人提出批判和纠正六届四中全会以来的政治错误，毛泽东同志机智地制止了这种做法。正是这样，才团结了更多的同志，全力以赴地解决了当时最为紧迫的军事问题。会后，曾有同志问毛泽东同志，你早就看到王明那一套是错误的，也早在反对他，为什么当时不竖起旗帜同他们干，反而让王明的“左”倾错误统治了四年之久呢？毛泽东同志说，那时王明的危害尚未充分暴露，又打着共产国际的旗号，使人一时不易识破他们。在这种情况下，过早地发动斗争，就会造成党和军队的分裂，反而不利于对敌斗争。只有等到瓜熟蒂落，水到渠成时，才能提出和解决这个问题。

毛泽东关于妥善处理中共与共产国际关系的考虑，还表现在他建议由张闻天出面在党中央负总责这件事情上。周恩来回忆说：“当时博古再继续领导是困难的，再领导没有人服了。本来理所当然归毛主席领导，没有问题。洛甫那个时候提出要变换领导，他说博古不行。我记得很清楚，毛主席把我找去说，洛甫现在要变换领导。我们当时说，当然是毛主席，听毛主席的话。毛主席说，不对，应该让洛甫做一个时期。毛主席硬是让洛甫做一做看。人总要帮嘛。说服了大家，当时就让洛甫做了。”

其实，毛泽东这样做是有着深层和长远的考虑的。因为当时中国共产党仍然是共产国际的一个支部，由谁来出任党的主要领导人（即便是名义上的），关系到共产国际能否予以承认和批准的问题。虽然当时共产国际已经对毛泽东给予了很高的评价，但是，毕竟他本人长期生活和战斗在“山沟沟里”，共产国际究竟了解他到何种程度，又会支持他到何种程度，毛泽东当时心里并没有“底”，加上当时王明正在莫斯科担任中共驻共产国际代表团团长，因此，他觉得由张闻天这位曾是“二十八个半布尔什维克”之一的“洋房子先生”出任党的“总书记”是较为稳妥的选择。这一点，在毛泽东 10 年后的一次讲话中得到了某种程度的反映。1945 年 6 月 10 日，他在中共七大上谈到选举问题时说：“遵义会议以后，中央的领导路线是正确的，但中间也遭过波折。抗战初期，十二月会议（指 1937 年 12 月中央政治局会议）就是一次波折。十二月会议的情形，如果继续下去，那将怎么样呢？有人说他（指王明）奉共产国际命令回国，国内搞得不好，需要有一个新的方针……六中全会是决定中国之命运的。六中全会以前虽然有些著作，如《论持久战》，但是如果没有共产国际指示，六中全会还是很难解决问题的。共产国际指示就是王稼祥同志从苏联养病回国带回来的，由王稼祥同志传达的。”历史事实也充分证明，遵义会议的这种安排，很快得到了共产国际的认可。这也为遵义会议产生的新的中央在后来反对张国焘分裂主义的斗争中赢得主动，打下了很好的基础。

遵义会议后，毛泽东本人的性情和思想发生了很大变化，他变得“更加沉着、练达，思想更加缜密、周到，特别是更善于团结人了”。对此，周恩来曾引用遵义会议后发生的一件事，做过具体的说明：

遵义会议开了以后，要继续前进。这个时候争论又起来了，打仗如何打法也引起了争论。那个时候困难啰，八万人剩下三万多人。每一个部队里都减员，伤员病号都不少，的确有困难。在那种关头，只有坚定不移地跟毛主席走。这时问题就出来了，一个比较小的问题，但是一个关键性的问题，就是从遵义一出发，遇到敌人一个师守在打鼓新场那个地方，大家开会都说要打，硬要去攻那个堡垒。只毛主席一个人说不能打，打又是啃硬的，损失了更不应该，我们应该在运动战中去消灭敌人嘛。但别人一致通过要打，毛主席那样高的威信还是不听，他也只好服从。但毛主席回去一想，还是不放心，觉得这样不对，半夜里提马灯又到我那里来，叫我把命令暂时晚一点发，还是想一想。我接受了毛主席的意见，一早再开会议，把大家说服了。

遵义会议后新的中央，也开始改变"左"倾宗派主义的干部政策，对犯了错误的同志既严肃批评，又热情团结，争取他们转变立场。博古、凯丰等继续留在中央，后来逐步转变认识，并成为党在宣传战线上的领导骨干。博古在党的七大上所做的自我批评，就很能说明问题。他坦言：

"在这个会议上，我个人是不认识错误的，同时不了解错误，我只承认在苏区工作的政策上有个别错误，在军事指导上，有个别政策的错误，不承认是路线的错误，不承认军事领导上的错误。因为继续坚持错误，不承认错误，在这种情形下，遵义会议改变领导是正确的，必要的。我不但在遵义会议没有承认这个错误，而且我继续坚持这个错误，保持这个'左'倾机会主义的观点、路线，一直到 1935 年底 1936 年初瓦窑堡会议。在这个会议上，我仍然用'左'倾的观点、教条主义的方法，反对民族统一战线。教条告诉我，资产阶级是永远反革命的，绝没有可能再来参加革命，参加抗战，这是教条主义坚持到最后，也是我的'左'的错误最后的一次。""这个时期，我是中央的总负责人，我是这条路线所有一切错误发号施令的司令官，而且这条路线在这个时期所有的各方面的错误，我是赞成的。各种恶果我是最主要负责人，这里没有‘之一’，而是最主要的负责人。”

同时，对以前受到“左”倾错误路线打击的人，比如罗明、邓小平、肖劲光、刘晓、江华等，也很快给予平反，使他们重新走上重要的工作岗位，而他们也为中国革命的胜利立下了汗马功劳。

10年后，中共六届七中全会讨论通过的中共中央《关于若干历史问题的决议》，对遵义会议做出了如下结论：

> 遵义会议集中全力纠正了当时具有决定意义的军事上和组织上的错误，是完全正确的。这次会议开始了以毛泽东同志为首的中央的新的领导，是中国党内最有历史意义的转变。也正是由于这一转变，我们党才能够胜利地结束了长征，在长征的极端艰险的条件下保存了并锻炼了党和红军的基干，胜利地克服了坚持退却逃跑并实行成立第二党的张国焘路线，挽救了“左”倾路线所造成的陕北革命根据地的危机，正确地领导了一九三五年的“一二九”救亡运动，正确地解决了一九三六年的西安事变，组织了抗日民族统一战线，推动了神圣的抗日战争的爆发。

第 5 章

天赐良机

毛泽东与西安事变

兄弟阋于墙，外御其侮。

——题记

十年内战，蒋介石对共产党人赶尽杀绝，共产党人对蒋介石恨之入骨。随着日本侵略的日益加深，蒋介石“攘外必先安内”的政策越来越不得人心。在中共“停止内战，一致抗日”主张的鼓舞和感召下，张学良、杨虎城于1936年12月12日采取断然措施，对蒋介石实行“兵谏”，敦促其停止剿共，转向抗日。消息传到保安，人们欢呼雀跃，欣喜若狂，“审蒋”“杀蒋”的呼声不绝于耳。作为中共中央的“主心骨”和统一战线工作的主要负责人，毛泽东总揽全局，沉着应对，及时做出了和平解决西安事变的英明决策，并直接领导了谈判和善后工作。“西安事变的和平解决成了时局转换的枢纽：在新形势下的国内的合作形成了，全国的抗日战争发动了。”

逼蒋抗日

西安事变的发生，是由多种因素促成的。其中，中共力主抗日并调整统战策略、实行“逼蒋抗日”方针是个关键，因为张学良和杨虎城“扣蒋”的动机是“谏”，而不是“反”，用张学良本人的话说，就是：“好像灯泡，我暂时把它关一下，我给它擦一擦，我再给它开开，更让它亮。”

在从“抗日反蒋”到“逼蒋抗日”的策略转变过程中，毛泽东发挥了决定性的作用。

面对日本对中国的入侵，中国共产党主张抗日的态度始终是非常明确和坚定的。但是，由于蒋介石和国民党政府长期奉行“攘外必先安内”的政策，对外节节退让，对内则连续不断地“围剿”红军和各革命根据地，必欲置共产党人于死地而后快，所以，在从1931年九一八事变到1935年12月中共瓦窑堡会议制定抗日民族统一战线政策的4年多时间里，中共中央又一直坚持“反蒋”与“抗日”并提，甚至把蒋介石视为“头号敌人”，把推翻国民党政府的统治当作抗日的先决条件。

经过十年内战，对于和蒋介石有着血海深仇的共产党人来说，要改变对蒋介石的看法和态度，实现从“抗日反蒋”到“逼蒋抗日”的策略转变，的确不是一件容易事。毛泽东所以能做到这一点，除了客观上的原因（如国内阶级关系的新变动、共产国际的影响、张学良的建议及蒋介石的动摇等）之外，也有他个人主观方面的原因。其中最根本的有两条：一是务实，二是灵活。简单地回顾和比较一下毛泽东和博古的有关言论和做法，就可以清楚地看出这两点。

1931年九一八事变爆发后，以博古为首的临时中央于9月20日发表了《为日本帝国主义强暴占领东三省事件宣言》。22日，又做出《关于日本帝国主义强占满洲事变的决议》。在这些文件中，临时中央坚持从苏联和共产国际的“本本”出发，不仅提倡“一切打倒”，否认一切联合，称“中国各派国民党及各派军阀都是帝国主义走狗”，而且严重脱离中国实际，把九一八事变说成是“反苏联战争的序幕”，提出了“武装保卫苏联”这一令广大人民群众深感莫名其妙且无所适从的口号。

同年11月7日，刚刚在江西瑞金宣告成立、以毛泽东为主席的中华苏维埃共和国临时中央政府发表对外宣言。宣言以维护中国人民的根本利益为出发点，明确提出：“它主张取消一切帝国主义过去同中国地主资产阶级政府所订的不平等条约”，无条件地收回“一切帝国主义的租借地”，“没收一切帝国主义在华的银行、工厂、矿山与交通工具等”。同时，宣言又在坚持平等原则的基础上，以灵活的态度表示：“在目前，中华苏维埃共和国临时政府并不反对与世界各帝国资本主义的政府重新订立完全平等的条约。在苏维埃区域内，这些国家的人民在不违犯苏维埃一切法令的条件之下，可以有经营工商业的自由。”它不是要求中国民众“武装保卫苏联”，而是“号召全世界劳苦民众起来帮助并拥护中国惟一的工农兵革命政府”。

1932年初淞沪抗战爆发后，毛泽东以中华苏维埃临时中央政府主席的名义于4月15日发布《对日战争宣言》，正式宣布对日战争，提出“以民族革命战争，驱逐日本帝国主义出中国，以求中国民族彻底的解放和独立”。

1933年1月，日军攻占山海关，将侵略的触角伸向华北。1月17日，毛泽东和朱德又分别以中华苏维埃临时中央政府主席、中国工农红军革命军事委员会主席的名义，联名签署并发布了《为反对日本帝国主义侵入华北愿在三条件下与全国各军队共同抗日宣言》，表示愿意在以下三个条件下同任何武装部队订立共同抗日的作战协定：“（一）立即停止进攻苏维埃区域；（二）立即保证民众的民主权利（集会、结社、言论、罢工、出版之自由等）；（三）立即武装民众创立武装的义勇军，以保卫中国及争取中国的独立统一与领土的完整。”这就不仅打破了“左”倾关门主义的思想束缚，而且明确提出了与各派军事力量合作抗日的具体条件，具有很强的感召力和可操作性。思想转变后的张闻天曾就此评价说：这三个条件，“是宣传的，也是行动的口号，也是对上层军官说的”。

这个宣言对国民党军队产生了直接影响。同年11月，曾在上海奋起抗日的国民党第十九路军将领蔡廷锴、陈铭枢、蒋光鼐和国民党内反蒋势力李济深等发动福建事变，宣布成立“中华共和国人民革命政府”，公开打出了“抗日反蒋”的旗帜。当蒋介石从前线调兵前去进攻十九路军时，毛泽东曾提出红军主力趁机突围并援助十九路军的建议，但遭到博古、李德的坚决反对。博古坚持把中间势力看成是“最危险的敌人”，认为十九路军的行动是“欺骗群众”，不仅坐视不管，而且蔑称十九路军“从连长一直到蔡廷锴，没有一个长官是好的”，并嘲笑其将士“一闻枪声”就“鸡飞狗散”“丧魂落魄”。结果，孤立无援的福建人民政府在蒋介石的军事进攻和政治分化下于 1934 年 1 月陷于失败。

遵义会议确立了毛泽东在党和红军中的领导地位，为从根本上纠正“左”倾关门主义错误铺平了道路。1935 年 10 月中央红军到达陕北后，又接连打了几个大胜仗，很快站稳了脚跟。12 月 17 日至 25 日，中共中央在瓦窑堡召开政治局扩大会议，讨论全国政治形势、党的策略方针和军事战略等重大问题。会议讨论党的策略路线问题时，毛泽东与博古又发生了争论。列席会议的郭洪涛（时任陕甘晋省委副书记）曾就此回忆说：

> 直罗镇战役后，毛泽东、周恩来回到瓦窑堡，正好张浩（林育英）从苏联回来了，带来了共产国际关于建立反法西斯统一战线的精神。于是，中央决定召开政治局扩大会议。这就是著名的瓦窑堡会议。会议是在张闻天的窑洞里开的，窑洞中间放着一张长桌，多数人围坐在长桌两边，个别人就坐在炕上。会上讨论了全国的政治形势和党的路线策略问题，军事战略问题。在讨论政治形势和党的路线策略时，对如何对待民族资产阶级的问题发生了争论，这也是我第一次见到在党内最高领导层内的争论。毛泽东认为中国的民族资产阶级有两重性，对中间势力是可以争取的，并指出我们在江西时，对十九路军的问题上有错误，我们本来是可以争取他们一起抗战反蒋的，但没有争取。博古不同意毛泽东的意见，他引经据典，还引了斯大林的话，中间势力是最危险的敌人，不可能和无产阶级联合。毛泽东一点也不示弱，第二天再次发言，强调他说的这些

是从中国的具体情况出发的，是合乎马克思主义基本原理的。最后他反问道："难道这样做（指联合民族资产阶级中间势力），就是对祖宗不忠？对祖宗不孝吗？"博古哑口无言，往床上一躺不说话了。

两天后，毛泽东又在党的活动分子会议上作了《论反对日本帝国主义的策略》的报告，进一步阐述了瓦窑堡会议的精神，并强调指出：党的基本的策略任务，就是建立广泛的民族革命统一战线。"组织千千万万的民众，调动浩浩荡荡的革命军，是今天的革命向反革命进攻的需要。"

瓦窑堡会议的历史意义在于，在民族矛盾上升为主要矛盾、国内阶级关系发生重大变化的情况下，中共中央彻底纠正了"左"倾关门主义的错误方针，系统地制定了抗日民族统一战线的政策和策略，为党在新的历史条件下把握正确的政治方向，适应新形势、提出新任务，奠定了思想基础。

然而，在如何对待蒋介石的问题上，无论是毛泽东，还是中央其他领导人，都还没有改变以往的态度。所以，瓦窑堡会议确定的抗日民族统一战线并不包括蒋介石在内，策略方针也依然是"抗日反蒋"。这主要是因为：一方面，当时蒋介石在对日交涉问题上，仍然寻求妥协退让，并且对长征到达陕北后的中央红军继续进行"追剿"，中共中央还无法判断蒋介石是否有抗日的可能。另一方面，这次会议是根据共产国际七大决议和中共驻共产国际代表团起草的《八一宣言》的精神来讨论和制定统一战线政策的，而《八一宣言》提出并经共产国际七大批准确定的基本方针就是建立以中国共产党为领袖的反蒋的抗日民族统一战线。

瓦窑堡会议后，中共中央本着"抗日反蒋"的方针，首先对张学良的东北军和杨虎城的西北军开展了统战工作，并且很快就取得了突破性进展。但是，在与张学良进行联络和谈判的过程中，中共代表遇到了一个无法回避的问题：究竟该怎样对待蒋介石？这是张学良十分关注并反复提出的一个大问题。

1936年3月4日，中共代表李克农在洛川与张学良进行会谈。张学良“完全同意”中共“停止内战，一致抗日”的主张，并表示“不再让东北军去进扰红军后方”。但是，他对“反蒋抗日”的口号提出了疑问：“现在中国国家的力量几乎全部掌握在蒋介石手里，国民党的部队都是蒋的部下，而且蒋也是有抗日的可能的，那么，你们提出‘反蒋抗日’，统一战线能否完全实现，联合抗日能否完全做到？”李克农解释说：“我们党倡导建立抗日民族统一战线，共同抗日，是主张联合一切抗日的力量。因为蒋介石坚持对内独裁，对外妥协退让，专打内战，死不抗日，所以要反蒋抗日。”但他同时表示：“你的意见可以考虑，我要向我们党中央报告。”张学良最后提出，为了进一步商谈抗日救国大计，希望能同中共主要负责人（毛或周）直接会谈，地点可定在肤施城（即延安），时间由中共方面决定。

李克农于3月16日赶到红军东征前线山西石楼，向毛泽东等中央领导汇报了与张学良会谈的具体情况。3月27日，中央政治局召开会议，专门讨论抗日民族统一战线的策略问题。毛泽东在发言时指出：在全国民众要求抗日的形势下，国民党统治集团内部已经发生分化。党的统一战线方针应当是：在“停止内战，一致抗日”的口号下，对民族反革命派采取各个击破，对民族革命派采取各个争取；对张学良要实行互不侵犯，共同抗日，可以派出全权代表同张学良直接谈判。他还表示：不管任何派别，都可以同他们进行谈判，但在基本原则上不能让步。会议决定，派周恩来作为中共全权代表赴延安同张学良会谈。第二天，周恩来与博古、李克农等一起离开前线返回瓦窑堡，做有关谈判的准备工作。

周恩来同张学良的会谈时间是4月9日（夜间）。周恩来一行出发前，毛泽东和彭德怀分别以红军总政治委员、司令员的名义，联名致电张学良和王以哲，通知周恩来等人的行期、接洽地点和会谈要点。电文如下：

甲：敝方代表周恩来偕李克农于8日赴肤施，与张先生会商救国大计，定7日由瓦窑堡启程，8日下午6时前到达肤施城东20里之川口，以待张先生派人至川口引导入城；关于入城以后之安全，请张先生妥为布置。

乙：双方会商之问题，敝方拟为：

1. 停止一切内战，全国军队不分红白，一致抗日救国问题；

2. 全国红军集中河北抵御日帝迈进问题；

3. 组织国防政府、抗日联军具体步骤及其政纲问题；

4. 联合苏联及先派代表赴莫斯科问题；

5. 贵我双方订立互不侵犯及经济通商初步协定问题。

丙：张先生有何提议，祈预告为盼。

在这次会谈中，张学良又向周恩来提出："假如东北军和红军能够联合抗日，我们应该怎样对待蒋介石？"周恩来机智地回答说："我们原来是主张反蒋抗日的，那是因为大革命失败以来，特别是'九一八'事变以来铁的事实教育了我们。不过，在今天的形势下，我们愿意重新考虑这个问题。关于这一点，我们愿意听一听张将军的意见。"周恩来谦虚的态度和委婉的语气，深深地打动了张学良，于是他把自己对这个问题的看法和盘托出。张学良说："蒋介石现在实际上还统治着全国，掌握着南京政府的一切大权，不仅中国的大部分地方和主要的军事力量在他手里，而且财政、金融、外交等也都由他一手包揽。我觉得联合抗日不应当反蒋，统一战线也应当把蒋包括在内。我们都是他的部下，如提反蒋抗日，工作起来有困难。据我的接触和观察，蒋还是有抗日的可能和抗日的存心的。我们正想增大抗日的力量，为什么要把他所掌握的这一股力量排除呢？目前应当设法把他'攘外必先安内、抗日必先剿共'的错误政策扭转过来，逼迫他停止内战，走上抗日的道路。"

听了张学良的这番“肺腑之言”，周恩来当即明确表示：“张将军这个意见很有道理，是值得我们重视的。我本人现在表示，我同意张将军逼蒋抗日或联蒋抗日的意见。不过，这是个重大的方针政策问题，我愿意把张将军这个意见带回去，提请我们党中央郑重考虑后再决定。”

周恩来的表态，使张学良颇感欣慰，他信心十足地说：“今后采取内外夹逼的办法，红军在外边逼，我们在里面劝，一定要蒋介石抗日！”

在4月7日周恩来离开瓦窑堡之前，张闻天曾以“张、周”署名致电在东征前线的毛泽东和彭德怀。电报称：中央政治局讨论战争动员，认定此次蒋介石令陈、胡出马“剿共”，封锁黄河组织华北整个“反共”战线，显系实行广田三原则，在日本帝国主义直接指挥下公开卖国，阻拦红军东向抗日。因此，目前抗日战争，讨蒋已成中心。拟由军委下令讨伐，以利动员，以张士气，如同意请由前方拟稿发表。4月9日晚，毛泽东、彭德怀复电张闻天，提出：“目前不应发布讨蒋令，而应发布告人民书与通电。”“我们的旗帜是讨日令，在停止内战旗帜下实行一致抗日。”“中心口号在停止内战。”这封电报是在周恩来和张学良会谈的同时发出的（当时毛泽东还不知道会谈的结果），表明毛泽东在听取了李克农的汇报后，特别是3月27日政治局会议以后，已经在认真考虑改变对蒋介石的态度，并着手调整中共的统战策略问题了。

5月2日至5日，毛泽东指挥红军西渡黄河，回师陕北，结束了东征战役。5日，毛泽东和朱德联名向南京政府和全国各党派、各团体发出通电，提出“停战议和，一致抗日”的主张，并呼吁“以兄弟阋于墙外御其侮的精神，在全国范围、首先在陕甘晋停止内战，双方互派代表磋商抗日救亡的具体办法。”在这份通电中，不仅没有再提“反蒋”“讨蒋”的口号，而且使用了“蒋介石氏”的新称谓。

这时，中共驻共产国际代表团的另一名成员刘长胜从苏联回国到达陕北。他带来了共产国际与中共中央进行电讯联系的“密码”。共产国际向中共中央发来了新指示——“联蒋抗日”，主张巩固蒋介石和南京政府在全国的领导地位，以便其统帅全国军队，并与苏联结成反日同盟。共产国际的指示，对毛泽东进一步改变对蒋介石的态度并调整统战策略，起到了一定作用。在6月12日举行的中央政治局会议上，毛泽东发言指出：时局已发展到新的阶段，日军入侵华北，国民党中央势力退出华北，中国内部整个起了很大变化，“我们说重心是抗日，请蒋出兵”。但是，毛泽东并没有全部“接受”共产国际的意见。他坚持统一战线不能违背革命力量发展的原则，在放弃“反蒋”的同时，并不放弃同反蒋的各派军阀的联合。所以，在6月初“两广事变”发生后，毛泽东对它做出了积极的评价，认为“西南抗日反蒋的军事行动，客观上是革命的与进步的行动”，“在一定程度上具有民族革命的意义”。

不过，毛泽东更加关心并看重的是蒋介石的态度和国民党政府的政策。1936年2月底，南京政府通过秘密渠道向中共中央传递要求谈判的信息。为测其诚意，毛泽东于3月4日试探性地向对方提出谈判的五条原则。5月间，南京方面做出回应，并提出四项办法：（一）欢迎共方武装部队参加对日作战；（二）共方武装参加抗战待遇同中央军；（三）共方有何意见可向即成立的民意机关提出；（四）共方可选择一些地区试验其政治经济理想。7月中旬，国民党五届二中全会在答复中共中央提出的关于进行合作救国谈判的要求时，又提出了新的四条，“着重统一，对红军开赴绥远抗日没有提”。特别是蒋介石在二中全会上的报告，对国民党五大的政策做出新的解释，说：“中央对于外交所抱的最低限度，就是保持领土主权的完整，任何国家要来侵害我们的领土主权，我们决不能容忍……再明白些说，假如有人强迫我们签订承认伪国等损害领土主权的时候，就是我们不能容忍的时候，就是我们最后牺牲的时候。”由此，毛泽东看出蒋介石“有动摇的可能”，并决定把蒋介石和南京政府当作统战的主要对象。

随着客观形势的变化和中共统战工作的顺利开展，中共中央政治局常委在7月30日召开会议，讨论白区工作问题，并且决定由毛泽东负责对东北军和整个统一战线工作的领导。在8月10日举行的中央政治局会议上，毛泽东专门就国共关系和统一战线问题作了报告和结论。他在报告中说：蒋介石对日的基本方针，在战略上没有变，但他准备开国防会议，实行局部的对日作战，战术是变了。战术既大变，将来有可能影响他战略上的动摇。我们愿意和南京谈判，现在还是继续这个方针。我们应当承认南京是一种民族运动的大力量，为要达到真正的抗日，必须要经过这样中间的过程。“我们惟一的要求是真正的抗日”。在作会议结论时，毛泽东又提出：蒋介石总是说要先统一后抗日，我们是要他先给抗日的民主，要看他做到怎样程度，才同他讲统一。我们又要抗日，又要统一。“抗日必须反蒋”，现在不合适。现在要在统一战线下反对卖国贼。

根据毛泽东的报告和会议讨论的结果，党中央先后起草了两个重要文件：一个是《中国共产党致中国国民党书》，于8月25日公开发表；另一个是《关于逼蒋抗日问题的指示》，于9月1日在党内发布。在毛泽东起草的前一个文件中，不仅正式提出了“国共重新合作”的建议和在全国范围内建立抗日民族统一战线的主张，而且严正指出国民党应当承担的责任，称“国共合作的关键，现在是在贵党手中”；一方面称蒋介石为“蒋委员长”，另一方面又严肃地批评了他“攘外必先安内”的误国政策；既肯定国民党五届二中全会取得的“若干进步”，又明确指出其局限性及今后应努力的方向和目标。这一文件通篇都贯穿着“逼蒋抗日”的精神。

由张闻天起草的后一个文件则着重说明和强调了以下几点：

（一）目前中国人民的主要敌人，是日本帝国主义，所以把日本帝国主义与蒋介石同等看待是错误的，“抗日反蒋”的口号，也是不适当的。

（二）在日本帝国主义继续进攻，全国民族革命运动继续发展的条件下，国民党中央军全部或其大部有参加抗日的可能。我们的总方针应当是逼蒋抗日。

（三）在逼蒋抗日的方针下，并不放弃同各派反蒋军阀进行抗日的联合。我们愈能组织南京以外各派军阀走向抗日，我们愈能实现这一方针。

（四）在全国人民面前，我们应表现出我们是“停止内战一致抗日”的坚决主张者，是全国各党、各派（蒋介石国民党也在内）抗日统一战线的组织者与领导者。

以上会议和文件，标志着中共中央在毛泽东的领导下，完成了对统战策略方针的调整，最终实现了由“抗日反蒋”到“逼蒋抗日”的根本性转变。中共中央确立“逼蒋抗日”策略方针后3个多月，震惊中外的西安事变就爆发了。这说明，“逼蒋抗日”的策略方针是完全正确的，特别是在蒋介石动摇不定、不想从根本上放弃“攘外必先安内”反动政策的条件下，中国共产党只有联合国内主张抗日的各政治和军事派别，才能迫使蒋逐步改变政策，最终加入抗日营垒中来。

喜讯传来

好事多磨。就在中共中央为推动国民党南京政府及其军队转向抗日而努力的过程中，蒋介石却改变了“以政治方法来解决中共问题”的主意，又重新回到了“武力解决”的错误轨道上。

1936年秋，蒋介石在解决了“两广事变”后，便调集30万国民党中央军部署在以河南郑州为中心的平汉、陇海铁路沿线，准备开赴陕甘，对陕北革命根据地进行新的“会剿”。12月4日，他又亲率陈诚、蒋鼎文、卫立煌、朱绍良等国民党军政大员飞抵西安，逼迫张学良、杨虎城率全部军队开赴陕北前线“剿共”。张、杨二人连续几天到蒋介石的驻地临潼华清池进谏，痛陈利害以至声泪俱下，力劝他停止内战，一致抗日，却遭到蒋介石的严词训斥。蒋介石还向张、杨提出：要么服从“剿共”命令，将东北军、第十七路军全部开到陕北前线与红军作战，要么就将东北军调往福建，第十七路军调往安徽，让出陕甘，由中央军“剿共”。张学良、杨虎城对蒋介石“苦谏”不成，又无法接受蒋提出的方案，所以，他们只好另谋“出路”。

12月12日凌晨，按照张、杨商定的计划，东北军一部包围华清池，逮捕了蒋介石；第十七路军同时行动，在西京招待所囚禁了陈诚等十余人。西安事变由此爆发。

“扣蒋”成功后，张、杨联名通电全国，申明扣蒋原因及苦衷，并提出八项救国主张。通电称：

> 东北沦亡，时逾五载。国权凌夷，疆土日蹙，淞沪协定屈辱于前，塘沽、何梅协定继之于后，凡属国人，无不痛心。近来国际形势豹变，相互勾结，以我国家民族为牺牲。绥东战起，群情鼎沸，士气激昂。丁此时机，我中枢领袖应如何激励军民发动全国之整个抗战！乃前方之守土将士浴血杀敌，后方之外交当局仍力谋妥协。自上海爱国冤狱爆发，世界震惊，举国痛心，爱国获罪，令人发指。蒋委员长介公受群小包围，弃绝民众，误国咎深。学良等涕泣进谏，屡遭重斥。日昨西安学生举行救国运动，竟嗾使警察枪杀爱国幼童，稍具人心，孰忍出此！学良等多年袍泽，不忍坐视，因对介公为最后之诤谏，保其安全，促其反省。西北军民一致主张如下：

一、改组南京政府，容纳各党派共同负责救国。

二、停止一切内战。

三、立即释放上海被捕之爱国领袖。

四、释放全国一切政治犯。

五、开放民众爱国运动。

六、保障人民集会结社一切政治自由。

七、确实遵行总理遗嘱。

八、立即召开救国会议。

与此同时，张学良又致电毛泽东和周恩来，通报了有关情况。电文如下：

吾等为中华民族及抗日前途利益计，不顾一切，今已将蒋及重要将领陈诚、朱绍良、蒋鼎文、卫立煌等扣留，迫其释放爱国分子，改组联合政府。兄等有何高见，速复。

随后，张学良、杨虎城又联名致电中共中央，邀请派人赴西安共商大计。

上午8时许，毛泽东被从睡梦中叫醒。当他看到西安来电时，先是一怔，随即脸上又露出了由衷的笑容。他立刻吩咐警卫员去通知中央其他领导人（政治局常委）来开会。周恩来、张闻天、博古、朱德、张国焘等陆续来到毛泽东的窑洞，并传阅了电报内容。这是红军三大主力会师后中共中央和红军最高领导层皆大欢喜、最为和谐的一次聚会。欣喜之余，他们开始商量对策。会议决定：一、以中央军委主席团的名义向红军各部队通报西安事变的消息；二、派周恩来赴西安协助处理事变并电告张学良；三、致电共产国际通报事变情况和中共的应变设想。

西安事变的消息传出后，红军各部队顿时沸腾起来，整个保安乃至陕北变成了欢乐的海洋。在保安的邓颖超得知蒋介石被扣留的消息后，“高兴地跑到院子里，和同志们一起，又唱又跳。她和许多同志一样，以为党中央一定主张杀掉蒋介石，替千千万万牺牲了的烈士报仇，给中国革命搬掉最大一块绊脚石。”当时在保安采访的美国记者埃德加·斯诺曾这样写道：“蒋介石被扣的消息传到保安，保安举行了群众大会，毛泽东和其他一些人出席了大会，并讲了话。会上通过了一个决议——要求公审蒋介石。”李德则回忆说：“我也参加了这个集会，毛泽东首先在会上讲话，在他之后，就我回忆有朱德和周恩来讲话……讲话的主要内容是：清算和公审出卖中华民族利益的叛徒蒋介石的时候到了，只有对他进行清算，才能为全国一致抗日开辟道路；必须要求南京政府立即停止一切内战，特别是反对红军的内战，以及立即停止对共产党员的迫害；必须举行关于建立有东北军总指挥张学良将军、陕西省主席国民党十七路军总指挥杨虎城将军、共产党代表和国民党地区抗日组织代表参加的联合政府的会谈；必须动员整个民族和全国一切武装力量，反对日本及其在国民党中的帮凶。”当时在定边的李维汉也回忆说：“我们在定边获此消息，欣喜若狂，当即在大庙里召开群众大会，由高岗主持，广为宣传，与会群众高呼：‘枪毙蒋介石！’会后，我们致电党中央反映了群众愿望。”

在当天发给张学良的电报中，毛泽东除了告知“恩来拟来兄处协商大计”之外，还提出如下建议：要把蒋介石扣押在自己的卫队营里，以防其收买属员，尤其是不能交给其他部队看管；将东北军主力调集西安、平凉一线，十七路军主力集中于西安、潼关一线。同时表示：红军钳制宁夏、陇东一带胡宗南、曾万钟、毛炳文、关麟征、李仙洲等部中央军，以免西安腹背受敌。

当天中午至午夜，中共中央还三次致电共产国际。前两个电报主要是转述张学良来电内容和张、杨提出的八项救国主张。在午夜24时发出的第三份电报中，除了说明“张学良确已将蒋介石扣留西安”，“叶剑英、王稼祥已去西安，周恩来亦立即前去”等情况之外，着重报告了中共的应变计划：由张学良、杨虎城、周恩来三人组成专门委员会主持大计；半个月内在西安召开抗日救国代表大会；

南京政府暂由林森、孙科、孔祥熙、冯玉祥、宋子文、于右任、陈立夫等主持，等待国防政府成立，并防御亲日派勾结日军进犯沪宁；争取蒋军全部抗日；以红军、东北军、十七路军和晋绥军为主组成抗日联军，争取在晋绥的国民党中央军参加，以防御日本进攻华北。同时，电报还提出："请你们支持我们的上述行动，特别是：（一）在世界舆论上赞助我们；（二）争取英、法、美三国赞助中国革命政府与革命军；（三）苏联用大力援助中国。"

第二天（13 日凌晨）继续开常委扩大会议。出席会议的有"朱德、国焘、泽东、恩来、博古、洛甫、林彪、（张）文彬、（郭）洪涛、（吴）亮平、（林）伯渠、欧阳钦"。会议由张闻天主持，毛泽东作报告和结论。他在报告中着重讲了以下几个问题：

一、西安事变的性质、意义和中共的态度。他说："此事变是革命的，抗日的，同两广事件不同，没有任何帝国主义背景。"它"打破了以前完全被蒋介石控制的局面"，"是有革命意义的，是抗日反卖国贼的。它的行动，它的纲领，都有积极的意义"。基于这种认识，他提出：我们对事变"是应该拥护的"，不是中立，更不是反对。

二、西安事变的发展前景和中共中央的基本设想。他估计：事变的发展前途有三种可能：一是日本拉南京政府使之成为亲日傀儡政府，积极向革命进攻；二是蒋的部下转到西安方面来；三是日本操之过急，使中国革命起来。据此，他提出在政治上拥护张、杨，设想："以西安为中心来领导全国，影响全国，召集救国大会，成立实质上是政府、名义上叫做抗日援绥委员会的机构。"

三、对蒋介石的处置。他提出："要求罢免蒋介石，交人民公审。"并认为："把蒋除掉，无论在哪方面都有好处。"

随后，与会者对有关问题进行讨论。多数人同意毛泽东的分析和看法。张国焘发言时，情绪和态度更加激烈、尖锐。他说："在西安事件意义上，第一是抗日，第二是反蒋。内乱问题是不是可免？

这是不可免的，只是大小的问题。”他还强调说：“我们要以西安为抗日中心，应包含了以西安为政权中心的意义。”“因此，打倒南京政府，建立抗日政府，应该讨论怎样来实现。”

张闻天和周恩来在发言中提出了一些独到见解。张闻天说：“张学良这次行动是开始揭破民族妥协派（指蒋系）的行动，向着全国性抗日方向发展”，应把抗日作为“最高旗帜”，“把局部的抗日统一战线，转到全国性的抗日统一战线”。他提出：“我们不采取与南京对立的方针，不组织与南京对立的方式（指政权形式）……改组南京政府的口号并不坏”，要“尽量争取南京政府正统，联合非蒋系队伍。在军事上采取防御，政治上采取进攻”。他还提醒大家：“现在有新的困难、新的矛盾，需要我们慎重考虑”，要“依靠党的策略正确”，“领导走到顺利的方向”，而不能急躁，“自己造成自己的困难”。周恩来在发言中强调：如果中国发生内战，“日本将会在南京搞政变，在沿海地区增兵”，因此不应该在政治上与南京政府对立起来，而应稳定和争取南京政府的大多数，推动他们赞成西安事变。同时，要深入发动群众，巩固地联合西北三方抗日力量，把西安变成抗日的中心，“将来，（西安）或以陪都形式出现，更为有利”。至于杀蒋还是放蒋，这要看张、杨的态度，因为蒋在他们手上，我们不好决定。

讨论结束后，毛泽东作了结论。他说：我们现在处在一个历史转变的新阶段，在这个阶段，前面摆着许多通路，同时也有很多困难。“我们不是正面的反蒋，而是具体地指出蒋的个人的错误。”“又要反蒋，又不反蒋，不把反蒋与抗日并立。”鉴于在成立新的抗日政权和处置蒋介石问题上暂时无法形成一致意见，毛泽东建议：在周恩来到达西安进一步了解情况之前，“我们暂不发表宣言，但在实际行动上，应是积极的主张”。

毛泽东所以坚持要“审蒋”“除蒋”，不仅仅是为了“复仇”。他对国民党和南京政府内部分化的估计也是重要原因之一。张、杨二人都是国民党的中央委员，他们毅然对蒋介石实行“兵谏”的大胆举动，不仅出乎毛泽东的意料，也使他对蒋介石的统治地位和影响力产生了新的认识，认为“倒蒋”会更有助于争取国民党和南京政府内的抗日派和中间派。因此，在这次会议上，毛泽东虽然没有放弃“审蒋”“除蒋”的想法，但在很大程度上接受了张闻天和周恩来“不与南京对立”的意见。据此，在随后几天的对外宣传和联络工作中，中共中央采取了“把蒋介石与南京政府区别对待”的立场和做法，一方面批判和揭露蒋介石个人的错误和罪恶，另一方面努力争取南京政府转向抗日。这主要表现在:《红色中华》在13日报道西安事变的消息时，把蒋介石称为“汉奸”，并申明“交付人民审判”；在16日发表的《蒋介石罪大恶极》一文中，又说蒋介石“十年反革命，五年卖国”，其“罪恶滔天，他的罪状是数不尽的，他虽百死也不足以赎其于万一”！而在14日中央军委主席团做出的《对西安事变后斗争形势的估计》中，则提出:“暂不公开反对南京政府，以便争取可能抗日的部分。”同一天，毛泽东致电在南京的潘汉年，明确提出:“请向南京接洽和平解决西安事变之可能性，及其最低限度条件，避免亡国惨祸。”

在15日以红军高级将领名义给南京国民党和国民政府的电报中，上述“区别对待”的立场和做法，得到了更加充分和更加鲜明的体现。电文如下：

南京国民党、国民政府诸先生勋鉴：

西安事变，惊传蒋氏被幽，事出意外。然此实蒋氏对外退让、对内用兵、对民压迫三大错误政策之结果。张杨均贵党中央委员，且属剿共军领袖，然亦坚请停止“剿共”，一致抗日；观其宣布之八项主张，实为全国人民之所言，厉行不暇，何可厚非。今日之西安事变，不过继福建事变、两广事变之后，鼎足而三耳。三者皆贵党中抗日救国之贤豪，不满蒋氏降日卖国之所为，而蹶然揭出正义之旗耳。若漫不加察，一意孤行，行见同类之事变，将遍发于国中，祸患之纷乘，欲收拾而无术。夫中国国民党中爱国英贤，岂得谓依然受制于蒋氏，复受制于媚外残民之亲日派，正气不伸，党义为毁，国则日蹙百里，伤破碎之河山，民则及汝偕亡，抱歉天之怨痛。窃以西安事变之发，南京当局亟宜引为反省之资，而绝不可负气横决，反而发动空前之内战，如近日电讯之所传者。语云，鹬蚌相持而渔人伺于其侧，渔人今已高举其网矣。彼日本者，自闻南京决定讨伐张杨，兴高采烈，坚甲利兵，引满待发。诚使南京诸公萃沿海长江守备之军，大兴讨伐于西北一角，姑无论西北苦寒之区，张杨勇义之众，晋绥烽火之侧，而全国鼎沸之时，胜负之数，诚未可知。藉令战胜攻取，快意肆志，而日本乘机入寇，因虚而袭沪宁，取青济，华北独立，西北亦危，全国丧亡，真将万劫不复。螳螂黄雀之喻，亲痛仇快之讥，千秋万世，永难煎涤。鄙人等心所谓危，不敢不告。中国者中国人之中国也，国之不存，民于何有，民之泯灭，党将焉傅。是以鄙人等年余以来，不惮反复陈词，谋国共之合作，化敌为友，共赴国仇，亦既舌敝唇焦矣。公等而果欲自别于蒋氏，复欲自别于亲日派，谓宜立下决心，接受张杨二氏主张，停止正在发动之内战，罢免蒋氏，交付国人裁判，联合各党、各派、各界、各军，组织统一战线政府，放弃蒋氏爱摆之集权统一纲纪等等索然无味之官僚架子，老老实实与民更始，开放言论自由，启封爱国刊物，释放爱国人犯，举内战之全军，立即开赴晋绥，抗御日寇，化黑暗为光明，变不祥为大庆。若是，则鄙人等虽不敏，愿率人民红军二十万众，与贵党军队联袂偕行，共赴民族革命之战场，为自由解放之祖国而血战。否则国亡种灭，不但全国人民及贵党中爱国志士不能坐视，鄙人等亦决不能袖手旁观也。临电屏营，伫候明教。

然而，这种“把蒋介石与南京政府区别对待”的立场和做法，很快就遇到了障碍：不仅蒋介石的部下没有转到西安方面，而且国民党内的元老派、欧美派乃至多数地方实力派也都不支持张、杨扣蒋；全国舆论大多谴责张、杨，要求立刻无条件释蒋；亲日派也借机打起“拥蒋”旗帜，以便挑起更大规模的内战。一时间，拥蒋气氛弥漫全国，释蒋与否成为解决西安事变的关键所在。

16日，共产国际书记处给中共中央发来了由总书记季米特洛夫签署的指示电。电文如下：

> 现回答你们的几封来电，建议采取以下立场：
>
> （一）张学良的行动，无论其动机如何，客观上只能有害于中国抗日民族统一战线力量的团结，鼓励日本的侵略。
>
> （二）既然事变已经发生，必须承认既成事实，中国共产党应在下列条件基础上，坚决主张用和平方法解决这一冲突。（1）用吸收若干反日运动的代表及赞成中国统一和独立的分子参加政府的方法来改组政府。（2）保障人民的民主权利。（3）停止消灭红军政策，并与红军联合抗日。（4）与同情中国人民反抗日本进攻的国家建立合作关系，但不要提联合苏联的口号。

如果不出意外，这封电报将会给毛泽东和中共中央及时制定解决西安事变的正确方针以直接帮助。然而不幸的是，电台密码出现差错，译电员无法将电报内容译出，并且不是部分内容，而是“完全译不出”。因此，毛泽东和中共中央不得不凭借自己对形势的分析和判断，来重新考虑和正式制定解决西安事变的正确方针。

和解方针

虽然共产国际的来电没能及时译出，但是，从苏联媒体有关西安事变的报道中，毛泽东已初步判定苏联政府的基本态度，而这也正是他所更加关注的。因为在毛泽东看来，当时中共中央所急需但又缺少的，不是解决西安事变的“主意”和办法，而是非常具体又十分关键的“实际援助”（如 12 日 24 时中共中央致共产国际电报所提三项要求，包括舆论、外交、军需物资等），而当时能够提供这种援助的，恰恰是苏联政府而非共产国际。

西安事变爆发后，苏联媒体迅速做出反应，并明确表达了官方的态度和意图。14 日、15 日，《真理报》（苏共中央机关报）和《消息报》（苏联政府机关报）先后发表社论，申明苏共和苏联政府对西安事变的观点和立场。《真理报》把张、杨扣蒋说成是“叛变”，“以抗日运动从事投机”，“名义上举起抗日旗帜，实质上制造国家分裂，使中国继续混乱下去，使其不可避免地成为外国侵略强盗的牺牲品”。甚至说是“汪精卫利用张学良部队中的抗日情绪，挑动了这支部队反对中央政府”。相反，对蒋介石和南京政府则大加吹捧，并且说：“最近在迅速发展之抗日运动压力下，南京政府已走上实行一切方法，努力统一全国，团结一切分裂势力之路。”社论还驳斥了日本舆论所宣称的西安事变为“莫斯科魔手”所策划、“张学良独立政府”已同苏联缔结“攻守同盟”的说法，称：日本帝国主义“企图用其惯用之反苏挑衅为烟幕，以实行其吞并中国之强盗政策。然而日本之挑拨家未能于掩饰其劣迹一事得到成功。苏联永远坚持其一贯的不干涉他国内政政策……中国人民大众，决不为日本造谣家及其出卖灵魂的走狗所欺”。

《消息报》的社论则更加明确地指出：

> 张学良向南京政府提出要求，包括对日宣战及联共等项。此类要求，仅属发动之烟幕，实际上为中国人民阵线

之打击，及中国对外抵御之破坏。自蒋氏执政以来，中国已逐渐集中力量，显足表示其领导国防之准备与能力，张学良之反动，足以破坏中国反日力量之团结，不独为南京政府之危险，抑且威胁全中国。虽假借反日口号，适以便利日本帝国主义。夫反日人民阵线，乃系与南京合作之阵线。毛泽东于其发表密勒周报之文字中已直言其事。张学良之举动，其最近影响，即新的内战之爆发，亦即日本所急欲利用机会以作更深侵略之举者。无怪前此日方消息，首谓南京拟将蒋氏撤职，此次则谓张与苏联缔结攻守同盟。此类挑拨，最好答以“此事究竟对谁有利？”但中国人民当能洞烛日本帝国主义者之奸秘。

社论发表后，苏联官方通讯社塔斯社又奉命发表正式声明，否认日本所造谣言，并将两报社论的全文发往中国。同一天，中国驻苏联大使蒋廷黻也将有关内容摘要电告了南京外交部，并表示：其中“除汪（精卫）院长一段可笑外，余皆吾人所乐闻者”。后来他又曾评论说：“他们（指苏联）对中国很友善，说明中国面对国际上的危机，一定要团结统一，而且只有（蒋）委员长能领导全国。”

苏联方面所以要将两报社论发往中国，目的之一就是要让中国共产党借以了解苏共和苏联政府对西安事变的态度。在17日蒋廷黻与苏联外交人民委员李维诺夫交涉“能否用其他办法帮助南京政府，而不仅仅是表示同情”时，李维诺夫曾专门提到这一点。他回答说：“惟一协助方法，在使中国共产党知道苏联态度。”

李维诺夫的话提醒了蒋廷黻，也促使南京政府改变了此前“封杀”苏联舆论的做法，很快将苏联两报社论的内容公之于众。在前线的彭德怀和任弼时从国民党的新闻报道中得知苏联两报社论的内容后，对苏联攻击西安事变的态度表示极大不满，并于20日致电中共中央，建议向共产国际说明西安事变真相，特别是张、杨扣蒋乃迫不得已。

当时，共产国际在宣传上也采取了与苏联两报社论几乎相同的立场。周恩来后来曾就此指出："西安事变张学良、杨虎城把蒋介石抓起来，共产国际公开说张是日本帝国主义的走狗，抓蒋介石是适应日本的要求。这个判断是完全错误的。"

虽然当时中共中央机关所在地保安非常闭塞，但是，毛泽东和党中央仍然有足够的渠道及时了解外界对西安事变的反应。除白区党组织外，在南京和上海还有专门负责与国民党联络的中共代表潘汉年以及其他秘密工作者。不过，更为快捷的信息渠道和联系方式，还是西安方面。

张学良可以说是最先得知苏联态度的人。当时在他身边工作的共产党员宋黎和刘鼎曾回忆说：张学良从当天苏联广播中获悉两报社论的内容后，曾激愤地说："我救了共产党，你们就这样对待我！"他还质问刘鼎："为什么苏联认为事变是受日本人的挑动，持反对意见？"在17日周恩来到达西安之前，张学良又致电毛泽东和周恩来，询问："国际对西安一二一二之革命有何批评？乞告。"毛泽东在当天给张学良的回电中说："我们对远方（即共产国际和苏联）已作几个报告，尚无回报。兄令刘鼎将每日群众运动情况电告一次，若远方知此事变及事变后之进展不是单纯军事行动，而是与群众联系的消息，当寄以同情。惟远方政府目前为应付外交，或尚不能公开赞助我们。"

这封回电的内容表明，在此之前，毛泽东就已经对苏联方面的态度有所了解。正是在这种条件下，毛泽东开始重新考虑如何对待蒋介石和正确解决西安事变的方针问题。当时在保安并参与制定对蒋策略全过程的中共中央政治局常委凯丰，在12月27日举行的中央政治局会议上发言时，回顾了中共对蒋策略的变化过程，并强调说：《真理报》所说的，对我们慎重考虑问题是有帮助的，使我们着重地顾到整个的利益，同时也不放弃局部的利益。

对毛泽东来说，苏联对西安事变的态度还只是他决定放弃“审蒋”“除蒋”想法，转而采取“释蒋”“联蒋”策略的“外因”，真正起决定作用的“内因”则是周恩来到达西安后所提供的有关情况和信息。

周恩来于17日傍晚抵达西安后，立刻与张学良进行了面谈。会谈结束后，周恩来连夜致电毛泽东和党中央，汇报最新事态发展和同张学良会谈的情况：国民党中央军刘峙部已以5个师入潼关，逼渭南，“张拟以杨部控西安，东北军主力集渭水北备战，决战必使红军参加”，已同张商定红军南下延安、庆阳一线接防；蒋鼎文已释放，持蒋介石信令停止内战，宋子文明日来西安；“我们商定条件：1. 停止内战，中央军全部开出潼关；2. 下令全国援绥抗日；3. 宋子文负责成立南京过渡政府，肃清一切亲日派；4. 成立抗日联军；5. 释放政治犯，实现民主，武装群众，开救国会议，先在西安开筹备会”。18日，周恩来又两次致电毛泽东和党中央，及时报告了南京方面的动向和蒋介石本人态度的变化，电报说：“南京亲日派目的在造成内战，不在救蒋。宋美龄函蒋：宁抗日勿死敌手。孔祥熙企图调和，宋子文以停战为条件来西安，汪将回国。”“蒋态度开始（时）表示强硬，现已转取调和，企图求得恢复自由”。

以上情况和信息使毛泽东意识到：蒋介石虽被扣留，但他在国民党和南京政府中的领袖地位并没有受到根本动摇，把蒋介石与国民党和南京政府区别对待的做法是不现实的；另一方面，国民党和南京政府内部各派的政治分化及其不同态度，有可能促使蒋介石为保全自己性命而答应周恩来和张学良商定的条件，下决心走上抗日道路。经过反复思量，他和张闻天、博古等商定，改变原来“倒蒋”的主张，倡导有条件地“释蒋”，和平解决西安事变。

为表明这一意图，中共中央于18日再次就西安事变问题致电国民党中央。电文称：

蒋介石在此次被幽，完全是因为蒋氏在不肯接受抗日主张，不肯放弃攘外必须安内的错误政策所致。本党致贵党建议书及许多通电曾舌敝唇焦，一再向贵党与蒋氏提议，联合各党各派一致抗日，奈蒋氏对于日寇的步步进攻，依然是一再退让，对于绥东阎、傅两将军的英勇抗战，依然坐视不救，对于全国的抗日救亡运动，摧残不遗余力，反而调集大军进攻苏维埃与红军，最后并欲压迫提议抗日的东北军与十七路军，以继续扩大内战。此种举动诚为错误已极。在此情形之下，贵党果欲援救蒋氏，则决非调集大军讨伐张、杨所能奏效，实属显然。在日寇加紧侵略，晋绥危急关头，此种扩大内战行动决不能为爱国人民与爱国军人所见谅，即贵党明达之士，想亦不愿以蒋氏一人而致中华民族以万劫不复的病患。试看日寇自蒋氏被幽以来，尽其造谣挑拨之能事，以鼓动内战，甚阴毒计，昭然若揭。想贵党决不至如此轻举妄动，中日寇之奸谋，退一步，即对于援救蒋氏个人，亦非武力所能解决，武力的讨伐，适足以杜塞双方和解的余地，故本党认为，为国家民族计，为蒋氏个人计，贵党必须毅然决然立刻实行下列处置：

（一）召集全国各党、各派、各界、各军的抗日救国代表大会，决定对日抗战，组织国防政府抗日联军；

（二）将讨伐张、杨与进攻红军的中央军，全部增援晋绥前线，承认红军东北军及十七路军的抗日要求；

（三）停止一切内战，一致抗战；

（四）开放人民抗日救国运动，实行言论、集会、结社的民主权利，释放一切政治犯及上海爱国领袖；

（五）实现孙中山先生的三大政策。

本党相信，如贵党能实现上项全国人民的迫切要求，不但国家民族从此得救，即蒋氏的安全自由当亦不成问题，否则糜烂横政，民族生存与贵党生命，均将为贵党错误的政策而断送干净也。时机紧迫，敢贡刍荛，尚希明察。

“释蒋”的主意已决，中共中央随即于19日召开政治局扩大会议，系统地讨论和平解决西安事变的基本方针。会议由张闻天主持，毛泽东作报告和结论。他在报告中指出：“西安事变发生后，南京的一切注意力都集中在捉蒋介石问题上，动员一切力量来对付西安，把张杨一切抗日主张都置而不问，更动员所有部队讨伐张杨，这是西安事变发生后所引起的黑暗方面的表现，这是对于抗日不利的。”另一方面，西安事变的发生是由于南京政府不立刻对日抗战，尤其是由于蒋介石的“剿共”政策所造成的，它“能更促进抗日（力量）与亲日（力量）的分化，使抗日战争更为扩大，这是光明的一面”。他强调：“目前问题主要是抗日问题，不是对蒋个人的问题，盲目的拥护蒋个人而不问抗日是完全不对的。”我们应该“坚定地站在抗日的立场，对于好的方面发扬，对于黑暗方面给以打击”，“我们主要是要消弭内战与不使内战延长”。他还专门提到了苏联和日本关于西安事变的舆论，并表明了自己的看法。他说：关于西安事变，“日本说苏联造成，苏联说日本造成，双方对于事实的实质都有抹煞”。他提出要从中国的实际情况出发，并表示：“我们准备根据这样的立场发表通电，国际指示还未到，或者要隔两天再发。”

会议讨论时，张闻天作了长篇发言。他说：“我们上次开会（指13日常委扩大会议）至现在开会已有6天。在6天中，这事件的现象与本质都（表现得）更充分，所以，我们今天的方针，比前次是更进步的。”他分析了事变发展的前途，阐述了党应采取的方针，认为：“这次事变的前途：一是全国抗日的发动，一是内战的扩大”，“我们的方针应确定争取成为全国性的抗日，坚持停止内战、一致抗日的方针。”“我们应尽量争取时间，进行和平调解。”他还解释了对蒋介石的态度问题，并强调说："不站在反蒋的立场，不站恢复反蒋的立场，因为这一立场可以使蒋的部下对立，是不好的"，"我们应把抗日（作）为中心，对于要求把蒋介石交人民公审的口号是不妥的。"对于苏联舆论和党的立场，他也作了进一步的解释，说："苏联的舆论，应该解释的。苏联因为日本的造谣，只能这样说。""这样的舆论，自然对局部的利益是有些妨碍的"，"我们是不是能采取这一立场？当然是不能的。"

由于毛泽东的报告和张闻天的发言对西安事变后各方面的情况讲得比较清楚，态度也很明确，所以，会议很快达成一致意见。博古在发言中明确表示："我完全赞成毛主席这个解释。"我们应着重指出，目前的问题是抗日不抗日的问题，不是蒋个人的问题，"不采取与南京的对立"。

最后，毛泽东对会议作了结论。他指出：西安事变是站在红军的侧面，受红军的影响是很大的。只有结束内战才能抗日。"现在应估计到这次是可能使内战结束。""我们应变国内战争为抗日战争。""我们要争取南京，更要争取西安。"

这次会议讨论通过了两个重要文件，一个是对外的《中华苏维埃中央政府及中共中央对西安事变通电》，另一个是对党内的《中央关于西安事变及我们的任务的指示》。这两个文件，集中体现了中共中央确定的和平解决西安事变的方针。

《通电》称：

> 自西安提出抗日纲领以后，全国震动，南京的"安内而后攘外"政策，不能再续。平心而论，西安诸公爱国热心，实居首列，其主张是立起抗日。而南京诸公，步骤较缓。可是除亲日分子外，亦非毫无爱国者，其发动内战，当非心愿。以目前大势，非抗日无以图存，非团结无以救国，坚持内战，无非自速其亡！当此危急存亡之秋，本党本政府谨向双方提出如下建议：

（一）双方军队暂以潼关为界，南京军队勿向潼关进攻，西安抗日军亦暂止陕甘境内，听候和平会议解决。

（二）由南京立即召集和平会议，除南京西安各派代表外，并通知全国各党各派各界各军选派代表参加。本党本政府亦准备派代表参加。

（三）在和平会议前，由各党各派各界各军先提抗日救亡草案，并讨论蒋介石先生处置问题，但基本纲领，应是团结全国，反对一切内战，一致抗日。

（四）会议地址暂定在南京。

上述建议，实为解决目前紧急关头之合理有效方法，南京诸公，望立即决定国策，以免值此国家混乱中日寇竟乘虚而入也！并望全国人民各党各派，立即督促当局召集和平会议，讨论一定国策，共赴国难！

《指示》写道：

一、西安事变产生前的形势

（一）在绥东局部抗战开始后，在全国以及西北各大城市（如西安、太原、绥远）抗日运动突飞猛进，不但使广大的小资产阶级群众与绝大部分的中等资产阶级参加，即大资产阶级内部也发生着决定的分化。

（二）南京政府正面对着这一迅速发展着的抗日运动，也被迫着很迟慢的与不坚定的改变着它过去对日退让的政策。在这转变过程中，它还是对日力求妥协，对绥远局部抗战表示不积极，对全国抗日运动采取压抑政策，对红军不肯停止进攻。

（三）东北军及十七路军将士，在全国与西北人民及共产党苏维埃红军的影响与推动之下，抗日情绪特别高涨，因此要求迅速停止进攻红军，停止一切内战，一致抗日，但他们的这种要求，为蒋介石所严拒。

二、西安事变的意义

（一）这一发动，是中国一部分民族资产阶级的代表，也是国民党中的实力派之一部，不满意南京政府的对日政策，要求立刻停止“剿共”，停止一切内战，一致抗日，并接受了共产党抗日主张的结果。因此，这次发动是为了要抗日救国而产生的，是要以西北的抗日统一战线去推动全国抗日统一战线的开始。

（二）但是因为这一发动采取了多少军事阴谋的方式，扣留了南京最高负责人蒋介石及其主要将领，以致把南京置于西安的敌对地位，而造成了对于中国民族极端危险的新的大规模内战的可能。因此，这一发动又妨害了全国反日力量的团结。

三、西安事变发展的两个前途及其拥护者

（一）或者由于这一发动，使内战爆发，使南京中派（民族改良派）一部或大部主观上与客观上走向亲日，削弱全国抗日力量，推迟全国抗战的发动，以致造成日寇侵略的顺利条件。这一前途是日德意国际侵掠阵线，特别是日本及中国亲日派所欢迎的。

（二）或者由于这一发动，结束了“剿共”的内战，使停止内战一致抗日反而得到早日的实现，使全国的抗日救亡的统一战线反而更迅速的实际建立起来。这一前途，是国际和平阵线，全国人民，全国一切愿意抗日救国的各党各派各界各军所竭诚拥护并要使之实现的。

四、实现第二个前途的基本方针

（一）坚持停止一切内战一致抗日的组织者与领导者的立场，反对新的内战，主张南京与西安间在团结抗日的基础上，和平解决。

（二）用一切方法联合南京左派，争取中派，反对亲日派，以达到推动南京走向进一步抗日的立场，揭破日寇及亲日派利用拥蒋的号召，发动内战的阴谋。

（三）同情西安的发动，给张杨以积极的实际的援助（军事上的与政治上的），使之彻底实现西安发动的抗日主张。

（四）切实准备“讨伐军”进攻时的防御战，给“讨伐军”以严重的打击，促其反省，这种防御战不是为了要以扩大内战的方针代替一致抗日的方针，而依然是为了促成全国性抗日统一战线的建立与全国性抗日战争的发动。

谈判经过

就在中共中央开会讨论和平解决西安事变方针的同一天，南京方面也在开会研究如何营救蒋介石的问题。19日下午，南京政府代理行政院长孔祥熙召集高官会议，决定：“准宋委员子文以私人资格即日飞赴西安，营救蒋公。”会后，宋子文立刻偕郭增恺（原为杨虎城的高参，在“活路”事件中被误捕，软禁在南京）等人乘机离开南京飞赴洛阳，并于20日上午10点半飞抵西安。

张学良在见到宋子文时，坦率地告诉他：西安方面已拟好条件，准备与南京方面谈判。只要蒋答应张、杨通电中的八项主张，东北军、十七路军和红军将一致同意释放蒋介石。周恩来也通过郭增恺明确转告宋子文，中共并未参与事变，对事变主张和平解决，希望宋劝说蒋介石改变政策，为国家和民族做出贡献，并表示：“只要蒋先生抗日，共产党当全力以赴，并号召全国拥护国民政府，结成抗日统一战线。”当晚，宋子文在张学良陪同下去见蒋介石，并单独留下与蒋商谈“解决之道”。蒋说，不会在胁迫下接受任何条件，军事解决为唯一之途。宋指出“形势之危险性，谓军事上之成功并不能确保其性命之保全，即便西安被占，他们尚可退至接壤共区，惟国家将陷于分裂，内战四起。他的性命攸关整个国家之命运，并非其个人一己之事”。

通过多方了解，宋子文对西安局势做出如下判断：

一、此次运动不仅系由张、杨二人所发动，而且亦得到全体官兵上下一致之支持。张、杨至为团结，南京方面许多人计划并希望彼二人分裂，此不仅不可能，且充满严重危险。

二、张、杨与中共两方军队联合一起，将成一令人生畏之集团，以现有之兵力，加之有利之地形，在目标一致之条件下，他们完全可以固守战场数月。

三、中共已毫无保留地将其命运与张、杨维系在一起。

据此，宋子文不再像来西安之前那样“一直在军事解决与政治解决间摇摆”，而是坚信“拯救中国惟一之途径只能藉政治解决”。虽然他当时还难以确定“何种政治解决切实可行”，但是他决定“先行如下几点：一、应让蒋夫人来西安照顾委员长，并改变其听天由命之态度。二、由戴雨农代表黄埔系前来西安，亲身观察此地之局势。三、派一将军来西安，以处理可能产生之军事问题”。为实现以上目的，宋子文于第二天中午再次见蒋后飞回南京。

21 日，周恩来致电中共中央，汇报了宋子文来西安活动的有关情况。当天，毛泽东就以中央书记处名义复电周恩来，提出下一步的行动方针和与各方谈判的基本条件。电文写道：

恩来同志:（甲）目前局势是日本与南京右派联盟企图夺取蒋系中央政权，造成大内乱；另方面是南京与各地左派企图调和，而中派在动摇中。（乙）我们与西安策略，应辅助左派，争取中派，打倒右派，变内乱为抗战。（丙）请与张、杨商量，立即采取如下步骤:（一）争取蒋介石、陈诚等与之开诚谈判，在下列基础上成立和平：1.南京政府中增加几个抗日运动之领袖人物，排除亲日派，实行初步改组；2.取消何应钦等之权力，停止讨伐，讨伐军退出陕甘，承认西安之抗日军；3.保障民主权利；4.停止剿共政策并与红军联合抗日；5.与同情中国抗日运动之国家建立合作关系；6.在上述条件有相当保证时，恢复蒋介石之自由，并在上述条件下赞助中国统一，一致对日。（二）依上述条件与阎锡山、宋子文、于右任、黄埔左派、二陈派等谈判。（三）对阎锡山迁蒋至山西办法应表示可以考虑。（四）招致一切愿意和平之人士来西安谈判。（五）招致英美顾问再来西安，经过他们，使英美赞助和平。（六）巩固西安军事阵地，使尽可能持久，以待政治谈判之成功。（七）对陕甘之黄埔军官如胡宗南、樊嵩甫、董钊等进行接洽。（八）兄应以共产党代表资格公开与蒋、陈、宋、阎、于等基于上述条件，与谈判调停双方。

22日，宋美龄偕宋子文、戴笠、蒋鼎文和一批随行人员飞赴西安。途经洛阳时，宋美龄要求当地驻军不得向西安进攻，并坚嘱空军司令毛邦初“未得委员长命令，切勿派飞机飞近西安”。下午4点抵达西安后，宋美龄先去见蒋，后与张学良商谈。

宋美龄的突然出现，使蒋介石又惊又喜，“如在梦寐”，“感动悲咽不可言状”，“泪潸潸下”。蒋视此为天意，并对宋大加称赞。他在《西安半月记》中写道：“今日清晨，偶翻旧约，得某章有‘耶和华今要做一件新事，即以女子护卫男子’云云。午后余妻果至，事若巧合，然余妻冒险相从，非受宗教素养极深者，不可能也。”他向宋美龄“历述被劫持之经过”，并要求她在与张、杨谈判时不要签署任何文件。宋美龄向蒋细述了事变后南京方面出现的复杂情况，并劝他今后“不应轻言殉国”，而应珍惜生命，“为国家努力也”。

在与张学良会谈时，宋美龄对张提出温和批评，说他“性大急切，且易冲动”，此次行动莽撞、危险，差点铸成大错。张说：此次兵谏，只为要求蒋同意抗日，绝无伤害委员长之意，“深愿夫人婉劝委员长暂息怒气，并望转告我等一无要求，不要钱，不要地盘，即签署任何文件，亦非我等所希望”。宋“深信其言之由衷”，并向张表示，她正在促蒋悔悟前非，力争处理好一切问题。

当晚，宋氏兄妹与蒋商定：由他们二人代表蒋与西安方面进行谈判。蒋指示：对双方商定的条件，由他以“领袖人格”担保，回京后分条逐步实行，但不签署任何文件。

23日上午，谈判正式开始。根据宋子文的日记记载，当天上午的谈判，是分头进行的：即宋先与张、杨二人谈，然后，张又陪同宋去和周恩来谈。

在宋与张、杨谈判时，张、杨提出四项条件（蒋介石曾于17日同意接受，后又“改变主意”），如下：

一、改组国府，采纳抗日分子。

二、废除塘沽何梅察北协定。

三、发动抗日运动。

四、释放被捕七人。

张、杨还特别提出以下建议：由蒋介石出面，即刻在西安召集由朝野各界官员名流出席的大会，这些人应包括陈果夫、李宗仁、白崇禧、李济深、冯玉祥、宋庆龄、韩复榘、宋哲元、刘湘、宋子文、张学良等。俟大会做出决议，蒋介石可离开西安。也可以做另一种选择，即大会在太原召开，但在此期间蒋介石要留在西安。

宋子文对张、杨所提条件“甚感失望”。但他同戴笠、蒋鼎文讨论后提出了如下“反建议”：

一、不召开名流与政府官员参加之大会。

二、改组政府，排除亲日派。

三、释放在上海被捕七人。

四、强力保护国家利益之政府一旦组成，中日战争将很快爆发，只要战争爆发，将自动废除塘沽何梅察北协定。

宋子文将上述“反建议”报告蒋介石批准，蒋令他与张学良一道去见周恩来，并告诫宋“主要是听他（周）讲”，然后再和蒋夫人商量。

在随后宋与周恩来谈判时，周首先代表中共和红军提出以下六项主张，要求蒋接受并保证实行：

子、停战，撤兵至潼关外。

丑、改组南京政府，排逐亲日派，加入抗日分子。

寅、释放政治犯，保障民主权利。

卯、停止剿共，联合红军抗日，共产党公开活动（红军保存独立组织领导；在召开民主国会前，苏区仍旧，名称可冠抗日或救国）。

辰、召开各党各派各界各军救国会议。

巳、与同情抗日国家合作。

然后，周恩来又作了如下说明（据宋子文日记）：在陕、甘地区，国军屯兵50万“围剿”中共，仅遣往绥远的两个师未参战，而中共此时已在其致国民党的宣言中同意放弃（赤色）宣传，原则上同意取消苏维埃政府及在中央政府的领导下作战。若蒋委员长同意抗日，中共可不要求参加改组后的政府。中共将为共同的事业而战，然红军的人数不应仅限定在3 000至5 000人之间。陈立夫已经代表委员长同意，红军可拥有3万人。中共欲保留其军事系统，此亦应不困难，因不管怎样，在委员长自己的系统外，已有如此多其他军事系统。中共同意于国民大会召开时参加大会，以一个民主之中央政府来取代中华苏维埃政府。同时，中共亦将承诺放弃（赤色）宣传，并停止向目前苏维埃政府控制以外的地区渗透。中共知道委员长有抗日之心，然其目前的做法不利开展有效之抗日。中共欲支持者非委员长个人，而系出于民族之大义。中共认为委员长虽赞同联俄，但却拒绝容共。周恩来还多次提到蒋介石周围的亲日派。他说，上述这些条件合情合理，与数月前向国民党方面所提条件完全一样，并未因西安事变而增加一丝筹码。周恩来还表示，他愿意直接会见蒋介石，想使蒋明白：蒋所建议的办法，很难向人民解释。最后，周恩来对宋子文说：就在中共与张、杨等人一起竭尽全力，以图结束西安事件时，他知道，南京有些要员正摆酒设宴，拉帮结派，准备夺权，企盼委员长永不返回。

宋子文对周恩来所提条件及说明表示“同意”，并承诺向蒋介石转达。

当天下午，张、杨、周三人一起与宋子文继续谈判，着重讨论周恩来提出的六项主张。根据周恩来于当晚发给中共中央的电报，谈判情况如下：

> 一、宋提议先组织过渡政府，三个月后改造成抗日政府。目前先将何应钦、张群、张嘉璈、蒋鼎文、吴鼎昌、陈绍宽赶走。推荐孔祥熙为院长，宋子文为副院长兼长财政，徐新六或彦惠庆长外交，赵戴文或邵力子（张、杨推荐）长内政，严重或胡宗南长军政，陈季良或沈鸿烈长海军，孙科或曾养甫长铁路，朱家骅或俞飞鹏长交通，卢作孚长实业，张伯苓或王世杰长教育。张、杨、周推宋庆龄、杜重远、沈钧儒、章乃器等入行政院。宋力言此为过渡政府，三个月后抗日面幕揭开后，再彻底改组。张、杨、周原则同意，要求宋负责改组事宜，并建议杜、沈、章等可为次长。
>
> 二、宋提议由蒋下令撤兵，蒋即回京，到后再释爱国七领袖。张、杨、周坚持中央军先撤走，爱国领袖先释放。
>
> 三、张、杨、周提议在过渡政府时期，西北联军先成

立，以东北军、十七路军、红军成立联合委员会，受张领导，进行抗日准备，实行训练补充，由南京负责接济。宋答此事可转蒋。

四、在蒋同意上述办法下，张、杨、周与蒋直接讨论各项问题（即前述六项）。宋答可先见宋美龄（子文、学良言她力主和平与抗日）。

谈判结束后，宋子文同宋美龄商量，并随即向蒋介石进行汇报。蒋答复时作了如下表态：

一、他将不再担任行政院院长，拟命孔（祥熙）博士担任。新内阁决不会再有亲日派。

二、返回南京后，他将释放在上海被捕之七人。

三、他同意：

1. 设立西北行营主任，由张负责。

2. 同意将中央军调离陕、甘。

3. 中共军队应当易帜，改编为正规军某师之番号。

4. 中日一旦爆发战争，所有军队一视同仁。

四、他同意：

1. 派蒋鼎文将军去命令中央军停止进攻共产党军队。

2. 将与张学良讨论双方共同撤军，在离开西安后，他将发布手令。

与此同时，周恩来也将当天谈判情况电告中共中央，并且提出："如你们同意这些原则，我即以全权与蒋谈判，但要告我，你们决心在何种条件下实现许蒋回京。"

当天夜里，周恩来拜访了宋美龄，并与蒋介石"简单寒暄了几句"。有关这次会见，宋美龄在《西安事变回忆录》中写道："时张学良正竭力解劝疑惧中之各将领，并介绍一参加西安组织中之有力分子来见，谓此人在西安组织中甚明大体，而为委员长所不愿见者。余与此人长谈二小时。"在同宋谈话时，周恩来首先申明一个事实：中共没有参与西安事变的发动。接着，他详细说明了中共和平解决事变的主张：九一八事变后，民族矛盾上升为主要矛盾，中共希望团结抗日，《八一宣言》提出抗日民族统一战线方针，后又将“反蒋抗日”政策改为“逼蒋抗日”，旨在联合对敌。但蒋先生对中共团结抗日要求始终不予理会。这次事变是促进蒋先生改变政策的好机会，希望他们兄妹劝蒋回心转意，停止内战，走向抗战，这对国家对个人都有好处。宋美龄提出：既然中共有为国为民的诚意，应在政府领导下，共同努力。周回答说：只要蒋先生同意抗日，中共拥护他为全国领袖，并表示除蒋先生外，全国没有第二个合适的人。周还谈到经济与国防问题，对唯武器论和抗日长期准备论进行了分析和评论，认为经济是国防中最主要的部分。宋希望周去做杨虎城的工作，劝他同意释蒋。周表示，张、杨二将军都忠于国家和领袖，对杨愿做说服工作。

24 日上午，谈判继续进行。宋美龄亲自参加了这次谈判。据周恩来在谈判结束后给中央的电报，谈判结果如下：

> 一、孔、宋组行政院，宋负绝对责任，保证组织满人意政府，肃清亲日派。
>
> 二、撤兵及调胡宗南等中央军离西北，两宋负绝对责任。蒋鼎文已携蒋手令停战撤兵（现前线已退）。
>
> 三、蒋允许归后释放爱国领袖，我们可先发表，宋负责释放。
>
> 四、目前苏维埃、红军仍旧。两宋担保蒋确停止剿共，并可经张手接济（宋担保周与张商定多少即给多少）。三个月后抗战发动，红军再改番号，统一指挥，联合行动。
>
> 五、宋表示不开国民代表大会，先开国民党会，开放政权，然后再召集各党各派救国会议。蒋表示三个月后改组国民党。
>
> 六、宋答应一切政治犯分批释放，与孙夫人商办法。

七、抗战发动，共产党公开。

八、外交政策：联俄，与英、美、法联络。

九、蒋回后发表通电自责，辞行政院长。

十、宋表示要我们（即中共）为他抗日反亲日派后盾，并派专人驻沪与他秘密接洽。

此外，宋子文还提出，蒋介石下令停战撤兵后即回南京。张表示同意，杨、周认为应再考虑。

当天下午，张、杨召集军事委员会会议，讨论"释蒋"条件，委托周恩来与两宋继续商谈。宋子文要求中共为他在反对亲日派的斗争中作后盾，并派专人常驻上海与他保持秘密联系，周表示同意。宋美龄在与周会谈时表示："我等皆为黄帝裔胄，断不应自相残杀，凡内政问题，皆应在政治上求解决，不应擅用武力。"通过两次会谈，宋美龄对周恩来表现出的才华极为欣赏。事后他曾对蒋介石抱怨说："像周恩来这样的人才怎么到共产党那里去了？国民党搞了这么多年，一个像周恩来的人才也没有！"

当天晚些时候，蒋介石向张学良明确提出六条意见。周恩来获悉后，立即于当晚19时电告了中央书记处。具体内容如下：

（子）下令东路军退出潼关以东，中央军决离开西北。

（丑）委托孔、宋为行政院正副院长，责孔、宋与张商组府名单。蒋决令何应钦出洋，朱绍良及中央人员离开陕甘。

（寅）蒋先回京，后释爱国七领袖。

（卯）联红容共，蒋主张为对外，现在红军苏区仍不变，经过张暗中接济红军，俟抗战起再联合行动，改番号。

（辰）蒋意开国民大会。

（巳）他主张联俄联英美。

这时，博古携带中央指示抵达西安。周恩来接到中央指示后迅速向宋氏兄妹提出见蒋要求。宋子文认为"中共手中掌握着开启时局之钥匙”，故答应周的要求，并“力促此事”。当晚10点以后，张学良、宋子文陪同周恩来去与蒋介石面谈。有关这次会谈的情况，博古在不久以后接受美国记者埃德加·斯诺采访时曾回忆说：

我是12月24日到达西安的，并带来了保安方面的指示。我把指示交给了周。当天夜里10点钟以后，周恩来第一次（应为第二次）去拜见蒋介石。此前蒋一直拒绝见周，是蒋夫人的信和端纳、张学良的劝告起了作用。会谈中，蒋说的第一句话就是：“我们不能再打内战了。”这也是中共方面的主要要求，他应该做出这样的承诺。在这之后，他只是讲了些无关痛痒的话，说“在内战的所有日子里，我经常想起你。即便是在作战时，我仍能记得起你曾为我做过出色的工作，希望我们能再次携手合作”。

25日早上，周再次和蒋会面。蒋再次重申了头天晚上他被叫醒会见周时做出的承诺，表示他再不想打内战了。周原本可以早些与蒋会谈，但他必须等我携中共方面的条件到达后才能这么做。

宋子文在12月25日的日记中则这样写道：

我与蒋夫人见了周，他再次要求见委员长。我力促此事，因为中共手中掌握着开启时局之钥匙。若其与我方达成一致，则我们就可劝服那些激烈及畏葸之徒。周见了委员长，解释说：一年来，中共一直在力图避免内战，以保存国家实力。他们并未从西安事变中索取任何资本，所提建议措施与数月前之主张并无二样。现在他们想要他做出如下保证：(1)停止剿共。(2)容共抗日。(3)允许中共派代表到南京向他解释其主张。

委员长答曰：红军北上抗日一直为其心中愿望，若如周之所言，他们愿停止一切赤化宣传，听从他的指挥，他将视其军队如己出。在剿共之所有岁月里，他一直记怀中共之领袖，他们许多人皆曾为其部下。既然他能对桂系施以仁怀，那他对中共亦一定能慷慨对待。他已委托张来改编红军，若红军对其效忠，他们将享受如胡宗南军队一样之待遇。在他充分休息后，周本人可亲赴南京，继续讨论。

周恩来在25日给中央的电报中，也曾谈及此次面蒋经过。电报说：

蒋已病，我见蒋，他表示：

子、停止剿共，联红抗日，统一中国，受他指挥。

丑、由宋、宋、张全权代表他与我解决一切（所谈如前）。

寅、他回南京后，我可直接去谈判。

因为蒋介石生病，周恩来没有与他长谈，当蒋做出以上三点表示后，即告辞。辞别蒋后，周又对宋子文说："委员长很劳累，不能与之讲话过多，但有几件事必须落实。"据宋子文日记记载，这些事是：

一、胡宗南军队应调离陕甘。宋说：此点业已达成共识。周要求宋作出保证，宋作了保证。

二、委员长返回后应发表通电。宋说："你起草电文，若我相信所拟各点能够接受，我将与委员长会商。"

三、提出人民应有言论自由之权利，宋答应将予以安排。

四、宋让周在上海任命一名联络员，周说他将落实。

五、周要求宋逐步释放政治犯，宋答应尽力而为。

为便于中央决策，周恩来在24日19时给中央书记处的电报中，不仅汇报了蒋介石答复张学良的六条意见，而且说明了他对蒋介石这一举动的基本看法。电报称："蒋目前在西安环境中有抗日愿望，但南京环境不改，他又将回到动摇中去，现正从撤兵、组府、与我方秘密协商及公开宣传上找保证。”

24日24时，中共中央书记处致电周恩来、博古，提出“释蒋”的先决条件如下：（一）全部中央军分向河南、绥远二省撤退。（二）南京宣布国内和平，与民更始，不咎一切既往，并召开救国会议之命令。蒋亦发表同样宣言。此条件即取消讨伐令，承认张、杨与我们地位。（三）部分的释放国犯与共产党。

25日上午，周恩来根据中央指示精神，找杨虎城商谈释蒋条件。杨同意中共中央意见，并与周商定：“（蒋）在走前还须有一政治文件表示。”

然而，张学良执意要早些“释蒋”，并决定亲送。他认为：“只要他（蒋）原则上承认我们提的条件就让他走，签字不签字没有什么关系，签了字要撕毁，还不是一样地撕毁。”他还对部下说：“我打算亲自送他到南京。我这一着是抓住他的心，比你们想的高。这次事变，对他是个很大的打击，今后还要拥护他做领袖，同他共事，所以要给他撑面子，恢复威信，好见人，好说话，好做事。亲自送他去，也有讨债的意思，使他答应我们的事不能反悔。此外，也可以压一压南京亲日派的气焰，使他们不好讲什么乖话。”

25日下午2时，张打电话通知杨虎城与他一起送蒋去机场，说：“现在不走不行啦！夜长梦多，不知道会出什么大乱子，我今天决心亲自送蒋走。我想不几天之内就可回来的，请你多偏劳几天。假如我万一回不来，东北军今后即完全归你指挥。”杨虎城不知周恩来是否知道此事，不好再与张争论，只好答应一起去机场。

下午3时半，当他们乘车秘密赶到机场时，发现那里聚集有2 000多人的群众队伍。这些人本来是等候欢迎即将来西安的抗日将军傅作义的，但蒋介石不知底细，误以为是阻拦他的。情急之下，蒋赶忙对张、杨说：“我答应你们的条件，我以‘领袖的人格’保证实现，你们放心，假如以后不能实现，你们可以不承认我是你们的领袖。我答应你们的条件，我再重复一遍：1. 明令入关之部队于 25 日起调出潼关。从本日起如再有内战发生，当由余个人负责。2. 停止内战，集中国力，一致对外。3. 改组政府，集中各方面人才，容纳抗日主张。4. 改变外交政策，实现联合一切同情中国民族解放的国家。5. 释放上海各被捕领袖，即下令办理。6. 西北各省军政，统由张、杨两将军负其全责。”他还向张、杨表示：“今天以前发生内战，你们负责；今天以后发生内战，我负责。今后我绝不剿共。我有错，我承认；你们有错，你们亦应承认。”

下午 4 时许，蒋与宋氏兄妹等人登机起飞，张学良也上了自己的座机，随之飞往洛阳。

闻讯赶来劝阻的周恩来，迟到了一步，只好望机兴叹！ 20 年后，他在谈及此事时，惋惜之情仍溢于言表，说：“唉！张汉卿就是看《连环套》那些旧戏看坏了！他不但要‘摆队送天霸’，而且还要‘负荆请罪’啊！”

善后事宜

如同“扣蒋”一样，张学良匆忙“释蒋”并亲自送他回南京的做法，也大大出乎中共领导人的意料。

身在“事发现场”的周恩来，虽然认为“蒋走张去”是一个极大缺憾，但并没有因此而消极悲观。他在 12 月 25 日晚 7 时给中央书记处的电报中表示：“估计此事（蒋走张去），蒋在此表示确有转机，委托子文确具诚意，子文确有抗日决心与改院布置。故蒋走张去虽有缺憾，但大体是好转的。”

在保安的毛泽东接到周恩来的电报后，基本同意他的估计，对放蒋表示了谨慎的乐观。在随后发给彭德怀、任弼时的电报中，毛泽东做了如下说明：

在五个条件下，恢复蒋之自由，以转变整个局势的方针，是我们提出的。谈判结果，蒋与南京左派代表完全承认。昨晚电恩来，待先决条件履行及局势发展到蒋出后不再动摇才释放。但他们今日已经释放蒋介石，宋子文、张学良、宋美龄今日同机飞洛。依情势看，放蒋是有利的，是否达成有利，当待证实后告。

12月26日，毛泽东又得到一个重要信息：蒋介石在洛阳发表了一个声明，即所谓《对张杨的训词》，内容含含糊糊，曲曲折折，只字不提他在西安时所做的承诺，反称张、杨发动西安事变是“受反动派之煽惑”，而他所以能获释回京则是张、杨受其精神之感召。由此，毛泽东预料形势将趋于复杂化。

为正确估量形势并统一全党认识，12月27日中共中央召开政治局会议，研究讨论“释蒋”后的工作方针和有关部署问题。毛泽东在会上作了报告和结论。他在报告中说：“西安事变成为国民党转变的关键。没有西安事变，转变时期也许会延长，因为一定要一种力量逼着他来转变。西安事变的力量使国民党结束了十年的错误政策，这是客观上包含了这一意义。就内战来说，十年的内战，以什么来结束内战？就是西安事变。西安事变结束了内战，也就是抗战的开始。”他还进一步分析了西安事变能够使这个转变实现的原因，指出：“西安事变这样的收获不是偶然的，因为国民党已开始动摇，酝酿了很久。”“他们内部矛盾发展到最高度，所以西安事变便解决了这个矛盾。这是酝酿成熟、时局转变的焦点。西安事变是划时代转变新阶段的开始。”与此同时，他也清醒地看到，西安事变虽然取得了这样大的收获，但并不是什么问题都已解决了，今后的任务还很艰巨。他说：“国共合作虽然说了很久，尚未实现。联俄问题，亦在动摇中。”“西安事变仍是在发展中，我们应该教育落后，更多的争取中间分子。”

在作结论时，毛泽东对局势的发展前景表示乐观，并做出了一个基本的判断。他说："关于内战是否结束，我们应该说基本上是结束了。至于前途，不是内战或是抗日的问题，而是抗日迅速与迟缓问题。"

主持会议的张闻天在发言中也明确表示："现在一般地说，结束内战的前途占了优势，目前正在向着抗日战争的方向走，但是我们应估计到在这中间一些可能发生的障碍。我们应争取把中派的动摇最后结束，用一切力量争取抗日前途的实现。

会后，毛泽东和张闻天共同起草了《中共中央关于蒋介石释后的指示》(以下简称《指示》)。《指示》写道："蒋介石宋子文的接受抗日主张与蒋介石的释放，是全国结束内战一致抗日之新阶段的开始。但要彻底的实现抗日任务，还需要一个克服许多困难的斗争过程。这个过程的实际，即是中国抗日派与中国亲日派的剧烈斗争，也即是世界和平阵线与世界侵略阵线的斗争之一部分，并在斗争中推动以蒋介石为首的国民党中间派最后结束他们的动摇地位，而坚决走上改革内政，对外抗战的道路。这个过程的快慢，首先决定于抗日派力量的壮大。"基于这种判断，《指示》提出了此后开展工作的七项具体任务，并强调："党应准备实现一切政治上与组织上的必要的改变，以适合于全国统一战线建立后的新环境。"

为防止蒋介石"中途变卦"，"逼"蒋"坚决走上改革内政，对外抗战的道路"，毛泽东又于12月28日发表了《关于蒋介石声明的声明》一文。文章写道：

> 蒋介石氏在西安接受张学良杨虎城二将军和西北人民的抗日的要求，首先命令进行内战的军队撤离陕甘两省，这是蒋介石氏转变其十年错误政策的开始。这对于指挥内战、制造分裂、并欲在这次事变中置蒋氏于死地的日本帝国主义和中国讨伐派的阴谋，给了一个打击。日

本帝国主义和中国讨伐派的失望，已显而易见。蒋氏此种觉悟的表示，可以看作国民党愿意结束其十年错误政策的一种表示。

蒋介石氏十二月二十六日在洛阳发表了一个声明，即所谓《对张杨的训词》，内容含含糊糊，曲曲折折，实为中国政治文献中一篇有趣的文章。蒋氏果欲从这次事变获得深刻的教训，而为建立国民党的新生命有所努力，结束其传统的对外妥协、对内用兵、对民压迫的错误政策，将国民党引导到和人民愿望不相违背的地位，那末，他就应该有一篇在政治上痛悔已往开辟将来的更好些的文章，以表现其诚意。十二月二十六日的声明，是不能满足中国人民大众的要求的。

蒋氏声明中有一段是值得赞扬的，即他所说“言必信，行必果”的那一段。意思是说他在西安对于张杨所提出的条件没有签字，但是愿意采纳那些有利于国家民族的要求，不会因为未签字而不守信用。我们将在蒋氏撤兵后看他是否确守信义，是否实行他所允诺的条件。这些条件是:（一）改组国民党与国民政府，驱逐亲日派，容纳抗日分子;（二）释放上海爱国领袖，释放一切政治犯，保证人民的自由权利;（三）停止“剿共”政策，联合红军抗日;（四）召集各党各派各界各军的救国会议，决定抗日救亡方针;（五）与同情中国抗日的国家建立合作关系;（六）其他具体的救国办法。这些条件的实行，首先需要确守信义，并且需要一些勇气。我们将于蒋氏今后的行动表现中考察之。

然而蒋氏声明中又有西安事变系受“反动派”包围的话。可惜蒋氏没有说明他所谓“反动派”究系一些什么人物，也不知道蒋氏字典中的“反动派”三字作何解释。但是西安事变的发动，确系受下列数种势力的影响：（一）张杨部队及西北革命人民的抗日怒潮的高涨；（二）全国人民的抗日怒潮的高涨；（三）国民党左派势力的发展；（四）各省实力派的抗日救国的要求；（五）共产党的抗日民族统一战线的主张；（六）世界和平阵线的发展。这些都是无可讳言的事实。蒋氏所说的“反动派”，不是别的，就是这些势力，不过人们叫作革命派，蒋氏则叫作“反动派”罢了。蒋氏在西安曾说了将要认真抗日的话，当不至一出西安又肆力攻击革命势力，因为不但信义问题关系蒋氏及其一派的政治生命，而且在实际的政治道路上，在蒋氏及其一派面前横着一种已经膨胀起来而不利于他们的势力，这就是在西安事变中欲置蒋氏于死地的所谓讨伐派。因此，我们劝蒋氏将其政治字典修改一下，将“反动派”三字改为革命派三字，改得名副其实，较为妥当。

应当记忆，他之所以能够安然离开西安，除西安事变的领导者张杨二将军之外，共产党的调停，实与有力。共产党在西安事变中主张和平解决，并为此而作了种种努力，全系由民族生存的观点出发。设使内战扩大，张杨长期禁锢蒋氏，则事变的进展徒然有利于日本帝国主义和中国讨伐派。在这种情形下，共产党坚决揭破日本帝国主义和中国讨伐派汪精卫、何应钦等的阴谋，坚决主张和平解决这次事变，这和张杨二将军及宋子文氏等国民党人的主张可谓不谋而合。这就是全国人民的主张，因为现在的内战是人民所痛恶的。

蒋氏已因接受西安条件而恢复自由了。今后的问题是蒋氏是否不打折扣地实行他自己“言必信，行必果”的诺言，将全部救亡条件切实兑现。全国人民将不容许蒋氏再有任何游移和打折扣的余地。蒋氏如欲在抗日问题上徘徊，推迟其诺言的实践，则全国人民的革命浪潮势将席卷蒋氏以去。语曰：“人而无信，不知其可。”蒋氏及其一派必须深切注意。

蒋氏倘能一洗国民党十年反动政策的污垢，彻底地改变他的对外退让、对内用兵、对民压迫的基本错误，而立即走上联合各党各派一致抗日的战线，军事上政治上俱能实际采取救国步骤，则共产党自当给他以赞助。共产党早已于八月二十五日致国民党书中将此种赞助的诺言许给蒋氏和国民党了。共产党的“言必信，行必果”，十五年来全国人民早已承认。全国人民信任共产党的言行，实高出于信任国内任何党派的言行。

毛泽东在这份《声明》中把蒋介石在西安时答应的六项条件公之于众，无异于给蒋套上了一把绞索，使他回到南京后也不敢肆意妄为。这就在一定程度上弥补了“蒋走张去”的缺憾，也为西安方面争取了主动。所以，尽管蒋介石回南京后态度又有所变化，时局的发展也出现过一些曲折，但是，毛泽东和中共中央已不再对事态的发展过分担忧，而是着重考虑如何促使蒋介石尽快结束动摇，早日走上抗日道路的问题了。

1937年1月2日，毛泽东根据南京扣留张学良后又向西安进兵、西安内部群情激愤的情况，在中央政治局会议上指出：“自从释蒋后，我们总的方针是和平，西安亦是如此。”“目前我们的方针，仍是要打击右派，争取中派，所不同的，对军事上应有准备，对西安更要积极地帮助与团结。”“现在不仅是西安问题，而是全国问题。”同一天，他还以中革军委主席团的名义致电前敌总指挥彭德怀、任弼时及各军团首长：为策应东北军与十七路军积极做好准备，反对敌人的分化孤立政策，巩固西北抗日联合的胜利，推动时局的发展。1月5日晚9时，他和张闻天又联名致电周恩来和博古，指出：“南京报复派现在没有政治口号，只能偷偷摸摸的干，希望吓一吓把杨虎臣（城）、于学忠、王以哲等吓得就范，然后慢慢宰割，孤立红军。目前只要三方面团结，真正的硬一下，并把红军的声威传出去，使中央军不敢猛进（猛进时消灭其一部），有可能释放张学良，完成西北半独立局面。你们把朱老总谈话在上海散播。彭、任速令十五军团出陕南。”

1月24日，毛泽东在延安出席中央政治局常委会议，报告了同国民党谈判的情况。在谈到国民党中央军继续由潼关西进时，他说：“对西安事件的分析，第一个阶段是进兵，第二个阶段是趋向和平。所以能趋向和平，就是因红军靠近张杨。现在已一般的趋向和平了。”他还提出，对即将召开的国民党五届三中全会应该有表示，比如：说明我们要建立的不是西班牙那样的人民阵线，而是民族阵线；说明两安事变中我们的立场是和平解决，放了蒋介石以后我们军队开去还是为着和平；申明不待民主共和国成立，我们就愿意成为统一的区域，苏区是特别的，但也归他管辖。

2月9日，中共中央政治局常委会讨论通过了毛泽东和张闻天酝酿并起草的《中共中央给中国国民党三中全会电》，电文如下：

中国国民党三中全会暨中国国民党党员诸先生鉴：

西安问题和平解决，举国庆幸，从此和平统一团结御侮之方针得以实现，实为国家民族之福。当此日寇猖狂，中华民族存亡千钧一发之际，本当深望贵党三中全会，本此方针，将下列各项定为国策：（一）停止一切内战，集中国力，一致对外；（二）保障言论、集会、结社之自由，释放一切政治犯；（三）召集各党、各派、各界、各军的代表会议，集中全国人才，共同救国；（四）迅速完成对日抗战之一切准备工作；（五）改善人民的生活。

如贵党三中全会果能毅然决然确定此国策，则本当为着表示团结御侮之诚意，愿给贵党三中全会以如下之保证：（一）在全国范围内停止推翻国民政府之武装暴动方针；（二）工农政府改名为中华民国特区政府，红军改名为国民革命军，直接受南京中央政府与军事委员会之指导；（三）在特区政府区域内实行普选的彻底民主制度；（四）停止没收地主土地之政策，坚决执行抗日民族统一战线之共同纲领。

国难日亟，时不我待，本党为国忠诚，可矢天日。诸先生热心为国，定能允许本党之请求，使全国民族御侮救亡之统一战线从此实现也。我辈同为黄帝子孙，同为中华民族儿女，国难当前，惟有抛弃一切成见，亲密合作，共同奔赴中华民族最后当前，惟有抛弃一切成见，亲密合作，共同奔赴中华民族最后解放之伟大前程。仅此电达，伫候明教。并致民族革命的敬礼！

2月15日至22日，国民党五届三中全会在南京举行。会议通过的《关于根绝赤祸之决议》，虽然仍坚持反共立场，但将武装“剿共”方针改为“和平统一”，表明在实际上已开始接受中共提出的停止内战、一致抗日的主张。其主要内容如下：

一、一国之军队，必须统一编制，统一号令，方能收指臂之效，断无一国家许可主义绝不相容之军队同时并存者。故需彻底取消其所谓“红军”及其他假借名目之武力。

二、政权统一，为国家统一之必要条件。世界任何国家，断不许一国之内，有两种政权存在着，故须彻底取消所谓“苏维埃政府”及其他破坏统一之组织。

三、赤化宣传，与以救国救民为职志之三民主义绝对不相容，给予吾国人民生命与社会生活以极端相悖，故须根本停止其宣传赤化。

四、阶级斗争，以一阶级之利益为本位，其方法将整个社会分成种种对立之阶级，而使之相杀相仇，故必出于夺取民众与武装暴动之手段，而社会因以不宁，民居为之荡析，故须根本停止其阶级斗争。

这些内容，可以说是从中共提出的四项保证衍生出来的。蒋介石曾就此解释说：“这四项处置，和共产党保证的誓文措辞虽则不同，但实质乃针对其保证事项而发的。”周恩来在中共七大上发言时，也曾谈到这个问题。他说：在 1937 年 2 月，我们给国民党三中全会的电报上，提出了四项诺言、五项要求。而国民党的回答是什么呢？就是来一个“根绝赤祸”的决议案。那决议有四条：取消红军，取消苏维埃政权，停止赤化宣传，停止阶级斗争。“这个东西是双关的，因为红军改了名称，也可以说是取消红军，但红军还存在；苏区改了名称，也可以说是取消苏区，但苏区还存在。所谓停止阶级斗争，停止赤化宣传，就是不许我们在国民党统治区有政治活动。”

国民党五届三中全会标志着国民党已开始转变其过去十年内战的错误政策，走上国共合作共同抗日的道路。这是西安事变和平解决后取得的最大成果。

3 月 1 日，毛泽东在接受美国记者史沫特莱采访时，对西安事变和有关抗日民族统一战线问题进行了全面的分析和阐述。

史沫特莱问：共产党现在执行的统一战线政策，与你去年秋季跟斯诺记者所谈的，基本上有无改变？

毛泽东答：如果从基本上说来，是没有什么改变的。这表现在下列各点：

一、我们的统一战线是抗日的。因此，不是反对一切帝国主义，而是反对日本帝国主义，因为日本帝国主义正向中国侵略。但是我们要求英、美、法、苏等国同情中国的抗日运动，至少不反对；在这个基点上我们愿意同这些国家建立友谊的关系。

二、我们的统一战线是民族的。这就是说，包括全民族一切党派及一切阶级，只除开汉奸在外。有人说共产党倡导人民阵线，这是不对的。共产党倡导的是民族阵线，这种民族阵线比起法国或西班牙的人民阵线来，范围广大得多。

三、因此，这个抗日的民族阵线之主要政纲，应该包括下面各项：

（一）国内的和平统一；

（二）对日抗战；

（三）人民的民主自由；

（四）南京政府转变为真正的国防政府，容纳各党各派，罢免亲日派；

（五）国家制度改变为基于普选国会制的民主共和国；

（六）改善人民生活；

（七）发展工商业；

（八）联合同情中国抗日的国家。

问：为了完成抗日民族统一战线，你们准备牺牲到什么程度？

答：这要看看历史情形。从 1927 年夏天开始，国民党放弃了国共两党的统一战线，放弃了孙中山先生的联俄、联共与农工政策，放弃了民族独立与民主自由的政纲，并且走向相反的方面。这就使得我们不能不单独负起中国革命的责任，并执行苏维埃政权与土地革命的政策，与国民党处于对立地位。我们当时采取的这种同国民党对立的政策是完全正确的与必要的。但当九一八事变发生后，共产党就发表宣言：要求停止内战，愿在三个条件下与国民党订立国内和平对日抗战的协定。可是那时仅有十九路军同意我们的主张，南京方面则完全不同意，并且还举行了大规模的“围剿”。及至华北问题发生，国难已临极端严重关头，我们乃于 1935 年 8 月 1 日进一步发表了组织抗日联军、国防政府的宣言。同年 12 月发布了建立抗日民族统一战线的党的决议案，并提出统一战线的具体纲领。这个新政策宣布之后，立即得到广大民众的赞同，国民党中不少爱国分子也都赞同了这种政策。这是因为更大敌人站在面前，只有停止国内战争，才能进行抗日御侮，在中国政治上开辟了一个新阶段。但是国民党还不愿放弃其老政策。到了去年8月，我们又写给国民党一封长信，坚决要求把敌对的目标，由国内移到日本侵略者身上，恢复孙中山的三大政策，并提出改变国家制度为民主共和国，召集普选国会，要求他们痛悔既往，与民更始。我们声明：苏区愿意实行与全国一样的民主制度。这封信获得了国民党中广大的同情。然而国民党中央并没有回答我们。西安事变爆发，国家处于重大危险面前，其危险性就在日本必然地乘机进攻，其得和平解决，实是如天之福。我们为了巩固国内和平，实现迅速抗日起见，当国民党三中全会开会之前夜，乃于2月10日给了国民党一个重要的电报，在电报里提出了我们的建议（即四项保证）。

这些新的表示，完全是为了消除各界疑虑，取消对立状态，以便同国民党成立抗日民族统一战线。在国民党方面，则要求他们根本改变过去的政策，实行对外抗战，对内民主，改善人民生活等纲领。

问：新的统一战线政策，是否即谓中国共产党人为建立民族阵线，放弃阶级斗争，而变成了民族主义者？

答：如前所述，共产党决定实行的各种具体政策，其目的完全在为着要真正抵抗日本保卫中国，因此必须实现国内和平，取消两个政权的对立状态，否则对日抗战是不可能的。这叫做将部分利益服从于全体利益，将阶级利益服从于民族利益。国内任何政党与个人，都应明此大义。共产党人决不将自己观点束缚于一阶级与一时的利益上面，而是十分热忱地关心全国全民族的利害，并且关心其永久的利害。在阶级斗争问题上，我们主张从下述两方面努力，适当地解决此问题：

第一，在地主资本家方面，他们是有钱有势的，首先应当尊重民族利益，对于工农的生活及待遇极力加以改善。因为地主资本家如果照旧对工农施行各种惨无人道的压迫与剥削，只顾他们一部分一阶级的利益，工农就不能生存，更不能抗日，国家就要灭亡，地主资本家也要变成亡国奴。所以稍有良心的地主资本家，都应激发爱国心，为了抗日救国的必要，赞成改善工农的经济生活与政治生活。决不能只让自己有饭吃，工农就没有饭吃；自己有政治上自由，工农就没有自由。我想除非日本的走狗即汉奸分子，才不顾大局与民族利益，当此亡国灭种关头，还向工农尽力地压迫剥削。这一方面的要求，我们已经代表全国工农向国民党提出，国民党为了大局与民族利益，对此应该有满意的答复。

第二，在工农贫苦群众方面，他们是无钱无势的，但他们是国家的基础，是最大的阶级。当此亡国灭种关头，他们最重要的任务，同样是抵抗日本保卫中国，并且他们将是抗日救国的主要力量，抗日救国没有他们是完全不行的。他们在得到经济生活与政治生活的改良之后，他们对于地主资本家与国民党的不满，也就可以减少。但工农同样应该顾全大局与民族利益，因此，凡与抗日救国不适合的要求，我们同样不主张提出。共产党主张改善人民生活，而停止没收土地，就是为了这个缘故。

中国共产党现在提出的这些政策，没有问题的是带着爱国主义性质的。有人说：共产党是国际主义者，他们是不顾民族利益的，他们不要保卫祖国。这是极糊涂的话。中国共产党人是国际主义者，他们主张世界大同运动；但同时又是保卫祖国的爱国主义者，为了保卫祖国，愿意抵抗日本到最后一滴血。十五年来共产党领导的民族解放斗争，是人人皆知的事实。这种爱国主义与国际主义并不冲突，因为只有中国的独立解放，才有可能去参加世界的大同运动。

问：共产党为什么主张西安事变的和平解决？大家如出意外，希望有所解释。

答：并不在意外，实是在意中，只是大家没有联系过去共产党的政治主张罢了。自从日本侵略开始以来，我们就是愿意停止内战的，因为只有国内和平，才能对日抗战。4年前三个条件下与国民党军队订立抗日协定的宣言，前年的八一宣言，去年的致国民党书等等，无不是表示我们诚恳地愿意同国民党建立新的联合战线。西安事变中，国内一部分人极力挑拨内战，内战危险是很严重的。如果没有12月25日张汉卿送蒋介石先生回京一举，如果不依照蒋介石先生处置西安事变的善后办法，则和平解决就不可能。兵连祸结，不知要弄到何种地步，必然给日本一个最好的侵略机会，中国也许因此亡国，至少也要受到极大损害。当西安事变中，日本军阀方面，宁、沪、平、津一部分中国人方面，都说西安事变是共产党的阴谋。这种说法完全不合事实。西安事变是国民党内部在抗日问题与国内改革问题上，因政见不同而发生的，完全是一件突发的事变，我们事前全不知道。事变之后，宁陕对立，于是又有人说：共产党要把西安造成马德里，这也完全不合事实。中国与西班牙的政治环境根本不同，在西班牙不能不是内战，而在中国的今天惟一的是对外抗战，国内则必须和平。西安事变和平解决的事实，已经证明他们的话完全是臆测，有些则是恶意的造谣。

问：许多人不但说西安事变是共产党干的，而且说在城墙上红旗高悬，又说红军在三原一带掳掠青年男女，究竟事实如何？

答：关于西安插红旗一类的事，大概只有日本人和汉奸看见了吧，可是西安人至今没有看见。掳掠青年男女的话，也必然是出之于日本人与汉奸之口，这也只有去问三原的青年男女才会明白。现在官方文件中，还在说红军杀人放火，压迫民众，破坏农村。这些话他们已经说了10年了，可是至今还不疲倦，还要说一遍，说话的人固然有他说话的自由，可是全中国人也都有用眼睛看事实的自由。现在政府还没有制出禁止人民用眼睛看事实的法律，任何人都可以跑到红军走过或住过的地方去看看实在情形，用不着我来多说。

问：外面传说共产党现在的政策是向国民党屈服、投降和悔过。于此，你有何意见？

答：我知道外面正有人这样说。可是值得注意的，是日本人却不愿意这样说，日本人只愿意国共相打，决不赞成这种“屈服、投降和悔过”的政策，因为日本军阀深知共产党采取与国民党协调的政策，尽管有人说它是“屈服、投降和悔过”，可是实际是给日本侵略政策以严重打击的。观察中国问题有一个标准，就是凡属革命政策，日本人一定反对；凡属反革命政策，日本人一定欢迎。要检查任何一政策一行动之是否正确，只要看一看日本人的态度就得了。现在也只要看一看日本人是如何地反对所谓“屈服、投降和悔过”的政策，就可以证明我们的政策是何等革命的政策了。共产党向国民党要求的，是请他们结束十年来的老政策，转变到新的民族革命与民主革命的政策。这些要求，表现在共产党给国民党三中全会的电报中，那就是关于召集救国代表大会，人民民主自由，改善人民生活，迅速准备抗战等等。在这种情况下，共产党愿意改变苏维埃与红军的名义，取消同国民党的对立，停止没收地主土地。没有疑义的，共产党的这种步骤，是对国民党一个大的让步。但这种让步是必要的，因为这种让步是建立在一个更大更重要的原则上面，这就是抗日救亡的必要性与紧急性。这叫作双方让步，互相团结，一致抗日。国民党中所有明智的领袖与党员，都是明白这种意义的。但国内有一部分带着阿Q精神的人，却洋洋得意地把我们的这种让步叫做“屈服、投降和悔过”。大家知道，死去不久的鲁迅，在他的一篇小说上，描写了一个叫作阿Q的人，这个阿Q，在任何时候他都是胜利的，别人则都是失败的。让他们去说吧，横直世界上是不少阿Q这类人物的。此外还有一部分患着“左”倾幼稚病的人士，这种人各地都有，枪杀王以哲的那位孙铭九，就是这类人物的极端的代表。他们爱国出于热忱，他们为丧权失地的悲惨历史而愤激，他们的心地是纯洁的。但是他们缺乏政治经验，在大事变中认不清方向，不知道局部与全体、过去与现在、今日与明日的差别与联系。他们开始即反对蒋先生回京，后来又反对和平解决。在西安方面，有一部分人，不但对共产党不了解，即对张杨及其他主持和平的人士也都不了解。他们不了解国民党进步虽极缓慢，但一致抗日的前途是存在的。国民党中国民革命军中的抗日情绪在日益增长，大多数的领袖与党员是能够和我们及人民一道从事于抗日救亡的事业的。国民党政策的转变诚然至今还不满人意，但是业已开始了它的转变，三中全会的决议，可以看到这种开始转变的证据。他们不知道把国民党多数的爱国分子及可能走向爱国的分子，同实际卖国的分子即所谓亲日派区别开来，他们把这二者混而为一。他们又不知道国内一切先进分子的责任，在于多方说服暂时还不能了解我们观点的人使之得到了解，以便共同赴敌。这其间需要忍耐性，有时需要退让一步，只要不违反抗日救国的大原则都可以商量。关于这部分性急的志士们，对于我们政策的不了解，我们唯有以上述的自我批评奉献他们。至于有些唯求个人与部分利益而把民族利益置之脑后的人们，不管他们是亲日派或是口头抗日家，那就不是什么自我批评，也不是仅仅讽刺几句的问题，而是揭破他们的阴谋，使之无法施展其伎俩。

问：你们对于三民主义的态度如何？

答：我们老早就是信仰三民主义的，不然我们为什么在 1924 年至 1927 年能够加入国民党呢？我们党中曾经有若干人是国民党的中央委员及省党部委员，我就是其中的一个，林伯渠、吴玉章、董必武、谢觉哉、董维键诸位都是。又有许多人曾经是国民革命军的领导干部，我们的朱德、周恩来、彭德怀、刘伯承、贺龙、林彪、叶剑英、徐向前诸位都是。现在的任务是必须为真正实现革命的三民主义而奋斗，这就是说，以对外抗战求得中国独立解放的民族主义，以对内民主自由求得建立普选国会制、民主共和国的民权主义，以改善人民生活求得解除大多数人民痛苦的民生主义。这样的三民主义与我们的现时政纲，并无不合，我们正在向国民党要求这些东西。去年八月致国民党书中，已要求他们恢复孙中山先生的革命的三民主义。我们是最坚决最忠诚地为实现三民主义中国而奋斗的。即以我们过去实行土地革命政策而论，亦无非孙中山先生耕者有其田的主张而已。至于我们还信仰共产主义，那是不相冲突的，孙中山先生在世时曾经同意我们同时信仰共产主义，并且国民党员中有许多是信仰资本主义的，有许多还信仰无政府主义，有些人则信仰孔子主义、佛法主义、基督主义，无所不有，也无所不包。只要当前革命政纲取得一致，即构成了团结救国的基础，即可泯除一切猜疑，走上共赴国难的轨道。中华民国光明灿烂的前途，实基于此。

两个月后，国民党政府军事委员会西安行营组织的中央考察团赴延安考察。这是10年来第一个担负和平使命前来苏区的国民党中央考察团。毛泽东亲自布置和接待了考察团成员，并向他们表示：要实现国共合作，打日本，救中国。从此，中国革命进入了国共合作抗日的新阶段。

第6章

和战之间

毛泽东与重庆谈判

不入虎穴，焉得虎子。

——题记

第二次国共合作的形成，推动了抗日战争的全面展开。但在如何抗日的问题上，国共两党一开始就存在严重分歧，形成了两条截然不同的抗战路线。国民党坚持一党专政，实行单纯依靠政府和军队的片面抗战路线；共产党主张民主改革，实行动员和组织人民大众的全面抗战路线。伴随着两条路线的矛盾和冲突，国共关系的发展也呈现出跌宕起伏、扑朔迷离的复杂局面。

和国方针

抗战初期，日本侵略者把国民党当作主要作战对象。无论是在战略上还是在战役上，正面战场都是抗击日军的主要战场。国民党也表现出较高的抗日积极性。国民党军队曾先后进行了平津、淞沪、晋北、徐州及武汉等地的保卫战，并取得了台儿庄战役的重大胜利，粉碎了日本帝国主义“三个月灭亡中国”的狂妄计划。在国共关系方面，国民党也表现出了较多的团结愿望，营造了较为融洽的合作气氛。比如：同意不向红军部队中派遣国民党人员；允许共产党在国统区若干城市设立八路军办事处，公开出版报刊（如《新华日报》、《群众》周刊），开展抗日宣传活动；吸收共产党人在国民政府中任职，如：经中共中央同意，周恩来出任国民政府军事委员会政治部副部长。

与此同时，中国共产党也全力以赴地投入抗日战争，并加强了在国统区的工作。八路军、新四军先后奉命开赴抗日前线，一方面配合国民党正面战场的作战，另一方面伺机深入敌后，广泛发动抗日游击战争，从而使中国的抗日战争形成了两个相互配合的战场。1937 年 12 月，中共中央在当时国民党统治区的抗日中心武汉设立了长江局，以方便中共代表与国民党保持密切接触，并就一些重要问题进行及时协商。共产党人还参加了国民党召集的国民参政会，同民主党派和各界知名人士公开接触、广交朋友、开诚合作。

这一切，都扩大了共产党的影响，推动了抗日战争的发展，成为抗日战争从战略防御转入战略相持的重要条件。

1938 年 10 月，日军先后占领广州和武汉，抗日战争进入战略相持阶段。此后，日本开始调整侵华方针：停止正面战场的战略性进攻，将日军主力用于打击敌后战场的八路军和新四军；对国民党政府，从以军事进攻为主、政治诱降为辅，转变为以政治诱降为主、军事打击为辅；在日军占领区内，则加紧扶植傀儡政权，建立和发展汉奸组织。

在这种形势下，国民党统治集团内的投降、分裂、倒退活动也变得严重起来。1938 年 12 月，汪精卫等亲日派公开投降，并于 1940 年在敌占区成立伪中央政府。亲英美的蒋介石集团虽然一直没有放下抗日的旗帜，但随着抗日战争相持阶段的到来，也开始推行消极抗日、积极反共的政策。1939 年 1 月召开的国民党五届五中全会，决定实行“溶共”“防共”“限共”的反动方针。同年 11 月，国民党五届六中全会又进一步确定以“军事限共为主、政治限共为辅”的方针。此后，国民党顽固派不断掀起反共恶浪，使国共关系日趋紧张并一度处于破裂边缘。

在国共关系错综复杂并面临严重危机的形势下，毛泽东和中共中央始终坚持以民族利益和抗日大局为重，使国共之间的阶级斗争服从和服务于中日之间的民族斗争，同时，对蒋介石集团实行又联合又斗争的政策，使它降日降不了，反共反不成。

在打退国民党顽固派发动的第一次反共高潮后，以毛泽东为首的中共中央认真总结经验，创造性地提出了开展统一战线工作的四条策略方针:（一）发展进步势力，争取中间势力，最大限度地孤立顽固势力;（二）在对国民党顽固派的斗争中，坚持“人不犯我，我不犯人，人若犯我，我必犯人”的自卫立场和“有理、有利、有节”的基本原则;（三）在抗日统一战线中，坚持以斗争求团结，“斗争是团结的手段，团结是斗争的目的”，“以斗争求团结则团结存，以退让求团结则团结亡”;（四）在争取时局好转的同时，充分地准备应付可能发生的任何地方性和全国性的突然事变，使全党全军在精神上有所准备，在工作上有所布置。

在打退蒋介石集团的第二次反共高潮后，中共中央于 1941 年 5 月 8 日发出了《关于大后方党组织工作的指示》，强调国统区的党组织要“隐蔽精干”，实行“长期埋伏、积蓄力量、以待时机”的方针。1942 年 1 月，周恩来又在中共中央南方局（1939 年 1 月在重庆正式成立）会议上提出建设坚强的战斗的党组织，要求国统区的党员努力做到“勤业、勤学、勤交友，实现职业化、社会化、合法化”。

毛泽东等中共领导人提出的上述方针和策略，有力地武装了党的各级组织、领导干部和广大党员群众，使他们能够在复杂多变的环境中，始终保持清醒的头脑，正确地分析和判断整个局势的发展，更加妥善地处理民族斗争和阶级斗争的关系以及各种棘手的问题，从而挽救了岌岌可危的国共关系，使蒋介石集团不能放下抗日旗帜，同时也团结了广大的中间阶层，最大限度地孤立了亲日派卖国贼。

1941 年 6 月 22 日，法西斯德国对苏联发动大规模进攻。同年 12 月 8 日，日本突袭美国在太平洋的海军基地珍珠港。苏德战争和太平洋战争的爆发，使第二次世界大战的规模空前地扩大了。1942 年 1 月 1 日，以美、英、苏、中四国为首的参加对德、意、日轴心国作战的 26 个国家，在华盛顿签署了共同进行反法西斯战争的《联合国家共同宣言》，正式形成了国际反法西斯统一战线，为中国人民争取抗日战争的胜利提供了有利条件。特别是1942年冬苏联红军在伏尔加格勒战役中开始反攻，英美在北非、美国在太平洋作战中也取得重大胜利。形势的发展使毛泽东对中国抗战的胜利充满了信心，对国共合作的发展远景做出了设计。

继1942年7月7日发表《中共中央为纪念抗战五周年宣言》，提出在抗战胜利后中共希望“与各党各派继续合作，共同建国”的主张后，1943年1月25日，毛泽东在给彭德怀的电报中进一步强调在战后继续实行“和国”方针，并解释说：

> 在德、意、日打倒以后，国际国内形势均会发生根本变化，这一形势是利于人民不利于独裁的。但蒋（介石）在抗战中有功劳，同时人民心理厌恶内战，故我们应争取在抗战胜利后与国民党建立和平局面，在民主、民生上做文章。去年七七宣言（《中共中央为纪念抗战五周年宣言》）是在这个基点上发的。争取边区与新四军合法化，并答应国民党在战后将黄河以南部队集中到黄河以北；两年来《解放日报》及新华社，根据和国方针，尽量避免刺激国民党；去年9月蒋约我见面，派了林彪去，现尚未回，到适当时机，我准备出去见蒋，以期谈判成功。所有这些也都是从这个基点出发的。就是精兵简政，除当前作用外，也有这个作用。我们既不准备打内战，无须多兵，兵少又可以减轻国民党的畏惧心理，求得和平，以待全国人民的觉悟。如果人家要打，我们也有恃无恐。

与此同时，毛泽东还清楚地认识到：“自从红军开始对德战争，世界形势就已经发生了显著的变化，现在由于红军的胜利，新世界的未来面目也更加明朗、更加确定了。一切形式的法西斯制度和法西斯思想，已经在全世界永远失去存在的余地。民族的自由、政治的民主已经成为新世界的确定不移的原则。”为推动国共两党继续合作，将全民族的抗战坚持到底，毛泽东一方面呼吁国民党政府厉行民主改革，以便“加强作战”“加强团结”“改良政治”“发展生产”，另一方面在制止了国民党发动的第三次反共高潮之后，毅然决定与国民党当局重开谈判。1943 年 10 月 5 日，他在为延安《解放日报》撰写的社论《评国民党十一中全会和三届二次国民参政会》中提出：“在蒋先生和国民党愿意的条件之下，我们愿意随时恢复两党的谈判。”5 个月后，毛泽东在中共中央政治局会议上谈到时局和党的方针问题时，又进一步指出：

去年下半年对国民党实行的政治攻势，逼出了国民党（五届）十一中全会关于对共产党问题要用政治方法解决的声明，今年可能不会发生内战了。

最近国民党要周恩来、林伯渠同志到重庆去谈判，我们回答林老可以先去，他们说甚表欢迎。我们的方针是避免内战，集中抗战……采取同国民党搞好关系的方针，即是实行“孔夫子打麻将——和为贵”。

从 1944 年 5 月 4 日起，中共代表林伯渠先后赴西安、重庆，同国民党进行谈判。5 月 21 日，毛泽东在中共六届七中全会第一次会议上做工作报告时，介绍了此前国共谈判的情况和中共的态度：

关于国共谈判，林伯渠同志这次出去，国民党派文武两大员（即国民党中央宣传部部长王世杰和国民党政府军事委员会政治部部长张治中）迎接，每天谈 4 小时，沿途招待，空前未有。原来我们的估计很低，以为这次不能解决问题，故要林伯渠同志只提出一些小事。彼方提出根据林彪去年提的四点来谈判，林老答以根据恩来今年提的五点来谈判，彼方又不赞成，故党中央提出了二十条。前途不外两个：一仍是拖；一是解决部分问题，如军队问题、边区问题、防地问题、在个别地点办党办报问题。他们如决心解决这四个问题，我们应准备接受，向全国人民表示我们愿意搞好国共关系。

毛泽东在这里提到的“林四点”、“周五点”和“中央二十条”，分别是指：1942年10月至1943年6月林彪在重庆同国民党谈判时根据中央指示提出的四点意见（主要内容是：1. 在允许中共合法的条件下，可允许国民党在陕甘宁边区和敌后抗日根据地办党；2. 八路军、新四军编为4个军12个师；3. 陕甘宁边区改为行政区，人员、地域不动；4. 八路军、新四军黄河以南部队，在抗战胜利后北移）。1944年3月12日周恩来在延安各界纪念孙中山逝世19周年大会上所作的《关于宪政与团结问题》演讲中，向国民党政府提出的五点要求（具体内容是：1. 承认中国共产党在全国的合法地位；2. 承认陕甘宁边区及各抗日根据地为国民党政府的地方政府；3. 承认八路军、新四军及一切敌后抗日武装为国民党政府所管辖所接济的部队；4. 恢复新四军的番号；5. 撤离对陕甘宁边区及各抗日根据地的封锁和包围）。同年5月15日毛泽东代表中央提出的二十条谈判意见（其中，关于全国政治方面的有3条，分别是：1. 请政府实行民主政治与言论、出版、集会、结社及人身之自由；2. 请政府开放党禁，承认中共及各爱国党派的合法地位，释放爱国政治犯；3. 请政府允许实行名副其实的人民地方自治）。

就在国共两党进行新一轮谈判期间，国际国内形势又发生了新的重大变化。

国际上，1944年夏天，苏联红军解放了本国国土，开始向东欧进军；美英盟军先后在法国北部和南部登陆，开辟了欧洲第二战场；欧洲各国内部的反法西斯统一战线力量迅速发展和壮大，并相继成立了由各反法西斯政党代表参加的联合政府。7月至8月间，延安《解放日报》集中报道了欧洲一些国家组建联合政府的消息。8月2日，该报又译载了英国工人日报总编辑鲁斯特的文章《欧洲各国共产党》。文章说：“欧洲各国共产党的参加政府，很明显地说明了政治力量的这种转变是有利于世界民主的。这种转变，在欧洲问题上代表着一种新的趋势。”

在国内，国民党的正面战场出现了新的严重危机。自从 1944 年 4 月中旬日军开始实施“占领并确保湘桂、粤汉及平汉铁路南部沿线的要地”的所谓“一号作战”计划以来，沿线的国民党军队一触即溃甚至不战而逃，在短短的 8 个月内，相继丢失河南、湖南、广西、广东和福建等省总计 20 多万平方公里的土地和 146 座城市，使 6 000 多万同胞沦于日本法西斯的铁蹄之下。国民党在军事上的这种大溃败，不仅与世界反法西斯战争的大好形势不相适应，而且与中国共产党领导下的敌后战场形成了鲜明的对比，充分暴露了国民党独裁统治的腐败和无能。国内各界民众对国民党政府的信心丧失殆尽，要求实行根本变革的呼声日益高涨，国民党统治区的民主运动以前所未有的巨大规模蓬勃兴起。与此同时，英美等国的驻华官员和舆论也对国民党的腐败无能和抗战不力表示强烈不满。

在这种情况下，毛泽东敏锐地察觉到“目前我党向国民党及国内外提出改组政府主张时机已经成熟”。鉴于欧洲一些国家建立联合政府已成为事实，在国共谈判过程中，国民党政府代表又对中共提出的“实行民主政治”等项要求进行无端指责，称其为“毫无边际之抽象文句”，于是，毛泽东当机立断，适时地提出了成立“联合政府”的新口号。他在董必武 8 月 17 日给周恩来的请示报告上批示:“应与张（澜）、左（舜生）商各党派联合政府。”9 月 1 日，毛泽东主持中共六届七中全会主席团会议，讨论关于提议成立联合政府等问题。他在会上明确表示:“联合政府，三条政纲，可在答复张、王时提出。”根据毛泽东的意见和中共中央的有关指示精神，9 月 15 日，林伯渠在国民参政会上公开提出了建立联合政府的主张。他在报告中说:“希望国民党立即结束一党统治的局面，由国民政府召集各党各派、各抗日部队、各地方政府、各人民团体的代表，开国事会议，组织各抗日党派联合政府，一新天下耳目，振奋全国人心，鼓励前方士气，以加强全国团结，集中全国人才，集中全国力量，这样一定能够准备配合盟军反攻，将日寇打垮。”

“联合政府”口号提出后，在重庆的中共谈判代表“如获至宝”，民主党派深表赞同，各界群众一致拥护。有鉴于此，毛泽东随即决定把国共谈判的重心转移到这个问题上来，并且把建立民主联合政府确定为中国共产党和全国人民的奋斗目标。

9 月 27 日，毛泽东在为林伯渠起草的答复王世杰、张治中的信中强调指出：“鉴于目前抗战形势之危急，而国内一般情况远未走上适合抗战需要之轨道。”“以致军心动摇，民心离异，以致不能停止敌人的进攻，不能配合盟国的反攻。造成这些严重危机的最根本原因，就是由于在一党独裁制度下完全没有民主。”“现在惟一挽救时局的办法，就是要求国民政府与国民党立即结束一党专政的局面，由现在的国民政府立即召集全国各抗日党派、各抗日部队、各地方政府、各民众团体的代表，开紧急国事会议，成立各党派联合政府，并由这个政府宣布并实行关于彻底改革军事、政治、经济、文化各方面的新政策。只有这样的新政府，但决不是请客式的、不变更一党专政实质的、不改变政策的所谓新政府，才能一新天下之耳目，才能实行孙中山先生的革命三民主义，才能保障人民有充分民主自由的权利，才能发出积极抗战的军令与民主主义的政令，才能取得人民的信任，而把全国人民动员起来，增强抗战力量，停止敌人的进攻与实行我们的反攻，也才能实行真正由人民选举的国民大会与实现民主选举的政府。有了这样的新政府，国家统一也就可能实现了。”“此计不决，则两党谈判即使可能解决若干枝节问题，至于关系国家民族的重大问题，必不能获得彻底解决的。”

12 月 15 日，毛泽东在陕甘宁边区参议会二届二次会议上发表演说时，又明确提出：“必须使全国人民明白，用人民的力量，促成由国民党、共产党、其他抗日党派及无党派人士，在民主基础上召集国事会议，组织联合政府，才能统一中国一切抗日力量，反对日本侵略者的进攻，并配合同盟国，驱逐日本侵略者出中国。”同时，他还强调说：“单是谈判是不能成功的，希望全国人民一致起来，大声疾呼，要求国民党当局改变现行政策，以便迅速建立民主的联合政府。这是全国人民的总任务，中国人民不论在大后方，在沦陷区，在解放区，都要为此目标而奋斗。”

在为中共七大准备的书面政治报告《论联合政府》中，毛泽东不仅重申了建立联合政府的主张，而且明确提出了两个具体步骤：“第一个步骤，目前时期，经过各党各派和无党无派代表人物的协议，成立临时的联合政府；第二个步骤，将来时期，经过自由的无拘束的选举，召开国民大会，成立正式的联合政府。总之，都是联合政府，团结一切愿意参加的阶级和政党的代表在一起，在一个民主的共同纲领之下，为现在的抗日和将来的建国而奋斗。”

值得注意的是，就联合政府本身来说，它是有着多方面的含义的。毛泽东就曾解释说联合政府有“三种可能性”：第一种是“要我们交出军队去做官”；第二种“也是以蒋介石为首，形式是民主，承认解放区，实质上仍是蒋介石的独裁政府”；第三种是“以我们为中心”。当然，毛泽东所主张并希望建立的是第三种，即新民主主义性质的联合政府，他明确表示：“在我们有一百五十万军队、一亿五千万人民时，在蒋介石的力量更加缩小、削弱，无联合可能时，就要如此做，这是中国政治发展的基本趋势和规律，我们要建设的国家就是这样一个国家。”但是，在当时的历史条件下，毛泽东没有排除而是非常慎重地考虑了前两种可能性，并认为：参加以蒋介石为首的联合政府，“也有好处，可以做宣传工作”。

然而，蒋介石并没有考虑这么多、这么细。他不仅顽固不化，一味地坚持国民党一党专政，而且盛气凌人，断然拒绝中共提出的联合政府主张以及其他各项要求和建议。1945 年 2 月 13 日，他在会见中共代表周恩来时，甚至说出这样的话来：“组织联合政府是推翻政府，党派会议是分赃会议。”谈判结果，可想而知。

1945 年 2 月 15 日，毛泽东在中央党校做报告时，用十分通俗的语言对这一阶段国共谈判的情况做了总结和说明。他说：

国民党和共产党能不能够团结起来？能不能团结一致打日本呢？我们天天要求团结起来。国民党现在口里也讲要团结起来，因为他们不讲不行，但是他们心里恨我们恨得要死……现在周恩来同志又到重庆去了，同他们再谈判。看样子国民党是不准备真正解决问题的，说要解决问题就要照他们的办法，我们提的事情他们一样也不办，只是要我们加进他们那个政府里头去，去一两个人到重庆吃大米。我们说，委员长请你办几样事：第一条，废止一党专政。他说此事难办。第二条，成立联合政府。他说那也不行。第三条，承认各党派合法地位。他说这个可以。我们说这要看是怎样的合法，在特务制度底下说合法是合特务制度的法。第四条，我们说你那个特务机关都要不得，要取消。他说那不行，特务机关好得很。第五条，我们说有些东西要取消，就是那些压迫人民自由的命令、法律要取消。这个他也不干。第六条，我们要他释放政治犯。我们说，把张学良放出来吧！把杨虎城放出来吧！把叶挺放出来吧！把几百几千的共产党员放出来吧！然而他有宗旨一条，叫作一个也不放。还有一条，我们说你把包围陕甘宁边区的兵撤走吧，包围我们边区，老百姓不高兴，你打日本没有兵力，就把你在华北、华中打我们的军队开去打日本吧！他也不干。最后一条，我们说我们这个解放区你赞成不赞成？要求你承认一切抗日军队和民选政府。这一条也是谈不好的，去年就谈过。他说共产党领导的抗日军队解散五分之四，也就是说，留下四个师，其他的统统解散。我们提出了八条，他一条都不办。谈判的情形就是这样。

蒋介石的顽固不化和一意孤行，使毛泽东判定在抗战胜利后国共之间必有一战。所以，他在 1945 年 5 月 31 日中共七大上作结论时，特别提醒说："两三年中将是中国情况大变化的关键""我们要有这样的精神准备，准备应付大事变"。

应邀赴渝

中共七大闭幕后，八路军和新四军迅速投入了对日军的夏季攻势作战，为转入全面反攻做好了必要准备。

1945 年 7 月 26 日，美、英、中三国发表波茨坦公告，敦促日本无条件投降。8 月 8 日，苏联发表对日作战宣言。8 月 9 日，毛泽东发表《对日寇的最后一战》的声明。8 月 10 日，日本外务省通过中立国瑞士、瑞典政府将日本接受《波茨坦公告》的照会转交对日作战的中、美、英、苏四国政府，要求投降。日本乞降的消息传到延安，朱德总司令于当晚向各解放区抗日部队发布向日伪军加紧进攻的命令，要求他们向附近的敌军送出通牒，限他们在一定时间内缴出全部武器；如果日伪军队拒绝投降缴械，应该立即予以消灭，接收他们所占的城镇和交通要道。11 日，延安总部又连续发布六道命令，要求各解放区武装部队向敌伪所占地区和交通要道展开积极进攻，包括要求冀热辽解放区等部队向东北进军，迫使日伪军投降。根据延安总部的指示和命令，各抗日根据地的人民军队向日、伪军发起了猛烈的全面反攻。8 月 15 日，日本天皇裕仁以广播《终战诏书》的形式，向公众宣布无条件投降。

艰难困苦，玉汝于成。中国人民经过 14 年的浴血奋战，终于迎来了抗日战争的最后胜利。

抗战胜利了，躲在峨眉山避战的蒋介石也开始“下山摘桃子”了。就在延安总部发布向敌占区大举进军的命令后，蒋介石也在11日发出两个相互矛盾的命令：一个要求国民党军队“各战区将士加紧作战努力，一切依照既定军事计划与命令推进，勿稍松懈”；另一个要求共产党领导的第十八集团军“所有该集团军所属部队，应就原地驻防待命”。同时，他还命令沦陷区的伪军就地“维持治安”，只准接受国民党军队的收编。

对蒋介石的意图，毛泽东洞若观火，看得一清二楚。就在11日当天，毛泽东为中共中央起草了一份党内指示，明确提出了党在日本投降后的任务。指示说：

> 苏联参战后，日本已宣布投降。国民党积极准备向我解放区收复失地，夺取抗日胜利的果实。这一争夺战，将是极猛烈的。
>
> 在此情况下，我党任务分为两阶段：
>
> 甲、目前阶段，应集中主要力量迫使敌伪向我投降，不投降者，按具体情况发动进攻，逐一消灭之，猛力扩大解放区，占领一切可能与必须占领的大小城市与交通要道，夺取武器与资源，并放手武装基本群众，不应稍存犹豫……在此阶段内，陕甘宁、晋绥、太岳、河南、湖北、皖中、浙西、湘粤等地应有必要兵力防御国民党进攻，其余均用于解决敌伪。某些有特殊情况的地方，中央已另发个别指示。
>
> 乙、将来阶段，国民党可能向我大举进攻，我党应准备调动兵力，对付内战，其数量与规模，依情况决定……

8月13日，新华社发表了毛泽东撰写的评论《蒋介石在挑动内战》，一针见血地指出：“蒋介石的命令，从头到尾都是在挑拨内战，其目的是在当着国内外集中注意力于日本无条件投降之际，找一个借口，好在抗战结束时，马上转入内战。”同一天，他在延安干部会议上又做了《抗日战争胜利后的时局和我们的方针》的讲演，指出："对于蒋介石发动内战的阴谋，我党所采取的方针是明确的和一贯的，这就是坚决反对内战，不赞成内战，要阻止内战。今后我们还要以极大的努力和耐心领导着人民来制止内战。但是，必须清醒地看到，内战危险是十分严重的，因为蒋介石的方针已经定了。按照蒋介石的方针，是要打内战的。"他强调说："人民得到的权利，绝不允许轻易丧失，必须用战斗来保卫。我们是不要内战的。如果蒋介石一定要强迫中国人民接受内战，为了自卫，为了保卫解放区人民的生命、财产、权利和幸福，我们就只好拿起武器和他作战。""总而言之，我们要有准备，有了准备，就能恰当地应付各种复杂的局面。"

从当时的形势看，蒋介石要立刻发动内战也不现实，还存在着诸多困难。一是全国人民普遍要求和平，以便重建家园。二是美、英、苏三国从各自的利益出发，也都不赞成中国发生内战。三是蒋介石的精锐部队大多还在西南和西北地区，运送这些部队到内战前线需要时间。四是中共实力壮大（拥有 120 多万党员、120 多万军队和 220 万民兵）并发出了明确警告，使他不敢轻举妄动。

正是在这种情况下，蒋介石先后于 8 月 14 日、20 日、23 日连续三次致电毛泽东，邀请他速到重庆"共定大计"。电文如下：

第一封：

万急，延安

毛泽东先生勋鉴：

倭寇投降，世界永久和平局面，可期实现，举凡国际国内各种重要问题，亟待解决，特请先生克日惠临陪都，共同商讨，事关国家大计，幸勿吝驾，临电不胜迫切悬盼之至。

蒋中正未寒

一九四五年八月十四日

第二封：

延安

毛泽东先生勋鉴：

来电诵悉，期待正殷，而行旌迟迟未发，不无歉然。朱总司令电称一节，似于现在受降程序未尽明了。查此次受降办法，系由盟军总部所规定，分行各战区，均予依照办理，中国战区亦然，自未便以朱总司令之一电破坏我对盟军共同之信守。朱总司令对于执行命令，往往未能贯彻，然事关对内妨碍犹小，今于盟军所已规定者亦倡异议，则对我国家与军人之人格将置于何地。朱总司令如为一爱国爱民之将领，只有严守纪律，恪遵军令，完成我抗战建国之使命。抗战八年，全国同胞日在水深火热之中，一旦解放，必须有以安辑之而鼓舞之，未可蹉跎延误。大战方告终结，内争不容再有。深望足下体念国家之艰危，悯怀人民之疾苦，共同戮力，从事建设。如何以建国之功收抗战之果，甚有赖于先生之惠然一行，共定大计，则受益拜惠，岂仅个人而已哉！特再驰电奉邀，务恳惠诺为感。

蒋中正哿

一九四五年八月二十日

第三封：

延安

毛泽东先生勋鉴：

未养电诵悉，承派周恩来先生来渝洽商，至为欣慰。惟目前各种重要问题，均待与先生面商，时机迫切，仍盼先生能与恩来先生惠然偕临，则重要问题，方得迅速解决，国家前途实利赖之。兹已准备飞机迎迓，特再驰电速驾！

蒋中正梗

一九四五年八月二十三日

毛泽东很清楚，蒋介石并不是真的想通过谈判来实现国内和平，他的如意算盘是这样打的：如果毛泽东拒绝到重庆来，就可以说共产党拒绝和平谈判，把内战的责任推到共产党身上，使自己在政治上处于有利地位（蒋介石的估计是毛泽东不敢冒险来重庆）；如果毛泽东真的来了，则可以利用“和平谈判”来麻痹共产党，迫使其交出人民军队和解放区政权，并且可以用谈判来拖延时间，以便调兵遣将，部署内战。此外，蒋介石刻意坚持要毛泽东亲自去重庆，在很大程度上还有着“调虎离山”的意思，因为以前的谈判已经涉及几乎所有重要内容特别是两党之间的分歧，中共方面的让步也已到了“仁至义尽”的地步，而共产党所领导的军队和抗日根据地所以不断发展壮大，并且让蒋介石感到无计可施，不能从根本上解决中共问题，就是因为毛泽东领导有方。在蒋介石看来，如果能把毛泽东调离延安总部，虽不能像对付东北军那样动摇共产党内的团结，但至少会便利于国民党部署内战，并增加其取胜的砝码。然而，正是蒋介石表现出的这种畏惧心理，成为毛泽东决定亲赴重庆的一个重要原因。

虽然毛泽东没有想到蒋介石会这么快、这么急，又这么“诚恳”和不厌其烦地来电相邀，但是，对于亲自去和国民党谈判的可能性早有思想准备。所以，在接到蒋介石的电报后，他不慌不忙，沉着应对。8 月 16 日，他给蒋介石发出了第一封回电，称：

重庆蒋委员长勋鉴：

未寒电悉。朱德总司令本日曾有一电给你，陈述敝方意见，待你表示意见后，我将考虑和你会见的问题。

为了使解放区的人民群众了解此事，并做好心理准备，《解放日报》公开发表了这封电报。毛泽东还特意加写了一个新闻导语，说：“中国国民党政府主席蒋介石，十四日发了一个电报给中国共产党中央委员会主席毛泽东，请他去重庆讨论国事，没有提出讨论的范围与内容。十六日，毛泽东答复蒋氏一电，要求蒋氏对朱总司令给蒋氏电中所提关于国事的具体意见表示他的意见，然后考虑会见问题。”

针对蒋介石在第二封电报中的辩解，毛泽东未予理睬。他本着“解决问题”的态度，于22日给蒋介石发了第二封回电。电报说：

重庆蒋委员长勋鉴：

从中央社二十日新闻电中得读先生复电，兹为团结大计，特先派周恩来同志前来晋谒，到后希予接洽为恳。

电报发出后，毛泽东又于23日主持召开了中共中央政治局扩大会议，并在会上做了长篇发言。他指出：“现在的情况是，我国抗日战争阶段已经结束，进入了和平建设阶段。”“我们可能在两种情况下进入和平建设阶段，一种是可以得到一部分大城市，一种是得不到。现在是得不到了。我们曾力争在进入和平阶段前进入若干大城市，如北平、天津、太原，没有成功。原因有二：一是苏联为了国际和平和受中苏条约的限制，不可能也不适于帮助我们……二是蒋介石利用其合法地位，使侵华日军只向国民党军队投降。”

接着，毛泽东对敌我双方的有利和不利条件做了具体分析，并在此基础上进一步回答了“和平能否取得、内战能否避免”的问题。他解释说：“我们现在的口号是和平、民主、团结，过去的口号是抗战、团结、进步。和平是可能取得的，因为中国人民需要和平，苏、美、英也需要和平，不赞成中国打内战。中国过去是大敌当前，现在是疮痍满目，前方各解放区损失严重，人民需要和平，我们党需要和平。国民党暂时也不能下决心打内战，因为它的摊子没有摆好，兵力分散……因此，内战是可以避免和必须避免的。”他还说：“蒋介石想消灭共产党的方针没有改变，也不会改变。他所以可能采取暂时的和平是由于上述各种条件的存在，他还需要医好自己的创伤，壮大自己的力量，以便将来消灭我们。我们应当利用他这个暂时和平时期。”“以后我们的方针仍是‘蒋反我亦反，蒋停我亦停’，以斗争达到团结，做到有理有利有节。不可能设想在蒋介石的高压下，不经过斗争就可以取得我们的地位。”为此，他强调指出：“七大时讲的长期迂回曲折，准备出现最大困难，现在要实行了。现在我国在全国范围内可能成立资产阶级领导的而有无产阶级参加的政府。中国如果成立联合政府，可能有几种形式。其中一种就是现在的独裁加若干民主，并将存在相当长的时期。对于这种形式的联合政府，我们还是要参加进去，进去是给蒋介石‘洗脸’，而不是‘砍头’。走这个弯路将使我们党在各方面达到更成熟，中国人民更觉悟，然后建立新民主主义的中国。”

根据这个方针，毛泽东提议以中共中央名义发表一个宣言，提出“和平、民主、团结”三大口号，并告诉大家：“恩来同志马上就去重庆谈判，谈两天就回来，我和赫尔利接着就去。这回不能拖，应该去，而且估计也不会有什么大的危险。”

这表明，毛泽东在综合考量各方面的情况后，已下定决心亲自去重庆和蒋介石谈判。

在这次会议上，周恩来、陈云、朱德、张闻天、彭真、彭德怀等也先后发了言。随后，毛泽东做了总结。他说：大家的意见很好，今天的方针是七大定下来的，七大的方针就是反对内战的方针。当前内战的威胁是存在着的，但国民党有很大困难，至少今年不会有大的内战，和平是可能的。他提醒大家：“我们要准备有所让步”，“以局部的让步换取在全国的合法地位，养精蓄锐来迎接新形势。”“另一方面，我们还要准备在合法工作中去进攻，利用国会讲坛去进攻，要学会作合法斗争。”

针对会上许多同志担心他去重庆后的安全问题，毛泽东又进一步表示：“我是否去重庆？今天的会议决定还是去，而不是不去。但出去的时机由政治局、书记处决定。”他还对即将奔赴前线的军事将领说：“蒋介石这个人我们是了解的。你们在前方打得好，我就安全一些，打得不好，我就危险一些。你们打了胜仗，我谈判就容易些，否则就困难一些。”

最后，毛泽东对他和周恩来离开延安后中央的工作做了明确交代："我去重庆，决定由少奇同志代理我的职务，书记处另推陈云、彭真同志为候补书记，以便我与恩来出去后，书记处还有五个人可以开会。"

就在举行政治局扩大会议的这一天，蒋介石的第三封邀请电又到了。因为毛泽东去重庆的"主意"已定，所以他在24日就给蒋介石发了第三封回电，内容如下：

蒋介石先生勋鉴：

梗电诵悉。甚感盛意。鄙人亟愿与先生会见，共商和平建国大计，俟飞机到，恩来同志立即赴渝晋谒，弟亦准备随即赴渝。晤教有期，特此奉复。

25日，中共中央发表对目前时局的宣言，向国民党政府提了6项紧急要求：（一）承认解放区的民选政府和抗日军队；（二）划定八路军、新四军和华南抗日总队接受日军投降的地区；（三）严惩汉奸，解散伪军；（四）公平合理地整编军队；（五）承认各党派的合法地位；（六）立即召开各党派代表人物会议，成立举国一致的民主的联合政府。

当天，驻重庆的中共代表王若飞回到延安。

经过中央政治局部分成员同王若飞的连夜磋商、权衡利弊，毛泽东更加坚定了去重庆的决心和信心。他在26日举行的中央政治局会议上说："我去重庆的问题，昨晚政治局7位同志同若飞同志商谈，决定答复魏德迈（美军中国战区司令官）的电报（复电于25日发出，内容是："鄙人承蒋委员长三电相邀，赫尔利大使两次表示愿望来延，此种诚意，极为心感。兹特奉达，欢迎赫尔利大使来延面叙，鄙人及周恩来将军可以偕赫尔利大使同机飞渝，往应蒋委员长之邀，以期早日协商一切大计"），去。这样，我们可以取得全部主动权。去重庆，要充分估计到蒋介石逼我做城下之盟的可能性，但签字之手在我。谈判自然必须做一定的让步，只有在不伤害双方根本利益的条件下才能达到妥协。我们准备让步的第一批地区是广东至河南的根据地，第二批是江南的根据地，第三批是江北的根据地，这要看谈判的情况，在有利条件下是可以考虑让步的。陇海路以北以迄外蒙一定要我们占优势。东北我们也要占优势，行政大员是国民党派，我们去干部，那里一定有文章可做。如果这些条件还不行，那么城下就不盟，我准备坐班房。我们党的历史上除何鸣事件（1937 年 7 月，中共闽粤边特委代理书记、中国工农红军闽南独立第三团团长兼政治委员何鸣，对国民党借谈判消灭闽粤边区红军的阴谋毫无察觉，致使所率独立第三团近千人被包围缴械，是谓何鸣事件）外，还没有随便缴枪的事，所以绝不要怕。如果是软禁，那也不用怕，我正是要在那里办点事……所以，重庆是可以去和必须去的。”他甚至还想到了“将来召开国民大会时，共产党员可否投票选蒋介石当大总统”的问题，说：“蒋介石是共产党的敌人，但我们又不得不和他搭伙。”他最后表示：“由于有我们的力量、全国的人心、蒋介石自己的困难和外国的干预四个条件，这次去重庆是可以解决一些问题的。”

从毛泽东的上述谈话内容可以看出，他这次去重庆，不仅下定了决心，而且对谈判的态度也是非常认真和严肃的，希望并相信能够解决一些问题。

早已被延安人民看成是“大救星”的毛泽东，时刻与人民群众心连心。他深知，这次去重庆谈判，不仅党的一些高层领导和军事将领担心他的安全，而且各解放区军民也同样放心不下。为了稳定军心民心、巩固后方，毛泽东临行前还专门起草了一个党内通知，即《中共中央关于同国民党进行和平谈判的通知》（以下简称《通知》），并经中央政治局会议讨论后，在当天就向各中央局和各大战略区发出。《通知》分析了日本宣布投降以后两个星期内中国形势的发展，说明了中共中央关于和平谈判的方针，在谈判中准备做出的某些让步以及对谈判结果的两种可能情况的对策，分别对华北、华东解放区和华中、华南解放区的斗争做了原则的指示，告诉全党绝对不要因为谈判而放松对蒋介石的警惕和斗争。《通知》说：

> 现在苏美英三国均不赞成中国内战，我党又提出和平、民主、团结三大口号，并派毛泽东、周恩来、王若飞三同志赴渝和蒋介石商量团结建国大计，中国反动派的内战阴谋，可能被挫折下去。国民党在取得沪宁等地、接通海洋和收缴敌械、收编伪军之后，较之过去加强了它的地位，但是仍然百孔千疮，内部矛盾甚多，困难甚大。在内外压力下，可能在谈判后，有条件地承认我党地位，我党亦有条件地承认国民党的地位，造成两党合作（加上民主同盟等）、和平发展的新阶段。假如此种局面出现之后，我党应当努力学会合法斗争的一切方法，加紧国民党区域城市、农村、军队三大工作（均是我之弱点）。在谈判中，国民党必定要求我方大大缩小解放区的土地和解放军的数量，并不许发纸币，我方亦准备给以必要的不伤害人民根本利益的让步。无此让步，不能击破国民党的内战阴谋，不能取得政治上的主动地位，不能取得国际舆论和国内中间派的同情，不能换得我党的合法地位和和平局面。但是让步是有限度的，以不伤害人民根本利益为原则。
>
> 在我党采取上述步骤后，如果国民党还要发动内战，它就在全国全世界面前输了理，我党就有理由采取自卫战争，击破其进攻。同时我党力量强大，有来犯者，只要好打，我党必定站在自卫立场上坚决彻底干净全部消灭之（不要轻易打，打则必胜），绝对不要被反动派的气势汹汹所吓倒。但是不论何时，又团结，又斗争，以斗争之手段，达团结之目的；有理有利有节；利用矛盾，争取多数，反对少数，各个击破等项原则，必须坚持，不可忘记。

在广东、湖南、湖北、河南等省的我党力量比华北、江淮所处地位较为困难，中央对于这些地方的同志们深为关怀。但是国民党空隙甚多，地区甚广，只要同志们对于军事政策（行动和作战）和团结人民的政策，不犯大错误，谦虚谨慎，不骄不躁，是完全有办法的。除中央给予必要的指示外，这些地方的同志必须独立地分析环境，解决问题，冲破困难，获得生存和发展。待到国民党对于你们无可奈何的时候，可能在两党谈判中被迫承认你们的力量，而允许做有利于双方的处置。但是你们绝对不要依靠谈判，绝对不要希望国民党发善心，它是不会发善心的。必须依靠自己手里的力量，行动指导上的正确，党内兄弟一样的团结和对人民有良好的关系。坚决依靠人民，就是你们的出路。

总之，我党面前困难甚多，不可忽视，全党同志必须做充分的精神准备。但是整个国际国内大势有利于我党和人民，只要全党能团结一致，是能逐步地战胜各种困难的。

各项部署完成后，毛泽东便毅然踏上了去重庆谈判的艰难旅程。8月28日中午，毛泽东偕同周恩来、王若飞，在国民党政府代表张治中、美国驻华大使赫尔利陪同下，从延安乘专机飞往重庆。

临行前，毛泽东向前来送行的延安党政军机关干部和各界群众挥手告别，用他那特殊的形体语言，向人们传递了一些重要信息。记者方纪曾以《挥手之间》为题，写下了这个激动人心的历史瞬间：

主席也举起手来，举起他那顶深色的盔式帽。举得很慢很慢，像是在举一件十分沉重的东西，一点一点的，等到举过头顶，忽然用力一挥，便停在空中，一动不动了。

主席这个动作给全体在场的人以极其深刻的印象。这像是表明了一种思索的过程，做出了断然的决定。主席完全明白当时人们的心情，而用自己的动作把这种心情表达出来。这是一个特定的历史性的动作，概括了历史转折时期领袖、同志、战友和广大革命群众之间的无间的亲密，他们的无比的决心和无上的英勇。

正是这挥手之间，表明了一种深刻的历史过程，表现了主席的伟大性格。

谈判桌上

对毛泽东来说，这次重庆之旅还是他第一次乘飞机出行。可是，感情丰富而浪漫的他，却没有心情去欣赏窗外的蓝天白云和脚下的壮丽山河，因为他已经开始考虑下一步的谈判计划了。

经过 4 个多小时的飞行，毛泽东乘坐的专机于当天下午 3 时 45 分在重庆九龙坡机场徐徐降落。这同样是一个万众瞩目的时刻。到机场迎接者，除蒋介石的私人代表周至柔外，还有邵力子、雷震、张澜、沈钧儒、左舜生、章伯钧、陈铭枢、谭平山、黄炎培、郭沫若、陶行知等知名人士。八路军驻重庆办事处和新华日报社工作人员也到机场迎接。《大公报》记者子冈对迎接场面做了如下报道：

> 人们不少有接飞机的经验，然而谁也能说出昨天九龙坡飞机场迎接毛泽东是一种新的体验，没有口号，没有鲜花，没有仪仗队，几百个爱好民主自由的人士却都知道这是维系中国目前及未来历史和人民幸福的一个喜讯。
>
> 第一个出现在飞机门口的是周恩来，他的在渝朋友们鼓起掌来。他还是穿那一套蓝的布制服，到毛泽东、

赫尔利、张治中一齐出现的时候，掌声与欢笑声齐作，延安来了九个人。

> 毛泽东先生，五十二岁，灰色通草帽，灰蓝色的中山服，蓄发，似乎与惯常见的肖像相似，衣服宽大得很。这个在九年前经过四川境的人，今天踏到了抗战首都的土地了。

毛泽东与迎接者一一握手并合影，还应中外记者之请，同赫尔利大使、张治中将军、周恩来同志等拍制了电影。接着，他在机场发表了简短的书面谈话，指出：

> 本人此次来渝，系应国民政府主席蒋介石先生之邀请，商讨团结建国大计。现在抗日战争已经胜利结束，中国即将进入和平建设时期，当前时机极为重要。目前最迫切者，为保证国内和平，实施民主政治，巩固国内团结。国内政治上军事上所存在的各项迫切问题，应在和平、民主、团结的基础上加以合理解决，以期实现全国之统一，建设独立、自由与富强的新中国。希望中国一切抗日政党及爱国志士团结起来，为实现上述任务而共同奋斗。本人对于蒋介石先生之邀请，表示谢意。

作为重庆谈判的开篇之作，这个书面谈话措辞温和、主张明确、表述得体，给所有在场的人特别是中外记者们留下了极为深刻的印象。

随后，毛泽东一行乘车到张治中的官邸桂园稍事休息，并在这里会见了郭沫若、于立群、王世杰。部分中国记者追至桂园，向毛泽东提出可能留渝日期、对中苏友好同盟条约的看法、机场谈话何以不提党派会议和联合政府等问题，毛泽东一一作答。休息片刻，毛泽东旋即赴红岩村八路军驻重庆办事处，参加中共中央南方局、八路军办事处、新华日报社、群众周刊社举行的欢迎晚会，会见了南方局负责人以及章汉夫、许涤新、胡绳、戈宝权等人。

晚8时半，由张治中、邵力子陪同，毛泽东、周恩来、王若飞乘车去山洞林园赴蒋介石举行的招待晚宴。作陪者除张治中、邵力子外，还有赫尔利、魏德迈、张群、陈诚、吴国桢、王世杰、周至柔、蒋经国等。当晚，毛泽东留住林园。

重庆《新华日报》于当天刊登了毛泽东来渝的消息，下午还发行了号外。消息如同春风迅速吹遍山城，也引起了极大轰动。胡其瑞等4位读者还曾专门写信给《新华日报》，表示：

> 毛泽东先生应蒋主席的邀请，毅然来渝，使我们过去所听到的对中国共产党的一切诬词和误解，完全粉碎了。毛先生来渝，证明了中共为和平、团结与民主而奋斗的诚意和决心，这的确反映和代表了我们老百姓的要求。

谈判，是毛泽东此行的首要任务。惜时如金而又善于抓主要矛盾的毛泽东毫不耽搁，直奔主题。

第二天上午，毛泽东和周恩来、王若飞在林园同张治中商谈有关谈判的内容、程序等问题。下午，他又同蒋介石做首次直接商谈。由于蒋介石对谈判缺乏诚意，没有准备，所以，他对毛泽东表示："一切问题愿听取中共方面意见。"也许是为了营造和谈的气氛，蒋介石还粉饰太平，重弹中国没有内战的老调，结果给毛泽东留下了话柄。毛泽东直面事实，反唇相讥。他不温不火地说："抗战八年，大家一致打日本。但是内战是没有断的，不断的大大小小的摩擦。要说没有内战，是欺骗，是不符合实际的。"其实，道理很简单，没有内战，又何来谈判？蒋介石讨了个没趣，只好赶忙提出临时想到的三项谈判原则：1. 所有问题整个解决；2. 一切问题之解决，均须不违背政令军令之统一；3. 政府之改组，不得超越现有法统之外。

这次商谈，确定了双方的谈判代表：中共方面是周恩来和王若飞，国民党方面是王世杰、张群、张治中、邵力子。当晚，毛泽东、周恩来、王若飞与张治中、王世杰、张群、邵力子等继续就谈判的原则、方针、程序等进行了长时间商谈，结果是双方同意先做一般性交换意见。

中共方面对谈判的原则和具体意见，毛泽东早已有所准备，但他没有马上提出，原因有二：一是尊重对方，并了解其意图；二是要征求其他党派和各界知名人士的意见，以便完善谈判方案，并争取社会舆论的同情和支持。为此，毛泽东在随后的三天时间内，分别拜访或会见了几十位各党派负责人和社会贤达，并就和谈问题与他们交换意见。据当时担任张治中机要秘书的余湛邦记载，毛泽东这三天的主要活动如下：

> 8月30日上午，毛泽东和周恩来由山洞林园赶回城内，分访宋庆龄、孙科、于右任和赫尔利大使。于右任、孙科适外出，未遇。
>
> 下午，在桂园会见7月间赴延安的参政员黄炎培、章伯钧、左舜生、傅斯年等，就和谈问题交换意见后，前往民盟总部（即特园，又名“民主之家”）看望张澜和鲜特生，作较长时间的密谈。
>
> 晚上，毛泽东和代表团成员参加张治中在桂园举行的晚宴，于右任、孙科、邹鲁、叶楚伧等作陪。饭后，于右任辞去。吴铁城来。毛泽东与孙科、邹鲁、叶楚伧、吴铁城等交谈。孙、邹、叶、吴走后，毛泽东会见柳亚子、沈钧儒、黄炎培、章伯钧、陈铭枢、王昆仑、王云五、傅斯年等人。柳亚子赠毛泽东七律一首（诗曰：“阔别羊城十九秋，重逢握手喜渝州。弥天大勇诚能格，遍地劳民乱倘休。霖雨苍生新建国，云雷青史旧同舟。中山卡尔双源合，一笑昆仑顶上头。”），称毛泽东是“弥天大勇”“霖雨苍生”，并向毛泽东索诗留念。
>
> 8月31日上午，邵力子在国民参政会宴请毛泽东、周恩来、王若飞，黄炎培、王云五等作陪。

下午，毛泽东会见小民革（中国革命民主同盟）的领导人王昆仑、屈武、侯外庐、许宝驹、谭惕吾、于振瀛、曹孟君、倪斐君等，听取他们对和谈的意见。饭后，毛泽东与客人畅谈。这次会见、畅谈长达10小时。

9月1日下午，毛泽东由张治中、邵力子陪同前往中苏文化协会，参加庆祝中苏友好同盟条约签订的鸡尾酒会，并参观苏联图片展览。参加酒会的有：苏联彼得洛夫大使夫妇、罗申武官，宋庆龄、冯玉祥，覃振、翁文灏、王世杰、陈诚、朱家骅、陈立夫、吴铁城、梁寒操、鹿钟麟、贺耀组等，郭沫若、沈钧儒、马寅初、谭平山、左舜生、李德全、傅斯年、王芸生、王昆仑、许宝驹、高崇民、张申府、史良、刘清扬、茅盾、侯外庐、张西曼、阳翰笙、曹孟君、倪斐君等。席间，毛泽东和覃振、冯玉祥、谭平山等人亲切交谈。

晚8时，毛泽东赴吴铁城宴会。

毛泽东离开林园后，同周恩来、王若飞一起住在重庆郊区红岩村八路军办事处。为方便毛泽东在城里会客、工作和临时休息，张治中把自己的寓所上清寺桂园腾了出来。此后，毛泽东每天上午从红岩来到城里，下午在桂园会客和工作，晚上再回红岩。有关毛泽东的工作情况，当时担任毛泽东副官的蒋泽民曾回忆说：

每天晚上，毛泽东从桂园回来后，首先要和周恩来、王若飞、胡乔木一起研究当天谈判的情况，揣摸国民党代表的心理，把握谈判的动态，制定出有关的政策。他们研究得很深很细，不放过任何一个细节，常常研究到深夜。

研究完谈判之事后，周恩来回到自己的屋子里，起草电报或文稿，安排毛泽东第二天的活动，处理一些要事。毛泽东则在自己的房间里思考下步的工作。

待忙完这些事后，毛泽东要通览全天的各大小报纸，不仅要看《新华日报》，还要看国民党办的各家报纸。一般的报道，他通览一遍放下。重要的文章和报道，他要认真反复地看，通过报纸，了解各界人士对谈判的反应，掌握时局的发展。

听取各方意见后，毛泽东于9月2日上午10时约请王世杰到桂园，就下一步的具体谈判提出了中共方面的八项原则主张：

一、在国共两党谈判有结果时，应召开有各党各派和无党派人士代表参加的政治会议；

二、在国民大会问题上，如国民党坚持旧代表有效，中共将不能与国民党成立协议；

三、应给人民以一般民主国家人民在平时所享有之自由，现行法令当依此原则予以废止或修正；

四、应予各党派以合法地位；

五、应释放一切政治犯，并列入共同声明中；

六、应承认解放区及一切收复区内的民选政权；

七、中共军队须改编为四十八个师，并在北平成立行营和政治委员会，由中共将领主持，负责指挥鲁、苏、冀、察、热、绥等地方之军队；

八、中共应参加分区受降。

随后，周恩来与王世杰进行具体商谈。当晚8时半，蒋介石在官邸宴请毛泽东、周恩来、王若飞。宴会结束后，毛泽东与蒋介石做第二次直接商谈，主要内容是中共军队的编组数目、军队驻地、解放区、政治会议、国民大会代表等问题。

9月3日，中共代表周恩来、王若飞同张群、张治中、邵力子进行商谈，并将中共方面三天前拟定的谈判方案交给国民党代表转呈蒋介石。谈判方案共有11项，要点是：

（一）在和平、民主、团结基础上实现全国的统一，建设独立、自由和富强的新中国，彻底实现三民主义。

（二）拥护蒋先生，承认蒋先生在全国的领导地位。

（三）承认国共两党及抗日党派的平等合法地位，确立长期合作、和平建国方针。

（四）承认解放区部队及地方政权在抗日战争中的功绩和合法地位。

（五）严惩汉奸，解散伪军。

（六）重划受降地区，解放区抗日军队参加受降工作。

（七）停止一切武装冲突，各部队暂留原地待命。

（八）实现政治民主化，军队国家化，党派平等合法。

（九）政治民主化的必要办法：由国民政府召集各党派及无党派代表人物的政治会议，各党派参加政府，重选国民大会；由中共推荐陕甘宁边区及热河、察哈尔、河北、山东、山西 5 省省府主席，绥远、河南、江苏、安徽、湖北、浙江、广东及东北 10 省副主席，北平、天津、开封、上海 4 特别市副市长；推行地方自治，实行普选。

（十）军队国家化的必要办法：公平合理地整编全国军队，确定分期实施计划；解放区部队编成 16 个军 48 个师，驻地集中于淮河流域及陇海路以北地区；中共及地方军事人员，参加军委会及其他各部的工作；设立北平行营及北方政治委员会，任中共人员为主任。

（十一）党派平等的必须办法：释放政治犯，取消一切不合理禁令，取消特务等。

接到中共方面提出的方案后，蒋介石连夜起草了一份《对中共谈判要点》，内容如下：1. 中共军队之编组，以 12 个师为最高限度。驻地问题，可由中共提出具体方案，经双方商讨决定。2. 承认解放区，绝对行不通。只要中共对于军令政令之统一能真诚做到，各县行政人员经中央考核后，可酌予留任，省级行政人员亦可延请中共人员参加。3. 拟将原国防最高委员会改组为政治会议，由各党派人士参加。中央政府之组织与人事拟暂不动，中共方面如现在即欲参加，亦可予以考虑。4. 原当选之国民大会代表，仍然有效。中共如欲增加代表，可酌量增加名额。

第二天一大早，蒋介石便召集张群、王世杰、张治中、邵力子会商，并将自拟的《对中共谈判要点》交给他们，要他们拟定对中共 9 月 3 日所提方案的复案，并令张治中同周恩来就两党进一步举行谈判问题进行磋商。

当天下午 5 时，毛泽东应蒋介石邀请，参加在军委会举行的庆祝抗战胜利茶会。会后，毛泽东和蒋介石进行了第三次直接商谈。当晚，周恩来、王若飞同张群、张治中、邵力子在尧庐（曾家岩德安里蒋介石的侍从室）就实质性问题进行商谈，历时 3 个小时。从这一天起，谈判开始设专人记录。

由于国民党方面迟迟拿不出自己的具体方案，所以，在 9 月 2 日开始具体谈判后的 6 天内，他们一直处于被动局面。王若飞在谈判结束后向中共中央政治局汇报时曾介绍说："前 6 天，看他们毫无准备。左舜生刻薄他们，说只见中共意见，不见政府意见。"

在国民党代表忙于准备谈判方案期间，毛泽东和周恩来、王若飞也没有休息。不过，他们的心情是放松的，因为他们已经掌握了谈判的主动权，这几天的任务主要是"走亲访友"、参观游览、挥毫题词和出席宴会。

9 月 8 日，国民党方面拟就了《对于中共 9 月 3 日提案之答复案》，主要内容是：1. 实行和平建国方针和三民主义，均为共同必遵之目的，民主与统一，必须并重。2. 拥护蒋主席的领导地位。3. 承认各党派在法律面前平等。4. 解放区名词应成为过去，对收复区内原任抗战行政人员，政府可依其能力酌量使其为地方服务。5. 惩治汉奸必须依法律行之，解散伪军亦要用妥慎办法，以免影响地方安宁。6. 中共参加受降工作，在接受中央命令之后，自可考虑。7. 双方停止武装冲突，中央部队不能只靠空运，必要时需用铁路，中共军队不应阻其通过。8. 原则上赞成实行政治民主化、军队国家化、党派平等合作。9. 政治会议的组织及人员选任，可由双方商定，其讨论事项，不必预为规定；国民大会之旧代表应有效，其名额可合理增加和合法解决。在做到军令政令统一之下，中共对于其抗战卓著勤劳且在政治上有能力之同志，可提请政府，经中央考核，酌予留任。10. 中共军队改编为 12 个师在中央实已为可允许之最高限度；中共军队驻地，由中共提出方案，讨论决定，依令编组后实施；中共不宜任北平行营主任职，不同意设置北平政治委员会；解放区民兵由地方编作自卫队问题，只能视地方情势，有必要及可能，酌量编置，不宜做一般之规定。11. 释放政治犯问题，政府准备自动办理，中共可提出应放人员名单；给人民以一般民主国家之自由，特务机关只办情报，严禁逮捕、拘禁等行为。

至此，双方都有了明确的具体方案，谈判也随之进入关键性阶段。

谈判，是一种智慧、胆略和口才的较量，双方的唇枪舌剑、斗智斗勇自然是少不了的。在接下来的谈判过程中，双方代表既有和颜悦色的时刻，也有怒发冲冠的瞬间。谈判的结果也是既有共识，也有悬案。然而，不论谈判多么紧张，斗争多么尖锐，争执多么激烈，“毛泽东的表情却始终是非常平静的，举止是从容的，讲话时的语调也都是温和的”。毛泽东参加谈判的时候，并不多说话，但是，“只要他的声音出现后，屋内就立刻安静下来”。

从 9 月 10 日开始，双方又开始了新一轮的谈判。有关谈判和毛泽东相关活动的情况，余湛邦记载如下：

> 9 月 10 日，周恩来、王若飞同张群、张治中、邵力子在尧庐就召开政治会议和国民大会问题进行商谈。中共方面主张在国民大会前召开各党派及无党派人士参加的政治会议。国民党方面同意，但主张改称政治协商会议。对政

治协商会议的召集办法、参加人数、会议内容及权限，双方无大争议。国民党方面同意延期召开国民大会．但坚持原选代表有效。中共方面主张重选代表，或增选三分之一代表。对此双方未获协议。

9月11日，周恩来、王若飞同张群、邵力子、叶楚伧、张厉生就国民大会代表问题进行磋商。由于国民党方面坚持己见，一再拒绝中共方面的提议，双方未获协议。

晚上，毛泽东在桂园宴请张澜、沈钧儒、黄炎培等，向他们介绍了两党谈判情况，并征询他们的意见。

9月12日中午，毛泽东、周恩来应蒋介石之请在林园与蒋共进午餐。张群、张厉生、邵力子作陪。餐后，毛泽东与蒋介石作第四次商谈。

下午3时，周恩来、王若飞同张群、邵力子、张厉生在尧庐进行商谈，内容是：1.国民大会问题；2.政治会议问题；3.施政纲领问题；4.各政党参加政府问题；5.承认解放区问题。

9月15日，周恩来、王若飞同张群、邵力子在尧庐作长时间的商谈。中共代表本着顾全大局的态度，做出包括撤出南方八个解放区的重大让步。

9月17日中午12时半，毛泽东应邀赴林园同蒋介石共进午餐，时美国大使赫尔利在座。毛泽东与蒋介石作第五次直接商谈，赫尔利和张群、吴国桢在场。毛泽东、蒋介石、赫尔利三人合影。会后，毛泽东、蒋介石、赫尔利、张群、吴国桢、蒋经国六人合影。

9月18日，毛泽东应邀出席国民参政会举行的欢迎茶会，并发表演说，指出，现今为和平发展、和平建国的新时代，必须团结统一，坚决避免内战。各党各派应在这个方针之下建设新中国。

谈判，又是一门艺术，既要坚守原则，维护自身利益，又要灵活机动，做出必要让步。

鉴于双方在军队和解放区两个问题上争执不下，毛泽东开始考虑做进一步的让步问题。从 18 日晚到 19 日上午，毛泽东与周恩来、王若飞重新研究并提出了关于军队缩编及驻地问题的新方案。其要点如下：

（一）关于我方军队与国民党军队的比例，我方愿让步到 1 与 6 之比，即国民党军队现有 263 个师，我方应编为 43 个师；国民党方面缩编为 120 个师，我方应为 20 个师；国民党方面缩编为 60 个师，则我方应为 10 个师。

（二）关于军队、军队驻地与解放区三者，愿意采用国民党方面所提意见，合并解决。第一步，我方将海南岛、广东、浙江、苏南、皖南、湖北、湖南、河南等 8 个地区之军队撤退，集中于苏北、皖北及陇海路以北地区。第二步，再将苏北、皖北、豫北地区之军队撤退，而将我方所有之 43 个师集中驻于山东、河北、察哈尔、热河与山西之大部分，绥远之小部分，及陕甘宁边区等 7 个地区。解放区亦随军队驻地之调整而合并。山东、河北、察哈尔、热河与陕甘宁边区之主席，由我方推荐，山西、绥远两省之副主席，天津、北平、青岛三特别市之副市长，亦由我方推荐人员充任。但对于苏北、皖北、豫北三地区，我方军队尚未撤退以前，其专员、县长均由我方委任。

关于做上述重大让步的必要性，毛泽东在谈判结束回延安后，曾在干部会议上做了如下说明：

> 有些同志问，为什么要让出八个解放区？让出这八块地方非常可惜，但是以让出为好。为什么可惜？因为这是人民用血汗创造出来的、艰苦地建设起来的解放区。所以在让出的地方，必须和当地的人民解释清楚，要作妥善的处置。为什么要让出呢？因为国民党不安心。人家要回

南京，南方的一些解放区，在他的床旁边，或者在他的过道上，我们在那里，人家就是不能安心睡觉，所以无论如何也要来争。在这一点上我们采取让步，就有利于击破国民党的内战阴谋，取得国内外广大中间分子的同情。现在全国所有的宣传机关，除了新华社，都控制在国民党手里。它们都是谣言制造厂。这一次谈判，它们造谣说：共产党就是要地盘，不肯让步。我们的方针是保护人民的基本利益。在不损害人民基本利益的原则下，容许做一些让步，用这些让步去换得全国人民需要的和平和民主。我们过去和蒋介石办交涉，也做过让步，并且比现在的还大。在一九三七年，为了实现全国抗战，我们自动取消了工农革命政府的名称，红军也改名为国民革命军，还把没收地主土地改为减租减息。这一次，我们在南方让出若干地区，就在全国人民和全世界人民面前，使国民党的谣言完全破产。军队的问题也是这样。国民党宣传说，共产党就是争枪杆子。我们说，准备让步。我们先提出把我们的军队由现在的数目缩编成四十八个师。国民党的军队是二百六十三个师，我们占六分之一。后来我们又提出缩编到四十三个师，占七分之一。国民党说，他们的军队要缩编到一百二十个师。我们说，照比例减下来，我们的军队可以缩编到二十四个师，还可以少到二十个师，还是占七分之一。国民党军队官多兵少，一个师不到六千人。照他们的编法，我们一百二十万人的军队，就可以编二百个师。但是我们不这样做。这样一来，他们无话可说，一切谣言都破产了。是不是要把我们的枪交给他们呢？那也不是。交给他们，他们岂不又多了！人民的武装，一枝枪、一粒子弹，都要保存，不能交出去。

然而，国民党方面得寸进尺，对于中共提出的新方案仍不予接受。他们顽固坚持所谓的“军令政令统一”，指责中共分裂。

让步总是有限度的。不拿原则做交易是毛泽东的秉性。在他的指导下，周恩来、王若飞严格按照新方案据理力争，不再让步。19日的谈判，成了一场辩论会，双方各执一词，互不相让，结果是不欢而散。

9月20日，毛泽东收到延安来电。来电称：据西安确息，蒋介石密示所属：“目前与奸党谈判，乃系窥测其要求与目的，以掩延时间，缓和国际视线，俾国军抓紧时机，迅速收复沦陷区中心城市。待国军控制所有战略据点、交通线，将寇军受降后，再以有利之优越军事形势与奸党作具体谈判。彼如不能在军令政令统一原则下屈服，则以土匪清剿之。”

尽管蒋介石在明修栈道，暗度陈仓，但是，毛泽东处变不惊，因为他早已做好两手准备。

9月21日，周恩来、王若飞同张群、张治中、邵力子再次就军队缩编与驻地问题进行谈判。国民党方面继续使用高压手段，指责中共“割据地盘”。中共代表不得不以事实严正驳斥，指出：割据是军阀所为，革命党人焉有割据之理！同时批评国民党方面自高自大，视我党为被统治者，不愿平等对待中国共产党，是无助于谈判进行的。此后，双方的谈判陷入了僵局。

当晚，赫尔利又找毛泽东谈话，要求中共交出军队和解放区，并威胁说：“要么承认，要么破裂。”

毛泽东没有吃他的这一套，回答说：“问题复杂，还要讨论。”为了让这位骄傲而笨拙的美国“乡巴佬”明白这句话的意思，毛泽东又做了一番解释：军队国家化，国家要统一，我们是完全赞成的，但前提是国家民主化，军队和解放区不能交给一党控制的政府。如何民主化，还要讨论。虽然目前有很多困难，但总会想出克服办法的。

最后，他给赫尔利留下一句话：“我们不主张破裂。”

这是一句分量很重的话，不仅语义双关（如果破裂，中共不承担责任），而且言犹未尽。听了这句话，谁都会想到毛泽东想要说的下一句话是什么，那就是："但我们也不怕破裂。"毛泽东外柔内刚，他不愿像赫尔利那样咄咄逼人，所以没有把后一句话说出来，但是，他很快就用行动把这句话的意思表达出来了。当天的谈判搁浅后，中共方面不再主动提出恢复谈判的问题。毛泽东也从第二天起，开始走访各方友好，会见新闻记者，宣传中共主张。

毛泽东的不卑不亢和举重若轻，不仅展示了他的伟人气质和风采，而且使谈判出现了转机。在双方的谈判中断5天后，国民党代表又不得不回到谈判桌上来。

9月27日，周恩来、王若飞同张群、张治中、邵力子在尧庐恢复商谈，继续讨论军队缩编和解放区问题。关于中共军队问题，双方商定同意成立另一小组，先行商谈再议；关于解放区问题，双方同意暂时维持现状，交政治会议解决。

9月28日，周恩来、王若飞同张群、张治中、邵力子在尧庐继续商谈，并达成两项协议：一、关于参加军队整编小组人员名单，中共方面为八路军参谋长叶剑英，国民党方面为军政部次长林蔚、军令部次长刘斐；二、关于政治会议，双方同意在结束训政、实施宪政以前，设政治会议，由国民政府召集之，各党各派及社会贤达推荐代表出席，协议和平建国方案与召开国民大会问题。根据周恩来的提议，双方初步商定各党各派和无党派人士代表名额为37名。

9月29日，谈判休会。张群、邵力子在国民参政会宴请周恩来、王若飞，以及张澜、沈钧儒、黄炎培、左舜生、章伯钧、罗隆基、张申府等，共商政治协商会议的组织等问题。

10月2日，周恩来、王若飞同张群、张治中、邵力子在尧庐就政治协商会议问题、解放区问题等继续进行商谈。最后，双方同意就一个多月来的商谈做一记录公开发表。

10月5日，周恩来、王若飞同张群、张治中、邵力子在尧庐举行最后一次谈判。谈毕，周恩来提出，毛泽东来此一月有余，拟于下周返回延安。他还将自己起草的《会谈纪要》提交对方，以供讨论。

10月8日，双方就《会谈纪要》交换意见并修改定稿。这个《会谈纪要》不仅把双方已经一致同意的内容在文字上确定下来，而且对没有取得一致的问题也分别说明了各自的看法，在解放区地方政府问题上，还说明了中共先后提出的4种解决方案和双方的分歧所在。最后，双方商定在10月10日正式签字。

10月10下午，周恩来、王若飞同王世杰、张群、邵力子、张治中在桂园会客厅正式签署《国民政府与中共代表会谈纪要》（又称《双十协定》）。签字后，邵力子由衷地表示：此次商谈得以初步完成，多赖于毛先生之不辞辛苦奔波，我们请他见面。毛泽东当时正在二楼等候。他走下来，同在场者一一握手，表示祝贺。

在这个纪要中，国民党表面上不得不同意中国共产党提出的和平建国的基本方针，承认“以和平、民主、团结、统一为基础……长期合作，坚决避免内战，建设独立、自由和富强的新中国”，“政治民主化、军队国家化及党派平等合法，为达到和平建国必由之途径”。也不得不同意迅速结束国民党的训政，召开政治协商会议，“保证人民享受一切民主国家人民在平时应享受的身体、信仰、言论、出版、集会、结社之自由，现行法令当依此原则，分别予以废止或修正”。取消特务机关，“严禁司法和警察以外机关有拘捕、审讯和处罚人民之权”，“释放政治犯”，“积极推行地方自治，实行由下而上的普选”等。

以《双十协定》的签订为标志，重庆谈判暂告一段落。毛泽东对《协定》评价说：“这个东西，第一个好处是采取平等的方式，双方正式签订协定，这是历史上未有过的。第二，有成议的6条，都是有益于人民的。”

谈判桌外

前面已经提到，毛泽东在来重庆之前曾经表示："如果是软禁，那也不用怕，我正是要在那里办点事。"他要办点什么事呢？就是会见各方友好。

既然是来和国民党当局谈判的，为什么又要同其他人士广泛接触？其中缘由和道理，并不难理解。由于延安地处偏僻，又长期受到国民党的封锁，对于国统区的大多数人来说，它是一块充满神奇色彩的土地。特别是被国民党称为"土匪"的共产党人，在极端艰苦的条件下坚持抗战8年之久，不仅使根据地和党组织及其领导下的武装力量日益发展壮大，而且在政治、经济和文化建设方面，搞得风风火火、有声有色，更加增强了大后方人民乃至国际友好人士对延安的向往和了解共产党人特殊魅力的渴望。而对于毛泽东来说，这次来到重庆，正是展示共产党人形象、宣传共产党的主张、扩大共产党的影响、争取国统区"民心归向"的大好机会。因此，他在主持谈判之余，不顾疲劳、不避风险，接连不断地同中外各界人士进行广泛接触。凡能接触者，一概见之：论层次，上自各党各派代表人物和外国使节，下至普通文人、进步青年和美国士兵；论界别，政界、军界、经济界、妇女界、文化界无所不包；论倾向，左、中、右齐全。

作为伟大的革命先行者孙中山的遗孀，宋庆龄始终不渝地坚持孙中山倡导的革命的三大政策，同蒋介石的独裁统治进行了长期不懈的斗争，赢得了全国人民的尊敬和爱戴，成为中国革命和民主力量的杰出代表。她是共产党人的忠实朋友，也是毛泽东专程拜访的第一人。在8月3日的会见中，毛泽东向宋庆龄表达了由衷的感谢和敬意。9月8日下午4时，毛泽东、周恩来在桂园举行茶会，招待在重庆的各国援华救济团体负责人，宋庆龄以保卫中国同盟主席的身份出席。后来，毛泽东又利用出席酒会或参观的机会，同宋庆龄多次会见并亲切交谈。由此，宋庆龄更加坚定了支持中共政治主张的鲜明立场。

毛泽东来重庆之前，和中国民主同盟主席张澜从没有见过面，但他们的“神交”却非常深。在8月30日下午的长谈中，毛泽东向张澜详细地介绍了解放区的开创和建设情况，解释了中共中央8月25日《宣言》中提出的6项紧急要求。张澜连声说：“很公道，很公道。”张澜还说，蒋介石要是良知未泯，就应当采纳实施。张澜很担心毛泽东的安全，说：“蒋介石在演鸿门宴，他哪里会顾得上一点信义！前几年我告诉他：‘只有实行民主，中国才有希望。’他竟威胁我说：‘只有共产党，才讲实行民主。’现在国内外形势一变，他也喊起‘民主’，‘民主’来了！”毛泽东说：“民主也成了蒋介石的时髦货！他要演民主的假戏，我们就来他一个假戏真做，让全国人民当观众，看出真假，分出是非，这场戏也就大有价值了。”张澜说：“蒋介石要是真的心回意转，弄假成真，化干戈为玉帛，那就是全国人民之福呀！”9月15日下午，毛泽东再次赴特园看望张澜，向他介绍和谈情况，并征求他对和谈的意见和建议。毛泽东告诉张澜：关于承认党派合法地位、保证人民自由权利、召开政治会议等已大致获得协议；国大代表问题尚待继续磋商；目前症结仍在军队数字和驻地、解放区政府和区划两大问题。他还说，蒋介石正在美国大力支持下运送兵员，名为接收，实为准备发动内战。张澜建议，应当将两党已谈拢的问题公之于众，免得蒋介石将来不认账；如你们不便说，我可以采取给两党公开信的方式，把问题摊开来。毛泽东对此表示赞同。18日，张澜在重庆《新民报》上发表《给国共两党领袖的公开信》，说：“今日商谈内容，似应随时公诸国人，既能收集思广益之效，更可得国人共商国事之实。”“所做成的解决方案，必须不与国人之公意相违。”“吾人虽不获事前参与，事后必须保留批评之自由。”

柳亚子是毛泽东在第一次国共合作时同事过的老朋友，这时担任三民主义同志联合会领导职务，住在重庆沙坪坝南开中学。毛泽东在重庆期间，曾多次与他见面并有书信往来。8月30日，毛泽东在桂园会见了前来看望他的柳亚子。9月6日，毛泽东和周恩来、王若飞一起到沙坪坝南开中学拜访了柳亚子和张伯苓。毛泽东以《沁园春·咏雪》词书赠柳亚子。词曰：

北国风光，千里冰封，万里雪飘。望长城内外，惟余莽莽；大河上下，顿失滔滔。山舞银蛇，原驰蜡象，欲与天公试比高。须晴日，看红装素裹，分外妖娆。

江山如此多娇，引无数英雄竞折腰。惜秦皇汉武，略输文采；唐宗宋祖，稍逊风骚。一代天骄，成吉思汗，只识弯弓射大雕。俱往矣，数风流人物，还看今朝。

这首始作于1936年2月的词在重庆《新民晚报》上发表后，立刻轰动了整个山城，社会各界无不交口称赞：“风调独特，文情并茂，而气魄之大乃不可及。”10月4日、7日，毛泽东两次复信柳亚子，谈论时局、介绍谈判情况。复信说：“时局方面，承询各项，目前均未至具体解决时期。报上云云，大都不足置信。前曾奉告二语：前途是光明的，道路是曲折的。吾辈多从曲折（即困难）二字着想，庶几反映了现实，免至失望时发生许多苦恼。而困难之克服，决不是那么容易的事情。此点深望先生引为同调。”关于和谈结果，“目前发表文章、谈话，仍嫌过早。人选种种均谈不到，置之脑后为佳”。

毛泽东认为，“国民党是一个政治联合体，要做具体分析，也有左中右之分，不能看做铁板一块”。在重庆期间，他除了与蒋介石见面商谈外，还广泛接触了国民党内的各派人物，就是对一向反共的陈立夫、戴季陶等，他也前去看望。9月20日，毛泽东在秘书王炳南的陪同下去看望陈立夫。见面后，他用回忆往事的口气，谈起大革命初期国共合作的情景，然后又在谈笑自如中批评了国民党后来实行的剿共政策，说："我们上山打游击，是国民党剿共逼出来的，是逼上梁山。就像孙悟空大闹天宫，玉皇大帝封他为弼马温，孙悟空不服气，自己鉴定是齐天大圣。可是你们却连弼马温也不给我们做，我们只好扛枪上山了。"陈立夫表示，是他首先主张签订中苏友好同盟条约的，对这次国共和谈一定"尽心效力"。

同一天，毛泽东和周恩来、董必武等还出席了《大公报》负责人在李子坝报社举行的招待宴会。席间，大公报社负责人提出所谓共产党"不要另起炉灶"的问题，毛泽东诙谐地说："不是我们要另起炉灶，而是国民党的炉灶里不许我们造饭。""如果蒋委员长是大锅饭让大家吃，共产党决不另起炉灶；如果他不给大家吃大锅饭，饿了两天还可以，饿到第三天，非另起炉灶不行。"他还进一步解释说："我们对国民党，只是有所批评，留有余地，并无另起炉灶之意。"毛泽东的一席话，揭穿了蒋介石搞独裁的实质，向那些持中间立场的朋友们澄清了模糊认识。《大公报》重庆版总编辑王芸生听了这番话之后明确表示："多年写社论没有方针，今后有了。"为了争取他们站到人民利益的立场上来，毛泽东还为大公报社的职工题词："为人民服务。"

对于进步青年和左翼人士，毛泽东在会见和谈话过程中，不仅对他们要求进步的愿望给予热情鼓励，还为他们从事革命工作出主意、指方向。9 月 30 日下午，毛泽东在红岩村会见青年学生蒲公英、白明、夏雷、叶无等。蒲公英等请求到延安去，毛泽东说：要革命，延安也可以，这里也可以，不一定每个人都到延安去。毛泽东勉励他们努力学习，努力工作，准备担负更重要的任务。在会见许德珩教授及夫人劳君展时，毛泽东建议把他们组织的民主与科学座谈会搞成一个永久性的政治组织，并且鼓励说：人数多少并不重要，你们都是科学文教界有影响的代表人物，经常在报上发表意见和看法，不是也起到很大宣传作用吗。根据毛泽东的建议，民主与科学座谈会很快改为固定性的政治组织“九三座谈会”（九三学社的前身）。在会见郭沫若、于立群时，毛泽东又建议他们在文化界采取更强硬一些的态度，开展必要的斗争，指出“前途是光明的，道路是曲折的”。这是他对中国形势发展总趋势的基本判断，也是在重庆各处题词最多的一句话。

当毛泽东获悉一些产业界人士希望了解中共的有关政策后，曾专门于9月17日下午在桂园举行茶会，到会的有章乃器、刘鸿生、李烛尘、范旭东、胡西园、吴羹梅、吴蕴初、潘昌猷等。毛泽东赞扬他们为发展中国民族工业所做的贡献，同时指出，在半殖民地、半封建社会的中国，民族资本是得不到发展的，只有在国家独立、民主、自由之下，民族工商业才有发展前途。毛泽东还向他们详细介绍了中国共产党对待民族资本的政策，使他们深受鼓舞。

会见中外记者，是毛泽东非常看重的一件事。9月13日下午，毛泽东、周恩来、王若飞举行首次记者招待会，会见在重庆的外国记者，并单独接见合众国际社记者，介绍中国共产党对和谈的方针，还高度评价中苏友好同盟条约的意义和作用。毛泽东发表谈话说：目前双方保证不向外公布会谈情形，但希望会谈会成功。他指出：“全国人民都希望和平，我到重庆来尽一切努力以达到和平。我们共产党人希望会谈将有良好的结果，使中国能由抗战转到和平建设的时期。”他还强调说：“希望当谈判正在进行中，共产党军队与国民党军队之间不会发生冲突。共产党宁愿撤退，而不愿与国民党军队发生冲突，但他们仍然将继续与敌伪军作战。”9月27日，重庆《新华日报》又发表了毛泽东答复路透社驻重庆记者甘贝尔书面提出的12个问题。问题与答复如下：

（一）问：是否可能不用武力而用协定的方法避免内战？

答：可能。因为这符合于中国人民的利益，也符合于中国当权政党的利益。目前中国只需要和平建国一项方针，不需要其他方针，因此中国内战必须坚决避免。

（二）问：中共准备做何让步，以求得协定？

答：在实现全国和平、民主、团结的条件下，中共准备做重要的让步，包括缩减解放区军队在内。

（三）问：中央政府方面须做何种的妥协或让步，才能满足中共的要求呢？

答：中共的主张见于中共中央最近的宣言（指8月25日发表的《中共中央对目前时局的宣言》），这个宣言要求国民党政府承认解放区的民选政府与人民军队，允许他们接受日本投降，严惩汉奸伪军，公平合理地整编军队，保障人民自由权利，及成立民主的联合政府。

（四）问：你对谈判会达到协定甚至只是暂时协定一事，觉得有希望吗？

答：我对谈判结果，有充分信心，认为在国共两党共同努力与互相让步之下，谈判将产生一个不只是暂时的而且是足以保证长期和平建设的协定。

（五）问：假若谈判破裂，国共问题可能不用流血方法而得到解决吗？

答：我不相信谈判会破裂。在无论什么情况之下，中共都将坚持避免内战的方针。困难会有的，但是可能克服的。

（六）问：中共对中苏条约的态度如何？

答：我们完全同意中苏条约，并希望它的彻底实现，因为它有利于两国人民与世界和平，尤其是远东和平。

（七）问：日本投降后，你们所占领的地区，是否打算继续占领下去？

答：中共要求中央政府承认解放区民选政府与人民军队，它的意义只是要求政府实行国民党所早已允诺的地方自治，借以保障人民在战争中所作的政治上、军事上、经济上与教育上的地方性的民主改革，这些改革是完全符合于国民党创造者孙中山先生的理想的。

（八）问：如果联合政府成立了，你们准备和蒋介石合作到什么程度呢？

答：如果联合政府成立了，中共将尽心尽力和蒋主席合作，以建设独立、自由、富强的新中国，彻底实行孙中山先生的三民主义。

（九）问：A.你们的行动和决定，将影响到华北多少共产党员？B.他们有多少是武装起来的？C.中共党员还在些什么地方活动？

答：共产党员的行动方针，决定于党的中央委员会。中共现有一百二十万党员，在它领导下获得民主生活的人民现已远超过一万万。这些人民，按照自愿的原则，组织了现在数达一百二十万人以上的军队和二百二十万人以上的民兵，他们除分布于华北各省与西北的陕甘宁边区外，还分布于江苏、安徽、浙江、福建、河南、湖北、湖南、广东各省。中共的党员，则分布于全国各省。

（十）问：中共对“自由民主的新中国”的概念及界说为何？

答：“自由民主的中国”将是这样一个国家，它的各级政府直至中央政府都由普遍、平等、无记名的选举所产生，并向选举它们的人民负责。它将实现孙中山先生的三民主义，林肯的民有民治民享的原则与罗斯福的四大自由。它将保证国家的独立、团结、统一及与各民主强国的合作。

（十一）问：在各党派的联合政府中，中共的建设方针及恢复方针如何？

答：除了军事与政治的民主改革以外，中共将向政府提议，实行一个经济及文化建设纲领，这纲领的目的，主要是减轻人民负担，改善人民生活，实行土地改革与工业化，奖励私人企业（除了那些带有垄断性质的部门应由民主政府国营外），在平等互利的原则下欢迎外人投资与发展国际贸易，推广群众教育，消灭文盲等等。这一切也都是与孙中山先生的遗教相符的。

（十二）问：你赞成军队国家化，废止私人拥有军队吗？

答：我们完全赞成军队国家化与废止私人拥有军队，这两件事的共同前提就是国家民主化。通常所说的“共产党军队”按其实际乃是中国人民在战争中自愿组织起来而仅仅服务于保卫祖国的军队，这是一种新型的军队，与过去中国一切属于个人的旧式军队完全不同。它的民主性质为中国军队之真正国家化提供了可贵的经验，足为中国其他军队改进的参考。

此外，毛泽东还会见了苏、美、英、法、加拿大等国的驻华大使，荷兰、比利时以及韩国临时政府的驻华代表。9月16日下午，他又在红岩村八路军驻重庆办事处约见了美国驻华第14航空队总部的3名士兵霍华德·海曼、爱德华·贝尔、杰克·埃德尔曼。毛泽东倾听了他们谈的问题，向他们介绍了解放区的情况，并阐明了中共有关国际、国内问题的立场和主张。毛泽东与3位美国朋友共进晚餐，并一起照了相。

这次会见，毛泽东给3位美国士兵留下了极为深刻的印象和影响。30年后，霍华德·海曼在回忆起这次与毛泽东会见的情景和他对毛泽东的印象时，曾经这样写道：

我们如期赴约，3个年纪很轻的美国士兵与毛泽东、周恩来和其他几位后来成为新中国领袖的人物一同进餐。整整大半个下午和傍晚，话题围绕着中国和她的未来。当毛泽东向我们提及有关美国的十分尖锐的问题时，我们虽经一再琢磨，但回答得总不那么尽如人意。

> 专家学者也许会告诉你毛泽东是一个诗人、历史学家或者革命家，在我的记忆中，他是一个性情平和、知人冷暖的人。他机敏过人，几乎一见面就能使你立刻感到轻松自如。与他的同志们的那种关系，给我留下了极为深刻的印象。在毛与身边的工作人员、领导干部、厨师以及服务人员之间，是一种情感和温暖的相互交流，你甚至不能察觉到一丁点的傲慢无礼、故弄玄虚、盛气凌人或矫揉造作。

通过与各界人士的广泛接触和交流，毛泽东不仅宣传了中共的主张和解放区的实际情况，而且了解到大后方以及外国人士的情况和想法。他在回到延安后所作的《关于重庆谈判》的报告中，谈到了这方面的感受："我这次在重庆，就深深地感到广大的人民热烈地支持我们，他们不满意国民党政府，把希望寄托在我们方面。我又看到许多外国人，其中也有美国人，对我们很同情。广大的外国人民不满意中国的反动势力，同情中国人民的力量。他们也不赞成蒋介石的政策。我们在全国、全世界有很多朋友，我们不是孤立的。"特别是同各民主党派负责人和重庆各界代表人物的接触，使毛泽东从中吸取了不少有益的政治营养，不仅对谈判取得成功起到了很好的推动作用，而且为后来建立新中国奠定了广泛的政治基础。

完成在重庆的各项工作任务后，毛泽东在张治中的陪同下，于10月11日上午离开重庆返回延安。临行前，毛泽东与蒋介石在当日凌晨举行了最后一次直接商谈。蒋介石表示在解放区问题上不再让步。毛泽东说，周恩来、王若飞将留在重庆继续商谈。临行前，他同桂园的工作人员和担任守卫的国民党宪兵热情地一一握手告别，向他们表示谢意。在机场，毛泽东与前来送行的各界代表握手话别，并与陈诚、张治中、陶行知夫妇在飞机旁合影留念。登机前，他又向中外记者发表了简短谈话，指出：中国问题是可以乐观的。困难是有的，但是可以克服的。飞机于上午9时45分起飞，下午1时30分到达延安。

以战促和

毛泽东的这次重庆之行，可以说是收获多多。不过，这些收获都是通过与国民党当局进行艰苦斗争取得的。就斗争的方式而言，又是多种多样、灵活多变的：既有文斗，又有武斗；既有直接斗争，又有间接斗争。用毛泽东的话说，就是“针锋相对”。

10 月 17 日，毛泽东在延安干部会议上作报告时，对重庆谈判期间中共与国民党进行斗争的复杂情况以及中共的斗争策略，做了如下说明：

> 国民党一方面同我们谈判，另一方面又在积极进攻解放区。包围陕甘宁边区的军队不算，直接进攻解放区的国民党军队已经有八十万人。现在一切有解放区的地方，都在打仗，或者在准备打仗。《双十协定》上第一条就是“和平建国”，写在纸上的话和事实岂不矛盾？是的，是矛盾的。所以说，要把纸上的东西变成实际，还要靠我们的努力。为什么国民党要动员那么多的军队向我们进攻呢？因为它的主意老早定了，就是要消灭人民的力量，消灭我们。最好是很快消灭；纵然不能很快消灭，也要使我们的形势更不利，它的形势更有利一些。和平这一条写在协定上面，但是事实上并没有实现。现在有些地方的仗打得相当大，例如在山西的上党区。太行山、太岳山、中条山的中间，有一个脚盆，就是上党区。在那个脚盆里，有鱼有肉，阎锡山派了十三个师去抢。我们的方针也是老早定了的，就是针锋相对，寸土必争。这一回，我们“对”了，“争”了，而且“对”得很好，“争”得很好。就是说，把他们的十三个师全部消灭。他们进攻的军队共计三万八千人，我们出动三万一千人。他们的

三万八千被消灭了三万五千，逃掉两千，散掉一千。这样的仗，还要打下去。我们解放区的地方，他们要拼命来争。这个问题好像不可解释。他们为什么要这样地争呢？在我们手里，在人民手里，不是很好吗？这是我们的想法，人民的想法。要是他们也是这样想，那就统一了，都是“同志”了。可是，他们不会这样想，他们要坚决反对我们。不反对我们，他们想不开。他们来进攻，是很自然的。我们解放区的地方让他们抢了去，我们也想不开。我们反击，也是很自然的。两个想不开，合在一块，就要打仗。既然是两个想不开，为什么又谈判，又成立《双十协定》呢？世界上的事情是复杂的，是由各方面的因素决定的。看问题要从各方面去看，不能只从单方面看。在重庆，有些人认为，蒋介石是靠不住的，是骗人的，要同他谈判出什么结果是不可能的。我遇到许多人都给我这样说过，其中也有国民党员。我向他们说，你们说的是有理由的，有根据的，积十八年之经验，深知是这么一回事。国共两党一定谈判不好，一定要打仗，一定要破裂，但是这只是事情的一个方面。事情还有另外一个方面，还有许多因素，使得蒋介石还不能不有很多顾忌。这里主要有三个因素：解放区的强大，大后方人民的反对内战和国际形势。我们解放区有一万万人民、一百万军队、两百万民兵，这个力量，任何人也不敢小视。我们党在国内政治生活中所处的地位，已经不是1927年时候的情况了，也不是1937年时候的情况了。国民党从来不肯承认共产党的平等地位，现在也只好承认了。我们解放区的工作，已经影响到全中国、全世界了。大后方的人民都希望和平，需要民主……反对中国内战，主张和平、民主的，不只是我们解放区的人民，还有大后方的广大人民和全世界的广大人民。蒋介石的主观愿望是要坚持独裁和消灭共产党，但是要实现他的愿望，客观上有很多困难。这样，使他不能不讲讲现实主义。人家讲现实主义，我们也讲现实主义。人家讲现实主义来邀请，我们讲现实主义去谈判。我们 8 月 28 日到达重庆，29 日晚上，我就向国民党的代表说：从九一八事变以后，就产生了和平团结的需要。我们要求了，但是没有实现。到西安事变以后、“七七”抗战以前，才实现了。抗战 8 年，大家一致打日本。但是内战是没有断的，不断的大大小小的摩擦。要说没有内战，是欺骗，是不符合实际的。8 年中，我们一再表示愿意谈判。我们在党的七次代表大会上也这样声明：只要国民党当局“一旦愿意放弃其错误的现行政策，同意民主改革，我们是愿意和他们恢复谈判的”。在谈判中间，我们提出，第一条中国要和平，第二条中国要民主，蒋介石没有理由反对，只好赞成。《会谈纪要》上所发表的和平方针和若干民主协议，一方面是写在纸上的，还不是现实的东西；另一方面也是由各方面力量决定的。解放区人民的力量，大后方人民的力量，国际形势，大势所趋，使得国民党不得不承认这些东西。

“针锋相对”，要看形势。有时候不去谈，是针锋相对；有时候去谈，也是针锋相对。从前不去是对的，这次去也是对的，都是针锋相对。这一次我们去得好，击破了国民党说共产党不要和平、不要团结的谣言。他们连发三封电报邀请我们，我们去了，可是他们毫无准备，一切提案都要由我们提出。谈判的结果，国民党承认了和平团结的方针。这样很好。国民党再发动内战，他们就在全国和全世界面前输了理，我们就更有理由采取自卫战争，粉碎他们的进攻。成立了《双十协定》以后，我们的任务就是坚持这个协定，要国民党兑现，继续争取和平。如果他们要打，就把他们彻底消灭。事情就是这样，他来进攻，我们把他消灭了，他就舒服了。消灭一点，舒服一点；消灭得多，舒服得多；彻底消灭，彻底舒服。中国的问题是复杂的，我们的脑子也要复杂一点。人家打来了，我们就打，打是为了争取和平。不给敢于进攻解放区的反动派很大的打击，和平是不会来的。

毛泽东返回延安后，周恩来、王若飞留在重庆继续与国民党谈判。鉴于蒋介石只是把和谈看作争取时间以调集兵力的临时手段，《双十协定》签订后，内战的烽火不但没有停息，反而越燃越大，毛泽东在回延安后的几个月中，牢牢把握“以战促和”的方针，一方面密切关注和指导中共代表在重庆的后期谈判，另一方面加紧了对各解放区军事行动的部署。

在延安干部会议上作报告的当天，毛泽东针对国民党军队进犯晋冀鲁豫解放区中心城市邯郸，起草了给晋冀鲁豫中央局的电报，就平汉战役（即邯郸战役）的军事部署提出指导性意见。电报说：“在你们领导之下打了一个胜利的上党战役，使得我军有可能争取下一次相等的或更大的胜利。在你们领导下的一切力量，除以太岳全力展开同蒲路的作战争取应有胜利外，必须集中太行与冀鲁豫全力争取平汉战役的胜利。即将到来的新的平汉战役，是为着反对国民党主要力量的进攻，为着争取和平局面的实现。这个战役的胜负，关系全局极为重大。你们须准备以一个半月以上的时间，在连续多次的战斗中，争取歼灭8万顽军的一半左右或较多的力量，方能解决问题。望利用上党战役的经验，动员太行、冀鲁豫两区全力，由刘邓亲临指挥，精密组织各个战斗，取得第二个上党战役的胜利。

为统一全党认识，使各解放区领导层充分了解“以战促和”的基本方针，毛泽东又于10月20日为中共中央起草了《关于过渡时期的形势和任务的指示》（以下简称《指示》），强调击败国民党军队的进攻，以便有力地转到和平发展的新阶段。《指示》写道：

目前开始的六个月左右期间，是为抗日阶段转变至和平建设阶段的过渡期间。今后六个月的斗争，是我们在将来整个和平阶段中的政治地位的决定关键。在这一期间内，我党在国民党统治区域（例如重庆、上海、北平）内的任务，是扩大民族民主统一战线工作，与广大友好的及可能争取的中外人士合作，组织广大群众，发动要求民主、惩治汉奸、挽救经济恐慌、救济失业人民与援助还乡人民等项运动，并与政府当局继续谈判尚待解决的问题。我党在解放区的中心任务，是集中一切力量反对顽军的进攻及尽量扩大解放区。为此目的，除移动大量军队与干部去东北及热和等地，并在那里组织人民，扩大军队，组织与粉碎顽军侵入外，在一切解放区，是组织强大的野战军有计划地歼灭向我进攻的顽军，歼灭得愈多愈干净愈彻底愈好。这是自卫的战争，我们具有充分的理由，站在有理有利的地位……只要我党有明确的方针与坚决的努力，战胜与大量歼灭向华北、东北进攻的顽军，争取我党我军在华北、东北的有利地位，迫使顽方不得不承认此种地位，然后两党妥协下来，转到和平发展的新时期，这是完全必要与完全可能的。和平、民主、团结、统一，这是我党既定方针，也是国民党不得不走的道路，这在双十重庆协定上已经规定下来。但国民党力图在最近几个月内控制更多地方，力求他们在华北、东北占优势，力图削弱我党我军，以便在有利于他们的条件下实现和平妥协。故在目前过渡阶段上发生了大规模的猛烈的军事斗争（不能把目前这种大规模的军事斗争误认为内战阶段已经到来）。这一不可避免与已经到来的当前形势，我党必须认识清楚，必须坚持又团结又斗争，以斗争之手段达到团结之目的这一方针，毫不动摇地争取目前斗争的胜利，以便有力地转到和平发展的新阶段。目前斗争的胜利愈伟大，和平实现的时间将愈迅速，愈对全中国人民有利。因此各解放区应以多年来组织起来的力量，并继续迅速组织我们的力量，全部使用到今后6个月的斗争中去，争取这一斗争的伟大胜利。因为这是中国新的历史阶段中一个有决定意义的战斗。

10月25日，毛泽东又对即将奔赴前线的抗大七分校的学员发表讲话，指出："仗还要打下去，如果我们打赢了，可能会得到和平。""如果是他们打赢了，我们解放区就要变成黑暗的地方。""所以我们解放区的人民军队、政府、共产党要一致团结起来，把顽固派的进攻打垮，要坚决消灭他们。哪个敢来，就消灭他们，没有别的办法，只有这个办法。"他还说："将来怎么样呢？将来总是要和平的。今后的几个月我们要做很多工作，要实行双十协定，要求实现和平，民主这一条也要实行。双十协定没有解决解放区问题，因为他们不愿承认解放区。几个月后，我们还要要求他们承认解放区，不承认是不行的，这是中国的大势。""你们上前方是很好的。去前方，希望你们注意，我们总的任务是为全国和平奋斗，把敢于进攻我们的反动派打垮，要取得和平。"

10月26日，毛泽东接到周恩来、王若飞从重庆发来的电报。来电称：为坚决避免内战，以实现和平建国基本方针，我们提议向国民党方面提出如下4项临时办法：（一）立即停止武力进攻。（二）国民党军队立即停止向解放区进兵。（三）恢复各铁路一般情形，铁路线上不得驻兵（城市不在内）。（四）国民党军队在8条铁路（平绥、同蒲、正太、陇海东段、平汉北段、津浦、胶济、北宁）上无运兵必要。29日，毛泽东连续起草了两电致重庆中共代表团，指出："目前最急者是停止内战问题，不停止内战，一切无从谈起。""东北、华北、苏北、皖北及边区实行孙中山民选地方自治，不得委派人员。""同时请向各界说明政府所谓和平民主都是骗人的，实际已经发动了全国规模的内战，双十协定不过是废纸，政府急于要召开政治会议之目的是强迫各党承认旧代表及筹备登基大典。”

11 月 3 日，毛泽东又致电周恩来，指出：“傅作义、阎锡山发动内战，各以 5 万以上军队攻我解放区，我方发动反攻具有充分理由，如诬我方发动内战，我方将发表蒋介石西皓致胡宗南电及其他各项内战文件。”“政治会议实际上是一对于各中间派的教育机关，使他们取得经验，问题是不会在那里解决的。”

11 月 7 日，毛泽东在给重庆中共代表的电报中，又进一步提出了目前宣传与谈判的方针。他在电报中说：“美国政策深堪注意，友人（指苏联方面）意见值得考虑。但在美蒋坚决进攻方针下，我们无法退让，只有自卫一法。”“目前可以不公开自治军及全盘自治的宣传与要求，但战争是不可避免的。如果作战不力，蒋得沈阳、长春，则我方只能获得边境二等地方。即使如此，也要用战争才能解决……华北问题的解决同样取决于作战。”他强调：“目前的谈判，彼方全为缓兵之计，并无诚意解决问题，彼方一切布置均为消灭我党。”他还表示：“我方宣传弱点甚多，你（指周恩来）提出的意见是很对的，应当采取‘哀者’态度，应当照顾中间派，不要剑拔弩张，而要仁至义尽；但是总的情况，我处内线，彼处外线，我是防御，彼是进攻，再过一时期各方均会看得清楚。目前谈判方针，在不束缚手足使将来不好说话的条件下，可以保留伸缩余地。”

11 月 12 日，毛泽东主持召开了中共中央政治局扩大会议。他在发言中回顾了抗战胜利 3 个月以来的局势，提出了今后的若干工作方针。他说：“最近时局发展很快，自从苏联出兵、日本投降后，3 个月来有点手忙脚乱，国共两党加上美国都是如此。现在，我们的情况是列车上了轨道。”“我们的方针，既要确定同蒋介石谈判，同时准备蒋一定要打。蒋采取两面策略，我们就学他，也实行两手。我们没有因谈判而影响军事行动，集中了军队，打了 3 个大仗，东北也派去了干部。”“蒋军来势很凶，对我们压力很大，除抵抗以外，别无办法。我们不打肯定是被消灭，打顶多也是被消灭，为什么不打呢？”

毛泽东在这里提到的3个大仗，是指10月中下旬解放区连续进行的平绥、津浦、平汉（邯郸）3个战役。通过这3个大仗，解放区的人民军队共歼灭来犯的国民党军队11万人，不仅迟滞了他们深入华北、进兵东北的行动，而且促成了1946年初暂时和平局面的到来。

事实证明，毛泽东提出的“两手准备”“以打促和”的方针是非常正确的。中国共产党正是由于坚持这样的方针，才得以在蒋介石发动全面内战后，做到了应对自如、游刃有余。经过3年解放战争，中国人民解放军在毛泽东和党中央的英明领导和正确指挥下，彻底打败了蒋介石，建立了新中国，开辟了中国历史发展的新纪元。

后来，毛泽东把这一方针提升到历史经验的高度，反复加以引用，并将其形象地比喻为“两条腿走路”，断言：“不用两条腿走路，就不能夺取政权。”

第7章

打破神话

毛泽东与抗美援朝

一切反动派都是纸老虎。

——题记

1946年8月，毛泽东在会见美国记者安娜·路易斯·斯特朗时曾经断言：“一切反动派都是纸老虎”，“蒋介石和他的支持者美国反动派也都是纸老虎。”3年解放战争，蒋介石一败涂地。毛泽东的英明论断得到了初步证实。然而，更加严峻的挑战接踵而至。1950年6月朝鲜战争爆发后，美国依仗其强大的军事和经济实力，公然干涉朝鲜和中国内政，霎时间，“纸老虎”变成了真老虎。面对来势凶猛的美国侵略，毛泽东没有畏惧和退缩，相反，他用自己的决心和行动，再一次证明了自己4年前的论断绝非虚言。

战争爆发

第二次世界大战结束后，朝鲜人民从日本殖民统治下获得解放，同时苏、美两国军队进驻朝鲜半岛，并以北纬38度线为界，分别控制北半部、南半部。从此，朝鲜半岛处于分裂状态。

1948年8月15日，朝鲜半岛南半部宣布成立大韩民国。

同年9月9日，朝鲜半岛北半部宣布成立朝鲜民主主义人民共和国。

南北双方政治体制不同，意识形态对立，但有一点是相同的：都渴望早日统一朝鲜半岛。

有关历史资料和研究成果表明：南方主张武力统一，但军事准备极差；北方主张和平统一，但军事上做了充分准备。韩国学者称，南方的李承晚政府奉行“先统一后建设，不统一不建设”的方针，在南北关系上推行恐吓政策，大肆鼓吹武力“北进统一”，这不能不给北方的金日成政权以强烈的刺激。美国舆论也认为：“奇怪的是，好战的言论几乎总是出自南韩的领导人。”另有资料显示，北方政府为实现国家统一，不仅在军事上毫不懈怠，而且在政治上采取了积极步骤。1950 年 6 月 7 日，朝鲜的领导人向南、北朝鲜人民发出呼吁，要求于 8 月 5 日至 8 日在全朝鲜举行大选的基础上实现国家的和平统一，并且号召为此目的于 6 月 15 日至 17 日在海州（三八线以北边界城市）或开城（三八线以南边界城市）召开协商会议。6 月 11 日，朝鲜 3 名代表越过三八线，准备向南朝鲜各政党领导人递交和平统一国家的呼吁书，结果被南朝鲜当局逮捕。这一事件，使南北之间业已存在的紧张局势变得更加严峻。

1950 年 6 月 25 日凌晨 1 点 35 分，平壤广播电台发布消息：南朝鲜方面拒绝了朝鲜和平统一的每一项建议，并派遣一支部队越过了海州地段的三八线。3 个小时后，北方下达军事作战命令，对南方的军事入侵进行反击。凭着比南方强大得多的军事实力，朝鲜人民军迅速挥师南下，势如破竹。朝鲜内战爆发。

当天上午 9 点，平壤向全世界发布消息：南朝鲜伪政府国防军于当日凌晨，从三八线地区全线向朝鲜发动了突然袭击。朝鲜政府已经命令共和国内务省警备部队阻击入侵的敌人。朝鲜军队目前正在展开激烈的防御性战斗抵抗敌人。

与此同时，南朝鲜国家广播电台则报道说：南朝鲜政府军正在节节胜利地向平壤推进，不久就将解放朝鲜。

第二天（26 日），西方一些新闻媒体也对战争的爆发做了如下报道。

《曼切斯特卫报》：“美国官员证实，韩国军队已经占领了位于北朝鲜境内 5 英里处靠近西海岸的海州。”

《每日先驱报》：“美国军事观察员说，南韩军队在西海岸附近进行了一次成功的救援反攻，进入北朝鲜领土5英里，夺取了海州城。”

《新闻记事报》：“韩国政府声称在边界的某个地点进行了反攻并占领了位于北朝鲜境内5英里处的工业城市海州。”

《每日快报》（汉城，6月26日上午）：“由美国训练的南朝鲜军队于昨夜反攻，夺取了北朝鲜内5英里的一座城市。”

《纽约先驱论坛报》（合众社汉城6月26日电）：“精选的南朝鲜部队越过作为边界的三八线，占领了正好位于该线以北的工业城市海州。韩国军队缴获了大批装备，包括10辆卡车和大约100挺机枪。”

《纽约时报》（汉城，6月26日电）：“据南朝鲜国家新闻局称，南朝鲜军队今晨向北推进，占领了位于边界以北1英里处的黄海道首府海州，缴获10门高射炮和10辆卡车。”

《芝加哥论坛报》（美联社汉城6月26日电）：“在三八线以北5英里处的一座城市被南朝鲜军队占领。”

在战争初期，朝鲜人民军迅猛向南朝鲜腹地推进，仅用3天时间就攻克了南朝鲜首府汉城。两个月后又席卷并占领了90%以上的南朝鲜领土，把李承晚的军队赶到了北纬35度线上长140公里、宽90公里的釜山一隅。他们的身后就是大海，再退一步，南朝鲜就将在世界版图上消失。

苏联解体后公布的一份军事档案材料，对战争头两天的态势做了更加详细的描述。这份档案，就是苏联驻朝鲜大使什特科夫于1950年6月26日晚发给苏联远东军事事务负责人扎哈罗夫的绝密电报。电报称：

> 战役全部准备措施已于6月24日完成。6月24日已向各师师长发出“Д”和“Ч”的命令。
>
> 各部队均宣读了民族保卫省的政治命令，其中指出南朝鲜军队侵犯三八线，挑起军事进攻；朝鲜民主主义人民

共和国政府发布了关于朝鲜人民军转入反攻的命令。

朝鲜人民军官兵情绪激昂地听取了关于反攻的命令。

各部队于6月24日24时进入出发位置。军事行动于当地时间【25日】4时40分开始。进攻前的炮火准备进行了20—40分钟，其中包括定位瞄准和10分钟炮轰。随后，步兵开始行动，迅速展开进攻。在开始的3小时后，一些部队和军团已向前推进了3—5公里。

人民军部队的攻击完全出乎敌军的意料．

敌军仅在瓮津、开城和汉城几个方向进行了顽强抵抗。而较有组织的抵抗则在第一天12个小时以后才开始。

战斗第一天攻克的城市有：瓮津、开城、松隅里（地图1：1000000，1943年总参谋部出版）。

在顺川方向，人民军部队推进了12公里。

在东部海岸推进了8公里。

就在第一天，朝鲜民主主义人民共和国海军即有两支登陆部队在日本海沿岸登陆。第一支登陆部队在江陵地区，包括2个营的海军登陆部队和1000名游击队员；第二支登陆部队，在蔚珍地区，包括600名游击队员。

登陆部队于6月25日5时登陆，整个过程进展顺利。游击队登陆部队攻占了蔚珍市及其周围的若干乡镇。

在登陆部队登陆过程中，人民军军舰与南朝鲜军队的舰艇曾发生战斗。战斗结果有一艘南方扫雷舰被击沉，另有一艘扫雷舰被击毁。朝鲜民主主义人民共和国海军没有伤亡。

6月26日，人民军部队继续进攻，在战斗中不断向南朝鲜领土纵深推进。

在6月26日一天的时间内（从右至左）彻底扫荡了瓮津半岛、开城半岛；第6师的部队强渡海湾并攻占了金浦机场方向的居民点。

在汉城方向，第 1 师、第 4 师攻占了云山、东豆川等城市，第 2 师攻占了道府春川市。

在日本海沿岸一带，部队的推进仍在继续。注文津港已被攻克。

与在洪川方向移动的第 12 步兵师、越过松隅里的在议政府方向进攻的第 3 步兵师及机械化旅整整一天没有联系上。

……

军事行动开始后头两天的情况表明了以下几点：

一、敌人进行了抵抗，且战且退至南朝鲜领土纵深地区，未发现南朝鲜军队大批投降和被俘的情况。

二、南朝鲜傀儡政权开始从纵深地区调出部队，企图阻止人民军推进。

三、人民军发起进攻的第一天，引起了南方的张慌失措。南朝鲜政权与美国大使亲自发表广播讲话，号召南朝鲜人民保持平静。南朝鲜军参谋部发布了关于南朝鲜军队已取得胜利的虚假新闻。

朝鲜战争爆发后，美国迅速做出了反应，并且这种反应既针对朝鲜，也针对中国。6 月 27 日，美国总统杜鲁门发表声明：“对朝鲜的攻击已无可怀疑地说明，共产主义已不限于使用颠覆手段来征服独立国家，现在要使用武装的侵犯与战争……在这种情况下，共产党部队的占领台湾，将直接威胁太平洋地区的安全，及在该地区执行合法与必要职务的美国部队。”同日，美国政府决定派海军和空军入朝作战，并命令第七舰队进入台湾海峡，“阻止对台湾的任何进攻”。7 月 3 日麦克阿瑟访问台北，就所谓“共同保卫台湾问题”同蒋介石进行磋商。麦克阿瑟甚至扬言要帮助蒋介石反攻大陆，并公开表示，希望在朝鲜战场上使用国民党军队。8 月 4 日，美国空军第十三航空队的飞机开始进占台北空军基地，并在台湾设立军事联络处。

9月15日，美军7万余人在仁川登陆，28日占领汉城，切断了南下的朝鲜人民军主力的后路，朝鲜战局发生急剧变化。10月1日，南朝鲜军越过三八线。同日，麦克阿瑟向北朝鲜发出“最后通牒”，要朝鲜人民军无条件“放下武器停止战斗”。10月7日，美军在开城地区越过三八线，向北推进。随后，美国又将战火从鸭绿江边烧到中国东北，派出B–29重型轰炸机和其他作战飞机，对中国东北边境城市安东、辑安等地进行频繁的轰炸和扫射，炸毁建筑物、工厂及车辆，炸死炸伤中国平民，袭击正常行驶的商轮。与此同时，美国还派飞机袭扰山东半岛的青岛、烟台等地，大有将战火从中朝边境进一步扩大之势。

防患未然

朝鲜战争爆发时，新中国成立还不到1年。我国当时的情况是：人民政权还没有完全巩固，长期战争的创伤尚待医治，人民需要休养生息，经济恢复刚刚开始，财政状况还很困难，新解放区的土改还没有进行，人民解放军的武器装备还相当落后，空军和海军正在组建之中。对于国际形势，毛泽东在不久前（6月6日至9日）召开的中共七届三中全会上分析指出：“目前的国际情况对于我们是有利的。以苏联为首的世界和平民主阵线比去年更为壮大。世界各国争取和平反对战争的人民运动有了发展……只要全世界共产党能够继续团结一切可能的和平民主力量，并使之获得更大的发展，新的世界战争是能够制止的。”根据这个估计，党中央向全党和全国人民提出当前阶段的中心任务，是“为争取国家财政经济状况的基本好转而斗争”，准备用3年左右的时间，创造3个条件（即土地改革的完成、现有工商业的合理调整、国家机构所需经费的大量节俭），以便尽快恢复国民经济，改善人民生活，增强国家实力。为了保证上述任务的顺利实现，毛泽东还向全党提出了“不要四面出击”的策略方针，强调：必须处理好国内各阶级、政党、民族等各方面的关系，以便孤立和打击当前的主要敌人。

由于国内事务缠身，也由于北朝鲜方面对中方封锁消息，毛泽东等党和国家领导人起初对朝鲜内战反应平淡，甚至对金日成的做法有些抱怨。毛泽东是在 6 月 25 日夜里从西方通讯社的报道中得知战争爆发的消息的。这时，中朝虽然已经建交，但中国大使馆并未正式设立，已经任命的驻朝大使倪志亮还在武汉养病；在平壤仅有的中国机构是东北行政委员会派出的商务代表处，主要负责人温士祯也正在沈阳休假。战争爆发后第三天（28 日），朝鲜派了一位校官到北京通报战况。中国曾要求派观察员到朝鲜了解战况，遭到金日成拒绝。事后，毛泽东曾对他的俄文翻译师哲说：“他们是我们的近邻，战争爆发也不和我们商量，现在才来打招呼。”

关于中国最初对朝鲜战争的态度，美国的两位中国问题研究专家早就提出过真知灼见。1952 年，费兹基罗德（C. P. Fitzgerald）在《中国的革命》一书中写道：“中国共产党人与北朝鲜没有多大关系。那个卫星国是在日本投降时由俄国人创建的……北京的宣传部门对这次入侵没有思想准备，将近 24 小时没有得到指示。中国共产党的报刊在朝鲜战争开始 24 小时中陷入混乱是个耐人寻味和富有启发性的事实。”哈里森·索尔兹伯里于 1969 年在《即将爆发的俄中战争》中也说：“北朝鲜实际上是莫斯科的附属国。建立时是这样，现在仍一如既往。共产党中国直到 1949 年 10 月才正式成立。在 1950 年 8 月（战争爆发后两个月）以前它甚至没有向北朝鲜派出大使。”

但是，美国的卷入特别是对中国内政的武装干涉，引起了毛泽东的警觉、关注和愤慨。这种警觉，来自对中华民族 100 多年来蒙受奇耻大辱的痛苦记忆；这种关注，来自对唇亡齿寒和新中国国家安全的深深忧虑；这种愤慨，来自已经站立起来的中国人民抵御外侮的坚强决心。在这一严重关头，毛泽东认为不能保持沉默，而必须发表正式声明谴责美国的侵略行径，让全世界听一听新中国的声音。

6月28日，毛泽东在中央人民政府委员会第八次会议上发表讲话，严正指出：

> 中国人民早已声明，全世界各国的事务应由各国人民自己来管，亚洲的事务应由亚洲人民自己来管，而不应由美国来管。美国对亚洲的侵略，只能引起亚洲人民广泛的和坚决的反抗。杜鲁门在今年一月五日还声明说美国不干涉台湾，现在他自己证明了那是假的，并且同时撕毁了美国关于不干涉中国内政的一切国际协议。美国这样地暴露了自己的帝国主义面目，这对于中国和亚洲人民很有利益。美国对朝鲜、菲律宾、越南等国内政的干涉，是完全没有道理的，全中国人民的同情和全世界广大人民的同情都将站在被侵略者方面，而绝不会站在美帝国主义方面。他们将既不受帝国主义的利诱，也不怕帝国主义的威胁。帝国主义是外强中干的，因为它没有人民的支持。全国和全世界人民团结起来，进行充分的准备，打败美帝国主义的任何挑衅。

这一讲话，义正词严，豪气冲天，令所有爱好和平的人们受到鼓舞，令一切帝国主义分子感到震惊。因为自从美国在两次世界大战中大发其财、成为世界头号经济和军事强国以来，敢于对它说“不”的毕竟少见。

与此同时，毛泽东还让周恩来以外交部长名义，就美国武装侵略中国领土台湾发表声明。声明说：

> 美国总统杜鲁门在指使南朝鲜李承晚傀儡政府挑起朝鲜内战之后，于六月二十七日发表声明，宣布美国政府决定以武力阻止我台湾的解放。美国第七舰队并已奉杜鲁门之命向台湾沿海出动。

我现在代表中华人民共和国中央人民政府声明：杜鲁门二十七日的声明和美国海军的行动，乃是对于中国领土的武装侵略，对于联合国宪章的彻底破坏。美国政府这种暴力掠夺的行为，并未出乎中国人民的意料，只更增加了中国人民的愤慨，因为中国人民许久以来即不断地揭穿美国帝国主义侵略中国、霸占亚洲的全部阴谋计划，而杜鲁门这次声明不过将其预定计划公开暴露并付诸实施而已。事实上，美国政府指使南朝鲜李承晚傀儡军队对朝鲜民主主义人民共和国的进攻，乃是美国的一个预定步骤，其目的是为美国侵略台湾、朝鲜、越南和菲律宾制造借口，也正是美帝国主义干涉亚洲事务的进一步行动。

我代表中华人民共和国中央人民政府宣布：不管美国帝国主义者采取任何阻挠行动，台湾属于中国的事实，永远不能改变；这不仅是历史的事实，且已为开罗宣言、波茨坦宣言及日本投降后的现状所肯定。我国全体人民，必将万众一心，为从美国侵略者手中解放台湾而奋斗到底。战胜了日本帝国主义和美国帝国主义走狗蒋介石的中国人民，必能胜利地驱逐美国侵略者，收复台湾和一切属于中国的领土。

中华人民共和国中央人民政府号召全世界一切爱好和平正义和自由的人类，尤其是东方各被压迫民族和人民，一致奋起，制止美国帝国主义在东方的新侵略。只要我们不受恫吓，坚决地动员广大人民参加反对战争制造者的斗争，这种侵略是完全可以击败的。中国人民对于同受美国侵略并同样进行反抗斗争的朝鲜、越南、菲律宾和日本人民表示同情和敬意，并坚信全东方被压迫民族和人民，必能把穷凶极恶的美国帝国主义的战争制造者，最后埋葬在伟大的民族独立斗争的怒火中。

当然，毛泽东十分清楚：批判的武器代替不了武器的批判。美国政府出尔反尔、背信弃义的惯用伎俩，使毛泽东不得不做长远考虑并采取必要的防范措施。为防止侵朝美军乱来，毛泽东决定组建东北边防军，加强中朝边界的军事力量。根据毛泽东的提议，中央军委在周恩来主持下，先后于7月7日和10日两次在中南海召开会议，研究保卫国防和东北边境的兵力部署问题。根据会议讨论的结果，中央军委于13日做出了《关于保卫东北边防的决定》，要求：限7月底调4个军3个炮兵师到安东、辑安、本溪等地集结，组成东北边防军；组成以粟裕为东北边防军司令员兼政治委员、肖劲光为副司令员、肖华为副政治委员的指挥机构；进行后勤、兵员补充准备及政治动员工作。当晚，毛泽东批示："同意，照此执行。"随后，驻河南、东北齐齐哈尔等地的战略预备队第十三兵团所辖第三十八、第三十九、第四十、第四十二军以及炮兵第一、第二、第八师等共25.5万人，被先后调到预定地区布防。8月上旬，东北边防军完成集结，并开始整训。9月6日，又将中南地区的第五十军开赴东北，编入东北边防军。

这一战略部署，为后来毛泽东根据朝鲜战场形势的变化，相机做出援朝决定和及时赴朝作战奠定了基础。1956年9月23日，毛泽东在会见苏共中央代表团时谈到了这个问题。他说："战争开始后，我们先调去3个军，后来又增加了2个军，总共有5个军，摆在鸭绿江边。所以，到后来当帝国主义过三八线后，我们才有可能出兵。否则，毫无准备，敌人很快就要过来了。"

援朝决策

毛泽东在调整国内军事部署的时候，已经开始考虑是否出兵援朝的问题。这是一个很难抉择而又必须及时决断的大问题。

出兵，就意味着中国和美国之间的直接较量，不能不考虑对方的军事实力和经济实力。虽然毛泽东一向主张在战略上藐视敌人，甚至把美帝国主义看作纸老虎，但是，真要打起仗来，还得把它当成真老虎对待才行，这就是毛泽东所说的“在战术上重视敌人”。因此，要决定出兵、正面对敌，毛泽东必须考虑的第一个问题就是对美军的长处和短处有一个清醒的认识。

出兵，就必须有胜算的把握，否则就失去了意义。这就要求正确看待我军的优势和不足，并对兵力部署和作战方针进行周密的安排和恰当的设计。

出兵，还必须考虑时机、规模和方式等问题。毛泽东一贯重视战争的正义性，出兵早了不利于美国充分暴露其侵略性和我军出动的正义性；出兵迟了，又会失去战场上的有利条件和对敌作战的主动权。对付用先进武器装备起来的美国军队，要取得战争的胜利，又必须运用“集中优势兵力，各个歼灭敌人”的战略方针，这就要求出兵的规模要大，出兵少了不解决问题。在美国掌握制空权的情况下，要保证部队安全顺利地渡过鸭绿江，对出兵的具体时间和办法也需要认真考虑。

此外，要决定出兵，又不能不考虑朝鲜方面的愿望和要求以及此举将会给中国带来的各种影响。

毛泽东的决策是伴随着对朝鲜战局的科学预测和判断，在必要的范围内充分征求意见，经过长期、慎重和反复思考后做出的。艰难的决策过程和果断的决策风格，向人们充分展示了他非凡的胆略、坚毅的性格和高超的领导艺术。

在中国组建东北边防军的时候，朝鲜战场的形势还是“一片大好”。7 月底，朝鲜人民军已经向南推进至洛东江，把南朝鲜的残军几万人和先期来韩增援的近 10 万美军围困在朝鲜半岛最南段的釜山港一隅，大有速战速决、统一全朝鲜之势。这种形势，在大多数中国领导人看来无疑是值得欣慰和乐观的。然而，毛泽东却不以为然。他认为，美国在国内外做了大规模的战争动员，不可能就此罢手，轻易地放弃朝鲜。他估计，美军很有可能在人民军后侧发动登陆战，甚至会进一步扩大战争。所以，在8月4日举行的中共中央政治局会议上，毛泽东强调指出：美帝是不会甘心失败的，要准备美帝大举进攻北朝鲜，“如美帝得胜，就会得意，就会威胁我。对朝鲜不能不帮，必须帮助，用志愿军的形式，时机当然还要适当选择，我们不能不有所准备”。周恩来也说：“如果美帝将北朝鲜压下去，则对和平不利，其气焰就会高涨起来。要争取胜利，一定要加上中国的因素，中国的因素加上去后，可能引起国际上的变化。我们不能不有此远大设想。”

基于这种分析和判断，毛泽东随即采取应急措施，开始了相关的准备工作。8月4日政治局会议结束后，他立刻批准了中国人民解放军代总参谋长聂荣臻关于“准备派出部分高炮部队进入朝方一侧，以确保鸭绿江大桥的安全”的报告。第二天，又致电东北军区司令员兼政治委员高岗，要求东北边防军“各部于本月内完成一切准备工作，待命出动作战”。当获悉朝鲜人民军进攻釜山受阻，与美韩军队形成胶着状态后，毛泽东又于8月18日再次致电高岗，指示：“边防军完成训练及其他准备工作的时间可延长至9月底，请你加紧督促，务在9月30日以前完成一切准备工作。”

鉴于朝鲜战场的形势日趋复杂，特别是在8月23日听取美军很可能在仁川实施登陆计划的汇报后，毛泽东又开始大规模调整军事部署，进一步加强了出兵的准备工作。8月27日，他致电当时担任中央军委副主席、一野司令员兼政治委员、西北军区司令员的彭德怀，要求“集中12个军以便机动”，“应付时局”。随后，又根据聂荣臻的建议，决定将华东地区准备进攻台湾的第九兵团和西北地区正准备复员的第十九兵团，分别调到津浦、陇海铁路沿线地区，策应东北边防军。根据毛泽东的指示，中央军委还做出了加速特殊兵种建设的决定，立即增编4个飞行团、3个战车旅、18个高射炮团和10个军的炮兵；制订了保障大城市和工业基地安全的防空计划，将3个航空兵师、15个高射炮团和1个探照灯团，分别部署在东北和沿海各大城市；同时决定将东北地区南部的部分工业设备和战略储备物资向北迁移。

9月5日，毛泽东在中央人民政府委员会第九次会议上讲话时，进一步分析了朝鲜战局并阐述了中国的应对方针。他说："就目前的情况来看，朝鲜战争持久化的可能性正在逐渐增大。过去，我们对于朝鲜战局的估计有速决和持久两种可能性。所谓速决，就是朝鲜人民军乘胜追击，把美军和李承晚的残余伪军赶到海里去。现在美国在朝鲜已经增加了它的军队，因而战争持久的可能性也就随之增加了。"他还具体分析了美国的长处和弱点，并阐明了我国的应对方针。他解释说：

> 美帝国主义在今天是有许多困难的，内部争吵，外部也不一致。它在军事上只有一个长处，就是铁多，另外却有三个弱点，合起来是一长三短。三个弱点是：第一，战线太长，从德国柏林到朝鲜；第二，运输路线太远，隔着两个大洋，大西洋和太平洋；第三，战斗力太弱……敌人是不可怕的，它的装腔作势和气势汹汹是吓唬人的。但是，美帝国主义也可能在今天要乱来，它是什么都可能干出来的。假如它要那样干，我们没有准备就不好了，我们准备了就好对付它。所谓那样干，无非是打第三次世界大战，而且打原子弹，长期地打，要比第一、第二次世界大战打得长。我们中国人民是打惯了仗的，我们的愿望是不要打仗，但你一定要打，就只好让你打。你打你的，我打我的，你打原子弹，我打手榴弹，抓住你的弱点，跟着你打，最后打败你。

毛泽东讲的这些极而言之的话，既反映了他观察问题的独特视角，又体现了他不惧怕任何敌人和任何困难的革命气势。而这正是他后来能够说服中央其他领导人同意出兵作战的一个重要原因。

不过，毛泽东这时明确讲出兵问题，还只是为应付未来可能发生的中美之间的直接较量做准备，是从军事的角度做最坏的打算，而不是作为既定的战略方针。中国究竟出不出兵，在毛泽东看来有一个重要的前提条件，就是看美军（而不是南朝鲜军队）是不是越过三八线，“美帝国主义如果干涉，不过三八线，我们不管，如果过三八线，我们一定过去打。”他所以坚持按照这样一个底线来决定中国是否出兵，除了宣传上的考虑（充分暴露美帝国主义的侵略性）之外，还可以由此判定美国是否会进一步扩大战争直至进攻中国。如果美军越过三八线，中国出兵就有了正当的理由，能够引起世界舆论的同情和支持。后来的事实表明，他的这一判断是非常正确、非常英明的，也收到了预期的积极效果。如伦敦《新政治家与民主》杂志就曾在 1950 年 12 月 2 日发表评论说：“欧洲任何有经验的外交界和新闻界人士都知道，中国正是在麦克阿瑟向前推进时，才动员起来保卫自己的边界的，这是正常的行动。”

9 月 15 日美军在仁川登陆以后，朝鲜战局急转直下。18 日，中国驻朝鲜大使倪志亮发回电报，报告了金日成介绍的朝鲜最新战况和准备采取长期作战的方针。20 日，周恩来复电倪志亮，要他向金日成转告中共中央对目前朝鲜战局的意见。毛泽东审阅并修改了这个电报。在电报中，他肯定了金日成的长期作战思想和朝鲜军民英勇的战斗精神，并根据中方所掌握的有关材料向金日成明确提出：“估计敌人在仁川方面尚有增加可能，其目的在于向东延伸占领，切断朝鲜南北交通，并向三八线进逼。而人民军必须力争保住三八线以北，进行持久战方有可能。因此，请考虑在坚持自力更生长期奋斗的总方针下如何保存主力便于各个歼灭敌人的问题。”电报还提出了一些具体建议，要他们适时地向北面撤退，保存主力，从长期战争中争取胜利。

然而，毛泽东的建议“未能引起朝鲜同志的注意，以致陷入敌人预先设好了的圈套，人民军主力被敌人切断”。9月25日，汉城陷落，美韩军队开始大举北进。由于朝鲜人民军的主力没有及时撤回，所以，不仅留在三八线以北的人民军少量部队根本无法阻止敌军越过三八线，而且南下的人民军主力部队也因美军的狂轰滥炸而完全处于被动挨打的地位，甚至有全军覆没的危险。29日夜，毛泽东又收到周恩来的报告，说：“美帝国主义已在公开表示将进军三八线以北。从倪志亮二十七日电看来，三八线北已无防守部队，似此情况甚为严重，敌人有直趋平壤可能。”

在这一危急关头，毛泽东没有慌乱或急躁。虽然他意识到出兵的时刻已为期不远，但是，他还是决定采取先“礼”后兵的办法，既向全世界表明中国的态度，同时也对美国发出必要的警告。当天夜里，他审阅了周恩来准备在第二天发表的关于中华人民共和国外交政策的演说稿，并亲笔加上了“中国人民决不能容忍外国的侵略，也不能听任帝国主义者对自己的邻人肆行侵略而置之不理”这句气势磅礴的话，从而使周恩来的演说达到了既阐明新中国的外交政策，又向美国提出严正警告的双重效果。在9月30日全国政协庆祝建国一周年大会上，周恩来以激动的心情和豪迈的语气说道：

> 中国人民热爱和平，但是为了保卫和平，从不也永不害怕反抗侵略战争。中国人民决不能容忍外国的侵略，也不能听任帝国主义者对自己的邻人肆行侵略而置之不理。谁要是企图把中国近五万万人口排除在联合国之外，谁要是抹煞和破坏这四分之一人类的利益而妄想独断地解决与中国有直接关系的任何东方问题，那么，谁就一定要碰得头破血流。

周恩来的演说，震动了世界。然而，充满傲慢与偏见的杜鲁门和被胜利冲昏头脑的麦克阿瑟却不以为然，他们认为这只不过是中国政府的“虚声恫吓”，是“外交上的政治讹诈”。10月1日，南朝鲜军越过三八线。第二天，麦克阿瑟向美第八集团军下达命令，要求其越过三八线并攻占平壤。

危险的形势已经出现。在困难面前，当初共同策划朝鲜解放战争的金日成和斯大林都把目光转向了毛泽东。10月1日，毛泽东先后接到了斯大林和金日成请求中国出兵援朝的电报和亲笔信。斯大林的电报说："如果您认为在紧急情况下有可能派部队支援朝鲜人，那么您应该立即派出至少5、6个师到三八线，以便让我们的朝鲜同志有机会在你们部队的掩护下组织起保卫三八线以北地区的战斗。中国军队可以考虑作为志愿军，当然是由中国人指挥。"

对出兵已有思想准备的毛泽东，看了斯大林的电报和金日成的求援信，特别是听了金日成的特使关于朝鲜战况的介绍后，连夜召集周恩来、朱德、刘少奇等人开会讨论对策，并在会后（10月2日凌晨）起草了两封电报：一封是以中央军委的名义给东北军区司令员兼政治委员高岗和第十三兵团司令员邓华的，要求高岗接电后立即动身来京开会，要求邓华令边防军提前结束准备工作，随时待命出动，并将准备情况及是否可以出动即行电告。另一封是以毛泽东个人名义给斯大林的复电，向他说明中国方面对出兵朝鲜的基本态度和战略考虑、中国军队的装备水平以及出兵作战的军事部署等情况，打算提交当天（10月2日）下午中央书记处扩大会议讨论通过后发出。电报原文如下：

（一）我们决定用志愿军名义派一部分军队至朝鲜境内和美国及其走狗李承晚的军队作战，援助朝鲜同志。我们认为这样做是必要的。因为如果让整个朝鲜被美国人占去了，朝鲜革命力量受到根本的失败，则美国侵略者将更为猖獗，于整个东方都是不利的。

（二）我们认为既然决定出动中国军队到朝鲜和美国人作战，第一，就要能解决问题，即要准备在朝鲜境内歼灭和驱逐美国及其他国家的侵略军；第二，既然中国军队在朝鲜境内和美国军队打起来（虽然我们用的是志愿军名义），就要准备美国宣布和中国进入战争状态，就要准备美国至少可能使用其空军轰炸中国许多大城市及工业基地，使用其海军攻击沿海地带。

（三）这两个问题中，首先的问题是中国的军队能否在朝鲜境内歼灭美国军队，有效地解决朝鲜问题。只要我军能在朝境内歼灭美国军队，主要的是歼灭其第八军（美国的一个有战斗力的老军），则第二个问题（美国和中国宣战）的严重性虽然依然存在，但是，那时的形势就变为于革命阵线和中国都是有利的了。这就是说，朝鲜问题既以战胜美军的结果而在事实上结束了（在形式上可能还未结束，美国可能在一个相当长的时期内不承认朝鲜的胜利），那么，即使美国已和中国公开作战，这个战争也就可能规模不会很大，时间不会很长了。我们认为最不利的情况是中国军队在朝鲜境内不能大量歼灭美国军队，两军相持成为僵局，而美国又已和中国公开进入战争状态，使中国现在已经开始的经济建设计划归于破坏，并引起民族资产阶级及其他一部分人民对我们不满（他们很怕战争）。

（四）在目前的情况下，我们决定将预先调至南满洲的十二个师于十月十五日开始出动，位于北朝鲜的适当地区（不一定到三八线），一面和敢于进攻三八线以北的敌人作战，第一个时期只打防御战，歼灭小股敌人，弄清各方面情况；一面等候苏联武器到达，并将我军装备起来，然后配合朝鲜同志举行反攻，歼灭美国侵略军。

（五）根据我们所知的材料，美国一个军（两个步兵师及一个机械化师）包括坦克炮及高射炮在内，共有七公分至二十四公分口径的各种炮一千五百门，而我们的一个军（三个师）只有这样的炮三十六门。敌有制空权，而我们开始训练的一批空军要到一九五一年二月才有三百多架飞机可以用于作战。因此，我军目前尚无一次歼灭一个美国军的把握。而既已决定和美国人作战，就应准备当着美国统帅部在一个战役作战的战场上集中它的一个军和我军作战的时候，我军能够有四倍于敌人的兵力（即用我们的四个军对付敌人的一个军）和一倍半至两倍于敌人的火力（即用二千二百门至三千门七公分口径以上的各种炮对付敌人同样口径的一千五百门炮），而有把握地干净地彻底地歼灭敌人的一个军。

（六）除上述十二个师外，我们还正在从长江以南及陕甘区域调动二十四个师位于陇海、津浦、北宁诸线，作为援助朝鲜的第二批及第三批兵力，预计在明年的春季及夏季，按照当时的情况逐步使用上去。

然而，在当天下午举行的会议上，出现了毛泽东意想不到的情况：几乎所有的高级军事将领都不赞成出兵。特别是林彪，不仅反对出兵，而且称病拒绝出任志愿军总司令。因意见分歧较大，这次会议没能就出兵问题做出正式决定。

虽然毛泽东更注重从大局和长远来考虑出兵问题，但是，对于军队领导人的不同意见，他也给予了高度的重视和充分的考虑。所以毛泽东在会前起草的这份电报并没有发出。鉴于朝鲜形势“万分火急”，对斯大林要求出兵的来电也必须尽快给予答复，所以，他在会议结束后，一方面安排周恩来紧急召见印度驻华大使，让他转达中国政府对美国的警告，另一方面亲自约见苏联驻华大使罗申，向他口述了另一封给斯大林初步答复的回电。电报说：

一九五〇年十月一日来电收悉。我们原先打算，当敌人向三八线以北进攻时，调动几个师的志愿军到北朝鲜帮助朝鲜同志。但是，经过慎重考虑，我们现在认为，这一举动会造成极为严重的后果。

第一，靠几个师很难解决朝鲜问题（我军装备极差，同美军作战无胜利把握），敌人会迫使我们退却。

> 第二，最大的可能是，这将引起美国与中国的公开冲突，结果苏联也可能被拖进战争中来，这样一来，问题就变得极其严重了。
>
> 中共中央的许多同志认为，对此必须谨慎行事。
>
> 当然，我们不派兵援助，这对于正处在如此困难境地的朝鲜同志来说，是十分不利的，我们自己也于心不忍；但如果我们出动几个师，随后又被敌人驱赶回来，并由此引起美国与中国的公开冲突，那么我们整个的和平建设计划将被全部打乱，国内许多的人将会对我们不满（战争给人民带来的创伤尚未医治，人民需要和平）。
>
> 因此，目前最好还是克制一下，暂不出兵，同时准备力量，这样做在把握与敌作战的时机上会比较有利。由于暂时的失利，朝鲜应该换一种斗争方式，进行游击战。我们将召开党中央会议，中央各部门负责同志都将出席。对此问题尚未做出最后决定。这是我们的初步电报，我们想同您商量一下。如果您同意，我们准备立刻让周恩来和林彪同志飞到您的休养地，同您讨论这件事，并报告中国和朝鲜的形势。

苏联大使罗申在拍发这封电报时，又做了两点补充说明："1. 在我看来，毛泽东的答复证明中国领导人改变了对朝鲜问题的最初立场。这个答复与以前毛泽东在同尤金、科托夫和孔诺夫，以及刘少奇在同我的谈话（我已及时报告过）中表示的立场是矛盾的。他们在这些谈话中指出，中国人民和解放军决心帮助朝鲜人民；解放军士气高涨，如果需要，他们有能力打败美军，因为美军要比日军弱。2. 中国政府无疑能向朝鲜派遣五六个甚至更多的有战斗力的师。自然，这些中国军队需要装备一些反坦克武器和火炮。"他还说："我们暂时不清楚中方改变立场的原因。可以设想，目前对此产生影响的可能是：当前的国际形势和朝鲜局势的恶化，英美集团阴谋通过尼赫鲁呼吁中国人采取克制的态度，以免陷入灾难。”

虽然毛泽东明确表示“对此问题尚未做出最后决定”，“这是我们的初步电报”，但此电还是让斯大林大吃了一惊。不过，斯大林并没有失去信心。他根据毛泽东介绍的情况和罗申的有关解释，很快又给毛泽东发来电报，进一步说明建议中国出兵的理由，并给中国领导人“鼓劲”。斯大林在电报中说：

> 我向您提出派五六个师志愿军的问题，是因为我清楚地了解中国领导同志曾多次声明，如果敌人越过三八线，就准备派几个军去援助朝鲜同志。因此，我理解中国同志之所以准备派兵去朝鲜，是为了防止朝鲜变为美国和未来军国主义日本反对中国的军事基地，这与中国是利害攸关的。
>
> 我向您提出向朝鲜派兵问题，而且至少而不是最多派五六个师，是出于以下几点对国际形势的考虑：
>
> 1. 如朝鲜战事表明的那样，美国目前还没有为发动一场大规模战争做好准备；
>
> 2. 日本因其军国主义势力尚未复元，没有能力给美国以军事援助；
>
> 3. 有鉴于此，美国将被迫在朝鲜问题上向有苏联盟国为其后盾的中国做出让步，将不得不接受就朝鲜问题进行调停的条件，这些条件将有利于朝鲜而使敌人无法将朝鲜变为它的军事基地；
>
> 4. 基于以上同样的原因，美国最后将不仅被迫放弃台湾，而且还将拒绝与日本反动派单独缔结和约，放弃复活日本军国主义的活动及使日本成为他们在远东的跳板的计划。
>
> 由此我考虑到，如果中国只是消极地等待，而不是进行一场认真的较量，再一次使人信服地显示出自己的力量，

那么中国就得不到这些让步。中国不仅得不到所有这些让步，甚至连台湾也得不到，美国人将会把持台湾，把它当作基地。美国这样做，不是为了已没有取胜希望的蒋介石，而是为了他自己或者是为了未来的军国主义日本。

当然，我也考虑过，美国尽管没有做好大战的准备，仍可能为了面子而被拖入大战，这样一来，自然中国将被拖入战争，苏联也将同时被拖入战争，因为它同中国签有互助条约。这需要害怕吗？我认为不需要，因为我们在一起将比美国和英国更有力量，德国现在不能给美国任何帮助，而欧洲其他资本主义国家更不成为重要的军事力量。如果战争不可避免，那么让它现在就打，而不要过几年以后，到那时日本军国主义将复活起来并成为美国的盟国，而在李承晚控制整个朝鲜的情况下，美国和日本将会在大陆有一个现成的桥头堡。

以上就是我向您提出至少派五六个师时所依据的国际形势及前景的考虑。

对于深谋远虑又一直主张出兵的毛泽东来说，接受斯大林的这些意见并不困难。他也有信心说服中共中央的其他领导人同意出兵。但是，对于苏联能否及时提供武器援助，毛泽东却感到没有太大把握。所以，他于10月7日再次给斯大林回电时，一方面根据两天前中央政治局扩大会议讨论的结果，明确表示中国决定出兵，并申明将派出9个师而不是6个师；另一方面仍然表示“现在不能派出部队，而要过一些时候”，并且重申要让周恩来等去苏联商谈苏联武器援助和中国出兵计划问题。

就在毛泽东与斯大林就中国出兵问题交换意见的同时，周恩来的“外交”工作也在争分夺秒地进行着。10月3日凌晨1时，周恩来紧急召见印度驻华大使潘尼迦，以便通过印度政府向美国再次发出警告。周恩来在谈话中明确指出：“美国军队正企图越过三八线，扩大战争。美国军队果真如此做的话，我们不能坐视不顾，我们要管。”他还说：“关于朝鲜事件，我们曾交换过意见。我们主张和平解决，使朝鲜事件地方化。我们至今仍主张如此。我在 10 月 1 日的报告中也声明了我国政府的态度，我们要和平，我们要在和平中建设。过去一年中，我们在这方面已经做了极大的努力。美国政府是靠不住的。尽管在三外长会议（指 1950 年 9 月 12 日至 18 日在美国纽约召开的美、英、法三国外长会议）中有了协议，不经联合国同意，不得越过三八线，但是美国政府不一定受其约束。”

10 月 4 日下午，毛泽东在中南海颐年堂主持召开中央政治局扩大会议，再次讨论出兵问题。出席会议的除政治局委员外，还有各大区的主要领导人以及中央有关方面的负责人共 20 余人。会议一开始，毛泽东首先让大家讲讲出兵的不利情况。与会者各抒己见。多数人不赞成出兵或者对出兵存有种种疑虑，理由主要是中国刚刚结束战争，经济十分困难，亟待恢复；新解放区的土地改革还没有进行，土匪、特务还没有肃清；我军的武器装备远远落后于美军，更没有制空权和制海权；在一些干部和战士中间存在着和平厌战思想；担心战争长期拖下去，我们负担不起等等。因此，会议的基本倾向还是“不到万不得已的时候，最好不打这一仗”。但是，毛泽东仍然坚持出兵。他听了大家的发言后表示：“你们说的都有理由，但是别人处于国家危急时刻，我们站在旁边看，不论怎样说，心里也难过。”

被周恩来派专机接到北京的彭德怀，在会议进行过程中赶到了会场。他“发现会议的气氛很不寻常”，但因为事先没有思想准备，没有当场发表意见。第二天上午，毛泽东让邓小平去北京饭店接彭德怀到中南海谈话。在两人推心置腹的交谈中，毛泽东一方面向彭德怀说明了中央书记处关于由他挂帅出征的初步决定，另一方面又向他详细陈述了决定出兵朝鲜的深层考虑，并希望能得到他的理解和支持。虽然彭德怀开始说“苏联完全洗手，我们装备差得很远，只好让朝鲜亡国，是很痛心的”，但是，听了毛泽东的分析之后，他不再犹豫，明确表示赞同出兵。彭德怀的表态，使毛泽东颇感欣慰。他高兴地说：“这我就放心了。现在美军已分别向三八线以北冒进，我们要尽快出兵，争取主动。今天下午政治局继续开会，请你摆摆你的看法。”

在下午举行的政治局扩大会议上，出兵与不出兵这两种意见仍相持不下。这时，彭德怀站出来发言，明确表示了自己的态度。他说：出兵援朝是必要的。朝鲜是我们的近邻，唇齿相依，唇亡齿寒。如果我们不出兵，让美帝席卷朝鲜半岛后蹲在鸭绿江边，蹲在台湾，它随时都可以找到进攻你的借口。老虎是要吃人的，什么时候吃，决定于它的胃口，这不以我们的意愿为转移。我看最多无非是让他们进来，我们再回到山沟里去，就当我们晚胜利几年。彭德怀的发言，使得“会议的气氛有了转变”。最后，会议一致同意毛泽东的主张，决定出兵援朝。

会议结束后，毛泽东邀请周恩来、高岗、彭德怀共进晚餐，研究出兵的具体事宜。毛泽东强调：“要尽快入朝，以免夜长梦多，任何耽搁都会引起严重的后果。”他还十分肯定地对彭德怀说：“给你10天准备时间，出兵时间初步预定10月15日。”他要求高岗和彭德怀到沈阳后，立即向师以上指战员传达中央的意见，做好10月15日入朝的准备，同时提议由周恩来主持召开中央军委扩大会议，传达中央关于出兵朝鲜的决定，并就作战部署和所需苏联武器装备广泛征求军队领导人的意见。

10月7日，美军越过三八线，大举北犯。10月8日，毛泽东以中国人民革命军事委员会主席名义，发布关于组成中国人民志愿军的命令，内容如下：

> 彭高贺，邓洪解及中国人民志愿军各级领导同志们：
>
> （一）为了援助朝鲜人民解放战争，反对美帝国主义及其走狗们的进攻，借以保卫朝鲜人民、中国人民及东方

各国人民的利益，着将东北边防军改为中国人民志愿军，迅即向朝鲜境内出动，协同朝鲜同志向侵略者作战并争取光荣的胜利。

（二）中国人民志愿军辖十三兵团及所属之三十八军三十九军四十军四十二军，及边防炮兵司令部与所属之炮兵一师二师八师。上述各部须立即准备完毕，待令出动。

（三）任命彭德怀同志为中国人民志愿军司令员兼政治委员。

（四）中国人民志愿军以东北行政区为总后方基地，所有一切后方工作供应事宜，以及有关援助朝鲜同志的事务，统由东北军区司令员兼政治委员高岗同志调度指挥并负责保证之。

（五）我中国人民志愿军进入朝鲜境内，必须对朝鲜人民、朝鲜人民军、朝鲜民主政府、朝鲜劳动党（即共产党）、其他民主党派及朝鲜人民的领袖金日成同志表示友爱和尊重，严格地遵守军事纪律和政治纪律，这是保证完成军事任务的一个极重要的政治基础。

（六）必须深刻地估计到各种可能遇到和必然会遇到的困难情况，并准备用高度的热情、勇气、细心和刻苦耐劳的精神去克服这些困难。目前总的国际形势和国内形势于我们有利，于侵略者不利，只要同志们坚决勇敢，善于团结当地人民，善于和侵略者作战，最后胜利就是我们的。

随后，毛泽东又将上述决定电告金日成，并请他派人到沈阳与彭德怀、高岗会商志愿军入朝事宜。

当天，根据毛泽东的安排，彭德怀、高岗率临时指挥人员迅即飞抵沈阳做军事部署，周恩来和林彪等则秘密飞往苏联，与斯大林商谈武器援助问题。虽然周恩来与斯大林的谈判因苏方改变主意而没能达到预期的结果，毛泽东也因此几次调整出兵的具体时间，但是，他始终没有改变自己的初衷。毛泽东坚持认为“应当参战，必须参战，参战利益极大，不参战损害极大”，“不论有天大的困难，志愿军渡江援朝不能再变”。10月18日，周恩来返回北京后，毛泽东主持召开中央会议，在分别听取了周恩来关于谈判的情况和彭德怀关于志愿军出国前的准备情况后，把志愿军的渡江计划和渡江时间最后定了下来。为保证志愿军顺利渡江和作战需要，原定各部队分批渡江的计划，改为同时出动。当晚9时，毛泽东电令第十三兵团司令员兼政治委员邓华等：“4个军及3个炮兵师决按预定计划进入朝北作战，自明十九日晚从安东和辑安线开始渡鸭绿江。为严格保守秘密，渡河部队每日黄昏开始至翌晨4时即停止，5时以前隐蔽完毕并须切实检查。”

至此，毛泽东关于抗美援朝的决策画上了一个圆满的句号。多年以后，在回忆这一艰难的决策过程时，聂荣臻曾这样写道：“对于打不打的问题，毛泽东也是左思右想，想了很久。他对这件事确实是思之再三，煞费心血的。不是毛泽东好战，问题是美国已经打到我们的国境线上了，不打怎么办？！”彭德怀则评价说：“这个决心不容易定下，这不仅要有非凡的胆略和魄力，最主要的是具有对复杂事物的卓越洞察力和判断力。历史进程证明了毛主席的英明正确。”

1970年10月10日，毛泽东本人在对金日成讲起这件事的时候也说：“我们虽然摆了5个军在鸭绿江边，可是我们政治局总是定不了，这么一翻，那么一翻，这么一翻，那么一翻，嗯！最后还是决定了。”他还同周恩来、金日成一起回顾了当时中苏之间谈判的情况：

> 毛泽东：事情总是这么弯弯曲曲的。在那个时候，因为中国动动摇摇，斯大林也就泄了气了，说：算了吧！后头不是总理去了吗？是带了不出兵的意见去的吧？
>
> 周恩来：两种意见，要他选择。我们出兵就要他的空

军支持我们。

毛泽东：我们只要他们空军帮忙，但他们不干。

周恩来：开始的时候，莫洛托夫赞成了，以后斯大林又给他打电话说，不能用空军支援，空军只能到鸭绿江边。

毛泽东：最后才决定了，国内去了电报，不管苏联出不出空军，我们去。我看也还是要感谢苏联，它总帮助了我们军火和弹药嘛，算半价。还有汽车队呀。

运筹帷幄

抗美援朝决策做出以后，随之而来的便是如何与敌军作战的问题。在持续 3 年之久的抗美援朝战争中，特别是志愿军入朝作战的第一年，毛泽东对前线战事倾注了大量精力。他审时度势，精心指导，再次上演了“运筹帷幄之中，决胜千里之外”的神奇剧目，进一步展示了他不同凡响的军事韬略、犀利深邃的政治眼光和扬长避短的务实态度。

慎重初战，是毛泽东一贯倡导和强调的重要原则。为此，毛泽东要求志愿军部队进入朝鲜境内后，先抢占有利地形“构筑两道至三道防御阵线”，站稳脚跟，然后，“在我军装备训练完毕，空中和地上均对敌军具有压倒的优势条件之后”，即在 6 个月以后再谈攻击问题。然而，由于志愿军行动神速，渡江行动未被敌人发觉。为争取战机，毛泽东迅即改变了预定的战略部署，要求彭德怀立即进行战役部署，打敌人一个措手不及。10 月 21 日，他先后致电彭德怀、邓华说：“截至此刻为止，美伪均未料到我志愿军会参战，故敢于分散为东西两路，放胆前进。”“现在是争取战机问题，是在几天之内完成战役部署以便几天后开始作战的问题，而不是先有一个时期部署防御然后再谈攻击的问题。”“此次是歼灭伪军三几个师争取出国第一个胜仗，开始转变朝鲜战局的极好机会，如何部署，望彭邓精心计划实施之。”为便于部署和指挥作战，毛泽东在电报中还要求十三兵团领导人立即与彭德怀会合，并改组为中国人民志愿军司令部。

根据毛泽东的指示，彭德怀等迅速拟定了“先歼灭敌人几个团，逐步扩大，歼灭更多敌人，稳定人心，使我军站稳脚跟”的作战方针，并成功地组织了志愿军入朝后的第一次战役。这次战役从10月25日开始，到11月5日结束。在这次战役中，志愿军出敌不意，凭着高昂的士气和灵活机动的战术，与敌军展开激战，歼敌15 000余人，迫使敌军主力撤退到清川江以南地区，粉碎了麦克阿瑟企图在感恩节以前占领全朝鲜的美梦，初步稳定了朝鲜战局。

中国人民志愿军的突然出现，引起了美国朝野的种种猜测。美国军方估计，中国参战的目的有三种可能：一是保卫边境安全；二是从战略上牵制美国；三是把以美国为首的“联合国军”赶出朝鲜半岛。由于没有摸清中国军队的实力，麦克阿瑟决定发动“最后的攻势”，在圣诞节前完全占领朝鲜。毛泽东认为：“敌方对我实力还认为是6万至7万人，‘并不是一个不可侮的势力’，这点对我有利。”根据毛泽东提出的“诱敌深入寻机各个歼敌”的作战方针，志愿军司令部在志愿军主动退却的过程中完成了第二次战役的作战部署。为保证第二次战役部署的“稳步施行”，毛泽东多次致电彭德怀等，及时通情报、发指示，并明确提出新的作战目标：“争取在本月内至12月初的1个月内东西两线各打1、2个仗，共歼敌7、8个团，将战线推进至平壤、元山间铁路线区域。”在毛泽东的精心指导和彭德怀等人的灵活指挥下，志愿军从11月7日开始诱敌，11月25日大举反击，发起了第二次战役。志愿军投入9个军的兵力，以西线为重点，分别在西线和东线对敌人发动的总攻势发起反攻。经过1个月的激战，共歼敌36 000余人，收复了三八线以北除襄阳外的全部地区，并解放了三八线以南的瓮津、延安两个半岛，迫使敌人撤退到三八线以南转入防御，扭转了朝鲜战局。

还在第二次战役部署阶段，毛泽东就曾预料：“只要我军多打几个胜仗，歼灭几万敌军，整个国际局势就会改观。”第二次战役的结果，证明了他的预见。当时任中共中央办公厅主任的杨尚昆，曾在日记中这样写道：

> 自我志愿军入朝，取得了两个战役的胜利以来，我国的地位提高了，说话响亮了，民主阵营的声势也增加了。另一方面，帝国主义阵营则日呈分崩离析之势……主席决定志愿军入朝之举，是十万分英明的、有远见的决定，时至今日则已如黑白之分明。如果当时要让我来决定，我则会偏于“苟安”！诚如主席所说，不仅不要近视、短视，而且必须远视、长视。决不可以眼前的，忽视了前途、远景！“高瞻远瞩”盖即指此也。

第二次战役尚未结束，以印度为首的13个中立国家于12月5日向联合国提出一份呼吁停火的议案，建议中朝军队以三八线为界停止前进，由联合国组织一个朝鲜停火3人委员会，寻求朝鲜停火，举行谈判会议，和平解决朝鲜问题及远东其他问题。12月8日，彭德怀来电汇报志愿军战况时，鉴于后勤补给困难，也曾提出“拟在三八线以北数十里停止作战，让敌人占三八线，以便明年再战时歼灭敌主力”的想法。于是，志愿军要不要越过三八线作战，成为毛泽东不得不认真思考的又一个难题。

作为战略家，毛泽东首先是从政治上着眼来考虑这个问题的。况且，就印度等国提出停火建议这一做法来说，已经把军事问题政治化，必须从政治上着眼，才能“透过现象看本质”，抓住问题的要害。在毛泽东看来，联合国已被美英所操纵，印度等国出面呼吁停火，只不过是美英等国释放的一个烟幕弹，其真实目的是在军事失利的情况下争取喘息之机，以备整军再战。如果接受停火建议，无异于自缚手脚，坐失作战良机。因此，中国决不能上所谓“停火”的当。

然而，就志愿军的作战部署而言，毛泽东又不能不从军事的角度来分析。如果敌军负隅顽抗，或是彭德怀在8日来电中申述的运输困难等不能得到及时妥善的解决，毛泽东也未必会下定决心，非要志愿军打过三八线不可。恰在这时，毛泽东接到情报部门的报告，称:“美国陆军总参谋长柯林斯奉命到日本和朝鲜前线，和麦克阿瑟、沃克及其他美军高级将领会商之后，认为联合国及美国的军队在朝鲜的态势已无希望。”“在目前朝鲜人民军及中国志愿军进攻的速度和范围的条件之下，由于美军在人力及装备上遭受了极大的损失以及士气的极端恶化，美军不能组织长期的防御。柯林斯已将上述情况及其意见向美国联合参谋部做了报告。”“麦克阿瑟已集中大批船只及舰队于咸兴以南的兴南港，并公开宣布第十兵团（阿尔孟德少将所部）就要从该港撤退，远山之敌昨十日业已从海上撤退。”同时，斯大林也发来电报，明确表示要为志愿军增加2 000辆汽车，以便满足志愿军后勤运输的迫切需要。

经过反复考量各方面的情况和意见，毛泽东决定拒绝“停火”建议，并命令志愿军越过三八线后继续向敌军发动进攻。他在给彭德怀等人的电报中反复强调:“目前美英各国正要求我军停止于三八线以北，以利其整军再战。因此，我军必须越过三八线。如到三八线以北即停止，将给政治上以很大的不利。”（12月13日电）“美、英正在利用三八线在人们中存在的旧印象，进行其政治宣传，并企图诱我停战，故我军此时越过三八线再打一仗，然后进行休整是必要的。”（12月21日电）“所谓三八线在人们脑子中存在的旧印象，经过这一仗，也就不存在了。我军在三八线以南或以北休整，均无关系。但如果不打这一仗，从十二月初起整个冬季我军都在休整，没有动作，则必然引起资本主义各国甚多揣测，民主阵线各国亦必有些人不以为然，发生许多议论。如我军能照你们目前部署，于一月上半月打一个胜仗，争取歼灭伪军几个师及美军一部，然后休整两个月，准备春季攻势，则对民主阵线及资本主义各国人民大众影响甚好，对帝国主义则给以新的一击，加重其悲观失败情绪。”（12月29日电）在12月26日给彭德怀的电报中，毛泽东还告诫说：“战争仍然要做长期打算，要估计到今后许多困难情况。要懂得不经过严重的斗争，不歼灭伪军全部至少是其大部，不再歼灭美英军至少四五万人，朝鲜问题是不能解决的，速胜的观点是有害的。”

根据毛泽东的指示，彭德怀在第二次战役结束后不久，接着就发起了第三次战役（即新年攻势）。在1950年12月31日至1951年1月8日的9天时间里，志愿军和朝鲜人民军用9个军的兵力，向三八线以南进行防守的敌军连续实施猛烈的进攻，把战线向南推进了80至110公里，歼敌19 000余人，解放了汉城，将敌人驱赶到三七线附近地区，粉碎了敌人固守三八线、重整败局再度北犯的企图。

1951年1月11日，即第三次战役结束后的第三天，联合国朝鲜停战3人委员会提出了关于和平解决朝鲜问题的五步方案：1. 立即实现停火；2. 举行一次政治会议以安排恢复和平所应采取的进一步措施；3. 外国军队分阶段撤出朝鲜，并采取措施以实现联合国关于建立统一政府的决议；4. 在实现第三条步骤之前，制定出管理朝鲜和确保朝鲜和平与安全的临时性办法；5. 由美国、英国、苏联和中华人民共和国四国代表举行会议，讨论远东问题，其中包括美国军队撤出台湾和确认中华人民共和国在联合国的合法席位问题。

在毛泽东看来，这个方案是一把双刃剑，虽然对中国有利，但对北朝鲜却未必有利。因为如果接受了这个方案，那就意味着承认联合国在确认中华人民共和国的合法席位以前，有权依照它所制定的原则在朝鲜建立“统一政府”，甚至完全由联合国暂时代管朝鲜的一切事务。这不仅会引起朝鲜同志的疑虑，从而在中朝两党两国关系方面造成不必要的麻烦，甚至有可能被美国所利用，从而使中国出兵援朝无果而终，前功尽弃。经过深思熟虑和权衡种种利弊，毛泽东决定拒绝接受这个方案。根据他的指示，周恩来总理于1月17日致电联合国大会第一委员会主席，称："先停战后谈判的原则，只便利于美国维持侵略和扩大侵略，决不能导致真正的和平，因之中华人民共和国中央人民政府不能予以同意。"为保证朝鲜问题、台湾问题和新中国在联合国合法席位问题得到妥善解决，周恩来在电报中还提出如下建议：必须在同意撤退一切外国军队和朝鲜内政由朝鲜人民自己解决的基础上，由有关各国谈判结束朝鲜战争和美国撤出台湾海峡等问题；必须立即在中国召开包括中、苏、英、美、法、印度、埃及7国会议，确定中华人民共和国在联合国的合法地位。

按照毛泽东先前的部署，志愿军主力部队在打完第三次战役后，应主动"撤退至利于休整的适当地区，休整一个月至两个月，补充新兵，恢复体力，总结经验，筹备粮弹，修通道路，补齐衣被鞋袜，整顿纪律"，"为春季作战进行充分的准备工作"。然而，在中国拒绝联合国提出的"五步方案"后，美国立即暴露出自己的狰狞面目，借机责令其盟国继续支持战争。1月25日，以美国为首的"联合国军"重整旗鼓，并凭借其强大火力和空中优势，向中朝军队发动了大规模的反攻。情急之下，刚刚休整两个星期的中朝联军再次投入战斗。第四次战役从此打响。为防止敌人从侧后登陆、两面夹击，中朝军队且战且退，到3月底，战线逐渐移到三八线以北。

根据这次战役的艰巨性，毛泽东进一步认识到援朝战争的长期性，并据此采取了志愿军轮番作战的方针。1951年3月1日，他在给斯大林的电报中写道："从目前朝鲜战场最近进行的战役（即第四次战役）中可以看出，敌人不被大部消灭，是不会退出朝鲜的，而要大部消灭这些敌人，则需要时间。因此，朝鲜战争有长期化的可能，至少我应做两年的准备。""为粉碎敌人意图、坚持长期作战，达到逐步歼灭敌人之目的，我中国志愿军拟采取轮番作战的方针。"毛泽东在电报中还详细列举了志愿军进行地面作战遇到的种种困难，希望苏联空军给予必要的配合。

第四次战役于1951年4月21日结束，历时87天，共歼敌78 000余人，不仅把“联合国军”阻止在三八线附近，而且激化了敌人内部矛盾，导致麦克阿瑟4月11日被解职。

随着志愿军后续部队的相继到达和苏联武器援助问题的顺利解决，彭德怀等根据毛泽东和中央军委的命令，立即组织了以大量歼敌为主要作战目标的第五次战役。针对战场上出现的难以集中歼敌的新情况，为保证实现“给敌以尽可能大的打击”的作战目标，毛泽东提出了新的作战方针——“零敲牛皮糖”！他要求志愿军“对美英军在几个月内只打小歼灭战”，积小胜为大胜。在5月26日给彭德怀的电报中，毛泽东告诫说：“历次战役证明我军实行战略或战役性的大迂回，一次包围美军几个师，或一个整师，甚至一个整团，都难以达到歼灭任务。这是因为美军在现时还有颇强的战斗意志和自信心。为了打落敌人的这种自信心以达最后大围歼的目的，似宜每次作战野心不要太大，只要求我军每一个军在一次作战中，歼灭美英土（耳其）军一个整营，至多两个整营，也就够了……我军入朝以来五次战役，已经完成这种小歼灭战的一段路程，但是还不够，还需经过几次战役才能完成小歼灭战的阶段，进到大歼灭战的阶段。”

第五次战役从4月22日开始，到6月10日结束，历时50天，歼敌82 000余人，并缴获大量物资装备，将战线稳定在三八线附近。从此，朝鲜战争进入相持阶段。

边谈边打

经过5次战役的反复较量，美国统治集团深刻认识到，要完全占领朝鲜是根本不可能的。1951年5月，美国国家安全委员会提出

“争取谈判解决朝鲜问题”的建议，并立刻得到总统杜鲁门的批准。

毛泽东对美国直接出面要求进行谈判的可能性早有所料，但他坚持认为只有打过三八线以后，才能考虑这个问题。1950 年 12 月 3 日，他在会见金日成时就曾明确提出：“敌人有可能要求停战，我们认为必须敌人承认撤出朝鲜而首先撤至三八线以南，方能谈判停战。最好我们不仅拿下平壤，而且拿下汉城，主要是消灭敌人首先是全歼伪军，对促进美帝撤兵会更有力量。”1951 年 1 月 28 日，他在给彭德怀的电报中又说：“第四次战役后敌人可能和我们进行解决朝鲜问题的和平谈判，那时谈判将于中朝两国都有利。”第五次战役结束后，鉴于战场上敌我双方出现胶着状态，中朝军队彻底击败“联合国军”以便根本解决南朝鲜问题，也不现实。所以，当毛泽东获悉“美国前驻苏联大使凯南于 5 月 31 日拜会苏联驻联合国代表马立克，表示美国政府准备与中国讨论结束朝鲜战争，愿意恢复战前状态”的情报后，给予了认真的考虑，并决定把握好这个机会。

6 月 3 日，毛泽东会见金日成，同他商谈了如何应付谈判的问题。金日成这时也明确表示同意停战谈判。为听取斯大林对停战谈判和苏联提供有关军事援助问题的意见，毛泽东决定派高岗与金日成一起赴莫斯科。得到斯大林的肯定答复后，毛泽东开始考虑如何提出谈判的方式问题，他在 6 月 13 日给高岗和金日成的电报中说：“和谈如何提法，我们觉得在目前两个月内朝中军队取守势的时候，不宜由朝中两国提出，而宜用下列方式：(一) 等待敌人提出；(二) 由苏联根据凯南对马立克的谈话向美国有所表示。”斯大林建议采取第二种方式。

基于以往与国民党谈判的经验，毛泽东深知：要实现和平，使谈判取得成功，没有坚强的实力做后盾是不行的。为此，他致电彭德怀，提出“持久作战、积极防御”的指导方针，要求志愿军利用朝鲜有利地形，构筑坚固的防御阵地，一方面以积极防御的手段打击敌人的有生力量，另一方面积极改善装备和加强训练，不断壮大自己的力量，逐步改变敌我力量对比，最后战胜敌人，或迫敌知难而退。这一方针，使志愿军在未来战局的发展中始终处于主动地位，并为谈判取得最后成功提供了可靠的保障。

6 月 23 日，苏联代表马立克在联合国正式提出和平解决朝鲜问题的建议，主张交战双方应谈判停火与休战，并把军队撤离三八线。6 月 30 日和 7 月 1 日，双方前线司令官先后发表声明，同意举行停战谈判。7 月 10 日，停战谈判在三八线以南中朝军队控制下的开城正式开始。

第一轮谈判持续了一个半月，取得了一个成果——通过了 5 项谈判议程：1. 通过议程；2. 确定双方军事分界线，建立非军事区；3. 在朝鲜境内实现停火与休战的具体安排；4. 战俘安排；5. 向双方有关各国政府建议事项。在这轮谈判过程中，毛泽东始终密切关注谈判进展情况并对代表团进行精心指导，在涉及谈判内容的具体问题上，既坚持原则，又表现出高度的灵活性，从而保证了谈判的顺利进行。其中最引人注目的是关于撤兵问题的谈判。当朝中方面的首席代表南日提出“在尽可能短的时间内从朝鲜撤退一切外国军队，以保证停战和朝鲜问题的和平解决”这一原则建议后，“联合国军”首席代表美国远东海军司令特纳·乔埃拒绝把这一问题列入谈判议程，并且称：停战谈判只应讨论朝鲜境内的军事问题，而从朝鲜撤出一切外国军队是政治问题，只能在停战后由有关各国政府去讨论。得知这一情况后，毛泽东明确表示：“撤兵一条，必须坚持。”7 月 17 日，由周恩来起草、经毛泽东审阅的一封发给李克农（指导谈判的工作组负责人）的电报，曾这样写道：

> 你们必须在撤退外国军队问题上，不要顾虑对方拒绝讨论，要继续驳斥对方拒绝讨论之非，而且不要去争论这是军事问题或是政治问题，而应着重说明这是保证停战的必要条件，以免掉入敌人故设的逻辑陷阱。
>
> 我们提此条是有充分理由的（各国派兵到朝鲜是来作

战的，不是来旅行的，为什么停战会议有权讨论停战，却无权讨论撤兵呢？显然这种理由是不能成立的。因此，我方坚持会议既然有权讨论停战，也就有权讨论撤兵）。

这封电报，不仅说明了中国出兵援朝的正义性和对停战谈判的诚意，而且为谈判代表南日充分发挥其辩才提供了广阔的思维空间，使得他“就撤军一事，向对方连续发问进攻，使对方对南日所问为何不同意撤军及停战后将军队留驻朝鲜的目的何在二问题，局促无词，窘态毕露”。为促使谈判取得进展，毛泽东根据美方有意在撤军问题上做出让步的新变化，就撤军问题提出了新的方针。根据毛泽东的意见，周恩来于 7 月 23 日又起草了一封给李克农的电报，说“在谈判过程中，我们已经很好地利用了撤兵问题，一方面表明了我们爱好和平，另一方面又揭露了敌人是不愿意促进和平事业的”。“现在我们可以确定：此次停战谈判，仍应以争取从三八线上撤兵停战为中心，来实现和平解决朝鲜问题的第一步，至于从朝鲜撤退外国军队问题，可以同意留待停战后的另一个会议去解决，而不将其列入此次会议的议程之内。关于此点，已取得金首相的同意。”电报还要求南日在 25 日谈判会议上提出增加一项议程，即“其他有关停战的问题”，目的是在其他问题达成协议后，“向双方有关各国政府建议，在停战协定实施后一定期限内召开双方高一级的代表会议，协商从朝鲜分期撤退一切外国军队的问题”。这项建议，为打破在谈判议程问题上出现的僵局，尽快转入实质性谈判铺平了道路。

然而，在讨论第二项议程及军事分界线问题时，双方又出现了意见分歧，并为此争论了近一个月（从 7 月 27 日到 8 月 23 日）。朝中方面提出以三八线为军事分界线的主张，美国和南朝鲜方面拒不接受，甚至提出中朝军队从实际控制线后撤，以“补偿”其海、空军优势的无理要求。这一要求遭到拒绝后，美国代表扬言：“那就让炸弹、大炮和机关枪去辩论吧。”于是，停战谈判被迫中断，双方的较量又从谈判桌前转到了战场上。

经过两个月的军事较量，“联合国军”仅将战线向前推进了两公里，却付出了损失157 000多人的沉重代价。这使得“美国谈判代表越来越意识到，联合国军确实已经不能再用继续作战的办法进一步获得利益了”。

10月23日，在中朝军队粉碎联合国军所谓秋季攻势的第二天，毛泽东在中国人民政治协商会议上发表重要讲话。他指出：

> 抗美援朝的伟大斗争现在还在继续进行，并且必须进行到美国政府愿意和平解决的时候为止。我们不要去侵犯任何国家，我们只是反对帝国主义者对于我国的侵略。大家都明白，如果不是美国军队占领我国的台湾、侵略朝鲜民主主义人民共和国和打到了我国的东北边疆，中国人民是不会和美国军队作战的。但是，既然美国侵略者已经向我们进攻，我们就不能不举起反侵略的旗帜，这是完全必要的和完全正义的，全国人民都已明白这种必要性和正义性……
>
> 我们很早就表示：朝鲜问题应当用和平方法予以解决。现在还是这样。只要美国政府愿意在公平合理的基础上解决问题，不再如过去那样用种种可耻的方法破坏和阻挠谈判的进行，则朝鲜的停战谈判是可能成功的，否则就不可能成功。
>
> 我们的敌人认为：新生的中华人民共和国面前摆着重重的困难，他们又用侵略战争来反对我们，我们没有可能克服自己的困难，没有可能反击侵略者。出于敌人的意料之外，我们居然能够克服自己的困难，居然能够反击侵略者，并获得伟大的胜利。我们的敌人目光短浅，他们看不到我们这种国内国际伟大团结的力量，他们看不到由外国帝国主义欺负中国人民的时代，已由中华人民共和国的成

立而永远宣告结束了。

中朝军队的顽强作战和中国政府的坚定立场，迫使联合国军的代表重新回到谈判桌前。但是，由于美国方面不肯轻易罢手，后来的谈判时断时续，形成了边谈边打的局面。为支持长期战争的消耗，给前线志愿军的作战提供强有力的物质和精神支持，毛泽东和党中央提出“边打、边稳、边建”的方针，在国内掀起了声势浩大的抗美援朝运动，最大限度地把全国人民动员起来，投入到支援前方、恢复经济的伟大斗争中去。1952 年 8 月 4 日，毛泽东在政协一届常委会第三十八次会议上讲话时，对有关情况进行了总结，并对朝鲜战局的发展前景做出了科学预测。他说：

> 去年这一年，我们是边打，边谈，边稳。
>
> 朝鲜战争的局势，去年七月以后定下来了，但是国内的财政经济状况，能不能稳下来，那时还没有把握。过去只是讲“物价基本稳定，收支接近平衡”，意思是说，物价还不能稳定，收支还没有平衡。收入少，支出多，这是个问题。因此，中共中央在去年九月开了一次会，提出增加生产，厉行节约。十月，我又在政协第一届全国委员会第三次会议上，提出增产节约。在增产节约运动中，揭发出相当严重的贪污、浪费、官僚主义的问题，到十二月开展了“三反”运动，接着又开展了“五反”运动。现在“三反”“五反”运动胜利结束，问题全清楚了，天下大定。
>
> 去年抗美援朝战争的费用，和国内建设的费用大体相等，一半一半。今年不同，战争费用估计只要用去年的一半。现在我们的部队减少了，但是装备加强了。我们过去打了二十几年仗，从来没有空军，只有人家炸我们。现在空军也有了，高射炮、大炮、坦克都有了……
>
> 这次战争，我们本来存在三个问题：一、能不能打；二、能不能守；三、有没有东西吃。

能不能打，这个问题两三个月就解决了。敌人大炮比我们多，但士气低，是铁多气少。

能不能守，这个问题去年也解决了。办法是钻洞子。我们挖两层工事，敌人攻上来，我们就进地道。有时敌人占领了上面，但下面还是属于我们的。等敌人进入阵地，我们就反攻，给他极大的杀伤。我们就是用这种土办法捡洋炮。敌人对我们很没有办法。

吃的问题，也就是保证给养的问题，很久不能解决。当时就不晓得挖洞子，把粮食放在洞子里。现在晓得了。每个师都有三个月粮食，都有仓库，还有礼堂，生活很好。

现在是方针明确，阵地巩固，供给有保证，每个战士都懂得要坚持到底。

究竟打到哪一年为止，谈判到什么时候？我说，谈还是要谈，打还是要打，和还是要和。

为什么还是要和呢？三十年战争、百年战争是不会有的，因为长期打下去对美国很不利。

一、要死人。他们为扣留一万多个俘虏奋斗，就死掉了三万多人。他们的人总比我们少得多。

二、要用钱。他们一年要用一百多亿美元。我们用的钱比他们少得多，今年比去年又减少一半。“三反”“五反”清理出来的钱，可以打一年半。增产节约出来的钱，就可以完全用在国内建设上。

三、他们国际国内都有难以克服的矛盾。

四、还有一个战略问题。美国的战略重点是欧洲。他们出兵侵略朝鲜，没有料到我们出兵援助朝鲜。

我们的事情比较好办。国内的事我们可以完全做主。但是，我们不是美国的参谋长，美国的参谋长是他们自己的人。所以，朝鲜战争是否打下去，我们和朝鲜一方只能做一半主。

总之，对美国来说，大势所趋，不和不利。

战争的结局，证明了毛泽东的预言。又经过近一年的艰苦较量，美国不得不接受朝中方面提出的停战方案。1953 年 7 月 27 日，朝鲜停战协定在板门店签字。当时担任“联合国军”总司令的克拉克将军在回忆录中曾这样写道:“在执行我国政府的训令中，我得到了一项不值得羡慕的荣誉，那就是我成了历史上签订没有胜利的停战条约的第一位美国陆军司令官。我感到一种失望的痛苦。我想，我的前任麦克阿瑟和李奇微两位将军一定会有同感。”

抗美援朝战争的胜利，原因是多方面的，意义是伟大的。1953 年 9 月 12 日，毛泽东在中央人民政府委员会第二十四次会议上讲话时，对此做了总结，提出了自己独到的见解。他说:

抗美援朝，经过三年，取得了伟大胜利，现在已经告一个段落。

抗美援朝的胜利是靠什么得来的呢？刚才各位先生说，是由于领导的正确。领导是一个因素，没有正确的领导，事情是做不好的。但主要是因为我们的战争是人民战争，全国人民支援，中朝两国人民并肩战斗。

我们同美帝国主义这样的敌人作战，他们的武器比我们强许多倍，而我们能够打胜，迫使他们不能不和下来。为什么能够和下来呢？

第一，军事方面，美国侵略者处于不利状态，挨打状态。如果不和，它的整个战线就要被打破，汉城就可能落入朝鲜人民之手。这种形势，去年夏季就已经开始看出来了。

作战的双方，都把自己的战线称为铜墙铁壁。在我们这方面，确实是铜墙铁壁。我们的战士和干部机智，勇敢，不怕死。而美国侵略军却怕死，他们的军官也比较呆板，不那么灵活。他们的战线不巩固，并不是铜墙铁壁。

我们方面发生的问题，最初是能不能打，后来是能不能守，最后是能不能保证给养，最后是能不能打破细菌战。这四个问题，一个接着一个，都解决了。我们的军队是越战越强。今年夏天，我们已经能够在一小时内打破敌人正面二十一公里的阵地，能够集中发射几十万发炮弹，能够打进去十八公里。如果照这样打下去，再打它两次、三次、四次，敌人的整个战线就会被打破。

第二，政治方面，敌人内部有许多不能解决的矛盾，全世界人民要求和下来。

第三，经济方面，敌人在侵朝战争中用钱很多．它的预算收支不平衡。

这几个原因合起来，使敌人不得不和。而第一个原因是主要的原因，没有这一条，同他们讲和是不容易的。美帝国主义者很傲慢，凡是可以不讲理的地方就一定不讲理，要是讲一点理的话，那是被逼得不得已了。

在朝鲜战争中，敌人伤亡了一百零九万人。当然，我们也付了代价。但是我们的伤亡比原来预料的要少得多，有了坑道以后，伤亡就更少了。我们越打越强。美国人攻不动我们的阵地，相反，他们总是被我们吃掉。

刚才大家讲到领导这个因素，我说领导是一个因素，而最主要的因素是群众想办法。我们的干部和战士想出了各种打仗的办法。我讲一个例子。战争的头一个月，我们的汽车损失很大。怎么办呢？除了领导想办法以外，主要是靠群众想办法。在汽车路两旁用一万多人站岗，飞机来了就打信号枪，司机听到就躲着走，或者找个地方把汽车藏起来。同时，把汽车路加宽，又修了许多新汽车路，汽车开过来开过去，畅行无阻。这样，汽车的损失就由开始时的百分之四十，减少到百分之零点几。后来，地下仓库修起来了，地下礼堂也修起来了，敌人在上面丢炸弹，我们在下面开大会。我们住在北京的一些人，一想到朝鲜战场，就感到相当危险。当然，危险是有的，但只要大家想办法，并不是那么了不起。

我们的经验是：依靠人民，再加上一个比较正确的领导，就可以用我们劣势装备战胜优势装备的敌人。

抗美援朝战争的胜利是伟大的，是有很重要意义的。

第一，和朝鲜人民一起，打回到三八线，守住了三八线。这是很重要的。如果不打回三八线，前线仍在鸭绿江和图们江，沈阳、鞍山、抚顺这些地方的人民就不能安心生产。

第二，取得了军事经验。我们中国人民志愿军的陆军、空军、海军、步兵、炮兵、工兵、坦克兵、铁道兵、防空兵、通信兵，还有卫生部队、后勤部队等等，取得了对美国侵略军队实际作战的经验。这一次，我们摸了一下美国军队的底。对美国军队，如果不接触它，就会怕它。我们跟它打了三十三个月，把它的底摸熟了。美帝国主义并不可怕，就是那么一回事。我们取得了这一条经验，这是一条了不起的经验。

第三，提高了全国人民的政治觉悟。

由于以上三条，就产生了第四条：推迟了帝国主义新的侵华战争，推迟了第三次世界大战。

帝国主义侵略者应当懂得：现在中国人民已经组织起来了，是惹不得的。如果惹翻了，是不好办的。

今后，敌人还可能打，就是不打，也一定要用各种办法来捣乱，比如派遣特务进行破坏。他们在台湾、香港和日本这些地方，都设有庞大的特务机构。可是，我们在抗美援朝中得到了经验，只要发动群众，依靠人民，我们是有办法来对付他们的。

我们现在的情况，同一九五〇年冬季的情况不同了。那时候，美国侵略者是不是在三八线那边呢？不是，他们是在鸭绿江、图们江那边。我们有没有对美国侵略者作战的经验呢？没有。对于美国军队熟悉不熟悉呢？不熟悉。现在这些情况都变了。如果美帝国主义不推迟新的侵略战争，他说，我要打！我们就用前三条对付他。如果他说，我不打了！那么我们就有了第四条。这也证明我们人民民主专政的优越性。

我们是不是去侵略别人呢？任何地方我们都不去侵略。但是，人家侵略来了，我们就一定要打，而且要打到底。

中国人民有这么一条：和平是赞成的，战争也不怕，两样都可以干。我们有人民的支持。在抗美援朝战争中，人民踊跃报名参军。对报名参军的人挑得很严，百里挑一，人们说比挑女婿还严。如果美帝国主义要再打，我们就跟它再打下去。

第8章

喜忧参半

毛泽东与苏共二十大

福兮祸之所依，祸兮福之所伏。

——题记

天有不测风云。抗美援朝使斯大林消除了对中国革命是“铁托式胜利”的怀疑，相信毛泽东是一个真正的国际主义者了。中苏关系也随之进入了“蜜月”期。然而，在中苏友好的背后，却潜伏着深刻的危机。这种危机的最初表现，不是中苏两国间的利益冲突，而是中苏两党在意识形态上的分歧。而引发这种分歧的导火线，就是苏共二十大的召开。

风云突变

抗美援朝战争的胜利，不仅提升了新中国的国际地位，而且壮大了社会主义阵营的声势。作为社会主义阵营的首领，苏联党和政府在斯大林逝世后开始逐步调整对内对外政策，使苏联在政治、经济、文化、外交等各方面都呈现出一派“新气象”。

1956 年 2 月 14 日至 25 日，苏共召开第二十次全国代表大会。这是斯大林逝世后苏共召开的第一次全国代表大会，包括中国在内的 55 个国家的共产党和工人党代表团应邀出席。大会的主要议程是：一、苏共中央委员会报告，报告人苏共中央第一书记赫鲁晓夫；二、苏共中央检查委员会报告，报告人苏共中央检查委员会主席莫斯卡托夫；三、苏共二十大对第六个五年计划（1956—1960 年）的指示，报告人苏联部长会议主席布尔加宁；四、选举新的中央领导机构。

令人关注和感到诧异的是：这次大会的主席台上方，没有悬挂斯大林的画像!

在大会开幕的当天，赫鲁晓夫做了《苏联共产党中央委员会向党的第二十次代表大会的总结报告》。报告分为以下三个部分。

第一部分是“苏联的国际形势”，分析了自苏共十九大以来国际形势的变化，着重阐述了“和平共处”“和平竞赛”“和平过渡”等三个理论问题。报告指出：资本主义的总危机在继续加深，认为资本主义总危机意味着完全停滞，意味着生产和技术进步的停止，这种想法始终是同马克思列宁主义者的观点不相容的。“必须仔细考察资本主义的经济，不是对列宁关于帝国主义腐朽的学说采取简单的看法，而是研究资本主义国家的科学和技术所提供的一切优良的东西，以便为社会主义的利益来利用世界技术进步的成就。”

关于国际形势发展的总趋势，报告说：近几年来，国际舞台上发生了新的变化；欧洲和亚洲爱好和平的国家组成了广阔的“和平地区”，各资本主义国家的共产党和其他社会集团采取了反对战争的立场；许多社会民主党人赞成进行积极的斗争来反对战争危险，主张同社会主义各国接近，赞成工人运动统一；帝国主义统治集团中较有远见的代表人物正在开始承认“实力地位”政策破产了。“在这些无可争辩的事实影响下，西方的有势力的人士中间开始出现了头脑有些清醒的征象。”“近来，资本主义国家的著名人士越来越经常地坦白承认，在使用原子武器的战争中‘将没有胜利者’，这并不是偶然的。”

关于和平共处，报告指出：“和平共处不是策略措施，而是苏联外交政策的基本原则。”但这决不意味着我们曾经干涉过或者准备干涉那些保存资本主义制度的国家的内政。“如果以为革命是按定货方式进行的，那未免太可笑了。”社会制度不同的国家不仅仅是能够共处，而且还应当前进，改善关系，加强彼此的信任，实行合作。

关于和平竞赛，报告说：“当我们说在资本主义和社会主义两种体系的竞赛中社会主义体系必将取得胜利的时候，这决不意味着，胜利将通过社会主义国家对资本主义国家的内政进行武装干涉来实现。”我们一向断定说，在这个国家或那个国家建立新的社会制度，是这些国家的人民内部的事情；我们相信，全世界劳动人民一旦相信共产主义会带来怎样的好处，他们迟早会走上为建设社会主义社会而斗争的道路。

关于和平过渡，报告指出：这是“不同的国家向社会主义过渡的形式问题”。“社会革命的形式有各种各样。说我们把暴力和内战看成是社会改造的惟一途径，这是不符合事实的。”自十月革命胜利以来，“历史情况有了根本的变化，因而有可能用新的态度来对待这个问题”。“工人阶级只要把劳动农民、知识分子和一切爱国力量团结到自己的周围，并且给那些不能够放弃同资本家和地主妥协的政策的机会主义分子以坚决的回击，就有可能击败反动的反人民的势力，取得议会中的稳定的多数，并且迫使议会从资产阶级民主机构变成真正代表人民意志的工具。在这种情况下，许多高度发达的资本主义国家的这种传统的机构，也就可能成为一个真正民主即劳动人民民主的机关。”“争取了以无产阶级、劳动者的群众革命运动为依据的议会的稳定的多数，就可以为若干资本主义国家和过去的殖民国家的工人阶级，创造实现根本社会改造的条件。”

第二部分是“苏联的国内状况”，重申了优先发展重工业和开垦荒地这两项经济建设的基本方针，并特别强调要加强苏维埃法制，指出：“经验表明，社会主义法制稍微削弱一点，就会使苏维埃国家的敌人乘机进行他们卑鄙的破坏活动。”报告说，中央委员会曾经审查了所谓“列宁格勒案件”，查明这个案件是贝利亚和他的党羽捏造的。后来，中央委员会又审查了其他一些可疑的案件，采取了恢复正义的措施。“根据中央委员会的建议，恢复了那些被无辜判罪的人们的名誉。”

第三部分是“党”，着重批判了“个人崇拜”，强调恢复和加强集体领导原则。报告说：苏联共产党“坚决反对和马克思列宁主义精神不相容的个人崇拜，因为个人崇拜把这个或那个活动家变成创造奇迹的英雄，而同时缩小党和群众的作用，降低他们的创造积极性。个人崇拜流行的结果就降低了党的集体领导作用，有时给我们的工作带来了严重的损失”。

揭露和批判斯大林的个人崇拜问题，是这次大会的核心内容。在会上最先站出来点名批判斯大林错误的是米高扬。2月16日下午，他在大会发言中公开否定斯大林的观点，说：“斯大林在《苏联社会主义经济问题》中分析当前的资本主义经济的情况的时候，有一些关于美国、英国和法国的大家知道的论点，这些论点未必能对我们有所帮助，未必是正确的。”

2月24日深夜至25日凌晨，在克里姆林宫大厅举行了一次未列入大会议程的内部会议（只有苏共代表出席），赫鲁晓夫在会上做了长达四个半小时的秘密报告，报告的题目是《关于个人崇拜及其后果》。

一开始，赫鲁晓夫就申明：“在这个报告里不想全面评价斯大林的生平事迹。关于斯大林的功绩，还在他活着的时候就已经写了足够数量的书籍和小册子，就已经进行了足够的研究。斯大林在准备和实现社会主义革命中，在国内战争中，以及在我国建成社会主义的斗争中所起的作用是尽人皆知的。现在我要谈的是对斯大林的个人崇拜是怎样形成的，它怎样在一定阶段上变成一系列极其严重地歪曲党的原则、歪曲党的民主和革命法制的根源的。”

接下来，他详细列举了斯大林所犯的一系列严重错误，主要有：违背民主集中制和集体领导原则，搞个人崇拜；肃反扩大化；在反法西斯卫国战争前夕和初期，对德国的进攻丧失警惕；在国内民族问题上处置错误；在对待南斯拉夫问题上态度傲慢；等等。他在报告中说：

斯大林根本不允许实现集体领导和集体工作，他不仅对反对他的人要施加暴力，而且由于他的任性和专横，连被他看成与他的思想相违背的人，也要施以暴力。斯大林不是通过说服、解释和耐心地同别人合作，而是把他的思想强加于人，要别人无条件接受他的意见。凡是反对他这种做法的人，或者力图证明自己的观点，证明自己正确的人，都必然会被开除出领导机关，接着就会受到精神上的折磨和肉体上的消灭。在第十七次党代会以后的这个时期内，这一点表现得更加明显。许许多多忠实于共产主义事业的、党的卓越活动家和党的一般工作人员都成了斯大林专横的牺牲品。

斯大林首创“人民敌人”这个概念。这一名词可以使犯了思想错误或只卷入争论的人无须证明自己所犯错误的性质，它可以自动给这些人加上这个罪名，可以破坏革命法制的一切准则，对他们实施最残酷的迫害，以对付在某一点上不同意斯大林的人，对付那些只是被怀疑有敌意的人，对付那些受到诬陷的人。“人民敌人”这个概念，实质上已经排除了任何思想斗争和就某些问题哪怕是实际问题表达自己意见的可能性。定罪的主要依据，实质上惟一的证据就是被告本人的“自供”，然而这种“自供”后来经查明，乃是对被告施行肉刑逼出来的，这种做法与现代法学的一切标准是完全违背的。于是就导致明目张胆地破坏革命法制，使许许多多过去维护党的路线的无辜的人成了牺牲品。应该说，即使那些曾经反对党的路线的人们，也没有那么多重大理由一定要把他们从肉体上消灭掉，并为了从肉体上消灭这些人，便特别采用“人民敌人”这个概念。

事实证明：许多滥用职权的事都是根据斯大林的指示做的，根本不顾党的准则和苏维埃法制。斯大林是个非常不信任旁人的人，有病态的疑心，我们和他一起工作，都知道这一点。他会看着一个人说：“你的眼睛今天为什么躲躲闪闪的？”或者说：“你今天为什么扭转头去，不敢正眼看我？”病态的疑心使他不加区别地对人不信任，其中也有他认识多年的党的杰出的活动家。他到处都看到“敌人”“两面派”“间谍”。由于拥有无限的权力，他严酷专横，不仅在肉体上而且在精神上压制了人。过去形成了这种情况，使人们没有可能来表达自己的意志。当斯大林说某人应该逮捕，就应该相信他已是“人民敌人”，在国家保安机关中为非作歹的贝利亚匪帮就会用尽一切办法来证明被逮捕者的罪行和他们所捏造的材料的正确性。拿出的证据是什么呢？被逮捕者的招供。审判员就相信这些“招供”，并以此为据。怎么使一个没有犯罪的人招供自己有罪？只有一个办法，就是采用严刑逼供的办法，严刑拷打，使他失去知觉，失去理智，失去人的尊严。如此这般，“供词”即到手了。

斯大林集大权于一身，这在伟大卫国战争中造成了严重后果。

战前，我们的报纸和全部政治教育工作就大吹其牛，说什么如果敌人侵犯神圣的苏联领土，就给敌人以三重的打击，我们要在敌人的领土上进行战争，并且要以较少的牺牲取得胜利。但这些极其自信的宣言并无具体事实根据确保我们的边界不受侵犯。

在战时和战后期间，斯大林曾提出这样的论点：我们人民在战争初期所经历的那种悲剧，是由于德国人对苏联“突然”袭击的结果。

可是，同志们，这完全不符事实。希特勒在德国刚一登台，就提出了要消灭共产主义这一任务。法西斯匪徒是公开这样说的，不曾掩盖他们的计划。为了实现这一侵略目标就签订了各种协定，建立了各种集团，诸如臭名远扬的柏林—罗马—东京轴心。在战前，无数事实明显地说明，希特勒竭尽全力要发动一场反苏战争，他集中了大量的兵力，其中有坦克部队，而且集结在苏联边界。

从现在已发表的文件中可以看出，还在一九四一年四月三日，丘吉尔就通过驻苏大使克里浦斯当面提醒过斯大林，说德军开始重新部署，准备进攻苏联。很明显，丘吉尔这样做不是因为他对苏联人民有友好的感情。他这样做是有他帝国主义的目的，那就是让德苏两国投入一场血战，从而加强大英帝国的地位。同样，丘吉尔在他的文集中证实，他要“斯大林注意到威胁的危险性”。丘吉尔在四月十八日以及以后几次电报中都反复强调了这一点。但这些警告均被斯大林当作耳边风。相反的，斯大林指示说不要相信这类情报，以免挑起事端。

应当指出，从我们军方和外交渠道我们也得到了德军入侵苏联领土的威胁这类情报，但由于领导上的这种成见，在送呈这些情报时，人们都胆战心惊，在估计其可靠性时，便大留余地。斯大林根本不了解前线的真实情况，这是自然的，因为在整个卫国战争时期，他没有到过一个战线的区段，也没有到过一个解放了的城市，除了在前线局势稳定时刻曾经坐车到莫扎伊斯基公路（在莫斯科）短短地兜了一回。而对这次出行却写了不知多少异想天开的文学作品。然而，斯大林仍直接干预作战过程，发布命令，这些命令根本不考虑战线该段的实际情况而不能不造成人员的巨大损失。

苏联有权利被认为是多民族国家的范例，因为居住在我们伟大祖国的一切民族的友谊和权利，在事实上已得到了保证。斯大林所做的粗暴破坏苏维埃国家民族政策和列宁主义原则的行为是不可容忍的。这就是把整个民族包括所有的共产党员和共青团员，从生长的地方大规模迁走，而这种迁移绝不是从军事方面考虑而决定的。还在一九四三年底，即伟大的卫国战争前线上已经发生了有利于苏联的决定性转折的时候，通过并实行了将所有卡腊查耶夫人从占有的土地上迁出的决定。在同一时期，一九四三年十二月底，卡尔梅茨自治共和国的全体居民遭到了同样的命运。一九四四年三月，切禅和印古什人从自己居住的地方全部迁出，切禅印古什自治共和国则被取消了。一九四四年四月，从卡巴尔达一巴尔卡尔自治共和国境内将所有巴尔卡尔人迁到遥远的地方，共和国则改名为卡巴尔达自治共和国。乌克兰人避免了这样的命运，因为他们人口太多，没有地方迁移，否则，他也会把他们迁到别处去。不要说是马克思列宁主义者，任何思想健全的人也想象不出，可以把个别人或个别集团的敌对行动的责任，加在包括妇女、孩子、老人、共产党员和共青团员在内的整个民族头上，使他们蒙受大规模的迫害和痛苦。

战后时期情况更加复杂了。斯大林更加任性、易怒、粗暴，尤其是他的猜疑心更加滋长了。迫害狂到了惊人的程度。在他的眼中，许多人都成了敌人。战后，斯大林更加脱离集体，完全是个人专断独行，不顾任何人和任何事。

斯大林的专横不仅表现在国内问题上，而且也表现在苏联的对外关系上。

在七月全会上详细讨论了因南斯拉夫产生纠纷的原因。这方面斯大林扮演了不光彩的角色。“南斯拉夫事件”的一切问题，都可以通过党内同志式的讨论，得到解决。产生这样的事件，是没有重大根据的，完全可以不同这个国家断绝外交关系。但并不是说，南斯拉夫的领导没有错误和缺点，这些错误和缺点被斯大林骇人听闻地予以夸大了，使得我们同友好的国家断绝了外交关系……这是斯大林自大狂造成的结果。他完全丧失了现实感，不仅对国内的个别人员，而且对所有其他党和国家也是这样的猜疑和傲慢。

斯大林不了解现实生活，不考虑地方的具体情况，这可以从他领导农业的例子中看得很清楚。凡是对国内情况稍感兴趣的人，就会发现农业状况是很严重的，但斯大林却从未注意到这点。我们向斯大林说过没有呢？是的，我们说过。但他不支持我们。为什么？因为斯大林一直没有下去过，没有同工人和农民见过面，不了解下情。斯大林只是从电影上知道国内情况和农业的，这些影片把农业状况大大美化了，集体农庄生活在很多电影里被描写成火鸡肥鹅满桌。斯大林显然认为，实际情况就是如此。

最后，赫鲁晓夫做出了三点结论：

第一，布尔什维克式地谴责和根除个人崇拜，把它看成是和马克思列宁主义相敌对，与党的领导原则和党的生活准则毫不相容的东西，要同形形色色恢复个人崇拜的一切企图，进行无情的斗争。要在我们党的全部思想工作中，恢复并且坚决贯彻马克思列宁主义学说最重要的原则，即人民是历史的创造者，是人类一切物质财富和精神财富的创造者，马克思主义政党在改造社会和争取共产主义胜利斗争中所起的决定性作用。在这方面，我们要做大量的工作，从马克思列宁主义立场出发，批判地审查和纠正历史、哲学、经济学以及文学艺术等方面因个人崇拜而广泛流行的那些错误观点。特别是必须在最近的将来，根据科学的马克思主义客观精神，编写一部严肃的党史教材，一部苏联社会史教材，和一部关于国内战争和伟大卫国战争的著作。

第二，一贯坚决地继续党中央委员会在近几年所进行的工作，即在一切党组织中从上到下地严格遵守列宁的党的领导原则，首先是集体领导这个主要原则，遵守党章规定的党的生活准则，广泛开展批评与自我批评。

第三，完全恢复体现在苏联宪法中关于苏维埃社会主义民主的列宁主义原则，同一切滥用职权的人的专横行为进行斗争。必须彻底纠正长期以来因个人崇拜的消极影响所累积而成的破坏革命的社会主义法制的罪恶现象。

虽然赫鲁晓夫曾在报告中强调说："我们不能把这件事捅到党外，尤其不能捅到报刊上去发表。正因为如此，我们才在代表大会关起门来的会议上，报告这个问题。我们应当知道分寸，不要把炮弹送给敌人，不要在他们面前宣扬我们的家丑。我想代表大会的代表会正确理解和对待这些措施的。"但是，他在会上做秘密报告的消息还是很快被西方国家的"敌人"给知道了。

大会刚刚闭幕，赫鲁晓夫就又心血来潮，全然不顾自己在会上说的"应当知道分寸"的话，贸然决定把秘密报告"捅"出去。根据他的意见，苏共中央分别向出席大会的其他几个大党的代表团送交了秘密报告的副本。不久，又指示苏共各级党组织将报告内容在全国的积极分子范围内传达。随后，又在工厂、商业、机关、行政机关及其他组织的党员会议上传达。最后，全国都家喻户晓了。

3月中旬，美国《纽约时报》派驻东欧国家的记者就了解到有关"内情"，报道了赫鲁晓夫在苏共二十大上做反斯大林秘密报告的消息。6月4日，《纽约时报》又全文发表了赫鲁晓夫的秘密报告。

消息传出，全世界为之震惊！

在苏联，有许多人在感情上一时难以接受。1956年3月，斯大林的故乡梯比利斯爆发了大规模的群众示威游行。

在世界范围内，以美国为首的西方国家抓到了反对共产主义的把柄，掀起了巨大的反苏反共浪潮。他们把赫鲁晓夫的秘密报告看作是“空前未有的合乎我们目的”的举动，声称要利用它“作为武器来摧毁共产主义运动的威望和影响”。

社会主义阵营内部，更因为这个报告而出现极大的思想混乱，陷于十分困难的境地。特别是在一些资本主义国家里，大批共产党员宣布退党，有的党则发生了分裂。英国共产党总书记高兰在 1957 年 11 月同毛泽东谈起这件事时说：“斯大林问题发生了，这当然是一个很大的震动。我们认为，苏联同志把斯大林问题处理得很坏很坏。这本来就是个困难和复杂的问题，但是处理的结果又造成了最大限度的困难。我们党内的各种修正主义思想都发泄出来，其中有一种思想认为我们党没有前途。我们多数党员是坚定的，但是我们还是丧失了 7 000 党员。”

对于中国共产党人来说，得知这一消息后的第一感觉同样是“震惊”。出席苏共二十大的中国代表团团长朱德在会后同赫鲁晓夫谈话时明确表示：斯大林是国际共产主义运动的领袖，他不仅属于苏联共产党，也属于各国共产党，你们对他进行如此尖锐的批评，却不同其他党商量，这不合适。

亡羊补牢

对于苏共在对待斯大林态度上的变化，毛泽东早有察觉。1954 年 3 月 27 日，中国驻苏联大使张闻天就曾向中共中央办公厅报送过《苏联宣传中对斯大林提法的改变》的调研材料。这份材料说：一年来，苏联宣传中对于斯大林的提法有了一些改变。这种改变从 1953 年 4 月已有些端倪，到 7 月后便已十分明显。主要表现在两个问题上：一是过去对于斯大林的功绩提得过高，目前对于苏联在各方面的成就则多强调群众的功绩，强调党的领导，强调包括有列宁及其他学生在内的党中央委员会的集体领导；二是过去对列宁和斯大林二人往往相提并论，现在则强调斯大林是列宁的继承者。毛泽东在 4 月 28 日阅后批转给刘少奇，指出："此件，及去年冬季中宣部所辑关于反对个人崇拜反对教条主义的一个文件（指 1953 年 12 月 25 日张闻天以驻苏使馆研究室名义报送中央宣传部的两个材料——《苏联宣传工作的几个问题》和《苏联共产党反对宣传工作中的教条主义》，前一篇介绍 1953 年 7 月以后苏联反对党的宣传工作中的个人崇拜，揭露社会科学包括历史学、哲学、文学艺术中个人崇拜的表现，从理论上批判个人崇拜，强调人民群众的决定作用和党的集体领导的情况；后一篇介绍苏联宣传工作中反对教条主义的情况，指出宣传工作中教条主义的表现），都是重要文件，宜作为内部文件，印发给在京及在各地的中委、候补中委。"

当时，毛泽东正忙于修改宪法草案、处理高饶事件以及中国出席日内瓦会议的准备工作等事务，对于苏联在评价斯大林问题上出现的变化没有给予过多的考虑。由于这一时期的中苏关系尚处在"蜜月"阶段，毛泽东又认为"苏联人民要换一个领袖是不容易的"，所以，在很长一段时间里对以赫鲁晓夫为首的苏共新领导采取了支持的态度。

苏共二十大召开时，中共中央派出了由朱德、邓小平、谭震林、王稼祥以及新任驻苏大使刘晓组成的较高规格的代表团参加。大会期间，由于不曾料到苏共新领导会全盘否定斯大林，中共中央从大局考虑仍然是坚决地给予支持。2 月 19 日，《人民日报》发表题为《具有历史意义的文件》的社论，对赫鲁晓夫的总结报告（即 2 月 14 日公开做的工作报告）予以积极的报道和评价。但这篇社论对赫鲁晓夫的报告也有所保留，只谈了和平共处与和平竞赛问题，而没有谈和平过渡问题，因为在这个问题上中共中央有不同看法。

苏共二十大结束的第二天，中共中央收到代表团发来的电报，报告赫鲁晓夫大反斯大林。但毛泽东觉得，报告的详细内容如何还不知道，所以不便仓促发表意见。于是，在2月28日《人民日报》发表的题为《苏共第二十次代表大会胜利闭幕》的另一篇社论中，毛泽东采取了“顾左右而言他”的办法，只宣传苏联的第六个五年计划，而只字不提赫鲁晓夫的秘密报告。

不过，对赫鲁晓夫全盘否定斯大林的做法，毛泽东的态度是明确的。对“苏联过去把斯大林捧得一万丈高的人，现在一下子把他贬到地下九千丈”，他很不赞成。

3月3日下午，出席苏共二十大的中共代表团成员邓小平等回到北京。他们带回了赫鲁晓夫秘密报告的副本，并向毛泽东等中央主要领导详细汇报了参加苏共二十大的有关情况。

在此后的10多天时间里，毛泽东连续主持召开中央政治局扩大会议，或与个别同志进行谈话，讨论研究苏共二十大和赫鲁晓夫的秘密报告问题。他表示：赫鲁晓夫的秘密报告值得认真研究，特别是这个报告所涉及的问题，以及它在全世界所造成的影响。现在全世界都在议论，我们也要议论。现在看来，至少可以指出两点：一是揭了盖子，一是捅了娄子。说它揭了盖子，就是讲，这个秘密报告表明，苏联、苏共、斯大林并不是一切正确的，这就破除了迷信。说它捅了娄子，就是讲，赫鲁晓夫做的这个秘密报告，无论在内容上或方法上，都有严重错误。是不是这样，大家可以研究。

在3月24日举行的中共中央书记处扩大会议上，刘少奇对斯大林的主要错误做了系统的发言，周恩来就中共历史上几次重大错误同斯大林的关系问题讲了话，邓小平着重谈了反对个人崇拜的问题，王稼祥则详细分析了赫鲁晓夫秘密报告中的内在矛盾。据列席会议的吴冷西回忆，毛泽东在这次会议上着重讲了四点意见：

一、共产主义运动，从马克思、恩格斯发表《共产党宣言》算起，至今只有100年多一点的历史。无产阶级专政的历史，从俄国十月革命算起，还不到40年。实现共产主义，是空前伟大而又空前艰巨的事业。不艰巨就不能说伟大，因为很艰巨才很伟大。在这艰巨斗争的过程中，不犯错误是不可能的，因为我们走的是前无古人的道路。我历来是“难免论”。斯大林犯错误，是题中应有之义。赫鲁晓夫同样也要犯错误。苏联要犯错误，我们也要犯错误。问题在于共产党能够通过批评和自我批评克服自己的错误。

二、社会主义社会，仍然存在着矛盾。否认存在矛盾，就是否认唯物辩证法。矛盾无时不在，无所不在。斯大林的错误证明了这一点。有矛盾就会有斗争，只不过斗争的性质和形式不同于阶级社会而已。

三、斯大林犯过严重错误，但他也有伟大功绩。他在某些方面违背了马克思主义的原则，但他仍然是一位伟大的马克思主义者。他的著作虽然包含了某些错误，但仍然值得我们学习，只不过在学习时要采取分析的态度。

四、赫鲁晓夫这次揭了盖子，又捅了娄子。他破除了那种认为苏联、苏共和斯大林一切都是正确的迷信，有利于反对教条主义。不要再硬搬苏联的一切了，应该用自己的头脑思索了。应该把马列主义的基本原理同中国革命和建设的具体实际结合起来，探索在我们国家里建设社会主义的道路。

鉴于西方媒体已经报道了有关赫鲁晓夫做秘密报告的消息，毛泽东认为有必要尽快地公开表明中共中央在斯大林问题上的态度。考虑到发表声明或做出决议都显得过于正式，苏共也还没有公布赫鲁晓夫的秘密报告，而且事态仍在发展之中，所以，他提议发表一篇评论性的文章，从正面阐述斯大林犯错误的原因，并对他的历史地位做出合理的评价，以便在舆论上加以正确的引导，对赫鲁晓夫秘密报告的失误及其造成的负面影响进行必要的“补救”。

在毛泽东的亲自指导下，这篇文章很快于3月29日形成初稿，并根据他的意见定名为《关于无产阶级专政的历史经验》。4月

1日至4日，毛泽东亲自对文稿做了7次修改，增写了许多重要内容，其中最为精彩的语言或段落，都是出自他的手笔。4月5日，《人民日报》发表了这篇文章，并特别说明："这篇文章是根据中国共产党中央政治局扩大会议的讨论，由人民日报编辑部写成的。"

文章从总结无产阶级专政历史经验的高度，正确评价了斯大林的是非功过，实事求是地分析了这位共产党领袖人物犯错误的思想认识根源，并从中揭示出共产党人应当从中吸取的深刻教训。其主导思想是："第一条是保护斯大林，第二条也批评斯大林的错误。""不像有些人那样，丑化斯大林，毁灭斯大林，而是按照实际情况办事，坚持两点论。"现择其大端，简述于后。

一、科学评价了斯大林的历史功过。在文章评述苏联社会主义革命和建设的巨大成就之后，毛泽东改写了这样一段话："在为实现列宁的方针而进行的斗争中，有苏联共产党中央委员会强有力的领导的功劳，其中就有斯大林的不可磨灭的功劳。"在其他有关段落中，毛泽东还加写了这样几段："在列宁逝世之后，作为党和国家的主要领导人物的斯大林，创造性地运用和发展了马克思列宁主义。"凡是他的著作中有益的东西，"我们都需要当作一项重要的历史遗产接受过来"。

讲到斯大林的错误时，毛泽东写道："斯大林在他一生的后期，愈陷愈深地欣赏个人崇拜，违反党的民主集中制，违反集体领导和个人负责相结合的制度，因而发生了例如以下的一些重大的错误：在肃反问题上扩大化；在反法西斯战争前夜缺乏必要的警惕；对于农业的进一步发展和农民的物质福利缺乏应有的注意；在国际共产主义运动中出了一些错误的主意，特别是在南斯拉夫问题上做了错误的决定。斯大林在这些问题上，陷入了主观性和片面性，脱离了客观实际状况，脱离了群众。"在文章的末尾，毛泽东加写了很长一段话，对斯大林做出了总的评价，内容如下：

共产党人对于共产主义运动中所发生的错误，必须采取分析的态度。有些人认为斯大林完全错了，这是严重的误解。斯大林是一个伟大的马克思列宁主义者，但是也是一个犯了几个严重错误而不自觉其为错误的马克思列宁主义者。我们应当用历史的观点看斯大林，对于他的正确的地方和错误的地方做出全面的和适当的分析，从而吸取有益的教训。不论是他的正确的地方，或者错误的地方，都是国际共产主义运动的一种现象，带有时代的特点。整个说来，国际共产主义运动还只有一百年多一点的时间，从十月革命胜利以来，还只有三十九年的时间，许多革命工作的经验还是不足的。我们有伟大的成绩，但是还有缺点和错误。如同一个成绩出现了接着又创造新的成绩一样，一个缺点或错误克服了，新的缺点或错误又可能产生，又有待于我们去克服。而成绩总是多于缺点，正确的地方总是多于错误的地方，缺点和错误总是要被克服的。好的领导者不在于不犯错误，而在于认真地对待错误。完全不犯错误的人在世界上是从来没有的。

由此，毛泽东还提出了一个重要思想："共产党和社会主义国家的各种领导人物的责任是要尽量减少错误，尽量避免某些严重的错误，注意从个别的、局部的、暂时的错误中取得教训，力求使某些个别的、局部的、暂时的错误不至于变成全国性的、长时期的错误。"

二、结合对斯大林犯错误的原因的分析，毛泽东着重阐述了包括中国共产党在内的世界各国共产党人应当吸取的历史教训。文章指出：斯大林错误的思想和理论根源，在于"使自己的某些行动和自己原来所宣传的某些马克思列宁主义的基本观点处于相对立的地位。一方面承认人民群众是历史的创造者，承认党必须永远地联系群众，必须发展党内民主，发展自我批评和自下而上的批评；另一方面却又接受和鼓励个人崇拜，实行个人专断，这就使得斯大林后一时期在这个问题上陷于理论和实践相脱节的矛盾。”由此，文章揭示出两大历史教训：

第一，要在党和国家政治生活中防止发生个人突出和个人崇拜，同时，又要防止走向另一个极端，完全否认先进人物和领导人物的历史作用。文章指出：“党和国家的任何一个领导人，当他不是把个人放在党和群众之中，而是相反地把个人放在党和群众之上的时候，当他脱离了群众的时候，他对于国家的事务就会失去全面的洞察力。只要是这样，即使像斯大林这样杰出的人物，对于某些重大的事务，也不可避免地要做出不合实际的错误的决定。”一方面，“脱离群众的个人突出和个人英雄主义这一类现象还是会长期存在的。一次克服了，下次还会再出现。有时由这一些人表现出来，有时又由另一些人表现出来。人们在注意到个人作用的时候，常常会看不见群众和集体的作用。所以，有些人就很容易犯出狂妄自大、迷信自己、或者盲目崇拜别人的错误。因此，反对脱离群众的个人突出和个人英雄主义，反对个人崇拜，是应该经常加以注意的问题。”另一方面，“马克思列宁主义者认为领导人物在历史上有很大的作用。人民和人民的政党需要有能够代表人民的利益和意志、站在历史斗争的前列，而领导人民群众的先进人物。否认个人的作用，否认先进人物和领导人物的作用，这是完全错误的。”

由此，毛泽东又提出了一个重要思想：要靠制度建设来保证集体领导和防止个人崇拜现象的发生。他强调说：“我们要是不愿意陷到这样的泥坑里去的话，也就更加要充分地注意执行这样一种群众路线的领导方法，而不应当稍为疏忽。为此，我们需要建立一定的制度来保证群众路线和集体领导的贯彻实施，而避免脱离群众的个人突出和个人英雄主义，减少我们工作中的脱离客观实际情况的主观主义和片面性。”他说要“依靠人民群众的智慧，依靠民主集中制，依靠集体领导和个人负责相结合的制度”。

第二，必须反对教条主义，发扬独立思考和创造的精神。文章指出："因为马克思主义在革命胜利以后被公认为全国的指导思想，这就使得我们有不少宣传工作者常常只是依靠行政权力和党的威信，把马克思列宁主义当成教条灌输给群众，而不是辛勤努力，掌握大量材料，用马克思列宁主义的分析方法，用人民的语言，很有说服力地去说明马克思列宁主义的普遍真理和中国具体情况的统一。若干年来，我们在哲学、经济学、历史和文艺批评的研究领域中有了一些成绩，但是一般说来，还有许多不健康的状态存在着。我们有不少的研究工作者至今仍然带着教条主义的习气，把自己的思想束缚在一条绳子上面，缺乏独立思考的能力和创造的精神，也在某些方面接受了对于斯大林个人崇拜的影响。"

三、初步论述了社会主义社会的矛盾问题。文章批评了那种认为社会主义社会不再存在矛盾的观点，指出：否认矛盾存在，就是否认辩证法。社会主义社会的发展也是在生产力和生产关系的矛盾中进行着的。否则，社会的发展就将停止下来，社会就不可能再前进了。在这里，毛泽东又加写了一段很精彩的话：

> 人类现在还是在青年时代。人类将来要走的路，将比过去走过的路，不知道要长远得多少倍。革新和守旧，先进和落后，积极和消极这类矛盾，都将不断地在各种不同的条件下和各种不同的情况中出现。一切都还将是这样：一个矛盾将导致另一个矛盾，旧的矛盾解决了，新的矛盾又会产生。有些人认为唯心论和唯物论的矛盾可以在社会主义社会或者共产主义社会中消除掉，这个意见显然是不正确的。只要还存在着主观和客观的矛盾，还存在着先进和落后的矛盾，还存在着社会生产力和生产关系的矛盾，那么，唯物论和唯心论的矛盾在社会主义社会和共产主义社会中也就还将存在，还将经过各种各样的形式表现出来。人们是在社会中生活着的，也就会在各种不同的情况和不同的程度上，反映各个社会中的矛盾。所以，即使到了共

产主义社会，也不会是每个人都是完满无缺的。那个时候，人们本身也还将有自己的矛盾，还将有好人和坏人，还将有思想比较正确的人和思想比较不正确的人。

这篇文章发表后，引起了国内外舆论的高度重视，并产生了预期的积极效果。1956 年 9 月 18 日，率团来华参加中共八大的英国共产党主席波利特与毛泽东交谈时，曾专门提到这篇文章，并称："你们那篇文章是共产主义运动中关于斯大林问题的最好文章，是对共产主义的伟大贡献。"

以苏为鉴

苏共二十大召开时，中国的社会主义改造已接近尾声，毛泽东正在着力思考中国的社会主义建设怎么搞的问题。就在酝酿和修改《关于无产阶级专政的历史经验》这篇文章过程中，毛泽东还在时断时续地坚持听取国务院一些部委的工作汇报。所以，他对斯大林问题的反思有一个显著的特点，就是始终与探索适合中国情况的社会主义建设道路结合起来，着重总结和吸取有关的历史经验和教训。文章定稿后，毛泽东明确表示：发表这篇文章，我们对苏共二十大表示了明确的但也是初步的态度。议论以后还会有，问题在于我们自己从中得到什么教益。最重要的是要独立思考，把马列主义的基本原理同中国革命和建设的具体实际相结合。民主革命时期，我们吃了大亏之后才成功地实现了这种结合，取得了新民主主义革命的胜利。现在是社会主义革命和建设时期，我们要进行第二次结合，找出在中国怎样建设社会主义的道路。这个问题，我几年前就开始考虑。先在农业合作化问题上考虑怎样把合作社办得又多又快又好，后来又在建设上考虑能否不用或者少用苏联的拐杖，不像第一个五年计划那样搬苏联的一套，自己根据中国的国情，建设得又多又快又好又省。现在感谢赫鲁晓夫揭开了盖子，我们应该从各方面考虑如何按照中国的情况办事，不要再像过去那样迷信了。其实，我们过去也不是完全迷信，有自己的独创。现在更要努力找到中国建设社会主义的具体道路。

的确，毛泽东和中共其他领导人都在考虑如何“以苏为鉴”的问题了，这使得中国共产党对中国特色社会主义建设道路的探索，呈现出一个良好的开端。其主要表现有以下几个方面。

一是《论十大关系》讲话的发表。1956 年 4 月 25 日至 28 日，毛泽东在中南海颐年堂主持召开了中共中央政治局扩大会议。出席会议的有中央政治局委员和各省、市、自治区党委第一书记。在会上，他发表了著名的《论十大关系》的讲话。这篇讲话，是他进行了一个多月的周密、系统的经济工作调查研究的成果，而贯穿全篇的核心思想则是“以苏为鉴”，走中国自己的社会主义建设道路。

讲话一开始，毛泽东就强调说：“我们工作中间还有些问题需要谈一谈。特别值得注意的是，最近苏联方面暴露了他们在建设社会主义过程中的一些缺点和错误，他们走过的弯路，你还想走？过去我们就是鉴于他们的经验教训，少走了一些弯路，现在当然更要引以为戒。”

同苏联做比较，是《论十大关系》的基本观点。

在讲“重工业和轻工业、农业的关系”问题时，毛泽东说：“在处理重工业和轻工业、农业的关系上，我们没有犯原则性的错误。我们比苏联和一些东欧国家做得好些。像苏联的粮食产量长期达不到革命前最高水平的问题，像一些东欧国家由于轻重工业发展太不平衡而产生的严重问题，我们这里是不存在的。他们片面地注重重工业，忽视农业和轻工业，因而市场上的货物不够，货币不稳定。我们对于农业轻工业是比较注重的。我们一直抓了农业，发展了农业，相当地保证了发展工业所需要的粮食和原料。我们的民生日用商品比较丰富，物价和货币是稳定的。”

在讲“国家、生产单位和生产者个人的关系”问题时，毛泽东指出：“必须兼顾国家、集体和个人三个方面。”“鉴于苏联和我们自己的经验，今后务必更好地解决这个问题。”具体讲到农民问题时，他又说：“苏联的办法是把农民挖得很苦。他们采取所谓义务交售制等项办法，把农民生产的东西拿走太多，给的代价又极低。他们这样来积累资金，使农民的生产积极性受到极大的损害。”“我们对农民的政策不是苏联的那种政策，而是兼顾国家和农民的利益。我们的农业税历来比较轻。工农业品的交换，我们是采取缩小剪刀差，等价交换或者近乎等价交换的政策……但是就是这样，如果粗心大意，也还是会犯这种或那种错误。鉴于苏联在这个问题上犯了严重错误，我们必须更多地注意处理好国家同农民的关系。”

在讲“汉族和少数民族的关系”问题时，毛泽东说：“我们要诚心诚意地积极帮助少数民族发展经济建设和文化建设。在苏联，俄罗斯民族同少数民族的关系很不正常，我们应当接受这个教训。”“我们必须搞好汉族和少数民族的关系，巩固各民族的团结，来共同努力于建设伟大的社会主义祖国。”

在讲“党和非党的关系”问题时，毛泽东说：“究竟是一个党好，还是几个党好？现在看来，恐怕是几个党好。不但过去如此，而且将来也可以如此，就是长期共存，互相监督。”“在这一点上，我们和苏联不同。我们有意识地留下民主党派，让他们有发表意见的机会，对他们采取又团结又斗争的方针。”

在讲“是非关系”问题时，毛泽东指出：“党内党外都要分清是非。如何对待犯了错误的人，这是一个重要的问题。正确的态度应当是，对于犯错误的同志，采取‘惩前毖后，治病救人’的方针，帮助他们改正错误，允许他们继续革命。过去，在以王明为首的教条主义者当权的时候，我们党在这个问题上犯了错误，学了斯大林作风中不好的一面。他们在社会上不要中间势力，在党内不允许人家改正错误，不准革命。”

在最后讲“中国和外国的关系”问题时，毛泽东又特别强调说：“我们的方针是，一切民族、一切国家的长处都要学，政治、经济、科学、技术、文学、艺术的一切真正好的东西都要学。但是，必须有分析有批判地学，不能盲目地学，不能一切照抄，机械搬运。”“对于苏联和其他社会主义国家的经验，也应当采取这样的态度。过去我们一些人不清楚，人家的短处也去学。”在这里，他还进一步解释了对斯大林的评价问题，说：“中央认为斯大林是三分错误，七分成绩，总起来还是一个伟大的马克思主义者，按照这个分寸，写了《关于无产阶级专政的历史经验》。三七开的评价比较合适。斯大林对中国做了一些错事。第二次国内革命战争后期的王明‘左’倾冒险主义，抗日战争初期的王明右倾机会主义，都是从斯大林那里来的。解放战争时期，先是不准革命，说是如果打内战，中华民族有毁灭的危险。仗打起来，对我们半信半疑。仗打胜了，又怀疑我们是铁托式的胜利，1949 年、1950 年两年对我们的压力很大。可是，我们还认为他是三分错误，七分成绩。这是公正的。”

关于《论十大关系》与“以苏为鉴”的问题，后来毛泽东又多次谈及。1958 年 3 月，他在成都会议上说：“1956 年 4 月的《论十大关系》，开始提出我们自己的建设路线，原则和苏联相同，但方法有所不同，有我们自己的一套内容。”同年 5 月，毛泽东在中共八大二次会议各代表团团长会议上又重申：“十大关系的基本观点，就是同苏联做比较。除了苏联办法之外，是否可以找到别的办法，比苏联、东欧各国搞得更快更好。”1960 年 6 月，他在《十年总结》中又写道：“前 8 年照抄外国的经验。但从 1956 年提出十大关系起，开始找到自己的一条适合中国的路线。”

二是“双百”方针的提出。“百花齐放，百家争鸣”方针的提出，经过了长时间的酝酿。苏共二十大后毛泽东对斯大林问题和苏联在科学文化艺术领域的教训的反思，催生了这一方针的正式出台。1956 年 4 月中旬，毛泽东看了一份反映国外（东欧）批评教条主义的材料后，很快批示中宣部予以研究。在 4 月 25 日至 28 日举行的中央政治局扩大会议上，陆定一和陈伯达在讨论《论十大关系》讲话时，先后就科学和文化艺术问题做长篇发言，并谈到在科学、艺术领域贯彻毛泽东早先提出的"百花齐放""百家争鸣"两个口号问题。在 28 日的会议上，毛泽东做了总结讲话。他说："艺术问题上的百花齐放，学术问题上的百家争鸣，我看应该成为我们的方针。'百花齐放'是群众中间提出来的，不晓得是谁提出来的。人们要我题词，我就写了'百花齐放，推陈出新'。'百家争鸣'，这是两千年前就有的事，春秋战国时代，百家争鸣。讲学术，这种学术也可以讲，那种学术也可以讲，不要拿一种学术压倒一切。你讲的如果是真理，信的人势必就会越来越多。"

在 5 月 2 日举行的最高国务会议上，毛泽东再次讲到十大关系问题，并正式宣布了"双百"方针。他说：

> 我们在中共中央召集的省、市、区委书记会议上还谈到这一点，就是百花齐放、百家争鸣。在艺术方面的百花齐放的方针，学术方面的百家争鸣的方针，是有必要的。这个问题曾经谈过。百花齐放是文艺界提出的，后来有人要我写几个字，我就写了'百花齐放，推陈出新'。现在春天来了嘛，一百种花都让它开放，不要只让几种花开放，还有几种花不让它开放，这就叫百花齐放。百家争鸣，是说春秋战国时代，两千年以前那个时候，有许多学派，诸子百家，大家自由争论。现在我们也需要这个。在大的范围内，让杜威来争鸣好不好？那不好嘛。让胡适来争鸣好不好呢？也不好。那么说胡适要回来可以不可以呢？只要他愿意回来，是可以回来的，让我们批评过他以后再回来，

就批评不着他了，批评已经过去了嘛。只有反革命议论不让发表，这是人民民主专政。香港报纸、台湾报纸在北京出版是不是许可？应该不许可，不许可有好处。在中华人民共和国宪法范围之内，各种学术思想，正确的、错误的，让他们去说，不去干涉他们。李森科、非李森科，我们也搞不清楚，有那么多的学说，那么多的自然科学学派。就是社会科学，也有这一派、那一派，让他们去谈。在刊物上、报纸上可以说各种意见。

“双百”方针提出后，在广大知识分子中立刻引起强烈反响，对文化、科学和艺术界打破对苏联的迷信和教条主义倾向，推动中国科学和文化艺术事业的健康发展，起到了重要的保障作用。

三是党的八大路线的制定。1956 年 9 月 15 日至 27 日，中国共产党第八次全国代表大会在北京召开。毛泽东在开幕词中强调指出：“把马克思列宁主义的理论和中国革命的实践密切地联系起来，这是我们党的一贯的思想原则。”“我们现在也面临着和苏联建国初期大体相同的任务。要把一个落后的农业的中国改变成为一个先进的工业化的中国，我们面前的工作是很艰苦的，我们的经验是很不够的。因此，必须善于学习。要善于向我们的先进者苏联学习，要善于向各人民民主国家学习，要善于向世界各兄弟党学习，要善于向世界各国人民学习。我们决不可有傲慢的大国主义的态度，绝不应当由于革命的胜利和在建设上有了一些成绩而自高自大。国无论大小，都各有长处和短处。即使我们的工作得到极其伟大的成绩，也没有任何值得骄傲自大的理由。虚心使人进步，骄傲使人落后，我们应当永远记住这个真理。”

刘少奇代表党中央所做的政治报告，总结了党的七大以来 11 年特别是中华人民共和国成立后 7 年的基本经验，并根据党所面临的新形势，提出了党在新的历史条件下的基本任务和一系列新的方针政策。报告说：“改变生产资料私有制为社会主义公有制这个极其复杂和困难的历史任务，现在在我国已经基本上完成了。我国社会主义和资本主义谁战胜谁的问题，现在已经解决了。”“新的生产关系已经建立起来，斗争的任务已经变为保护社会生产力的顺利发展。”为适应社会主义建设新形势的客观需要，报告还明确提出要加强民主和法制建设的问题，指出：“目前在国家工作中的一个重要任务，是进一步扩大民主生活，开展反对官僚主义的斗争。”“必须使全国每一个人都明了并且确信，只要他没有违反法律，他的公民权利就是有保障的，他就不会受到任何机关和任何人的侵犯。”大会通过的关于政治报告的决议，进一步阐述了党对当时我国社会主要矛盾的认识，规定了党和国家的主要任务。决议指出：“我们国内的主要矛盾，已经是人民对于建立先进的工业国要求同落后的农业国的现实之间的矛盾，已经是人民对于经济文化迅速发展的需要同当前经济文化不能满足人民需要的状况之间的矛盾。这一矛盾的实质，在我国社会主义制度已经建立的情况下，也就是先进的社会主义制度同落后的社会生产力之间的矛盾。党和全国人民的当前的主要任务，就是要集中力量来解决这个矛盾，把我国尽快地从落后的农业国变为先进的工业国。”

为适应党的任务、地位和环境的变化，中共八大特别强调了加强执政党建设的重要性，并据此对党章做了重要修改。邓小平在关于修改党章的报告中强调指出：“执政党的地位，很容易使我们同志沾染上官僚主义的习气。脱离实际和脱离群众的危险，对于党的组织和党员来说，不是比过去减少而是比过去增加了。”“执政党的地位，还很容易在共产党员身上滋长着一种骄傲自满的情绪……似乎当了共产党员，就比非党群众高出一头，有的人还喜欢以领导者自居，喜欢站在群众头上发号施令，遇事不愿意同群众商量。”因此，“党必须经常注意进行反对主观主义、官僚主义和宗派主义的斗争，经常警戒脱离实际和脱离群众的危险”。报告还根据毛泽东的提议，特别强调了加强党的集体领导的重要性，明确提出要反对个人崇拜，反对突出个人，反对对个人歌功颂德，并强调说：关于坚持集体领导原则和反对个人崇拜的重要意义，苏联共产党第二十次代表大会做了有力的阐明，这些阐明不仅对于苏联共产党，而且对于全世界其他各国共产党，都产生了巨大影响。

党的八大做出的上述理论贡献，是借鉴苏联经验教训取得的重要成果。如果注意到这一时期党的主要领导在有关问题上的言论，我们可以更加清楚地认识到这一点。比如：关于民主和集中的关系问题，在八大召开之前，周恩来谈到民主和专政的关系时就曾这样说道："专政的权力虽然建立在民主的基础上，但这个权力是相当集中相当大的，如果处理不好，就容易忽视民主。苏联的历史经验可以借鉴。所以我们要时常警惕，要经常注意扩大民主，这一点更带有本质的意义。"八大开会期间，毛泽东在会见南斯拉夫共产主义者联盟代表团时也曾强调说："自由、平等、博爱，是资产阶级的口号，而现在我们反而为它斗争了……现在有点反封建的味道。由父子党过渡到兄弟党，反对了家长制度。"又说："我们社会主义国家必须想些办法。当然，没有集中统一是不行的，要保持一致。人民意志统一对我们有利，使我们在短期内能实现工业化，能对付帝国主义。但这也有缺点，就在于使人不敢讲话，因此要使人有讲话的机会。我们政治局的同志都在考虑这些问题。"

八大期间，毛泽东与其他兄弟党代表团的谈话，进一步阐发了党的八大的路线，反映了他"以苏为鉴"，努力探索中国社会主义建设道路的思想轨迹。如：在9月18日与英共代表团会谈时，毛泽东解释说：在这次刘少奇同志的报告中，虽然没有提斯大林的名字，但对斯大林犯错误的原因做了说明，主要原因是认识不符合实际。其他原因是次要的。在斯大林时期，阶级没有了，社会已进入了没有阶级的社会，反革命更少了，但是斯大林的思想仍停留在旧社会的时代。"我认为这样才能够解释他的错误，即是认识的错误，认识不符合客观实际。"他还说："现在我们的任务是解放生产力。生产力首先需要人。要人们不恐慌，要党内不恐慌，要民主党派不恐慌，要全国人民不恐慌。其次，是保护生产力。”在9月22日同意共代表团会谈时，毛泽东又说：“苏联在阶级消灭以后，当国家机构的职能丧失了十分之九时，当阶级斗争已经没有或已经很少的时候，仍找对象，大批捉人杀人，继续行使他们的职能。”“客观形势已经发展了，社会已从这一个阶段过渡到另一个阶段，这时阶级斗争已经完结，人民已经用和平的方法来保护生产力，而不是通过阶级斗争来解放生产力的时候，但是在思想上却没有认识这一点，还要继续进行阶级斗争，这就是错误的根源。”

此外，“以苏为鉴”还具体地体现在八大新的中央委员会的选举问题上。鉴于斯大林和苏联党的深刻教训，毛泽东不仅非常重视发展党内民主和加强党的集体领导，而且特别强调要反对宗派主义，正确对待党内犯有思想错误的同志。9月27日，毛泽东在同罗马尼亚工人党代表团谈话时，曾以八大选举李立三为中央委员为例，对这个问题做了专门的说明。他解释说：李立三“前几天在会上的发言，很受外国同志的欢迎，民主人士听了很欣赏，犯过错误的同志听了也高兴。他的错误也有破坏作用和教育作用的两面，现在剩下来的也只有教育作用的一面了”，“我们曾和苏联同志谈过，如果过去对布哈林、季诺维也夫，甚至托洛茨基，不采取赶走他们和枪毙他们的办法，而仍留他们在党内，仍选举他们做中央委员，是否会更好一些。苏联同志也认为恐怕会更好一些。”在同苏共代表团团长米高扬谈话时，毛泽东又谈到要正确对待党内犯错误的人的问题。米高扬表示：您刚才讲的对待犯错误的人应该采取的这种正确的态度，我在1949年2月来中国时，就曾听您说过。当时给我的印象非常深刻。我回国后曾原原本本地对斯大林讲述过，目的是想让他懂得您的意思。但是，我说完后却不见斯大林有任何反应。我知道，他对您的办法是不以为然的。

风波再起

中共八大闭幕不久，东欧便接连传出爆炸性新闻：波苏关系发生危机，匈牙利政局出现动荡，铁托发表轰动世界的“普拉演说”。

1956 年 10 月，波苏关系骤然紧张起来。原因是波兰要改换新的领导，就是在 1948 年被批判为右倾民族主义的波兰统一工人党领袖哥穆尔卡要重新出来担任波党的第一书记。这件事引起赫鲁晓夫的严重不安，因为苏联的一贯做法是以老子党自居，干涉各个兄弟党的内部事务，对兄弟党的人事变动，苏联也要干预。赫鲁晓夫不同意哥穆尔卡重新出来担任第一书记。在波兰党将要举行第八次中央全会（定于 10 月 19 日召开）的时候，赫鲁晓夫一行 4 人（包括他本人以及重要的政治局委员、国防部长）在事先没有通知波兰方面的情况下，突然飞到华沙，强行参加波兰党的八中全会。在此之前，即在 10 月 17 日，苏联已经开始调动驻波兰境内及周边的苏军，准备在“谈判”失败后动用武力解决。

就在 10 月 19 日赫鲁晓夫飞赴华沙的当天，苏共中央给中共中央发来通知，说：波兰党中央内部对一些根本政策问题发生了严重分歧，而这些政策关系到苏联和东欧很多国家的利益。他们还准备改组政治局。苏共认为，波兰存在脱离社会主义阵营，投入西方集团的危险，为了阻止波兰局势的这种发展，它派了一个代表团去波兰。与此同时，中共中央还收到了中国驻波兰大使馆发来的电报，称：使馆多数人认为波兰有强烈的反苏情绪，也有人认为波兰是在反对苏联的大国沙文主义，要求平等和主权。

当天晚上，毛泽东在中南海颐年堂主持召开中央政治局常委扩大会议，讨论波兰问题。毛泽东分析说：看来苏联要武装干涉，但还没有下最后决心。现在情况非常紧急，我们要早定方针。他还说，苏波关系搞得这样紧张，我看是苏联大国沙文主义造成的。赫鲁晓夫批评斯大林对南斯拉夫的政策不对，可是他对波兰的政策比斯大林还要厉害。他要动用军队，是严重的大国沙文主义。在讨论中，与会人员也一致认为，这是一件大事，一个社会主义国家对另一个社会主义国家动用军队，不仅会给帝国主义提供把柄，而且根本无法向苏波两国特别是波兰人民交代。最后，会议决定：尽快向苏联提出警告，制止赫鲁晓夫动用军队干涉波兰内政。

会议结束后，毛泽东紧急约见苏联驻华大使尤金，告知中共中央对波兰问题的意见，并同意派一个代表团去莫斯科。

尤金走后，政治局常委扩大会议继续进行，决定由刘少奇、王稼祥、胡乔木组成中共代表团于23日赴莫斯科。

10月21日，苏共中央又打来电报，说波兰情况极为严重，要求中共中央派代表团去莫斯科商谈，以便协商解决苏波关系问题。

10月22日晚，毛泽东在颐年堂主持召开政治局会议，再次讨论波兰问题。会议结束后，毛泽东又一次约见尤金，对他说：看来波兰还不像马上要脱离社会主义阵营、加入西方集团。他们要改组政治局似乎是坚决的。对于这种情况，苏联方面到底采取什么方针？无非一种是软办法，一种是硬办法。所谓的硬办法就是派军队，把他压下来，比如武装干涉；软的办法是劝告他。劝他，他不听，剩下一个就是让步。他要改组政治局，就让他改组，承认哥穆尔卡为首的中央，同他打交道，在平等的基础上跟他合作。他不是要独立平等吗？就让他独立，跟他讲平等。这样，就可以争取到波兰留在社会主义阵营里面，留在华沙条约里面。毛泽东的语气是婉转的，态度是明确的，暗含着对苏共领导人大国主义错误的批评，但没有说出来。用这样一种方式来表达中共中央的意见，苏共领导人或许更容易接受些，这也适合当时中苏两党关系的实际情况。尤金立即打电话将这些话报告了赫鲁晓夫。

23日上午，刘少奇、邓小平等代表团成员乘苏联派来的专机飞赴莫斯科。从当天晚上起，苏、波、中三方代表团在莫斯科开始进行走马灯似的双边会谈。在中苏两党代表团的会谈中，赫鲁晓夫表示：苏方对波兰的怀疑是没有根据的，并且也了解到中国方面的意见，所以改变了方针，准备承认波兰党新的领导。在中波两党会谈中，哥穆尔卡对中国党的支持表示感谢，并且说：如果没有中国党的支持，还不知道事情会发展到何种程度。他表示，一定要努力改善与苏共的关系，加强两党在无产阶级国际主义基础上的团结。在中共代表团的积极推动下，会谈达成两点一致意见：一是苏波两党举行正式会谈，协商解决分歧并达成协议；二是由苏联先发表一个关于社会主义国家关系的宣言，中国政府随后发表声明予以支持。最后，这两点意见都得到顺利实施，波兰问题也由此得到妥善解决。

一波未平，一波又起。10 月 20 日，哥穆尔卡当选波兰统一工人党中央第一书记，并发表题为“波兰的社会主义道路”的演说。消息传到匈牙利，引起很大震动。23 日，匈牙利首都布达佩斯爆发了大规模的示威游行。右翼势力趁机煽动对社会主义和劳动人民党的不满，提出反政府口号，并挑起冲突，使游行逐步演变成用武力改变政权的暴乱。

10 月 23 日晚，正在莫斯科同苏共领导人进行会谈的中共代表团被告知匈牙利发生暴乱的消息。刘少奇立刻打电话将情况给毛泽东做了汇报。在随后的一周时间里，毛泽东每天召集中央政治局会议或常委会议，研究讨论波匈事件。根据苏、波、中三角会谈的进展和匈牙利事态的变化，在 10 月 30 日召集的会议上，着重讨论了中共中央准备发表支持苏联关于社会主义国家关系宣言的声明和如何对待苏联准备从匈牙利撤军的问题。当时，匈牙利的事态已经严重恶化。新成立的纳吉政府已经宣布实行多党制，退出华沙条约组织，并解散公安部队，要求组建新的军队，甚至要改变国徽、国庆日。匈牙利各省也都宣布“解放”，广播电台被叛乱分子所控制，共产党人和公安人员被吊死、绞死、烧死甚至活埋，全国处于无政府状态。而苏联则表示要从匈牙利撤兵。鉴于这种形势，毛泽东分析说：苏联在波兰问题上冒失决定派军队干涉波兰内政是错误的，而现在在匈牙利问题上又匆忙决定撤出驻匈的苏军，置匈牙利人民政权垮台于不顾同样也是错误的。赫鲁晓夫这样一左一右的做法都不对。其他领导同志也认为，苏联在这个时候对匈牙利撒手不管，匈牙利的社会主义就完了。会议很快取得一致意见，并根据毛泽东的提议立刻致电刘少奇、邓小平，通知他们中央对待匈牙利事件的方针：不赞成苏联从匈牙利撤兵，建议苏军留在那里帮助匈牙利党和人民。

接到中央的指示后，中共代表团紧急约见苏共中央领导人，转告了中共中央的基本态度和意见。刘少奇甚至严厉地说：如果你们真要现在撤兵，对匈牙利撒手不管，那么你们将要成为历史的罪人。但是，当时苏共领导对匈牙利已经完全失望，认为匈牙利社会主义政权已经被推翻，从匈牙利撤出苏军是迫不得已、势所必至。

然而，苏共中央的态度很快又发生了戏剧性的变化。第二天，赫鲁晓夫等人到机场为中共代表团送行时，对刘少奇说：昨天下午中苏两党代表团会谈后，苏共中央主席团开了一夜会，现已决定在匈牙利采取进攻方针，让苏军继续留在匈牙利，帮助匈牙利人民保卫社会主义成果。11 月 4 日，以卡达尔为总理的匈牙利工农革命政府宣告成立。苏军应新政府的要求重新进入布达佩斯。纳吉被卡达尔政府宣布解除一切职务后，逃到南斯拉夫驻匈牙利大使馆寻求政治避难。从此，布达佩斯的暴乱很快平息下来，匈牙利全国各地的叛乱也很快被平定，社会主义政权重新趋于稳定。

波匈事件虽然很快得到解决，但是，毛泽东对这两大事件的思考却在继续。在 11 月 4 日举行的中央政治局会议上，毛泽东分析说：在匈牙利完全照过去的一套是不行的，而新的一套还要靠匈牙利的同志自己去摸索，我们也要支持他们。现在摆在世界各执政的共产党面前的问题是，如何把十月革命的普遍真理与本国的具体实际相结合的问题，这是个大问题。波匈事件应使我们更好地考虑中国的问题。苏共二十大有个好处是揭开盖子、解放思想，使人们不再认为苏联所做的一切都是绝对真理，不可改变，一定要照办。我们要自己开动脑筋，解决本国革命和建设的问题。他还说：我们 4 月间发表了一篇文章，评苏共二十大，讲的道理现在看来还是对的，在国际上也是有影响的。但是经过半年时间，特别是经过波匈事件，原来文章所谈的已经不够了，需要再写一篇。这个时期各国党对这个问题发表了许多意见。我们可以认真加以研究，看哪些是正确的，哪些是错误的。再根据最近一个月波匈事件的教训，好好总结一下社会主义究竟如何搞法。矛盾总是有的，如何处理这些矛盾是我们需要认真研究的问题。这次会议还决定在近期召开党的八届二中全会，讨论 1957 年的经济计划和财政预算，特别是当前的国际形势，以便让全党了解中央政治局在这一时期的重大国际活动。关于写文章的事，毛泽东要求胡乔木和吴冷西等人先酝酿一下，待开过八届二中全会之后再来具体讨论。

11 月 10 日至 15 日，中共八届二中全会在北京召开。在会议的最后一天，毛泽东做了总结性讲话。在谈到国际问题时，他既讲了波苏纠纷和匈牙利事件，又讲了苏共二十大。

他说：波兰和匈牙利出了乱子，我看是坏事也是好事。波兰也好，匈牙利也好，既然有火，总是要燃烧的。烧起来好，还是不烧起来好？纸是包不住火的，现在燃烧起来了，烧起来就好了。匈牙利有那么多反革命，这一下暴露出来了。匈牙利事件教育了匈牙利人民，同时教育了苏联的一些同志，也教育了我们中国的同志。

他还说：“关于苏共二十次代表大会，我想讲一点。我看两把‘刀子’：一把是列宁，一把是斯大林。现在，斯大林这把刀子，俄国人丢了。哥穆尔卡、匈牙利的一些人就拿起这把刀子杀苏联，反所谓斯大林主义。欧洲许多国家的共产党也批评苏联，这个领袖就是陶里亚蒂。帝国主义也拿这把刀子杀人，杜勒斯就拿起来耍了一顿。这把刀子不是借出去的，是丢出去的。”“列宁这把刀子现在是不是也被苏联一些领导人丢掉一些呢？我看也丢掉相当多了。十月革命还灵不灵？还可不可以作为各国的模范？苏共二十次代表大会赫鲁晓夫的报告说，可以经过议会道路去取得政权，这就是说，各国可以不学十月革命了。这个门一开，列宁主义就基本上丢掉了。”

对于波匈事件的教训，毛泽东做了如下总结：“东欧一些国家的基本问题就是阶级斗争没有搞好，那么多反革命没有搞掉，没有在阶级斗争中训练无产阶级，分清敌我，分清是非，分清唯心论和唯物论。现在呢，自食其果，烧到自己头上来了。”他甚至还想到了“像我们这样的人，可能犯错误，结果斗不赢，被别人推下去，让哥穆尔卡上台，把饶漱石抬出来”的问题。

上述讲话内容表明，在波匈事件发生后，毛泽东对苏共二十大的负面效应看得越来越严重了，他心情中“忧”的成分也越来越多、越来越重了。

在社会主义阵营内部，从理论的高度对波匈事件乃至斯大林问题进行深刻反思的，除了毛泽东之外还有一个人。他就是南斯拉夫共产主义者联盟主席铁托。不过，两人思考问题的角度、方向不同，得出的结论也自然大相径庭。

就在中共八届二中全会期间，铁托于 11 月 11 日在南斯拉夫西部的海滨城市普拉发表演说，第一次提出要反对斯大林主义，反对斯大林主义分子，并号召各国共产党把斯大林主义分子赶下台。他认为，波兰和匈牙利事件的根源，是有人把斯大林主义强加在他们头上，斯大林的错误“是一种制度的产物”，“这里不仅仅是一个个人崇拜问题，而是一种使得个人崇拜得以产生的制度问题。”铁托的演说，犹如一颗重磅炸弹，在全世界引起了极大轰动，西方国家的反苏反共活动达到高潮，迫使中共中央不得不尽快表明自己的态度。

从 11 月 24 日起，毛泽东连续召集政治局常委扩大会议，着重讨论对国际形势的估计、对铁托演说和其他共产党领导人对它的评价问题。在讨论铁托的演说问题时，多数人认为，铁托的提法完全搬用西方资产阶级对共产党的污蔑。对待斯大林和犯错误的同志，同对待帝国主义和反动派的区别，是一个分清敌我的根本性问题，铁托要把犯错误的人赶下台，把他们当作敌人对待，是完全错误的。毛泽东提出：我们要彻底把他（指铁托）打倒，否则共产主义队伍就要分裂，自家人打自家人。根据毛泽东的提议，会议最后决定再写一篇评论文章，文章的题目可以用马克思在《共产党宣言》中提出的口号，叫作："全世界无产者联合起来。"

在谈到文章的写法时，毛泽东建议运用中国古人写文章的方法：一种是"欲抑先扬"，一种是"欲扬先抑"。他说：对铁托应采用前一种方法，先肯定他的好的方面，然后再批评他的错误的方面；对斯大林则要采取后一种方法，即：先批评，后肯定。毛泽东在讲话中还特意回顾了以前撰写歌颂斯大林的文章的往事，借以说明他此时的复杂心情和写这篇文章的主要意图。他说：我一生写过三篇歌颂斯大林的文章。头两篇都是祝寿的。第一篇是在延安，1939 年斯大林六十寿辰时写的。第二篇是在莫斯科，1949 年他七十大寿时的祝词。第三篇是在苏联《真理报》发表的，在斯大林去世之后写的，是悼念文章。这三篇文章老实说我都不愿意写。从感情上来说我不愿意写，但从理智上来说又不能不写，而且不能不那样写。我这个人向来不愿意人家向我祝寿，也不愿意给别人祝寿。但是，第一篇是祝斯大林六十大寿的，我抛开了个人感情，把斯大林当作第一个社会主义国家的领袖来写。如果讲个人感情，我想起第一次王明"左"倾路线和第二次王明右倾路线都是斯大林制定和支持的，想起来就有气，但我还是以大局为重。因为那时欧战已经爆发，苏联因同希特勒德国签订互不侵犯协定而受到西方舆论责难，很需要我们支持。因此，那篇文章写得比较有生气。其他两篇也不是出于心愿，而是出于需要。国民党在抗日战争结束后向我们发动内战，斯大林不赞成我们自卫反击。我们建立新中国时，斯大林还怀疑我们是不是第二个铁托，对我们不那么信任。但是，1949 年底，我到莫斯科向他祝寿，不歌颂他还能骂他吗？我写了祝寿文章，他还是对我们很冷淡。后来我生气了，大发了一顿脾气，他才同意签订中苏友好同盟互助条约。他去世以后，苏联需要我们支持，我们也需要苏联支持，于是就写了一篇歌功颂德的悼念文章。这不单是对斯大林个人，而是对苏联党和人民的问题，所以从理智上讲还是那样写了。我们现在要写的这篇文章，还是要肯定斯大林的主要的正确方面，但要批评他次要的错误的方面。对苏联也要肯定它的正确，也要批评它的错误。

在 12 月 2 日晚召集的中央政治局常委会上，毛泽东又阐述了他的新设想，提议文章的题目改用《再论无产阶级专政的历史经验》。他解释说：这样可以表示我们在苏共二十大后写的文章的连续性，并且用这个题目理论性更强一点。他还说，这篇文章形式上面向国内，实际上面向世界。我们不能说我们自己要怎样影响国际。要晓得，苏联自己开香肠铺，但不愿意中国也开香肠铺，它要推销它的香肠。在这次会议上，毛泽东还重新构思了文章的要点，并由原来的 4 个要点改为 6 个要点。

文章的题目和要点基本确定以后，毛泽东提议由胡乔木、吴冷西和田家英 3 人负责起草。文章初稿写出后，毛泽东又多次召集中央政治局全体会议和扩大会议进行反复讨论，并提出修改意见。到 12 月 29 日正式发表时，一共做了 8 次修改。在讨论过程中，毛泽东多次发表自己的看法，提出许多精辟、独到的深刻见解。

就文章本身而言，与前一篇相比较，篇幅多出一倍（长达 2 万字），涉及的问题更加广泛，论述更加展开和深入，强调的重点也有了明显的变化，国际影响也更加广泛和深远。它进一步回答了当时国际共运中争论最激烈的问题，包括对苏联、苏共和斯大林的评价，对苏波关系和匈牙利事件，对社会主义国家关系以及各国共产党或工人党之间的关系等，也回答了美、英等西方国家对社会主义的污蔑和攻击。

后顾之忧

《再论无产阶级专政的历史经验》一文发表后，毛泽东再次把注意力转向了国内。不过，与上一次转向国内的经济建设不同，这一次他把注意力转向了国内的思想动向方面。

1957 年 1 月 18 日至 27 日，中共中央在北京召开了省、市、自治区党委书记会议。在第一天的会议上，毛泽东开宗明义，宣布“这次会议，要讨论的问题主要有三个：思想动向问题，农村问题，经济问题”，并明确表示“今天我讲一讲思想动向问题”。

毛泽东说：“思想动向问题，我们应当抓住。这里当作第一个问题提出来。现在，党内的思想动向，社会上的思想动向，出现了很值得注意的问题。”这些问题包括：有些干部争名夺利，唯利是图，不是比艰苦，比多做工作少得享受，而是比阔气，比级别，比地位；是合作社好，还是个体经济好？这个问题也重新提出来了；在一部分大学生中间，哥穆尔卡很吃得开，铁托、卡德尔也很吃得开，有的宣布要来一个“匈牙利”，也有的公开提出“总有一天老子要杀几千几万人就是了”！在一些教授中，也有各种怪议论，说共产党领导不了他，社会主义不好，等等。由此，毛泽东联想到国际上闹风潮的问题。他说：

> 去年这一年，国际上闹了几次大风潮。苏共二十次代表大会大反斯大林，这以后，帝国主义搞了两次反共大风潮，国际共产主义运动中也有两次大的辩论风潮。在这几次风潮中，欧洲、美洲有些党受的影响和损失相当大，东

方各国的党受的影响和损失比较小。苏共“二十大”以来，有些从前拥护斯大林非常积极的人，这时候也反得很积极。我看这些人并不讲马克思列宁主义，对问题不做分析，也缺乏革命道德。马克思列宁主义也包括无产阶级的革命道德。你从前那么拥护，现在总要讲一点理由，才能转过这个弯来吧！理由一点不讲，忽然转这么180度，好像老子从来就是不拥护斯大林的，其实从前是很拥护的。斯大林问题牵涉整个国际共产主义运动，各国党都牵涉到了。

对苏共“二十大”，我们党内绝大多数干部是不满意的，认为整斯大林整得太过了。这是一种正常的情绪，正常的反应。但是也有少数人起了波动。每逢台风一来，下雨之前，蚂蚁就要出洞，它们“鼻子”很灵，懂得气象学。苏共“二十大”的台风一刮，中国也有那么一些蚂蚁出洞。这是党内的动摇分子，一有机会他们就要动摇。他们听了把斯大林一棍子打死，舒服得很，就摇过去，喊万岁，说赫鲁晓夫一切都对．老子从前就是这个主张。后头帝国主义几棍子，国际共产主义运动内部几棍子，连赫鲁晓夫的腔调都不得不有所改变，他们又摇过来了。大势所趋，不摇过来不行。墙上一蔸草，风吹两边倒。摇过来不是本心，摇过去才是本心。党内党外那些捧波、匈事件的人捧得好呀！开口波兹南，闭口匈牙利。这一下就露出头来了，蚂蚁出洞了，乌龟王八都出来了。他们随着哥穆尔卡的棍子转，哥穆尔卡说大民主，他们也说大民主。现在情况起了变化，他们不吭声了。不吭声不是本心，本心还是要吭声的。

……在知识分子问题上，现在有一种偏向，就是重安排不重改造，安排很多，改造很少。百花齐放、百家争鸣以来，不敢去改造知识分子了。我们敢于改造资本家，为什么对知识分子和民主人士不敢改造呢？

百花齐放，我看还是要放。有些同志认为，只能放香花，不能放毒草。这种看法，表明他们对百花齐放、百家争鸣的方针很不理解。一般说来，反革命的言论当然不让放。但是，它不用反革命的面貌出现，而用革命的面貌出现，那就只好让它放，这样才有利于对它进行鉴别和斗争。田里长着两种东西，一种叫粮食，一种叫杂草。杂草年年要锄，一年要锄几次。你说只要放香花，不要放毒草，那就等于要田里只能长粮食，不能长一根草。话尽管那样讲，凡是到田里看过的都知道，只要你不去动手锄，草实际上还是有那么多。杂草有个好处，翻过来就是肥料。你说它没有用？可以化无用为有用。农民需要年年跟田里的杂草做斗争，我们党的作家、艺术家、评论家、教授，也需要年年跟思想领域的杂草做斗争……

总而言之，去年这一年是多事之秋，国际上是赫鲁晓夫、哥穆尔卡闹风潮的一年，国内是社会主义改造很激烈的一年。现在还是多事之秋，各种思想还要继续暴露出来，希望同志们注意。

在 1 月 27 日的总结性讲话中，毛泽东又谈到对国内形势的估计问题，说："我们已经基本上完成了生产资料所有制的社会主义改造，但是还有资产阶级，还有地主、富农，还有恶霸和反革命。他们是被剥夺的阶级，现在我们压迫他们，他们心怀仇恨，很多人一有机会就要发作。在匈牙利事件发生的时候，他们希望把匈牙利搞乱，也希望最好把中国搞乱。这是他们的阶级本性。"他甚至对国内形势向坏处发展的可能性做出了极端的估计："无非是出全国性的大乱子，出'匈牙利事件'，有几百万人起来反对我们，占领几百个县，而且打到北京来。我们无非再到延安去。"

毛泽东的以上论述表明，虽然他这时还没有改变党的八大对我国社会主要矛盾的基本判断，但是，在波匈事件的影响下，他对国内阶级斗争的形势已经开始做出了新的估计，并且高度重视国内的阶级斗争问题了。特别是继《再论无产阶级专政的历史经验》一文提出“在坚决反对教条主义的时候，必须同时坚决反对修正主义”之后，他越来越强调修正主义的危害性，并且明确提出“我们现在思想战线上的一个重要任务，就是要开展对于修正主义的批判”了。

这一切都反映出了毛泽东的后顾之忧。随着时间的推移和国内外政治形势的变化，他的这种心情也变得越来越强烈，并很快由言论转变成了实际行动。从“反右”到“文化大革命”，从中苏论战到中美和解，中国内政和外交领域所发生的一系列重大事件，尤其是党在各阶段对内对外政策的重大调整，几乎都与毛泽东的这种心情有关，或者说至少可以从他的这种心情中找到原因。

第9章

面向未来

毛泽东与中美和解

天下大势，合久必分，分久必合。

——题记

中苏关系的恶化，推动了中美关系的和解。1972 年 2 月 21 日至 28 日，美国总统尼克松应邀访华。从此，中美两国结束了长达 20 年相互敌视、相互隔绝的状态，开始转入关系正常化的发展轨道。中美关系的和解，不仅符合两国人民的利益，为两国关系开辟了新的前景，而且“改变了世界”，对缓和亚洲和世界紧张局势产生了深远影响。步入耄耋之年的毛泽东，亲自导演了这一历史性剧目。他的外交韬略和神机妙算，至今仍让人激情荡漾，回味无穷。

投石问路

中美关系的和解，是在经过长达 20 年的相互敌对和猜疑之后实现的。冰冻三尺，非一日之寒。打破坚冰，也不能一蹴而就。为解冻中美关系，毛泽东深刻洞察国际风云变幻，及时调整中国外交战略，先后采取了一系列出神入化的试探性步骤。

1968 年 11 月和 1969 年 12 月，毛泽东两次就恢复中美大使级会谈做出批示，启动了两国政府间的重新接触。

早在 1955 年 4 月 23 日，周恩来总理在亚非会议 8 国代表团团长会议上就郑重声明：中国政府愿意同美国政府谈判，讨论和缓远东紧张局势问题，特别是和缓台湾地区紧张局势问题。同年 7 月 25 日，中美双方就举行大使级会谈达成协议。8 月 1 日，中美双方在日内瓦举行首次大使级会谈。此后，由于美方缺乏诚意，会谈中断。1958 年 8 月金门炮击开始后，美国公开表示准备恢复会谈，双方随即于 9 月 15 日在波兰华沙复会。这种会谈时断时续，前后共举行了 134 次。由于美方顽固坚持干涉中国内政的立场，会谈没有取得任何实质性进展。

对中美之间的大使级会谈，毛泽东一直给予高度重视。

1958 年 10 月，他在起草《告台湾同胞书》时就曾写道："美国侵占台澎与台湾海峡，这是中美两方有关的问题，应当由两国举行谈判解决，目前正在华沙举行。美国人总是要走的，不走是不行的。早走于美国有利，因为它可以取得主动。迟走不利，因为它老是被动，一个东太平洋国家，为什么跑到西太平洋来了呢？西太平洋是西太平洋人的西太平洋，正如东太平洋是东太平洋人的东太平洋一样。这一点是常识，美国人应当懂得。中华人民共和国与美国之间并无战争，无所谓停火。无火而谈停火，岂非笑话？"

1959 年 5 月 10 日，毛泽东在会见德意志民主共和国人民议院代表团时，又强调指出："我们打金门是内战问题。杜勒斯的方针是叫我们和蒋介石都不打。我们说，你们管不着，这是我们中国的地方，我们打不打是我们的事，你们不要多管。我们和你们美国只在一点上有关系，就是要求你们从台湾撤军。正因为这样，我们才在日内瓦、华沙同美国谈判。""看来我们和美国还得谈下去。它不赞成我们，我们也不赞成它，谈多久我们不知道。已经谈了 3 年半，恐怕还会谈 10 年，这是世界上最长的谈判。"

同年 10 月 2 日，毛泽东在同苏共中央第一书记赫鲁晓夫谈话时，又明确表示："我们历来都讲，台湾问题是中国的内政。中国一定要解放台湾，解放的办法有两个：一个是用和平的方法，一个是用战争的方法。万隆会议时，周恩来总理就声明过，愿意同美国坐下来谈判。后来就谈了，一气谈了 4 年，先在日内瓦，后到华沙；先是一个星期一次，后来两个星期一次、一个月一次，现在是两个月一次。双方都不想中断谈判，美国曾经中断过一个时期，后来我们去了一封信，说不谈不好，并且提出了谈判时间。

他们说，限定时间，他们不能遵守，但是谈判可以恢复。我们说谈判可以拖一年，后来金门一打炮，谈判就恢复了。谈判的地点，根据美国的意见迁到了华沙。在谈判中，我们只是向他们提出一点，就是要他们从台湾撤军，撤军就没事了嘛。剩下来的就是我们同蒋介石的事了，我们可以同蒋介石公开谈判。”

1960 年 5 月 3 日，毛泽东在会见拉丁美洲、非洲 14 个国家及地区的工会和妇女代表团时，再次谈到这个问题。他说：“我们要区别美国人民和美国帝国主义分子，美国人民是好的，坏人就是帝国主义分子，英国、法国、比利时、葡萄牙都是这样……就是帝国主义分子，我们也不是准备一万年不和他们来往。我们和美国在华沙谈判，已经谈判几年了，还要谈下去。谈上 10 年、20 年，总会谈好的。”

毛泽东的上述谈话表明，一方面他对通过中美谈判解决台湾问题寄予厚望，并希望长期保持双方之间进行联系和接触的这一正式通道；另一方面，随着时间的推移和国际形势的变化，他对中美关系的发展前景有了新的认识。

20 世纪 60 年代末 70 年代初，随着美苏在争霸过程中双方军事力量的此消彼长和中苏矛盾的不断加剧，改善中美关系成为两国领导人考虑的首要选择。

还在 1967 年，毛泽东就敏锐地觉察到美国方面在对华态度上的微妙变化。当时准备竞选总统的尼克松发表了一篇题为《越战之后的亚洲》的文章。他写道：“从长远来看，我们简直经不起永远让中国留在国际大家庭之外，来助长它的狂热，增进它的仇恨，威胁它的邻国。在这个小小的星球上，容不得 10 亿最有才能的人民生活在愤怒的孤立状态之中。”虽然尼克松在文章中重复了五六十年代美国所鼓吹的中国对非共产党国家的所谓威胁，但他却意识到了打开中美关系之门的重要性。毛泽东看了这篇文章后断定：尼克松如果上台，美国有可能要改变对华政策。

1968年11月，尼克松在大选中获胜，就任美国第37任总统。11月25日，经毛泽东批准，中国驻波兰临时代办雷阳致函美国驻波兰大使斯托塞尔，具体建议双方于1969年2月20日恢复中美大使级会谈。中国的这一举动，向美国发出了第一个明确信号，引起了对方的高度重视。但是，美国没能把握好这个机会。因美国给予在荷兰的一名中国外交人员提供政治避难，中国断然决定取消这次会谈。

随后，美国方面也开始频频向中国传递改善关系的信号。

1969年1月20日，尼克松在其总统就职演说中表示："我们寻求一个开放的世界……在这个世界里，国家不论大小，它的人民都不应生活在愤怒的孤立状态之中。"2月1日，他在给国家安全事务助理基辛格写的一份备忘录中又提出："我们应该对下述一种态度给予一切鼓励，即本届政府正在试探重新与中国人接触的可能性。"几个月后，尼克松又亲自批准将允许美国的旅行者无须经过特别授权就可以非商业性地购置100美元以内的中国产品回美；议员、记者、教师、学者、科学家和医生6类人可访中国，并称这是"美国全面修改对华政策做法的一部分"。

同年8月，尼克松出访欧亚8国。他在与中国具有友好关系的巴基斯坦和罗马尼亚访问时向两国总统表示，美国"无视中国这个亚洲的主要国家，是一个错误的政策"。他还委托叶海亚·汗和齐奥塞斯库向中国领导人转达如下信息：美国决不会参与任何企图孤立中国的安排；美国反对苏联关于建立亚洲集体安全体系的建议；美国愿意同中国建立良好的关系。

8月8日，美国国务卿罗杰斯在澳大利亚堪培拉发表的讲话中，也明确表示美国愿意同中国改善关系。他说："我们企盼有一天能与中共进行有益的对话，从而缓和紧张局势。我们竭诚欢迎与中共重新谈判。""大陆中国终将在亚洲及太平洋事务中起重要的作用"，"这就是我们为什么一直在谋求开辟联络渠道的原因之一"。

在毛泽东看来，美国方面虽然发出了种种信号，但究竟是虚张声势还是真心要改善关系，关键看其是否愿意恢复中美大使级会谈。鉴于中方已经决定取消先前倡议的新一轮中美大使级会谈，毛泽东决定中方不再主动提及此事。为试探美方诚意并促其在恢复中美大使级会谈一事上表明态度，根据毛泽东的批示，新华社于 1969 年 9 月 12 日播发了周恩来与柯西金在北京首都机场会晤的消息。尼克松获悉后大为震惊。他担心在改善对华关系方面被苏联抢了先机，立刻指示基辛格给美国驻波兰大使斯托塞尔发电报，要他尽快与中国方面进行接触。

同年 12 月 3 日，在波兰华沙举行的南斯拉夫时装展览会上，斯托塞尔向中国驻波兰临时代办雷阳表示，愿意恢复已经中断两年的中美华沙会谈。雷阳向国内请示，很快得到毛泽东的批准。

1970 年 1 月 20 日和 2 月 26 日，中国驻波兰临时代办雷阳与美国驻波兰大使斯托塞尔进行了中美第一百三十五次和一百三十六次会谈。在这两次会谈中，斯托塞尔表示：美国政府愿意改善同中华人民共和国的关系；美国不谋求“参加针对中国的与苏联共同主宰世界的谋划”，也不支持勃列日涅夫主义；在美台关系问题上，美国有协助保卫台湾的义务，但并不妨碍你们双方达成任何和平解决办法，随着亚洲和平和稳定的增长，美国将削减目前在台湾的所有军事设施；美国不仅愿讨论台湾问题，而且愿讨论中美之间的全部双边问题，并愿讨论一项联合宣言，肯定两国政府遵守和平共处五项原则，美国政府还准备派代表到北京直接商谈，也愿在华盛顿接待中国代表。中国代表雷阳在会谈中表示：中国愿意讨论美方根据和平共处五项原则提出的任何意见和建议，从而切实有助于缓和中美之间的紧张局势，根本改善两国关系；中国重申台湾是中国领土，不容外人侵占，因此必须商定从台湾和台湾海峡撤走美国的一切武装力量，才能从根本上改善中美关系，并推动其他问题的解决；解放台湾是中国内政，不容外人干预，更绝对不能允许进行“两个中国”或“一中一台”的活动，为解决这个主要矛盾，需要“进行更为彻底的探索”；如果美国政府愿意派部长级的代表或美国总统的特使到北京进一步探讨中美关系的根本原则问题，中国政府愿予接待。

与前相比，这两次会谈取得了一定进展，比如：在台湾问题上，美国首次提到“不妨碍两岸的中国人自己达成任何和平解决”，中国政府也不再坚持台湾问题不解决，其他问题一概不谈的“一揽子”解决方案；两国代表第一次面对面地表明了愿意改善关系的愿望，并且都希望实现更高级别的会谈，直至美国总统特使访问北京。

由于尼克松“对于波兰华沙那个会谈不感兴趣，要来当面谈”，特别是由于1970年春美国干涉柬埔寨内政，颠覆了西哈努克亲王的政府，并于同年5月直接出兵侵柬，刚刚恢复的中美政府间的接触又被迫中断。

毛泽东坚持认为，在中美和解问题上，采取灵活态度是必要的，但绝不能牺牲自己的原则。面对美国对柬埔寨的入侵，毛泽东于1970年5月20日发表声明，号召“全世界人民团结起来，打败美国侵略者及其一切走狗”！

随着1970年6月美国从柬埔寨撤军，一场突发性危机得到解决。毛泽东开始考虑继续推动中美之间的正面接触。7月10日，中国宣布释放在1960年因间谍罪被判处20年徒刑的一名美国主教。美国政府随即批准通用动力公司可向中国出售柴油机，并放宽对开往中国船只的加油限制。同一天，美国广播公司评论员史密斯公开报道说，尼克松赞成在外交上承认中国。

为进一步向美国发出明确信号，1970年10月1日，毛泽东在天安门城楼上亲切接见了美国著名记者埃德加·斯诺，并与他站在一起检阅了国庆游行队伍。为表明中国此举的意图，周恩来还专门对斯诺说了一番意味深长的话：“是毛主席让我请您来的，您是中国人民真诚的朋友！”“在中美两国相互隔绝的情况下，您三次访问了新中国，向美国和全世界介绍新中国。今天又登上天安门城楼参加我们的国庆庆典，对美国人来说，应该是独一无二的事情了。”10月2日，斯诺面带微笑与中国领导人在一起的照片出现在《人民日报》的头版醒目位置上，在右上角原来刊登毛主席语录的框子里，还写着“全世界人民包括美国人民都是我们的朋友”的文字。这是中华人民共和国成立以来第一次在天安门城楼上出现美国人的身影。通过这种不寻常的安排，毛泽东向美国总统尼克松发出了含蓄而富有深意的重要信息。正如斯诺所说：“中国领导人当众做的事情都是有目的的。”

然而，粗心大意的尼克松和基辛格只顾向中国传递信息，却没能及时捕捉中国传去的信息。基辛格在回忆录中写道：毛泽东和周恩来“不幸地对我们观察事物的敏锐能力估计过高。他们传过来的信息是那么拐弯抹角，以致我们这些粗心的西方人完全不解其中的真意”，“事情过后我才终于理解，毛是想以此作为象征，表示现在他亲自掌握对美关系；但是，这在当时真是一种远见卓识”。

两个月后，毛泽东又于12月18日在中南海会见了斯诺，并与他进行了长达5个小时的谈话。在谈话中，毛泽东明确告诉斯诺：欢迎尼克松总统访问中国。

毛泽东说：我欢迎尼克松上台。为什么呢？他的欺骗性也有，但比较少一点。他如果想到北京来，你就捎个信，叫他偷偷地，不要公开，坐上一架飞机就可以来嘛。谈不成也可以，谈得成也可以嘛。何必那么僵着？……他要到中国来，一定会大吹大擂，就会说其目的就是要拉中国整苏联，所以他现在还不敢这样做。整苏联，现在对美国不利，整中国，对于美国也不利。

毛泽东表示：现在我们的一个政策是不让美国人到中国来，这是不是正确？外交部要研究一下。左、中、右都让来。为什么右派要让来？就是说尼克松，他是代表垄断资本家的。当然要让他来，因为解决问题，中派、左派是不行的，在现时要跟尼克松解决。

随后，毛泽东向斯诺透露：他（指尼克松）早就到处写信说要派代表来，我们没有发表，守秘密啊！他对于波兰华沙那个会谈不感兴趣，要来当面谈。所以，我说如果尼克松愿意来，我愿意和他谈，谈得成也行，谈不成也行，吵架也行，不吵架也行，当作旅行者来谈也行，当作总统来谈也行。总而言之，都行。我看我不会跟他吵架，批评是要批评他的。我们也要做自我批评，就是讲我们的错误、缺点了，比如，我们的生产水平比美国低，别的我们不做自我批评。

为了弄清毛泽东这番话的真实含义，斯诺特意对毛泽东说：有两件事想跟你探讨一下，第一是尼克松来华问题，是否可以做这样的理解：目前他来是不现实的，但尼克松来华被认为是理想的；第二是关于美国人访华的问题，我能作为这个问题中的一个例外，感到格外高兴。毛泽东解释说：但是你代表不了美国，你不是垄断资本家。由此，斯诺明白了中国方面愿意通过中美高层会晤，解决两国间的实质性问题。

与此同时，美国方面也在不停地向中国传递信息，并加快了谋求同中国接近的步伐。1970 年 10 月 1 日，尼克松向《时代》杂志记者发表谈话，第一次公开表示愿意访华。他说："如果说在我去世之前有什么事情要做的话，那就是到中国去。如果我不能去，我希望我的孩子能去。"10 月 25 日，巴基斯坦总统叶海亚·汗访问美国。尼克松借机请叶海亚·汗作为中间人传话给中国领导人，表示他准备派遣高级使节甚至是基辛格前来中国商谈，并且希望中国领导人能够了解美国是要同中国友好的。第二天，尼克松在欢迎罗马尼亚总统齐奥塞斯库访美的宴会上，第一次对中国大陆使用了"中华人民共和国"的称谓，并在后来的会谈中约请齐奥塞斯库向中国转达美国希望对话的愿望。

乒乓外交

毛泽东与斯诺的谈话内容，直到1971年4月才由斯诺在美国的《生活》杂志上公开发表。在此之前，斯诺已将毛泽东有意邀请尼克松访华的信息及时传递给尼克松；美国方面启动的巴基斯坦和罗马尼亚两个“秘密渠道”也把尼克松的“口信”转达给了中国领导人。然而，由于美国在1971年初扩大越南战争，中国政府不得不做出强烈反应，所以，中美之间的高层“对话”随即又出现了僵局。

1971年3月28日至4月8日在日本名古屋举行的第31届世界乒乓球锦标赛，为打破中美高层联系中出现的僵局提供了契机。毛泽东抓住机遇，果断决策，提出了“用小球推动大球”的战略，导演了一场充满神奇色彩的“乒乓外交”的活剧。

自从在第28届世界乒乓球锦标赛上获得男女团体等五项冠军后，由于受“文化大革命”的影响，中国乒乓球队告别了第29届和第30届世锦赛。为力邀中国队参加第31届世锦赛，主办方日本乒协和日中文化交流协会负责人于1971年1月25日赶赴北京，与中方有关人员进行会谈。为消除中方参赛的顾虑和障碍，日方提出一份简明扼要的会谈纪要草案，并在草案中申明将严格遵守“日中关系三原则”，即：不执行敌视中国的政策；不参与制造“两个中国”的阴谋；不阻挠日中两国正常关系的恢复。

经毛泽东批准，中国乒乓球队决定参加本届世锦赛。因此，谈判进展顺利。2月1日，中日双方签署会谈纪要。消息传出，立即引起舆论界的高度关注。《日本经济新闻》发表评论说：“中国参加本届世锦赛，不仅是给有实力的中国队在国际舞台上表演的机会，而且比这种单纯关心表演更加重要的是，不能忽视它的政治意义。”

就中国此举的意图而言，日本方面的舆论还只能算是“点题”。从毛泽东在中国队参赛的请示报告上所做的批示来看，他考虑得更多、更深。毛泽东在批示中写道：我队应去，并准备死几个人。不死更好。要一不怕苦，二不怕死。周恩来在后来的几次谈话中，把毛泽东的上述批示的含义做了诠释。

3 月 10 日晚，周恩来到体育馆看望正在集训的运动员，并对他们说：这是“文化大革命”后你们第一次出国参加世界级大型比赛，打胜了固然很好，但如果人家真有本事，我们得个第二、第三，也没有什么。关键是我们要打开局面，这是毛主席的思想。我们无产阶级要有这样的气概。

第二天，周恩来又专门召集外交部和国家体委的负责人开会，讨论中国乒乓球队参加第 31 届世锦赛问题。他在会上讲话指出：“现在国际关系极其复杂，这次出去会遇到新的情况，你们不要总是请示报告，遇到新问题要自己酌情处理。”他解释说：我们派乒乓球队去，是代表国家的，也是代表人民的，在比赛中要接触许多国家的代表队，也包括美国队。如果美国队打得好，技术进步，我们也可以请他们来比赛嘛！我们的体育代表团不是去过西德了吗！那么美国能不能去？我们与日本的邦交还没有恢复，不是毛主席也批准到名古屋参加乒乓大赛吗？大家要多动脑筋，得想想这个世界性的大问题。

3 月 16 日晚上，周恩来又来到人民大会堂为中国乒乓球代表团提前送行。他对大家说：你们就要出征了，我特来看望你们。现在，你们要开辟新的战场。我们在各个战场都要争取友谊。体育运动比较容易接近群众，容易引起群众的兴趣，你们要做人民的使者，不能闭关自守，关起门来称“中心”。他强调说：“在对外宣传上不要强加于人，比如下飞机时你们是不是手里拿着《毛主席语录》，就值得研究。主席就不赞成形式主义，主张实事求是。”最后，他希望大家到日本比赛要打出风格，打出新的水平，为祖国赢得荣誉！

中国乒乓球代表团赴日后，每天给国内打电话3—5次汇报情况。外交部还有专人负责研究。电话记录如下（部分）：

“名古屋电话（3月30日晚9时20分）：美国队表示想访问中国。”

“名古屋电话（3月31日下午2时50分）：美国队想访问中国，美国记者想采访我代表团成员。在名古屋，美国队首席代表、代表和记者6次同我接触，表示友好，并希望和我经常来往。”

4月3日，外交部和国家体委联合起草了关于不邀请美国乒乓球队访华的报告，报告称：“……可以告诉美国队现在访华的时机还不成熟，相信今后会有机会。”周恩来在报告上加了这样一段话：“可留下他们的通信地址。但对其首席代表在直接接触中应表明，我们中国人民坚决反对‘两个中国’‘一中一台’的阴谋活动。”他没有把报告批下去，而是于4月4日呈送毛泽东。毛泽东也没有立即做批示，而是在自己的办公桌上压了两天。直到6日这天，才在自己的名字上画了个圈，表示同意周恩来的意见。当晚11点多，毛泽东吃完晚饭后就趴在桌上似乎要睡觉。不一会，他对护士长吴旭君说：通知王海荣（时任外交部副部长），邀请美国乒乓球队访华！并催促她“赶快办，要不就来不及了”。

外交部连夜打电话通知中国代表团：“关于美国乒乓球队要求访华一事，考虑该队已多次提出要求，表现热情友好，现决定同意邀请美国乒乓球队包括负责人在内来我国进行访问。可在香港办理入境手续，旅费不足可补助。请将办理情况、该队来华人数、动身时间等及时报回。”中国代表团团长赵正洪立刻约请美国乒乓球队领队、美国乒协主席斯廷霍文来中国代表团驻地，并向他发出了正式邀请。国际乒联理事、美国乒协国际部主任罗福德·哈里森请示美驻日使馆。使馆给美国国务院发了一份加急电报。接到电报的国务卿罗杰斯在电报上签署如下意见：虽然我们还无法断定到底是怎么回事，这个邀请的用意起码有一部分是作为回答美国最近采取的主动行动的一种姿态。随后，他立即将电报呈送白宫尼克松总统。尼克松十分高兴，立刻予以批准。事后他回忆说：

> 4月6日（美国时间），以我没有料到的方式出现了一个突破：美国驻东京大使馆报告说，在日本参加世界锦标赛的美国乒乓球队接到了去中华人民共和国访问、以便进行几场表演赛的邀请。
>
> 这个消息使我又惊又喜，我从未料到对中国的主动行动会以乒乓球队访问的形式获得实现。我们立即批准接受邀请，中国方面的响应是发给几名西方记者签证以采访球队的访问。

中国方面的这一举措，也对日本政府产生了很大影响。日本政府的官员说：当中国邀请美国乒乓球队访华的消息传出之后，首相官邸里充满了“一种惶惶然的气氛”。外务省的一位高级官员也说：“中国人正在影响日本。乒乓球队（的行动）仅仅是第一步，我们还没有决定好对此如何反应。而这个举动也许正是北京外交政策中的关键的一着。”不过，也有人对此持乐观态度，称：“这是一个好消息。今天的日本还存在一种忧虑，怕和中国改善关系之后，引起美国的不满。我认为，政府和外务省现在应当从根本上改变这种想法了。日本乒乓球协会冲破层层障碍，成功地邀请中国乒乓球队到名古屋来，这就为这次美国和中国的交往创造了条件。”

1971年4月10日，美国乒乓球代表团从东京转道香港由深圳入境，开始了对中国的访问。中美友好关系的大门由此打开。

基辛格密访北京

“乒乓外交”的成功，直接推动并加快了中美之间的高层接触。

1971年4月8日，即在中国向美国乒乓球队发出邀请后的第二天，尼克松在其就越南问题发表的演说中宣布：从当年5月1日至12月1日，美国将从越南再撤出10万军队。一周后，尼克松又于15日发表声明，宣布了五项对华新政策：一、美国准备迅速发给从中华人民共和国到美国访问的个人或团体的签证；二、美国将放宽美国货币对中国的控制；三、美国将取消对供应前往中国或来自中国的船只和飞机燃料的美国石油公司的限制；四、美国船只和飞机可以前往中国的港口；五、美国将开出一个可按照一般执照规定直接向中华人民共和国出口的非战略性项目的清单。此项声明，意味着美国政府实行了长达20年的对华贸易禁令已经寿终正寝。

鉴于美国方面表现出的积极姿态，中国政府于4月21日通过“巴基斯坦渠道”向美国传递了如下信息：

> 周恩来总理感谢叶海亚·汗总统于1971年1月5日转达了尼克松总统的信息……由于当时的形势，未能及早回答美国总统给中华人民共和国总理的信息。
>
> 目前，我们正在回顾中华人民共和国和美国之间联系的情况。但是，如果要使中国和美国之间的关系从根本上得到恢复的话，美国就必须把它的全部武装部队从台湾和台湾海峡地区撤走。只有通过两国高级负责人之间的直接讨论才能找到解决这个关键性问题的办法。因此，中国政府重申，它愿意在北京公开接待尼克松总统的特使（例如基辛格先生）或美国国务卿或甚至美国总统本人，以便进行直接会谈讨论。当然，如果总统认为时机还不成熟，可以推迟到以后再进行。至于在北京举行高级会谈讨论的形式，程序和其他细节，这些都不是那么重要的问题，我们认为完全可以通过叶海亚·汗总统的斡旋做出适当安排。

对此，美国方面很快予以回应。回信说：

> 尼克松总统同意，为了解决把美利坚合众国和中华人

民共和国分隔开的问题，有必要举行直接高级谈判。因为尼克松总统十分重视使我们两国关系正常化，他准备接受周恩来总理提出的、请他访问北京以便和中华人民共和国领导人直接会谈的建议。在这样一种会谈中，每一方都可以提出他所关心的主要问题。

为了给尼克松总统的访问做准备，为了和中华人民共和国的领导人建立可靠的联系，尼克松总统建议他的国家安全事务助理基辛格博士和周恩来总理或一位适当的中国高级官员举行初步的秘密会谈。基辛格博士准备在中国国土上参加这样的会谈，地点最好在巴基斯坦方便的飞行距离内，由中华人民共和国提出。基辛格将被授权讨论使尼克松总统的访问成为最有益之举的环境条件、这样一次会谈的议程、进行这种访问的时间，并开始就共同关心的问题初步交换意见。如果认为，在基辛格博士秘密访问中华人民共和国和尼克松总统到达之间这段时间公开派一特使到北京是可取的，基辛格博士被授权做此安排。预期，尼克松总统访问北京在基辛格博士和周恩来总理举行了秘密会谈后不久即可宣布。基辛格博士准备在6月15日以后来。

我们建议，基辛格博士此行的具体细节，包括地点、停留时间多长、通信联络以及类似问题通过叶海亚·汗总统作为居间人进行讨论。为保密起见，务必不用其他渠道。同时不言而喻，基辛格博士和中华人民共和国高级官员的第一次会谈要绝对保密。

这次会谈，原定于6月中旬举行。为准备这次会谈，中共中央政治局于5月26日召开会议，研究讨论此次谈判过程中应采取的原则和对策等问题。政治局认为，在中美关系以及与此相关的台湾问题、印度支那等问题上，中国方面应掌握和坚持以下八项原则：

（一）美国一切武装力量和专用军事设施，应规定期限从中国的台湾省和台湾海峡地区撤走。这是恢复中美两国关系的关键问题。这一条如不能事先有原则商定，尼克松的访问就有可能推迟。

（二）台湾是中国领土，解放台湾是中国内政，外人不容干预。要严防日本军国主义在台湾的活动。

（三）我力争和平解放台湾，对台工作要认真进行。

（四）坚决反对进行“两个中国”或“一中一台”的活动。如美利坚合众国欲与中华人民共和国建交，必须承认中华人民共和国是代表中国的唯一合法政府。

（五）如因前三条尚未完全实现，中美不便建交，可在双方首都建立联络机构。

（六）我不主动提联合国问题，如美方提到联合国问题，我可明确告以我绝不能接受“两个中国”或“一中一台”的安排。

（七）我不主动提中美贸易问题，如美方提及此事，在美军从台湾撤走的原则确定后，可进行商谈。

（八）中国政府主张美国武装力量应从印度支那三国、朝鲜、日本和东南亚各国撤走，以保证远东和平。

经过中美双方书面协商，基辛格访华时间定于7月9日至11日。为了完成中美高级会谈这一重要而又艰巨的任务，基辛格也对中国之行做了精心安排，佯称要到亚洲各地进行一次“了解情况的旅行”。他于7月1日凌晨启程，3日至7日，先后访问了西贡、曼谷和新德里，8日抵达伊斯兰堡。在这里，他称病避开新闻记者的耳目，演出了一幕“金蝉脱壳”的活剧，于7月9日凌晨直接飞往北京。

基辛格在北京停留的两天时间里，同周恩来总理进行了17个多小时的会谈。在7月9日下午的会谈中，基辛格着重谈了以下几点：一、美国政府拟在印支战争结束后撤走三分之二的驻台美军，并准备随着美中关系的改善减少在台湾的军事力量；二、不支持“两个中国”或“一中一台”，但希望台湾问题能和平解决；三、承认台湾是中国的一部分，不支持台湾独立；四、美蒋条约留待历史去解决；五、美国不再指责和孤立中国，美国将在联合国支持恢复中国的席位，但不支持驱逐台湾代表；六、美保证将通过谈判结束越南战争，并准备制定一个从越南和印支撤走武装力量的时间表，但希望得到一个维护美国体面和自尊的解决办法。

在谈到美国将在联合国支持恢复中国席位的问题时，基辛格特意解释说：尼克松总统已经决定，美国今年将支持中华人民共和国取得联合国和安理会的席位，但不同意从联合国驱逐台湾代表，因为在尼克松访华之前，如果美国听任台湾失去联合国席位，将使总统处于非常困难的境地。

周恩来在会谈中表示：我们双方有不同的看法，用我们的话来说，世界观和立场都不同。但这种分歧并不妨碍我们两个在太平洋两岸的国家寻求平等友好相处的途径。首先一个问题是平等，换句话说是对等，一切问题从对等出发。

关于台湾问题，周恩来重申：台湾历来是中国的领土，解放台湾是中国的内政，美军必须限期撤走，美蒋条约无效。

关于印支问题，周恩来指出：美国朋友总是喜欢强调美国的体面、尊严。你们只有把你们的所有军事力量统统撤走，一个不剩，这就是最大的荣誉和光荣。

关于恢复中国在联合国的合法席位问题，周恩来明确表示：中国决不拿原则做交易。你们要在联合国制造“两个中国”，中国坚决反对，一定公开批驳。

会谈结束后，周恩来迅即向毛泽东做了汇报。毛泽东说：我们绝不上“两个中国”的贼船。不进联合国，中国照样生存，照样发展。我们下定决心，不管是喜鹊叫还是乌鸦叫，今年不进联合国。

当周恩来讲到美国还想在台湾保留点军队时，毛泽东表示：猴子变人还没变过来，还留着尾巴。台湾问题也留着尾巴。它已不是猴子，是猿，尾巴不长。关于美国从印度支那撤军的问题，毛泽东明确表示，美国应当重新做人。多米诺骨牌是什么意思？基辛格英文比我们好。让那些骨牌倒了算了。这是进化嘛！当然不打它也不倒，不是我们打，是他们打。美国要从越南撤军，台湾不慌，台湾没打仗，越南在打仗，在死人呀！我们让尼克松来不能就为自己。当汇报到日本问题时，毛泽东指示：要给基辛格吹天下大乱，形势大好，不要老谈具体问题。我们准备美国、苏联、日本一起来瓜分中国。我们就在这个基础上邀请他来的。

7 月 10 日下午，周恩来根据毛泽东的指示，着重向基辛格谈了中国对整个世界局势的看法。他指出：你们说要争取中美之间的和平，争取远东的和平和世界的和平，但现在许多地方还在打仗。纵观世界的发展是大动乱。我们始终是积极防御，准备大乱，准备美国、苏联等国瓜分中国，准备苏联占领黄河以北，美国占领黄河以南，同时向我们进攻。这样，我们就可以更好地动员、教育下一代。我们进行人民战争，长期抗战，胜利以后可以更好地进行社会主义建设。

基辛格急忙表示：请你们放心，美国要同中国来往，决不会对中国进攻。美国同自己的盟国和对手决不会进行勾结针对中国。中国对付美国的军队可以向北开，摆在别的地方。

鉴于中美双方对谈判的进展感到基本满意，周恩来最后建议，尼克松总统可以在 1972 年夏天来华访问，并表示尼克松访华前先同苏联领导会晤可能更慎重些。基辛格对中国方面提出了正式邀请感到欣慰，他说：还是按照安排好的程序进行，先北京、后莫斯科。同时，他又表示，周恩来提出的访问日期离美国总统选举的时间太近，有争选票之嫌。周恩来对此表示理解，并且说那就 1972 年春天来访。最后，双方商定：尼克松总统的访问可以在 1972 年 5 月以前进行。至此，美国总统访华一事终于确定下来。

当天晚上，毛泽东再次听取了有关中美会谈的汇报。当听到基辛格表示美国不会进攻中国时，毛泽东说：他们要我们把军队往北开啊！过去我们是北伐，后来是南伐，现在是北来北伐，南来南伐。当听到双方商定以巴黎为联络渠道时，毛泽东指出：你基辛格说不经过官僚机构，华沙是官僚机构，那我们驻巴黎使馆是不是官僚机构？你不想派个常驻的，也不想派个临时的，就靠你基辛格。现在只好听他的，我们怎么能强迫人家呢？那就通过巴黎吧！当谈到拟定中美公告问题时，毛泽东说，尼克松来访，谁也不主动，双方都主动。公告中也不写我要见他的话，要学诸葛亮留一手。

7月11日，中美双方就中美公告的内容达成协议，并商定于1971年7月16日（美国时间15日）同时发布。公告内容如下：

> 周恩来总理和尼克松总统的国家安全事务助理基辛格博士，于1971年7月9日至11日在北京进行了会谈。获悉，尼克松总统曾表示希望访问中华人民共和国，周恩来总理代表中华人民共和国政府邀请尼克松总统于1972年5月以前的适当时间访问中国。尼克松总统愉快地接受了这一邀请。中美两国领导人会晤，是为了谋求两国关系的正常化，并就双方关心的问题交换意见。

基辛格“带着希望而来，带着友谊而去”，对这次北京之行因“超过了他原来的期望，圆满地完成了他的使命”而感到十分得意。他在离开北京飞回巴基斯坦的途中，给尼克松写报告说：我们已为你和毛泽东打开历史的新篇章奠定了基础。

中美最高领导对这一公告都很重视。毛泽东认为，公告一发表会引起震动，尼克松可能等不到5月就要来，早点来也好嘛。尼克松则通过发表电视讲话，亲自宣布了这一消息。他在讲话中说：

> 我今晚要求这个电视时间是为了宣布我们争取建立世界持久和平的工作所取得的一项重大进展。
>
> 正如过去三年中我曾多次指出的，如果没有中华人民共和国和它的七亿五千万人民参加，就不可能有稳定和持

久的和平。因此，我在几个方面采取了主动，以求打开建立我们两国间更正常的关系的大门。

为了达到这一目标，我派遣我的国家安全事务助理基辛格博士在他最近的环球旅行期间去北京，与周恩来总理会谈，我现在宣读的这个公告，在北京和美国同时发表（公告内容略）。

预料公告发表之后将不可避免地引起推测，我想尽可能讲明我们的政策背景。

我们谋求与中华人民共和国建立新关系的这一行动，决不会损害我们的老朋友的利益。这一行动不是针对其他任何国家的。我们谋求与所有国家的友好关系。任何国家都可以成为我们的朋友而不同时成为任何其他国家的敌人。

我之所以采取这一行动是因为我深信，缓和紧张局势以及美国与中华人民共和国之间的关系，将对所有的国家有利。

正是本着这种精神，我将去中国一行——我深切希望这将成为争取和平的一次旅行，不仅是为我们这一代人的和平，而且也是为了我们共有的这个地球上的子孙后代的和平。

在联合国的意外收获

就在中美双方为尼克松访华做紧锣密鼓的安排时，联合国传来了令人惊喜的好消息——联合国以压倒性多数通过了恢复中华人民共和国合法席位的提案。毛泽东虽然一直坚信会有这么一天，但是，他没有想到这一天会来得如此之快，又是如此的顺利。

1971 年 7 月 15 日，阿尔巴尼亚、阿尔及利亚等 18 个国家（后增至22国）驻联合国的代表致信联合国秘书长吴丹，提出了“恢复中华人民共和国在联合国组织中的合法权利”的决议草案。草案的主要内容是：“承认中华人民共和国政府的代表是中国在联合国组织的唯一合法代表，中华人民共和国是安全理事会五个常任理事国之一。”“恢复中华人民共和国的一切权利，承认她的政府的代表为中国在联合国组织的唯一合法代表，并立即把蒋介石的代表从它的联合国组织及其所属一切机构中所非法占据的席位上驱逐出去。”

与此同时，美国继续玩弄“两个中国”的阴谋。8月2日，美国国务卿罗杰斯发表了《关于中国在联合国的代表权问题的声明》。随后又指使美国驻联合国首席代表乔治·布什于8月17日向联合国秘书长递交了一份备忘录，称：“在处理中国代表权问题时，联合国应当认识到中华人民共和国和中华民国都是存在的，并且应当在规定中国代表权的方式中，反映出这一不容争议的现实。”最后，备忘录提出一个荒唐的结论：“中华人民共和国应当有代表权，而同时应当规定不剥夺中华民国的代表权。”

针对美国这一做法，中国外交部于8月20日发表声明，驳斥美国政府提出的主张，明确阐述了中国政府的严正立场。声明指出：

> 中国人民和中国政府坚决反对“两个中国”“一中一台”或类似荒唐的主张，坚决反对“台湾独立”的阴谋。只要在联合国出现“两个中国”“一中一台”“台湾地位未定”或其他类似的情况，中华人民共和国政府就坚决不同联合国发生任何关系。中国政府的这一严正立场是不可动摇的。不管任何人，在任何时候，用任何方式推行“两个中国”“一中一台”之类的阴谋，都永远不可能得逞。必须把蒋介石集团从联合国及其他一切机构中驱逐出去，中华人民共和国在联合国的一切合法权利必须完全恢复。中国政府深信，阿尔巴尼亚、阿尔及利亚等18国所提出的正义主张终将取得胜利。

9月20日，第26届联大开幕，选举印尼外长马立克为大会主席。22日，美国又伙同日本等国一起，向联合国提出了“同中国在联合国的代表权问题有关”的两项决议草案：一项是“关于重要问题的决议草案”，主要内容是：在大会提出的结果将导致剥夺中华民国在联合国的代表权的任何建议都是宪章所规定的重要问题，需要三分之二的多数才能通过；另一项是“关于代表权问题的决议草案”，又称“双重代表权决议草案”，主要内容是：确认中华人民共和国的代表权，并且建议让它得到安理会五个常任理事国之一的地位，同时确认中华民国继续拥有代表权。

在台湾问题上，美国绝不是在做表面文章，而是真心实意去做的。为确保台湾在联合国的席位，美国政府使出了浑身解数。除了将原先的一个提案（8月17日备忘录）改变为两个提案以增加保险系数之外，他们还在会场内外做了大量工作：尼克松亲自给许多国家的首脑写了信；美国驻数十个国家的使节进行了全力以赴的“拉票外交”；罗杰斯和布什同100多个国家的代表谈了200多次话；美国甚至用“准备提供援助”或“准备撤销援助”的办法对一些国家进行利诱和威胁。

然而，“青山遮不住，毕竟东流去。”

10月18日，联大就恢复中国在联合国合法权利问题开始进行专题辩论，约有80个国家的代表做了发言。24日，辩论结束。25日晚，在大会主席马立克主持下进行唱名表决。在正式表决前几分钟，美国又指示某国代表提议推迟表决，“以便说服一些仍然动摇的国家支持美国提案”。结果，大会以56票反对、53票赞成、19票弃权，否决了美国策划的这项动议，使美国“受到程序上的严重挫折”。

随后，美、日代表又要求先表决“规定驱逐国民党中国需要三分之二多数票通过的‘重要问题’提案。表决结果是：61票赞成，53票反对，15票弃权。‘重要问题’提案获得先议权。”在随后对

“重要问题”提案进行唱名表决过程中，“大厅里气氛紧张”。不一会，结果出来了：59 票反对，55 票赞成，15 票弃权。“重要问题”提案遭到否决。

据西方通讯社报道，“当电子计票牌上出现的表决结果表明美国的建议被击败时，大厅里立刻沸腾起来”。“挤得满满的会议厅中发出了长时间的掌声”，“联合国代表们今晚击败了美国为保住台湾在联合国的席位而做出的努力，从而为北京进入联合国铺平了道路。他们在走廊里高声欢笑、歌唱、欢呼、拍桌子。”

蒋介石的代表周书楷眼看大势已去，“为了挽回一点面子，在马上就要对阿尔巴尼亚等国驱逐台湾的提案进行表决之前，跑上讲坛宣布中华民国退出联合国”。在离开会场后匆匆举行的记者招待会上，“周的助手向记者散发了用打字机打的一项很长的声明，这表明他们本来就做了表决结果对他们不利的准备。事情终于结束了。周书楷自称舒了一口气。他说：‘这是卸下了我们肩上的一个包袱。它是 21 年来一直套在我们脖子上的一块大磨石。’”

接下来，大会主席宣布对阿尔巴尼亚等国提出的“恢复中华人民共和国在联合国组织中的合法权利”的决议草案进行唱名表决。这时，美国代表布什急不可耐地跳上讲坛，要求从决议草案中删去关于立即驱逐蒋介石的代表出联合国的一段话。但是，布什的这一企图遭到了代表们的强烈反对，大会主席马立克裁定：“这个要求不合议事规则。”

投票结果显示：76 票赞成，35 票反对，17 票弃权（两国缺席）。大会最终以压倒性多数，通过了阿尔巴尼亚等国的提案。这时，会议大厅内再次响起经久不息的掌声和欢呼声。

共同社的报道说：“8 小时的马拉松式会议以后，25 日午后 11 时 20 分终于是阿尔巴尼亚提案获得通过的决定性的瞬间。中国回到联合国，由此而被正式承认了。‘我们胜利了’，‘中国万岁’，各国语言的欢呼声在会场内四起。赞成中国参加的各国代表以三分之二的人数而淹没了会场。他们全都站起，高高举起双手向会场四周欢呼，会场充满了兴奋的龙卷风，主席的声音完全听不见了。马立克用英语宣布‘提案通过了，其内容将立即向中华人民共和国通告’，又响起了一阵波涛般的掌声。中国是在自己不在场的情况下，受到了联大总部过半数的祝福，被赋予挥动大手进入国际社会的权利。”

由于阿尔巴尼亚提案被通过，美国关于“双重代表权”的提案就自然而然地被击败了，“这是美国自联合国成立以来遭到的最惨重的失败”。

表决结束后，美国驻联合国代表布什发表谈话说：“任何人都不能回避这样一个事实——虽然这可能是令人不快的，刚刚投票的结果实际上确实代表着大多数联合国会员国的看法。”

就在联大会议进行过程中，基辛格于10月20日再次飞抵北京，为尼克松访华做具体安排。这种时间上的“巧合”，引起了毛泽东的警觉。当天晚上，他约见了周恩来、叶剑英、姬鹏飞、熊向晖、章文晋、王海容、唐闻生等人。

毛泽东问道：联合国大会前天开始辩论中国代表权问题，为什么尼克松让基辛格在这个时候来北京？

叶剑英回答说：大概他认为美国的两个提案稳操胜券。

毛泽东说：当年曹锟还能收买那么些“猪仔议员”。如今美国挂帅，日本撑腰，还有十几个国家跑腿，搜罗66票（过半数），不在话下。

接下来，他又询问了“两阿提案”通过的可能性。鉴于当时的估计是满打满算61张赞成票，距驱逐台湾需要的三分之二赞成票相差很远，所以，他对当年进入联合国不表乐观。

然后，他又问：联合国哪天表决？基辛格哪天走？

章文晋和周恩来分别做了回答：表决时间大概会在10月底、11月初；基辛格10月25日上午（因谈判拖至26日）离京。

毛泽东最后说：联合国的表决不会那样晚。美国是“计算机的国家”，他们是算好了的。在基辛格回到美国的那一天或者第二天，联合国就会表决通过美国的两个提案，制造“两个中国”的局面。所以，还是那句老话：我们决不上“两个中国”的贼船，今年不进联合国。

基辛格是在他离开北京后不久在飞机上得知这一消息的。后来，他在回忆录中就此写道：

> 阿尔巴尼亚提案以压倒多数通过了。美国的双重代表权和把安理会席位给北京的提案，我国政府曾花了很大的力量去制定和提倡，却根本没有付诸表决就流产了。问题的实质在于，友好国家改变了立场。他们当中很多国家长期以来感到苦恼，一方面他们不愿意同我们对立，另一方面讨好强大的中国又对他们有利。当美国对北京采取敌对态度的时候，他们害怕投票赞成接纳中华人民共和国会受到我们的某种惩罚。现在我们戏剧化地要跟中国和解，他们就不再怕这种惩罚了。因此，国务院要制定一项“合理妥协”方案的全部努力都毫无用处。其他国家投票接纳北京不仅符合他们地缘政治的利益，而且支持北京还是讨好国内左派的一个办法，如果看起来像是在蔑视美国，那就更加有效了。

中国在联合国取得的这一伟大胜利，让毛泽东喜出望外。他对周恩来说：“今年有两大胜利，一个是林彪，一个是联合国。这两大胜利我都没有想到。林彪搞鬼，我有觉察，就是没有想到他跑外国，更没有想到他坐的那架‘三叉戟’飞机，摔在外蒙古，‘折戟沉沙’。对联合国，我的护士长（吴旭君）是专家。她对阿尔巴尼亚那些国家的提案有研究。这些日子她常常对我说，联合国能通过。我说通不过。她说能，我说不能。你们看，还是她说对了。我对美国那根指挥棒，还有那么多的迷信呢！”

毛泽东还说："在联大恢复中国席位的斗争中，众多的第三世界国家在这件事上发挥了重大作用。我们什么时候都不要忘记他们。131 个会员国，赞成票 76 张，17 票弃权，反对票只有 35 张。这是和我们长期致力于发展同第三世界国家的友好关系分不开的。表决结果一宣布，他们唱歌呀，欢呼呀，还有人拍桌子。"这时，他把目光转向周总理，问："拍桌子是什么意思？"周总理解释说："在会场拍桌子，表示极为高兴。"毛泽东接着说："当然，不高兴的人也有，'蒋委员长'就是头一个。美国国务院说要发表声明，还没有看到，不过是一篇'吊丧文'罢了！"

表决结果出来后不久，联合国秘书长就立刻给中国政府发来电报，约请中国政府派代表出席此次联合国代表大会。

10 月 25 日晚上，毛泽东把周恩来、叶剑英、姬鹏飞、乔冠华、熊向晖、章文晋等人召集到中南海商讨此事。他说："联合国秘书长吴丹不是来了电报吗？我们就派代表团去。让乔老爷当团长、熊向晖当代表，开完会就回来，还要接待尼克松。派谁参加安理会，你们再研究。"

周恩来说："就让黄华做副团长，留在联合国当常驻安理会的代表。"

毛泽东又说："现在请总理挂帅，抓紧准备。最重要的是准备在联合国大会的第一篇发言。1950 年，我们还是'花果山时代'，你（乔冠华）跟伍修权去了趟联合国。伍修权在安理会讲话，题目叫做《控诉美国武装侵略中国领土台湾》。控诉就是告状，告'玉皇大帝'的状。那个时候'玉皇大帝'神气十足，不把我们放在眼里。现在不同了，'玉皇大帝'也要光临花果山了。"

他还说："你们这次去，不是去告状，是去伸张正义，长世界人民的志气，灭超级大国的威风。要给反对外来干涉、侵略、控制的国家呐喊声援。第一篇就要讲出这个气概。"

接下来，他讲了几个要点，为起草发言稿定了基调。他说：

第一，要算账。这么多年不让我们进联合国，中国人民和世界人民都有一股子气。

主要是美国，其次是日本，要点他们的名，不点不行。对提案国要一一列举。

第二，要讲讲联合国成立以来世界形势的变化。就是这次同基辛格谈公报时讲的，“国家要独立，民族要解放，人民要革命，已经成为不可抗拒的历史潮流”。要讲点历史。1776 年美国独立战争，1789 年法国大革命，1917 年俄国十月革命，都是伟大的，但是都没有 1945 年以来这样大的规模。要讲讲中国，自力更生，艰苦奋斗，推翻三座大山，取得国家独立、民族解放、新民主主义革命的胜利。这不是吹牛，是事实。目的是对世界人民鼓劲。美国必须从台湾撤走它的武装力量，不论是谁，要把台湾从中国分割出去，都是痴心妄想。

第三，要讲讲我们对国际问题的基本态度。我们反对帝国主义的战争政策和侵略政策，反对超级大国的霸权主义，支持一切被压迫民族的正义斗争。各国人民的斗争都是相互支持的。要宣传五项原则，大小国家一律平等，中国属于第三世界，永远不做超级大国，反对大国欺侮小国、强国欺侮弱国，不许任何国家操纵联合国。总而言之，要旗帜鲜明，高屋建瓴，势如破竹。

他还对乔冠华等人说：“你们去联合国，困难很多，要以勇为本，更要注意‘为将当有怯弱时’。代表团长就是‘将’，不要被胜利冲昏头脑。”他解释说：“我们在联合国的方针是‘团结大多数，孤立少数’。22 个提案国是我们的患难之交，要同他们讲团结。其他投票赞成我们的 54 个国家也要团结。对投弃权票的 17 个国家要正确对待。在美国那样大的压力下，他们不支持美国，用弃权的办法对我们表示同情，应当感谢他们。投反对票的 35 个国家不是铁板一块，也要做工作。团结是有原则的团结，原则就是我们对国际问题的基本立场。我们当前的口号是：维护各国的独立和主权，维护国际和平，促进人类进步。用这个口号团结大多数。”

代表团出发前，毛泽东又约见有关人员，向他们面授机宜。他说：“今年我们在联合国打了一个大胜仗，这个胜仗主要是我们的穷朋友帮我们打的，是广大亚非国家把我们抬进联合国的，我们没有理由翘尾巴。现在是‘盛名之下，其实难副’，所以我讲‘为将当有怯弱时’。还是‘三个臭皮匠，胜过一个诸葛亮’。遇事要多商量，要多谋善断，不要像袁绍那样‘多谋寡断’，更不能‘不谋专断’。谨慎不是谨小慎微。看准了的，该说就说，该做就做。”

他还说：“在联合国要搞统一战线。这是国际统一战线，和国内统一战线有同，有不同。根本的区别是，国内统一战线是不同阶级的统一战线，无产阶级必须掌握领导权；国际统一战线是不同国家的统一战线，没有谁领导谁的问题。”“所以，搞国际统一战线就要平等协商，绝对不能以大国自居，颐指气使，绝对不能干涉人家的内政，绝对不能有领导人家的想法。”

最后，他鼓励大家：“你们这次去联合国可以放心工作了，我的那个‘亲密战友’不在了。你们要大胆工作，要采取阿庆嫂的方针：见机行事。不要怕说错话，当然要搞调查研究，但不要什么都调查好再说。”

11 月 9 日下午，代表团从北京出发，到上海后转乘法航班机前往巴黎。11 日上午在巴黎与黄华会合后，乘法航班机赶赴纽约，于当日中午抵达肯尼迪机场。15 日上午，代表团开始在联大亮相。当代表团成员步入会场时，大厅内掌声雷动。大会主席马立克致欢迎词后，许多国家的代表争先恐后地登台发言，对中国代表团的到来表示他们的衷心祝贺和欢迎。随后，乔冠华以联合国安理会常任理事国代表身份走上讲台，发表演说。他首先向大会主席和致欢迎词的各国代表表示感谢，并代表中国政府和中国人民对坚持原则、主持正义、为恢复我国在联合国合法权利进行不懈努力的阿尔巴尼亚、阿尔及利亚等 22 个提案国，以及所有支持这一提案的国家，还有以各种方式对我国表示同情的其他国家，表示衷心感谢。

接着，他开始阐述中国在一系列重大国际问题上的原则立场。他的讲话，受到了绝大多数国家代表的衷心赞扬。他讲到了中国政府和中国人民坚决支持巴勒斯坦人民和阿拉伯各国人民的正义斗争，讲到了坚决支持非洲国家以及一切被压迫人民和被压迫民族争取自由解放的斗争，讲到了坚决支持拉丁美洲国家带头兴起的200海里领海权，讲到了中国关于大小国家应该一律平等、反对霸权主义和强权政治的一贯主张和中国永远不做侵略、颠覆、控制和欺负别人的超级大国。乔冠华的讲话，引起一阵又一阵热烈掌声。当他发言完毕回到座位上时，许多国家的代表走上前来，同他握手。阿尔及利亚代表说："我们所期待、所需要的正是一篇这样的发言。"毛里塔尼亚的代表说："你们的讲话既保持了中国一向谦虚的态度，又坚持了正确的立场，特别重要的是中国重申站在第三世界一边，人民中国在联大的出现，对第三世界具有决定性的意义。"

乔冠华的发言，在美国和西方各大通讯社也引起强烈反响。美国的报道称："中国代表进入联合国之后的首次发言，犹如爆炸了一颗重磅炸弹！"路透社发表评论说："这篇讲话使许多外交官感到震动。第三世界的代表们热烈鼓掌、欢呼。美苏代表却脸色阴沉。"法新社说："乔的严厉的讲话使人毫不怀疑，无论是人民中国进入这个世界组织，还是尼克松总统即将对中国的访问，都不会使北京改变它在重大问题上的政策。"德新社称："在国际讲台上非常少有的这种坦率和诚实的发言，表明了北京对联合国的政策以及对外政策意图的轮廓，表明了人民中国将使自己成为中心国家的喉舌和支持者。"日本共同社指出："这一展示基本方针的演说，是不折不扣的在联合国历史上重要的演说之一，它的意义和反应将迅速波及地球上的一切地区。这篇演说阐明了以毛泽东思想为基础的中国国际政策，坦率地表明了中国的原则性立场，明确地表示了中国作为中小国家的代表对超级大国垄断联合国的局面进行挑战的姿态。"

1971 年 12 月 18 日，中国代表团完成在本届联大的各项工作后回国。22 日下午抵达北京。当天晚上，毛泽东接见他们，对他们的工作给予充分肯定和鼓励，并引用孙中山的话说：“革命尚未成功，同志仍须努力！”

尼克松访华与《中美联合公报》发表

经过周密准备，尼克松访华于 1972 年 2 月正式成行。尼克松于 2 月 21 日至 28 日，在中国访问整整一个星期。他本人称这一周是“改变世界的一周”。

由于当时中美两国尚未正式建交，而尼克松又是以国家元首身份首次来访，所以如何安排接待和会谈，成为毛泽东考虑的重大问题。根据他的指示，中央确定此次接待在礼遇上采取“以礼相待，不卑不亢，不冷不热，不强加于人”的方针，在机场悬挂两国国旗，检阅三军仪仗队，但不采用分列式、不鸣礼炮、不请外交使团、不搞群众欢迎，只有周恩来总理等领导人前往迎送。在会谈方面，坚持一贯立场，高屋建瓴，主动灵活，争取谈成，改善关系；讨论国际形势时，以印度支那问题为中心，朝鲜、日本、南亚次大陆等问题次之；讨论双边关系时，着重谈台湾问题，双边贸易、科技文化和人员交流问题次之。为避开美方白宫和国务院之间的矛盾，周恩来又把会谈分成了四个层次：一是毛泽东主席同尼克松总统的会见；二是周恩来总理同尼克松的会谈；三是姬鹏飞外长同罗杰斯国务卿的会谈；四是双方全体会议。在其他活动安排上，则根据客人的不同情况做了多套准备方案，供其选择。

欢迎仪式既隆重又简单。周恩来总理、郭沫若副委员长、李先念副总理、叶剑英元帅等国家领导人到机场迎接。军乐队奏两国国歌，周恩来陪同检阅完仪仗队后，一起乘红旗牌轿车驶往钓鱼台。

没有在天安门广场搞欢迎仪式。

尼克松原以为会在天安门广场有盛大欢迎仪式，但他经过这里时却发现空无一人，这使他多少有些意外。在钓鱼台国宾馆举行午宴后，周恩来就找基辛格，转达毛泽东要尽快会见尼克松的想法。这使尼克松又一次感到意外。他知道毛泽东肯定会见他，但没想到会这么快。这个消息使他因没有见到群众夹道欢迎的热烈场面而颇感不舒服的心情得到补偿。

尼克松一行在周恩来总理的陪同下，迅即乘车赶往中南海。当他们进入丰泽园时，毛泽东在身边工作人员的搀扶下，起身欢迎“远方的客人”。当时，毛泽东大病初愈，但他兴致很高。原定半个小时的会见，结果持续了 1 个小时零 5 分钟。参加这次会谈的人员分别是：中方——毛泽东主席、周恩来总理、王海容（外交部特别助理）、唐闻生（翻译）；美方——尼克松总统、基辛格（美国总统国家安全事务助理）、洛德（美国国家安全会议笔录员）。会谈时间是：1972 年 2 月 21 日（星期一）下午 2 点 50 分至 3 点 55 分。

双方见面后，先相互问候。毛泽东对尼克松来访表示欢迎。尼克松则表示，能与毛主席会面，是其莫大的荣幸。然后，谈话在不知不觉中转入正题。

毛泽东：昨天你在飞机上给我们出了个大难题。你说，要把我们谈论的话题限制在哲学方面。对此，我没什么可说的，应当请基辛格博士谈一谈。

尼克松：我这么说是因曾拜读主席的诗词及演说稿，而了解主席是个专业哲学家。

基辛格：我在哈佛大学教书时，指定学生研读主席的文集。

毛泽东：我那些东西算不得什么。我写的东西了无新意。

尼克松：主席的著作感动了全国，改变了世界。

毛泽东：我没能力改变世界。我能改变的只是北京附近几个地方。咱们共同的老朋友，蒋介石委员长，不会赞成这个（说法）。

他骂我们是共匪。他最近还发表了篇演说。你看了吗？

尼克松：蒋介石骂主席是匪。那主席怎么骂蒋介石呢？

周恩来：一般来说，我们称他们蒋帮。我们的报纸有时叫他蒋匪，我们也被回骂成匪，反正，我们相互对骂。

毛泽东：其实，我们跟他的友谊比你们跟他的友谊历史还长。

尼克松：是的，我知道。

这时，毛泽东把目光转向基辛格，说：你跑中国跑出名了，头一次来公告发表以后全世界都震动了。基辛格得体地称赞了尼克松的大胆决策。

毛泽东接着用一句戏谑式的话称赞基辛格访华的保密工作做得好，说：他不像个特务。

尼克松笑道：只有他能够在行动不自由的情况下去巴黎 12 次，来北京 1 次，而没有人知道——除非可能有两三个漂亮的姑娘。

基辛格急忙解释：她们不知道，我是利用她们做掩护的。

毛泽东好奇地问：是在巴黎吗？

尼克松不做正面回答，只是替基辛格解释说：凡是能用漂亮姑娘做掩护的，一定是有史以来最伟大的外交家。

毛泽东追问：这么说，你们常常利用你们的姑娘了？

尼克松申辩说：是他的姑娘，不是我的。如果我用姑娘做掩护，那麻烦可就大了。

周恩来插话说：特别是在大选的时候。

毛泽东接过美国大选的话题，说：讲老实话，如果民主党再上台，我们也不能不同他们打交道。

尼克松说：这个我懂得，我们希望不会使你们遇到这个问题。

毛泽东说：上次选举时，我投了你一票。

尼克松机智地回答说：主席投我一票，那是两恶相权取其轻。

毛泽东又说：我喜欢右派。人家说，你们共和党是右派。希思首相也是右派。

尼克松：戴高乐也是。

毛泽东：戴高乐是另外一个问题。大家也说，西德的基督民主党也是右倾。我比较乐见这些右派掌权。

尼克松：我认为，值得注意的是在美国，至少是目前，左派说到的右派能做到。

基辛格：总统先生，还有一点。左派的都亲苏联，不会鼓励（美国）朝（中华）人民共和国靠拢，而事实上也因此而对你批评。

毛泽东：正是如此，有些人反对你。我国国内也有反动集团，反对我们与你接触。结果呢，他们跳上飞机逃往国外了。

周恩来：这件事你或许清楚。

毛泽东：放眼世界，美国的情报比较正确。其次是日本。苏联呢？他们最后总算跑去挖出尸体了（指林彪等人坠机案）。但他们也没说什么。

周恩来：在外蒙古。

尼克松：最近的印度—巴基斯坦危机，我们也碰到类似的问题。美国左派严厉抨击我为何不与印度站在同一阵线，其实左派的理由有二：一、他们支持印度；二、他们支持苏联。我认为，更重要的是放眼大局，我们不能让任何一个国家（不管它有多大）吞没它的邻国。此举虽让我付出政治代价（我并不后悔，因为这么做是对的），但我认为历史会证实这么做是对的。

在谈到这次会晤的历史背景时，毛泽东说：是巴基斯坦总统把你介绍给我们的。当时，我们驻巴基斯坦的大使不同意我们同你接触。他说，尼克松总统跟约翰逊总统一样坏。可是叶海亚·汗总统说，“这两个人不可同日而语”。他说，一个像强盗——他是指约翰逊。我不知道他怎么会有这样的印象。不过，我们不大喜欢从杜鲁门到约翰逊这几位总统。中间有 8 年是共和党任总统。而在那段时间，你们也没有把问题想通。

尼克松说：主席先生，我知道多少年来我对人民共和国的态度是主席和总理完全不能同意的。把我们带到一起来的，是认识到世界上出现了新的形势；在我们这方面还认识到，事关紧要的不是一个国家内部的政治哲学，主要是他对世界其他部分和对我们的政策。

接下来，尼克松提出：我希望和周总理以及稍后和毛主席就台湾、越南、朝鲜等问题交换意见。我也希望讨论以下敏感问题，包括日本前途、次大陆前途、印度未来角色、全球动态、美苏关系等。因为唯有我们着眼于世界全局以及影响全球的注意力，我们才能对眼前迫切问题做出正确的决策。

毛泽东说：以上那些烦人的问题我并不想介入太深，反倒是喜欢你的哲学讨论。

尼克松：举例来说，毛主席，有一个有趣的现象你应该注意到了，大部分国家都同意我们今天的会面，但苏联有异议，日本则表达了他们的疑虑，印度也不赞同。所以我们必须找出原因，并决定未来政策发展的方向，以便因应全球以及眼前南北朝鲜、越南，当然还有台湾问题。

毛泽东：是的，我同意。

尼克松：例如我们必须自问——只限在座的人，为何苏联在与贵国的边界集结的兵力多于在与西欧接壤的边界？我们也必须自问，日本的未来是什么？是要让日本保持中立、完全没有武装好呢（我知道我们对此有不同的看法），还是让日本与美国在某段时间内维持某种关系好呢？以哲学观点而论，我要强调的是，国际关系里无所谓好坏的选择。但有一件事可以确定，那就是我们绝不可制造真空状态，因为真空随时会被别人替补，诚如周总理所言，美国已摩拳擦掌，苏联也摩拳擦掌，问题是哪一方会对中华人民共和国构成危机？到底是美国侵略还是苏联侵略？这些问题虽棘手，但我们有必要讨论。

毛泽东：就目前而言，不管是来自美国的侵略抑或来自中国的侵略其实都是相当次要的问题，换句话说，侵略之类的话题可说根本不是重点，因为我们两国并未处于交战状态。贵国打算撤出若干部队回国，我国则未派兵出国，因此我们两国的现状十分奇怪。这是因为过去 22 年来，我们双方的想法从未通过谈判交流过，我们双方进行乒乓交流至今不到 10 个月，而贵国在华沙提出的建议迄今也不到两年。此外，我国在处理问题时，摆脱不了官僚机制。例如，贵国希望双方能在私人层次上交流，或是互开贸易大门，但这些提议全被我们官员搁在一旁，坚持旧立场，在未解决重大问题之前，根本没有次要问题出场的份。我本人也曾这么坚持过，后来我认为你是对的，接着我们开始打乒乓球。周总理说，这也是在尼克松总统上台后才有的。

周恩来：重点是杜勒斯的政策。

毛泽东：他（周恩来）之前也和基辛格博士讨论过这个。

尼克松：但他们（指向周恩来与基辛格）握过手。

毛泽东：你有什么话要说吗，博士？

基辛格：毛主席，那段时间全球局势产生剧变，我们从中学到很多。以前我们认为社会主义（共产主义）国家没什么两样，直到尼克松总统上台我们才了解中国所进行的革命本质和其他社会主义国家的革命有所不同。

尼克松：毛主席，我了解有一段时间，我对中华人民共和国的看法，和毛主席与周总理有很大的出入。现在我们能同聚一堂，主要是因为我们认清世界新局势，同时也认清一国内部的政治意识形态并非那么重要，重要的是我们对外与对对方的政策，这也是为什么我们可以开诚布公地说，我们看法不同，而周总理与基辛格博士已就这些歧见交换意见。

同时我们也要说，审视美国与中国这两个大国，我们知道中国不会威胁美国国土。我想你了解美国并无意染指中国，而中国也无意宰制美国，我们相信你也了解美国并无意称霸全世界。此外，或许你不相信，但我真的认为，中国和美国这两个大国均无意独霸全球，因为我们对这两个议题的态度一致，所以对彼此的疆界领域均不会构成威胁。

因此，虽然我们理念有所不同，但仍可以找到共同点，建构一个双方均可无后顾之忧地照自己路线发展的全球架构。其他国家我就不敢说了。

毛泽东：我们也不会威胁日本或南朝鲜。

尼克松：以及其他国家，我们也不会。

毛泽东：（询问周恩来时间）你认为我们今天讨论得够多了吗？

尼克松：是的，散会前我想说的是，毛主席，我们知道你和周总理冒了很大的风险邀请我们来此，对我们而言，这也是很困难的决定，但是读了毛主席一些谈话后，我知道主席是会把握机会的人，定会掌握时机、打铁趁热。

另外，我也有一些个人的感想要对周总理说。周总理，你并不了解我，由于你不了解我，所以你不该信任我。你会发现，我从不信口开河，说些我做不到的事，我总是做的比说的多。在这个基础上，我希望能和毛主席以及周总理开诚布公。

毛泽东（指着基辛格）："掌握时机，趁热打铁。"我想总的来说，像我这样的人说话像放炮，说些"全世界团结起来打倒帝国主义、修正主义、反动势力、建立社会主义"之类的话。

尼克松：像我，还有匪帮。

毛泽东：但你或许不会被推翻，据说他（基辛格）也不会被推翻，若你们都被赶下台，我们就没朋友了。

尼克松：毛主席，你的经历我们大家可是众所周知，出身赤贫，一路攀升到全球人口最多国家的最高位置。

我的背景就没有这么精彩，我同样出身穷苦人家，一路攀升国家元首之位。历史结合我们两人，问题是各自抱持不同的哲学观，但都是脚踏实地，获人民爱戴的我们是否能达成突破，除了为中国与美国效劳之外，也能在未来几年替全球效命？而这正是我们来此的原因。

毛泽东：你所著的《六次危机》写得不错。

尼克松：你读的书太多了。

毛泽东：我书读得太少了，所以对美国一知半解。我必须请你介绍几个老师给我，尤其是历史与地理老师。

尼克松：好，一定找全国最好的名师。

毛泽东：这正是我对斯诺先生的评语，斯诺先生已在几年前过世了。

尼克松：真遗憾。

毛泽东：没错。双方能够好好交谈就不错了，即使未达成任何协议也无所谓，因为持续对峙对我们有何好处？谈判为何一定要有结果？若我们第一次失败，人们会说，为何我们无法第一次就成功？唯一的理由是我们走错路了，但若我们第二次成功了，他们又会怎么说呢？

…………

这次会谈，给尼克松和基辛格留下了难忘的印象。他们在回忆录中都认为：毛泽东思维敏捷，有一种非凡的幽默感。他一直是谈话的中心，在他的引导下，这次历史性的会晤“是在漫不经心的一种戏谑、玩笑中进行的，轻松的俏皮话使人觉得这是几个经常来往的熟人在聊天，一些十分严肃的原则性的主题，在毛泽东诙谐随意的谈吐中暗示出来”。基辛格把这次谈话比喻为“瓦格纳歌剧的序曲”，需要加以发展才能显示出它们的含义。

尼克松在北京度过了 5 天，既有紧张的谈判，又有放松的游览和出席公众活动。其中，周恩来与尼克松的会谈共有 4 次，既包括台湾问题，也包括缓和远东局势问题。在第一次谈判中，尼克松先从台湾问题谈起，重申了美国在处理台湾问题上的五条原则意见：第一，承认世界上只有一个中国，台湾是中国的一部分，今后不再说台湾地位未定；第二，不支持任何台湾独立的运动；第三，将在力所能及的范围内劝阻日本进入台湾，也不鼓励日本支持台湾独立运动；第四，支持任何关于台湾问题的和平解决办法，不支持台湾当局用任何军事方法回到大陆的企图；第五，寻求美中关系正常化，决定逐步从台湾撤走军事人员和设施。但他强调说，政治方面有困难，还不能马上丢掉台湾，希望在其第二任期内完成中美关系正常化。

周恩来指出：台湾问题是中国的内政，要由中国人民自己去解决。他表示：尽管台湾问题是阻碍的关键问题，我们还可以等待，还可再等几年，我们并不急于要这次就完全解决这个问题，使尼克松为难。但是，越南和印支战火不断，对印支人民的牺牲，我们极其同情。要缓和远东局势，越南和印支问题是关键。他强调：这一地区如果取得和平，不仅对远东，对世界也有好处。只有这样，才能实现中美两国的共同点。

在 2 月 23 日的会谈中，双方就台湾和印支等问题进一步交换意见。周恩来对尼克松提出的“不能丢弃老朋友”和美国从台湾撤走后会“出现真空”，以及美国要“光荣地结束越战”等说法，进行批评。

就在周恩来与尼克松进行会谈的同时，姬鹏飞外长和罗杰斯国务卿讨论了双方对国际问题的看法以及如何推进两国关系的具体问题；乔冠华副外长和基辛格具体商谈联合公报。根据中方要求，在公报中既陈述双方的共同点，也列举双方的分歧点，不用外交词藻掩饰分歧，开创了外交公报的新风格。

2 月 28 日，中美《联合公报》在上海发表。在《联合公报》中，中美双方除了各自阐述了对国际问题的观点和立场外，对于中美关系双方达成了如下协议和共识：

中美两国的社会制度和对外政策有着本质的区别。但是，双方同意，各国不论社会制度如何，都应根据尊重各国主权和领土完整、不侵犯别国、不干涉别国内政、平等互利、和平共处的原则来处理国与国之间的关系。国际争端应在此基础上予以解决，而不应诉诸武力和武力威胁。美国和中华人民共和国准备在他们的相互关系中实行这些原则。

考虑到国际关系的上述这些原则，双方声明：

——中美两国关系走向正常化是符合所有国家的利益的；

——双方都希望减少国际军事冲突的危险；

——任何一方都不应该在亚洲—太平洋地区谋求霸权，每一方都反对任何其他国家或国家集团建立这种霸权的努力；

——任何一方都不准备代表任何第三方进行谈判，也不准备同对方达成针对其他国家的协议或谅解。

双方都认为，任何大国与另一大国进行勾结反对其他国家，或者大国在世界上划分利益范围，都是违背世界各国人民利益的。

双方回顾了中美两国之间长期存在的严重争端。中国方面重申自己的立场：台湾问题是阻碍中美两国关系正常化的关键问题；中华人民共和国政府是中国的唯一合法政府；台湾是中国的一个省，早已归还祖国；解放台湾是中国的内政，别国无权干涉；全部美国武装力量和军事设施必须从台湾撤走。中国政府坚决反对任何旨在制造“一中一台”“一个中国、两个政府”“两个中国”“台湾独立”和鼓吹“台湾地位未定”的活动。

美国方面声明：美国认识到，在台湾海峡两边的所有中国人都认为只有一个中国，台湾是中国的一部分。美国政府对这一立场不提出异议。它重申它对由中国人自己和平解决台湾问题的关心。考虑到这一前景，它确认从台湾撤出全部美国武装力量和军事设施的最终目标。在此期间，它将随着这个地区紧张局势的缓和逐步减少它在台湾的武装力量和军事设施。

双方同意，扩大两国人民之间的了解是可取的。为此目的，他们就科学、技术、文化、体育和新闻等方面的具体领域进行了讨论，在这些领域中进行人民之间的联系和交流将会是互相有利的。双方各自承诺对进一步发展这种联系和交流提供便利。

双方把双边贸易看作是另一个可以带来互利的领域，并一致认为平等互利的经济关系是符合两国人民的利益的。他们同意为逐步发展两国间的贸易提供便利。

双方同意，他们将通过不同渠道保持接触，包括不定期地派遣美国高级代表前来北京，就促进两国关系正常化进行具体磋商并继续就共同关心的问题交换意见。

双方希望，这次访问的成果将为两国关系开辟新的前景。双方相信，两国关系正常化不仅符合中美两国人民的利益，而且会对缓和亚洲及世界紧张局势做出贡献。

7 月 27 日晚，尼克松总统在上海市举行的宴会上发表了即兴讲话，盛赞“这是改变世界的一周。《联合公报》将成为明天全世界的头等重大新闻”，“今天发表的公报总结了我们会谈的结果。今后，我们要做的事情，是建造一座跨越 16 000 英里和 22 年的敌对情绪的桥。我们能够建造这样一座长桥，因为正如周总理所说的，中国人民和美国人民都是伟大的人民。”尼克松最后说：“要这样做，需要比公报的文字更多的东西。文字是一个开始。今后的行动必须符合我们会谈的精神。”尼克松的这番话赢得了中外来宾热烈的掌声。

尼克松对这次中国之行印象深刻，念念不忘。他说：“中国现在正在觉醒之中，它可能不久就要撼动世界。”

尼克松访华之后，全世界进一步掀起了“中国热”。西方发达国家同中国建交的势头更加迅猛。1972 年 3 月 13 日，也就是尼克松访华半个月之后，英国政府放弃了其在台湾问题上的暧昧态度，转而承认中华人民共和国是中国唯一合法政府，并且承认中国政府关于台湾是中华人民共和国的一个省的立场，同时撤销其在台湾的官方机构。中英两国政府由此达成了正式建交的协议，由代办级升格为大使级。同年 5 月 1 日，荷兰政府也做出了同样的抉择。6 月 15 日，希腊也与中国建立了正式的外交关系。与此同时，联邦德国各界要求同中国建交的呼声也随之高涨。1972 年 5 月，联邦德国议会外交委员会主席施罗德通过新华社常驻波恩记者王殊向中国政府传递信息，要求访华，并很快获得中国方面的邀请。经过 40 天的谈判，中德两国达成建交协议。

在这之后，欧洲的卢森堡、西班牙和大洋洲的澳大利亚、新西兰也先后与中国建立了外交关系。数月间，共有二十几个国家与中国建立了新的外交关系。每一个建交的国家都承认“中华人民共和国政府是中国的唯一合法政府”。

毛泽东和尼克松的会见以及中美《联合公报》的发表，掀开了中美关系史上新的一页，标志着两国关系开始走向正常化。两国领导人在中美和解问题上所显露出来的胆识和远见，不仅为中美两国关系的进一步发展奠定了重要基础，而且对世界战略格局的演变产生了深远影响，其意义已经远远超出了中美关系的范畴，成为战后国际关系史上最重要的外交突破之一。而中美关系的这一突破，又为中国打开全新的外交格局创造了必要前提。对此，毛泽东一语破的：“中美关系正常化是一把钥匙。这个问题解决了，其他的问题就迎刃而解了。”

主要参考文献

《中国共产党简史》，人民出版社 2021 年版。

《毛泽东选集》1—5 卷，人民出版社 1991 年、1977 年版。

《毛泽东文集》1—8 卷，人民出版社 1993—1999 年版。

《毛泽东传（1893—1949）》，中央文献出版社 2004 年版。

《毛泽东传（1949—1976）》，中央文献出版社 2003 年版。

《毛泽东书信选集》，中央文献出版社 2003 年版。

《毛泽东外交文选》，中央文献出版社、世界知识出版社 1994 年版。

《毛泽东军事文集》1—6 卷，中央文献出版社、军事科学出版社 1993 年版。

《建国以来毛泽东文稿》1—13 册，中央文献出版社 1987—1998 年版。

《毛泽东自述》，人民出版社 1996 年版。

《毛泽东在七大的报告和讲话集》，中央文献出版社 1995 年版。

《毛泽东早期文稿》，湖南出版社 1990 年版。

《新民学会资料》，人民出版社 1980 年版。

《中共中央文件选集》1—18 卷，中共中央党校出版社 1989—1992 年版。

《周恩来选集》，人民出版社 1984 年版。

《毛泽东年谱（1893—1949）》，中央文献出版社 1993 年版。

《周恩来年谱（1949—1976）》，中央文献出版社 1997 年版。

《张闻天在 1935—1938》，中共党史出版社 1997 年版。

《王稼祥年谱（1906—1974）》，中央文献出版社 2001 年版。

《关于建国以来党的若干历史问题的决议（注释本）》，人民出版社 1983 年版。

《遵义会议文献》，人民出版社 1985 年版。

《中国共产党的九十年》，中共党史出版社党建读物出版社 2016 年版。

薄一波:《若干重大决策与事件的回顾》（上、下），中共中央党校出版社 1991 年、1993 年版。

李维汉:《回忆与研究》，中共党史资料出版社 1986 年版。

师哲:《在历史巨人身边》，中央文献出版社 1991 年版。

吴冷西:《十年论战》，中央文献出版社 1999 年版。

《胡乔木回忆毛泽东》，人民出版社 2003 年版。

程中原、夏杏珍:《历史转折轮》，人民出版社 2002 年版。

彭明:《“五四”研究》，河南大学出版社 1994 年版。

周策纵:《五四运动：现代中国的思想革命》，周子平等译，江苏人民出版社 1996 年版。

金羽、王兴国:《毛泽东：走向马克思主义》，浙江人民出版社 1993 年版。

申长友:《毛泽东与共产国际》，党建读物出版社 1994 年版。

杨奎松:《毛泽东与莫斯科的恩恩怨怨》，江西人民出版社 1999 年版。

黄允升:《历史怎样选择了毛泽东》，中央文献出版社 2003 年版。

蒋伯英:《毛泽东的非常之路》，人民出版社 2001 年版。

陈冠任:《毛泽东的斗争艺术》，中央文献出版社 2003 年版。

《马林与第一次国共合作》，光明日报出版社 1991 年版。

《共产国际有关中国革命的文献资料》1—2 辑，中国社会科学出版社 1981 年、1982 年版。

徐向前:《历史的回顾》，解放军出版社 1985 年版。

《聂荣臻回忆录》，解放军出版社 1986 年版。

朱仲丽:《疾风知劲草——毛泽东与王稼祥》，中共党史出版社 1999 年版。

萧心力主编:《毛泽东与共和国重大历史事件》，人民出版社 2001 年版，

沈志华:《毛泽东、斯大林与朝鲜战争》，广东人民出版社 2013 年版。

埃德加·斯诺:《西行漫记》，董乐山译，中国人民解放军战士出版社 1979 年版。

埃德加·斯诺,《红色中华散记》，奚博全译，江苏人民出版社 1992 年版。

奥托·布劳恩:《中国纪事（1932—1939）》，现代史料编刊社 1980 年版。

赫鲁晓夫:《最后的遗言》，东方出版社 1988 年版。

《赫鲁晓夫回忆录》，东方出版社 1988 年版。

布兰科·拉齐奇著:《赫鲁晓夫秘密报告事件始末》，夏平译，上海人民出版社 1988 年版。

亨利·基辛格著:《白宫岁月——基辛格回忆录》，上海译文出版社 2016 年版。

陈敦德著:《毛泽东、尼克松在 1972》，解放军文艺出版社 2002 年版。

《向导》

《湘江评论》

《红色中华报》

《新华日报》

《解放日报》

《人民日报》

《中共党史研究》
《中共党史资料》
《文献和研究》
《党的文献》
《当代中国史研究》
《近代史研究》